Vorteilsausgleichung und Steuern

Forum Unternehmens-, Steuer- und Bilanzrecht

Deutsche, europäische und internationale Rechtsfragen

Herausgegeben von Oliver Fehrenbacher / Michael Stöber

Band 7

PETER LANG

Christian Schubert

Vorteilsausgleichung und Steuern

PETER LANG

Bibliografische Information der Deutschen Nationalbibliothek
Die Deutsche Nationalbibliothek verzeichnet diese Publikation in der Deutschen Nationalbibliografie; detaillierte bibliografische Daten sind im Internet über http://dnb.d-nb.de abrufbar.

Zugl.: Konstanz, Univ., Diss., 2018

Dissertation der Universität Konstanz
Tag der mündlichen Prüfung: 28.03.2018
Referent: Prof. Dr. Oliver Fehrenbacher
Referentin: Prof. Dr. Birgit Elsa Bippus

D 352
ISSN 2366-293X
ISBN 978-3-631-76010-9 (Print)
E-ISBN 978-3-631-76240-0 (E-PDF)
E-ISBN 978-3-631-76241-7 (EPUB)
E-ISBN 978-3-631-76242-4 (MOBI)
DOI 10.3726/b14428

Peter Lang – Berlin · Bern · Bruxelles · New York · Oxford · Warszawa · Wien

Diese Publikation wurde begutachtet.

www.peterlang.com

Vorwort

Die vorliegende Arbeit wurde im Wintersemester 2017/2018 von der Universität Konstanz als Dissertation angenommen. Das Manuskript wurde hinsichtlich Literatur und Rechtsprechung auf den Stand März 2018 gebracht.

Mein aufrichtiger Dank gilt meinem Doktorvater, Herrn Prof. Dr. Oliver Fehrenbacher, der das Thema angeregt und mich jederzeit herzlich unterstützt hat. Die Zeit als wissenschaftlicher Mitarbeiter an seinem Lehrstuhl werde ich als sehr lehrreich und prägend in schöner Erinnerung behalten.

Ebenfalls zu Dank verpflichtet bin ich Frau Prof. Dr. Birgit Elsa Bippus für die Übernahme und zügige Erstellung des Zweitgutachtens. Für die Aufnahme in die Schriftenreihe danke ich meinem Doktorvater und Herrn Prof. Dr. Michael Stöber.

Dank gebührt auch Frau Franziska Krauß für die kritische Durchsicht des Manuskripts.

Mein besonderer Dank gilt schließlich meinen Eltern, die mich während meiner Promotion begleitet und unterstützt haben. Ihnen ist diese Arbeit in Liebe gewidmet.

Konstanz, im März 2018 Christian Schubert

Inhaltsverzeichnis

Abkürzungsverzeichnis

a.A.	anderer Ansicht
Abs.	Absatz/Absätze
AcP	Archiv für die civilistische Praxis (Zeitschrift)
a.F.	alte Fassung
AfA	Absetzung für Abnutzung
AfaA	Absetzung für außergewöhnliche Abnutzung
Alt.	Alternative
Anm.	Anmerkung
AO	Abgabenordnung
Art.	Artikel
AT	Allgemeiner Teil
BAG	Bundesarbeitsgericht
BAGE	Entscheidungen des Bundesarbeitsgerichts
BauR	Zeitschrift für das gesamte öffentliche und zivile Baurecht (Zeitschrift)
BB	Betriebs-Berater (Zeitschrift)
BeckOGK BGB	beck-online Grosskommentar zum BGB
BeckOK BGB	Beck'scher Online-Kommentar zum BGB
BeckOK ZPO	Beck'scher Online-Kommentar zur ZPO
BeckRS	Beck-Rechtsprechung
BeckVerw	Verwaltungsanweisungen-Datenbank beck-online
BFH	Bundesfinanzhof
BFHE	Entscheidungen des Bundesfinanzhofs
BGB	Bürgerliches Gesetzbuch
BGBl.	Bundesgesetzblatt
BGH	Bundesgerichtshof
BGHSt	Entscheidungen des Bundesgerichtshofes in Strafsachen
BGHZ	Entscheidungen des Bundesgerichtshofes in Zivilsachen
BKR	Bank- und Kapitalmarktrecht (Zeitschrift)
BMF	Bundesministerium der Finanzen
BStBl.	Bundessteuerblatt
BT-Drucks.	Bundestags-Drucksache
Buchst.	Buchstabe
BVerfG	Bundesverfassungsgericht
BVerfGE	Entscheidungen des Bundesverfassungsgerichts

bzgl.	bezüglich
bzw.	Beziehungsweise
DAR	Deutsches Autorecht (Zeitschrift)
DB	Der Betrieb (Zeitschrift)
ders., dies.	derselbe, dieselbe, dieselben
Diss.	Dissertation
DM	Deutsche Mark
DRiZ	Deutsche Richterzeitung (Zeitschrift)
DStR	Deutsches Steuerrecht (Zeitschrift)
DStR-Beih	Deutsches Steuerrecht-Beihefter (Zeitschrift)
DStRE	Deutsches Steuerrecht Entscheidungsdienst (Zeitschrift)
DStZ	Deutsche Steuer-Zeitung (Zeitschrift)
EFG	Entscheidungen der Finanzgerichte (Zeitschrift)
EFZG	Entgeltfortzahlungsgesetz
EStG	Einkommensteuergesetz
evtl.	eventuell
EWiR	Entscheidungen zum Wirtschaftsrecht (Zeitschrift)
f.	folgend
ff.	folgende
FG	Finanzgericht
FGO	Finanzgerichtsordnung
FördG	Fördergebietsgesetz
FR	Finanz-Rundschau (Zeitschrift)
FS	Festschrift
GewStG	Gewerbesteuergesetz
GG	Grundgesetz
ggf.	gegebenenfalls
GmbHR	GmbH-Rundschau (Zeitschrift)
GrStG	Grundsteuergesetz
GWR	Gesellschafts- und Wirtschaftsrecht (Zeitschrift)
Habil.	Habilitationsschrift
HGB	Handelsgesetzbuch
Hk	Handkommentar
h.M.	herrschende Meinung
Hrsg.	Herausgeber
Hs.	Halbsatz
i.d.F.	in der Fassung
ImmoStR	Zeitschrift zum Immobilien-Steuerrecht (Zeitschrift)

InvStG	Investmentsteuergesetz
i.V.m.	in Verbindung mit
JA	Juristische Arbeitsblätter (Zeitschrift)
JGG	Jugendgerichtsgesetz
JURA	Juristische Ausbildung (Zeitschrift)
jurisPR-BGHZivilR	juris PraxisReport BGH-Zivilrecht (Zeitschrift)
jurisPR-BKR	juris PraxisReport Bank- und Kapitalmarktrecht (Zeitschrift)
jurisPR-SteuerR	juris PraxisReport Steuerrecht (Zeitschrift)
JuS	Juristische Schulung (Zeitschrift)
JW	Juristische Wochenschrift (Zeitschrift)
JZ	Juristenzeitung (Zeitschrift)
Kfz	Kraftfahrzeug
KG	Kommanditgesellschaft
LK	Leipziger Kommentar
LMK	Kommentierte BGH-Rechtsprechung Lindenmaier-Möhring (Zeitschrift)
MDR	Monatsschrift für Deutsches Recht (Zeitschrift)
MüKo BGB	Münchener Kommentar zum BGB
MüKo HGB	Münchener Kommentar zum HGB
MüKo StGB	Münchener Kommentar zum StGB
MüKo ZPO	Münchener Kommentar zur ZPO
m.w.N.	mit weiteren Nachweisen
n.d.	nicht datiert
n.F.	neue Fassung
NJW	Neue Juristische Wochenschrift (Zeitschrift)
NJW-RR	NJW-Rechtsprechungsreport (Zeitschrift)
NZBau	Neue Zeitschrift für Baurecht und Vergaberecht (Zeitschrift)
NZG	Neue Zeitschrift für Gesellschaftsrecht (Zeitschrift)
OFD	Oberfinanzdirektion
OHG	Offene Handelsgesellschaft
OLG	Oberlandesgericht
PK	Praxiskommentar
RFH	Reichsfinanzhof
RFHE	Sammlung der Entscheidungen und Gutachten des Reichsfinanzhofs
RG	Reichsgericht

RGZ	Entscheidungen des Reichsgerichts in Zivilsachen
Rn.	Randnummer(n)
S.	Seite(n)
SGB	Sozialgesetzbuch
sog.	sogenannt(e)
SteuerStud	Steuer und Studium (Zeitschrift)
StGB	Strafgesetzbuch
StuW	Steuer und Wirtschaft (Zeitschrift)
StVO	Straßenverkehrsordnung
SVR	Straßenverkehrsrecht (Zeitschrift)
Teilurt.	Teilurteil
Urt.	Urteil
UStG	Umsatzsteuergesetz
v.	von/vom
Versäumnisurt.	Versäumnisurteil
VersR	Versicherungsrecht (Zeitschrift)
vgl.	vergleiche
Vorb.	Vorbemerkungen
VuR	Verbraucher und Recht (Zeitschrift)
VVG	Versicherungsvertragsgesetz
VwGO	Verwaltungsgerichtsordnung
WHG	Wasserhaushaltsgesetz
WM	Zeitschrift für Wirtschafts- und Bankrecht (Zeitschrift)
WuB	Entscheidungsanmerkungen zum Wirtschafts- und Bankrecht (Zeitschrift)
z.B.	zum Beispiel
ZBB	Zeitschrift für Bankrecht und Bankwirtschaft (Zeitschrift)
ZfBR	Zeitschrift für deutsches und internationales Baurecht (Zeitschrift)
ZfIR	Zeitschrift für Immobilienrecht (Zeitschrift)
zfs	Zeitschrift für Schadensrecht (Zeitschrift)
ZPO	Zivilprozessordnung
ZZP	Zeitschrift für Zivilprozess (Zeitschrift)

Erster Teil: Einleitung

„Wer die Pflicht hat, Steuern zu zahlen, hat auch das Recht, Steuern zu sparen.“[1]

§ 1: Problembeschreibung

„Steuern sparen um jeden Preis!“[2] Dies dürfte unter anderem der Grund sein, warum in den vergangenen Jahrzehnten etliche Bürger ihr Geld in diverse Anlagemodelle investiert haben. Neben der Erzielung von Gewinnen wurde für solche Modelle gerade damit geworben, steuerliche Vorteile zu erzielen, damit sich die Anlage im besten Falle selbst finanzierte. Dabei stellten geschlossene Fonds, insbesondere gegen Ende des letzten Jahrhunderts, eine beliebte und legale Möglichkeit dar, um Steuern zu sparen, sog. Steuersparmodelle. Im Jahre 1999 betrug allein das Fondsvolumen von geschlossenen Immobilienfonds in Deutschland über 11 Milliarden Euro. Zwar ging das Volumen in den folgenden Jahren zurück, betrug im Jahr 2012 aber immer noch stattliche 4,3 Milliarden Euro.[3] Doch was auf den ersten Blick so vielversprechend klang, war letztendlich nicht immer von Erfolg gekrönt. Gerade bei Beteiligungen an geschlossenen Fonds[4] wie etwa Immobilien-, Medien- oder auch Schiffsfonds[5]

---

1 *Helmut Schmidt*, ehemaliger Bundeskanzler.

2 Vgl. BGH, Beschluss v. 3.6.2014, XI ZR 435/12, BKR 2014, 430 (432).

3 Bundesverband Sachwerte und Investmentvermögen, (n.d.), Volumen und platziertes Eigenkapital geschlossener Immobilienfonds in den Jahren 1999 bis 2012 (in Millionen Euro), in: *Statista – Das Statistik-Portal*, Zugriff am 27.2.2017, von https://de.statista.com/statistik/daten/studie/237157/umfrage/volumen-und-platziertes-eigenkapital-geschlossener-immobilienfonds.

4 Zu unterscheiden sind offene und geschlossene Fondsgesellschaften. Geschlossene Fonds sind Personengesellschaften bei denen lediglich eine begrenze Zahl von Anlegern beteiligt ist. Sie dienen dazu, größere Projekte zu realisieren, wobei sie auf das Eigenkapital der Anleger angewiesen sind. Daneben wird häufig auch Fremdkapital aufgenommen. Im Gegensatz zu den offenen Fonds wird der Fonds geschlossen, wenn alle Anteile verkauft sind, das heißt, ein Beitritt ist nicht mehr möglich. Bei offenen Fonds dagegen ist der Beitritt für eine unbegrenzte Zahl weiterer Anleger jederzeit möglich, siehe *Sagasser*, in: Assmann/Schütze, § 27, Rn. 291 f.; *Pfirrmann*, in: Herrmann/Heuer/Raupach, § 21 EStG, Anm. 112.

5 Näher zu den einzelnen Fonds etwa *Sagasser*, in: Assmann/Schütze, § 27, Rn. 298 ff.

kam es des Öfteren zu fehlerhaften Prospektangaben[6] oder fehlerhaften Angaben im Beratungsgespräch.[7] Beratungsfehler konnten aber auch im Zusammenhang mit einem Erwerb von Immobilien und dem Beitritt zu einem Mietpool entstehen.[8] Es gab letztlich eine Vielzahl von Beteiligungsmöglichkeiten, bei denen diverse Pflichtverletzungen auftreten konnten. Viele der Kapitalanlagen erwiesen sich in der Folge als wirtschaftliche Fehlschläge, da sie einen Gesamtverlust erwirtschafteten. Dabei sei nur auf die Krise bei Container-Schiffen verwiesen. Im Jahre 2012 konnten diese aufgrund der Finanzkrise nicht genügend Fracht transportieren, was in der Folge zu etlichen Insolvenzanmeldungen von Schiffsfonds führte.[9] Zwar sind Verluste bei solchen Modellen anfangs beabsichtigt, z.B. durch AfA oder Schuldzinsen,[10] da jene einkommensteuerrechtlich anerkannt werden; allerdings entsprechen häufig z.B. die tatsächlichen Mieteinnahmen bei geschlossenen Immobilienfonds nicht den versprochenen, wodurch die ursprünglich angestrebte Kompensation des Kaufpreises ausbleibt.[11] Durchschnittlich sollen laut einer Finanztest-Untersuchung nur 6 % der geschlossenen Immobilien-, Umwelt-, Schiffs- und Medienfonds ihre Gewinnprognose erfüllt haben, wohingegen 69 % die Gewinnzone nicht erreichten.[12] Als Folge begehrt der geschädigte Anleger deshalb eine Rückabwicklung.

Für eine solche Rückabwicklung zivilrechtlicher Rechtsgeschäfte kommen mehrere Möglichkeiten in Betracht. So kann diese z.B. durch die Geltendmachung eines Schadensersatzanspruchs oder durch Gestaltungsrechte wie insbesondere Anfechtung, Rücktritt oder Widerruf[13] erfolgen. Die Rechtsfolgen ergeben sich dann entweder nach den §§ 249 ff. BGB, §§ 346 ff. BGB oder nach dem Bereicherungsrecht, §§ 812 ff. BGB, sollte ein Rechtsgeschäft angefochten worden sein.

---

6 Vgl. etwa BGH, Urt. v. 11.2.2014, II ZR 276/12, BGHZ 200, 51.

7 *Schirp/Kondert*, ImmoStR IV ESt 2005, 183 (183); *Meyer*, WuB 2014, 240 (240); *Brendle-Weith*, ImmoStR 2011, 106 (106).

8 BGH, Urt. v. 30.11.2007, V ZR 284/06, NJW 2008, 649.

9 *Stiftung Warentest*, Finanztest 10/2015, 43 (44).

10 Vgl. *Berninghaus*, DStR 2014, 624 (624 f.).

11 Vgl. dazu *Jäger*, DStR 2011, 155 (156); *Dittmayer*, S. 128; *Trüter*, BB 1986, 269 (269); ausführlich zu den Risiken und Gründen einer finanziellen Schieflage von Immobilienfondsgesellschaften siehe *Walch*, S. 40 ff.

12 *Stiftung Warentest*, Finanztest 10/2015, 43 (43). Die restlichen 25 % verfehlten die Prognose, erzielten aber zumindest noch einen Gewinn.

13 Siehe dazu etwa BGH, Urt. v. 24.4.2007, XI ZR 17/06, NJW 2007, 2401; *Lampe*, BB 2008, 2599; *Jooß*, DStR 2014, 6 (7) m.w.N.

Findet eine Rückabwicklung im Wege des Schadensersatzes statt, ist der Schädiger gem. § 249 Abs. 1 BGB verpflichtet, den Zustand herzustellen, der ohne das schädigende Ereignis bestünde. Die Geschädigten begehren z.B. im Falle der Beteiligung an einer Fondsgesellschaft neben der Zahlung von Schadensersatz eine Haftungsfreistellung Zug um Zug gegen Rückgabe der erworbenen Anteile.[14] Hintergrund sind häufig die bereits erwähnten vorvertraglichen (Aufklärungs-) Pflichtverletzungen.[15] Als Anspruchsgrundlage kommt in der Regel §§ 311 Abs. 2, 241 Abs. 2 und 280 Abs. 1 BGB in Betracht, was zu einer Haftung wegen Verschulden bei den Vertragsverhandlungen führt.[16] Dies hat zur Folge, dass der Schädiger in der Regel das negative Interesse, also den Vertrauensschaden, zu ersetzen hat.[17] Der Geschädigte ist danach so zu stellen, wie er ohne das schädigende Verhalten, beispielsweise die fehlerhafte Information oder Aufklärung, des anderen Teils stünde.[18] Wäre eine Beteiligung bei ordnungsgemäßer Aufklärung unterblieben, so sind alle Aufwendungen des Kapitalanlegers zu ersetzen.[19] Darunter fällt unter anderem das eingesetzte Anlagekapital.[20] Das negative Interesse umfasst dabei neben den Aufwendungen aber auch Nachteile, die dadurch entstanden sind, dass der Geschädigte ein anderes, ihm mögliches Geschäft nicht abgeschlossen hat, weil er auf die Wirksamkeit des Vertrages vertraut hat. Mangels Beschränkung durch das positive Interesse ist daher auch der entgangene Gewinn ersetzbar.[21] Das Problem tauchte auch gelegentlich bei der Rückabwicklung von Kauf- und Werkverträgen auf, wenn Schadensersatz statt der ganzen Leistung (sog. großer Schadensersatz) begehrt wird, §§ 280 Abs. 1, Abs. 3, 281 Abs. 1 Satz 3 BGB.[22]

---

14 Vgl. *Knebel/Schmidt*, BB 2010, 1316 (1317).

15 Vgl. *Staudenmayer*, VuR 2011, 43 (43).

16 Siehe z.B. BGH, Urt. v. 22.3.1979, VII ZR 259/77, BGHZ 74, 103 (108); Urt. v. 12.2.1986, IVa ZR 76/84, NJW-RR 1986, 1102 (1102); Urt. v. 31.5.2010, II ZR 30/09, NJW 2010, 2506 (2506); Teilurt. v. 15.7.2010, III ZR 336/08, BGHZ 186, 205 (210).

17 *Assmann*, in: FS Lange, 345 (352 f.); *Looschelders*, Schuldrecht, Rn. 152, 970; *Meyer*, BKR 2016, 309 (310); *Schneider*, S. 351 f.

18 *Emmerich*, in: MüKo BGB, § 311, Rn. 185; *Lorenz*, in: BeckOK BGB, § 280, Rn. 50; *Otto*, S. 147.

19 *Loritz/Wagner*, ZfIR 2003, 753 (758); vgl. *Martini*, DStR 2014, 2160 (2160 f.).

20 *Otto*. S. 148.

21 Vgl. *Otto*, S. 148 m.w.N; *Oetker*, in: MüKo BGB, § 249, Rn. 129; *Lorenz*, in: BeckOK BGB, § 280, Rn. 50, 56.

22 *Podewils*, DStR 2009, 752 (752). Vgl. zu § 635 BGB a.F. BGH, Urt. v. 12.11.2009, VII ZR 233/08, NJW 2010, 675; Versäumnisurt. v. 26.1.2012, VII ZR 154/10, NJW 2012, 1573.

Im Rahmen dieser Schadensersatzansprüche hat sich die Rechtsprechung über Jahre hinweg mit der Frage auseinanderzusetzen gehabt, ob die durch das Rechtsgeschäft erlangten Steuervorteile schadensmindernd zu berücksichtigen sind oder nicht. Kern dieser Frage ist die Anwendung der Vorteilsausgleichung.

Verdeutlicht werden soll die grundlegende Problematik an einem kleinen Beispiel: Der Anleger A beteiligt sich an der C-KG, einem geschlossenen Immobilienfonds, mit dem Einkünfte aus Vermietung und Verpachtung, § 21 EStG, erzielt werden. Die Höhe seiner Einlage beträgt 200.000 Euro. Durch Verlustzuweisungen hat er während der Beteiligung Steuern in Höhe von fiktiv 10.000 Euro erspart. Kommt es nun wider Erwarten dazu, dass sich beispielsweise versprochene Mieteinnahmen nicht verwirklichen und beruht dies auf einem Beratungsfehler der B-Bank, kann sich der geschädigte Anleger gem. §§ 280 Abs. 1, 311 Abs. 2 BGB dazu entscheiden, Schadensersatzsatz zu verlangen. Dann wird die Beteiligung an der C-KG Zug um Zug rückabgewickelt. Der Anleger erhält dabei, vereinfacht gesagt, neben allen Einzahlungen auch die geleisteten Zinsen zurückerstattet, muss im Gegenzug aber den Gesellschaftsanteil an die B-Bank abtreten, §§ 413, 398 BGB[23] und alle erhaltenen Ausschüttungen an die B-Bank herausgeben.[24] Der Schädiger wird sich nun darauf berufen, dass der Anleger aufgrund der erlangten steuerlichen Vorteile in Form von ersparten Steuern in Höhe von 10.000 Euro besser stehe, als es ohne das schädigende Ereignis der Fall wäre. Er ist folglich nur bereit, Schadensersatz abzüglich der 10.000 Euro zu bezahlen. Damit ist die Frage der Vorteilsausgleichung angesprochen.

Die Frage der Vorteilsausgleichung bei erlangten Steuervorteilen beschäftigt den BGH bereits seit gut 50 Jahren und es erscheinen immer noch regelmäßig neue Urteile zu dieser Thematik. Die Problematik hängt im Wesentlichen damit zusammen, dass der Gesetzgeber die Entwicklung der Voraussetzungen der Vorteilsausgleichung der Rechtsprechung und Literatur überlassen hatte.[25] Zwar kann die Rechtsprechung des BGH mittlerweile als gefestigt[26] angesehen werden, doch beinhaltet sie bis heute keine eindeutige und befriedigende[27] Lösung. Auch in der Literatur ist dieses Thema Gegenstand etlicher Kontroversen. Die Vielzahl der im Schrifttum zur Untersuchung aufgelisteten Werke zeigen, wie umstritten und wichtig diese Thematik heute noch ist. Die Zahl allein darf aber

23 Ist hingegen die C-KG als Schädiger zu betrachten, so geht der Anteil im Wege der Anwachsung auf die übrigen Gesellschafter über.

24 Vgl. *Meindl/Schmid/Kemmetter*, Rn. 418; *Loritz/Wagner*, ZfIR 2003, 753 (757 f.).

25 Vgl. Motive II, S. 18 f.

26 Vgl. *Meyer*, BKR 2016, 309 (310).

27 A.A. *Meyer*, BKR 2016, 309 (309).

gleichzeitig nicht darüber hinwegtäuschen, dass sich etliche Beiträge lediglich auf eine Wiederholung der vom BGH aufgestellten Grundsätze beschränken, ohne sich mit ihnen auseinanderzusetzen oder inhaltlich Neues zu Tage zu fördern. Darüber hinaus ist eine einheitliche Linie in Rechtsprechung und Literatur bislang ebenso nicht zu erkennen.[28]

§ 2: Ziel der Arbeit

Das Kernziel der Arbeit ist es, Kriterien zu entwickeln, anhand derer steuerliche Vorteile sachgerecht im System der schadensrechtlichen Vorteilsausgleichung zu betrachten sind. Es soll dargestellt werden, dass die vom BGH gefundene Lösung, nämlich eine (zumindest im Großteil der Urteile vorliegende) versagte Anrechnung, im Ergebnis zwar gebilligt werden kann, der angewendete Lösungsweg aber systematisch verfehlt ist. Es soll gezeigt werden, dass die in Rede stehenden Steuervorteile von vornherein nicht im Wege der Vorteilsausgleichung zu berücksichtigen und damit nicht anzurechnen sind. Auf der anderen Seite sollen steuerliche Nachteile aus der Rückabwicklung ebenso nicht zu berücksichtigen sein, wodurch letztlich sowohl steuerliche Vor- als auch Nachteile aus der Betrachtung herauszunehmen sind.

Im Zuge dessen ist die Rechtsprechung des BGH im Hinblick auf die vom Geschädigten erlangten Steuervorteile und deren mögliche schadensmindernde Anrechenbarkeit im Wege der Vorteilsausgleichung bei der schadensersatzrechtlichen Rückabwicklung zivilrechtlicher Geschäfte zunächst zu untersuchen und zu analysieren. Der Untersuchungsgegenstand beschränkt sich wegen der weitreichenden Rechtsprechung und Literatur auf diejenigen Fälle, denen eine Rückabwicklung in Form des Schadensersatzes gem. §§ 280 Abs. 1, 311 Abs. 2 BGB zugrunde liegt. Dabei wird die Verpflichtung zum Schadensersatz dem Grunde nach als gegeben vorausgesetzt. Die vorliegende Darstellung soll sich allein auf die Schadenshöhe konzentrieren und dabei nur solche Vorteile in den Blick nehmen, die sich im Rahmen der Einkommensteuer ergeben. Die Folgen einer Kündigung oder eines Widerrufs sollen hier nicht näher untersucht werden.[29] Ferner sollen bei der Betrachtung von Gesellschaften lediglich Personengesellschaften berücksichtigt werden.

Die Rechtsprechung des BGH erkennt solche ersparten Steuern als anzurechnende Vorteile an. Faktisch zeigt sich aber, dass eine Anrechnung in den

---

28 *Edelmann/Glemser*, WuB 2008, 728 (728); ähnlich auch *Loritz/Wagner*, ZfIR 2003, 753 (761) zur einheitlichen dogmatischen Linie des BGH.

29 Siehe dazu beispielsweise *Loritz/Wagner*, ZfIR 2003, 753 (758 f.).

meisten Fällen unterbleibt. Das diesem Ergebnis zugrunde liegende Vorgehen des BGH wurde über die Jahre hinweg weiter ausdifferenziert, weist am Ende aber eine unübersichtliche Kasuistik auf. Dazu trägt auch bei, dass die entsprechenden Urteile auf unterschiedlichen Sachverhalten beruhen, dies jedoch in manch knapper Aufsatzliteratur nicht kritisch genug hinterfragt wird. Dies führt zu ungenauen und pauschalen Aussagen, die dem konkreten Einzelfall nicht immer gerecht werden. Dass zudem eine einheitliche Linie in Rechtsprechung und Literatur nicht besteht, wurde bereits erwähnt.

Zusammenfassend soll der Arbeit damit folgende These zugrunde gelegt werden:

> *Die Rechtsprechung des BGH im Hinblick auf die Anrechnung steuerlicher Vorteile im Wege der Vorteilsausgleichung beim Schadensersatz ist im Ergebnis zwar zu billigen, aufgrund ihrer zugrundeliegenden Argumentation und Komplexität jedoch abzulehnen. Vielmehr sind von vornherein weder steuerliche Vor- noch Nachteile zu berücksichtigen. Dies ist das Ergebnis einer isolierten Betrachtungsweise. Danach sind Steuervorteile im Rahmen der Vorteilsausgleichung grundsätzlich nicht schadensmindernd anzurechnen, da sie anhand einer Beurteilung nach der objektiven Zurechnung keine anzurechnenden Vorteile im Sinne der Vorteilsausgleichung darstellen. Nachteile aus der Rückabwicklung stellen bereits keinen relevanten Schadensposten dar. Der Schadensersatz ist damit in voller Höhe zu leisten.*

§ 3: Gang der Untersuchung

Die Arbeit ist in acht Teile gegliedert. Zunächst sollen im zweiten Teil die allgemeinen Grundsätze der Vorteilsausgleichung sowie deren Voraussetzungen beschrieben werden, um im weiteren Verlauf untersuchen zu können, wie die Rechtsprechung des BGH mit diesen Voraussetzungen in Bezug auf steuerliche Vorteile umgeht. Dabei wird auf ausgewählte Lösungsvorschläge der Literatur und den Ansatz des BGH eingegangen. Es schließt sich eine Darstellung der allgemeinen Fallgruppen der Vorteilsausgleichung und speziell der Steuervorteile an, bevor zur Darlegungs- und Beweislast Stellung genommen wird. Es soll allgemein aufgezeigt werden, ob bzw. wie mit erlangten Steuervorteilen umgegangen wird, wenn es zur schadensersatzrechtlichen Rückabwicklung von zivilrechtlichen Geschäften kommt.

Der dritte Teil setzt sich im Rahmen einer kritischen Darstellung mit der Rechtsprechung des BGH speziell zur Anrechnung von Steuervorteilen im Wege der Vorteilsausgleichung auseinander. Dies ist notwendig, um im Verlauf der Arbeit (fünfter Teil) die Systematik des Vorgehens und die Folgen analysieren zu können. Zusammenfassend widmet sich dieser Teil der Frage, ob eine Schadensersatzleistung steuerpflichtig ist. Dies ist nach der Rechtsprechung des BGH eines der tragenden Argumente bei der Frage der Anrechenbarkeit im Wege der Vorteilsausgleichung, denn eine Versteuerung der Schadensersatzleistung soll einen erzielten steuerlichen Vorteil gewissermaßen aufheben und eine Anrechenbarkeit ausscheiden lassen. Die Aussagen des BGH sollen vor dem Hintergrund der Kritik aus der Literatur überprüft werden. Dazu wird die Rechtsprechung in Fallgruppen unterteilt. Dabei geht es zunächst um ersparte Steuern, die insbesondere durch Verlustzuweisungen oder Abschreibungen entstehen. Differenziert wird hierbei zwischen Gewinneinkünften und Überschusseinkünften. Bei den Gewinneinkünften wird eine Steuerpflichtigkeit der Schadensersatzleistung nach § 15 und § 16 EStG untersucht. Ferner wird auf die Thematik der negativen Kapitalkonten eingegangen. Sie spielten in der Anfangszeit der Steuersparmodelle eine erhebliche Rolle, bis letztlich deren Nutzbarkeit bei der Erzielung steuerlicher Vorteile erheblich eingeschränkt wurde. Bei den Überschusseinkünften wird neben § 20 EStG ein besonderes Augenmerk auf den Einkünften aus Vermietung und Verpachtung, § 21 EStG, und den privaten Veräußerungsgeschäften, § 23 EStG, liegen. Es findet eine Analyse statt, ob die Schadensersatzleistung eine Rückerstattung von Werbungskosten enthält und ob eine vergleichsweise Rückübertragung den Tatbestand eines privaten Veräußerungsgeschäfts erfüllt. Ferner sind in einer weiteren Fallgruppe solche steuerlichen Vorteile zu betrachten, die sich aus der Rückabwicklung selbst ergeben, beispielsweise ein ermäßigter Steuersatz auf die Schadensersatzleistung, wie § 34 Abs. 3 EStG es vorsieht. Besondere Aufmerksamkeit verdienen als weitere Fallgruppe die sog. außergewöhnlichen Steuervorteile, die dem Geschädigten unter Berücksichtigung der Steuerbarkeit der Ersatzleistung verbleiben. Gerade sie sind ein großer Eckpfeiler in der Rechtsprechung des BGH zur Anrechnung von Steuervorteilen. Auf dem Papier stellen sie bislang die einzige denkbare Konstellation dar, in der eine Anrechnung stattzufinden hat, auch wenn die Schadensersatzleistung ihrerseits zu versteuern ist. Letztlich widmet sich die Untersuchung den Steuervorteilen, die durch einen Zeichnungsnachlass oder eine Verjährung des Nachzahlungsanspruchs des Finanzamtes entstehen.

Der vierte Teil zeigt auf, welche Folgen sich aus der Überlegung ergeben können, dass sich der geschädigte Anleger an einer Alternativanlage beteiligt hätte. Sie kommen in Betracht, wenn der Geschädigte darlegt, er hätte bei pflichtgemäßem Verhalten des Schädigers eine andere Beteiligung gewählt, die ihm dieselben Vorteile gebracht hätte. Hierbei wird aufgezeigt, dass die allgemeine Lebenserfahrung eine Anrechnung auszuschließen vermag. In diesem Zusammenhang werden Beweiserleichterungen wie der Anscheinsbeweis, eine Beweislastumkehr und § 252 BGB näher erörtert.

Der fünfte Teil analysiert die Rechtsprechung des BGH zu steuerlichen Vorteilen in ihren Auswirkungen auf die Vorteilsausgleichung insgesamt. Es wird zunächst auf verfahrensrechtliche Probleme bei der Bemessung der Höhe des Schadensersatzes im Zeitpunkt der letzten mündlichen Verhandlung und mögliche Liquiditäts- und Zinsvorteile eingegangen. Danach wird die faktische Nichtanrechnung von steuerlichen Vorteilen nach der Rechtsprechung des BGH in den Blick genommen und untersucht, ob der Geschädigte durch dieses Vorgehen aus wirtschaftlicher Sicht bereichert ist. Sodann stellt die Arbeit einen Weg vor, wonach eine isolierte Betrachtung von Vor- und Nachteilen stattzufinden hat, da nur dies der Systematik der Vorteilsausgleichung gerecht wird.

Der sechste Teil widmet sich sodann dieser isolierten, wertenden Betrachtung von Vorteilen. Hier soll untersucht werden, ob steuerliche Vorteile anrechenbare Vorteile im Rahmen der Vorteilsausgleichung darstellen. Ein erster Ansatz beschäftigt sich mit dem Kriterium der Unmittelbarkeit von Vorteilen. Dabei soll zunächst ein Vergleich mit § 107 BGB dienen, bei dem Steuern als öffentliche Lasten keinen lediglich rechtlichen Nachteil zu begründen vermögen, da sie lediglich mittelbare Nachteile darstellen. Es wird erläutert, wie ein hieraus abgeleiteter methodischer Ansatz im Rahmen der Vorteilsausgleichung angewendet werden kann, wonach folglich mittelbare Vorteile nicht anzurechnen wären. Ein zweiter methodischer Ansatz lehnt sich an die objektive Zurechnung an, wie sie aus dem Strafrecht im Rahmen des objektiven Tatbestandes im Anschluss an die Kausalitätsbetrachtung bekannt ist. Dabei wird sich zeigen, dass nur solche Vorteile anzurechnen sind, bei denen sich ein vom Schädiger geschaffenes Risiko verwirklicht hat. Im Mittelpunkt wird dabei die Frage stehen, in wessen Verantwortungsbereich die entsprechenden Vorteile fallen. Die steuerlichen Vorteile liegen ihrerseits jedoch nicht im Verantwortungsbereich des Schädigers; es realisiert sich nicht dessen Risiko. Eine Zurechnung scheidet bei steuerlichen Vorteilen grundsätzlich aus, weshalb sie auch nach diesem Ansatz nicht schadensmindernd zu berücksichtigen sein werden.

Der siebente Teil untersucht, ob, isoliert betrachtet, Nachteile, die sich aus der Versteuerung der Rückabwicklung ergeben, relevante, vom Schädiger zu ersetzende Schadensposten darstellen. Insoweit findet ein Vergleich mit Alternativanlagen statt, von denen sich der Anleger nur durch eine Veräußerung lösen kann. Dabei fallen ebenfalls steuerliche Nachteile an, weshalb insoweit kein Ersatz zu leisten ist.

Der achte Teil beinhaltet schließlich eine Zusammenfassung der Ergebnisse und einen Ausblick.

Zweiter Teil: Die Vorteilsausgleichung

Die Vorteilsausgleichung (auch „compensatio lucri cum damno")[30] stellt einen wesentlichen Ausgangspunkt der Problemstellung dar. Der Geschädigte, der einen Schadensersatzanspruch geltend macht, sieht sich dem Vortrag des Schädigers ausgesetzt, er müsse sich die ersparten Steuern schadensmindernd anrechnen lassen und erhalte daher den geforderten Schadensersatz nicht in voller Höhe. Schließlich sei er durch die Vorteile bereichert und dürfe nun nicht besser stehen als ohne das schädigende Ereignis. Dies wäre aber der Fall, erhielte er die Schadensersatzleistung ungekürzt und in voller Höhe. In diesem Zusammenhang stellt die Vorteilsausgleichung das Instrument dar, welches darüber entscheidet, ob eine solche Anrechnung zu erfolgen hat oder nicht.[31]

§ 1: Grundsätze

A. Begriff und Problemstellung

Ist ein Schädiger zum Schadensersatz verpflichtet, so bemisst sich dessen Art und Umfang nach den §§ 249 ff. BGB. Nach § 249 Abs. 1 BGB hat der Schädiger den Zustand herzustellen, der bestehen würde, wenn der zum Ersatz verpflichtende Umstand nicht eingetreten wäre. Ermittelt wird ein (Vermögens-) Schaden durch die Differenzhypothese, die einen solchen als Differenz zwischen der realen und der hypothetischen, ohne schädigendes Ereignis bestehenden Vermögenslage des Geschädigten beschreibt.[32] Ergibt sich hierbei eine negative Differenz, so liegt ein Schaden vor. Dabei verengt sich diese Rechnung nicht auf einzelne Positionen, sondern es erfolgt ein Gesamtvermögensvergleich.[33]

---

30 Vgl. etwa *Erdmann*, S. 1; *Oertmann*, S. 1; *Heck*, S. 49.

31 Zur Begründung der Vorteilsausgleichung siehe ausführlich *Thiele*, AcP 167 (1967), 193 (194 ff.); *Wendehorst*, S. 131 ff.

32 BGH, Beschluss v. 9.7.1986, GSZ 1/86, BGHZ 98, 212 (217); Urt. v. 8.9.2016, IX ZR 255/13, NJW-RR 2017, 566 (567); *Schiemann*, in: Staudinger, § 249, Rn. 5 ff.; *Oetker*, in: MüKo BGB, § 249, Rn. 18; *Grüneberg*, in: Palandt, Vorb v § 249, Rn. 10; *Lange*, JuS 1978, 649 (649); *Looschelders*, Schuldrecht, Rn. 962; *Erdmann*, S. 2.

33 BGH, Urt. v. 17.3.2011, IX ZR 162/08, DStRE 2012, 133 (135); Urt. v. 5.2.2015, IX ZR 167/13, NJW 2015, 1373 (1374); Urt. v. 8.9.2016, IX ZR 255/13, NJW-RR 2017, 566 (567); *Ganter*, NJW 2012, 801 (801); kritisch *Flume*, in: BeckOK BGB, § 249, Rn. 42; a.A. *Honsell*, JuS 1973, 69 (70 f.).

Es kann nun jedoch die Situation entstehen, dass das schädigende Ereignis nicht nur Nachteile mit sich bringt. Vielmehr können dem Geschädigten auf diese Weise auch Vorteile zufließen, in deren Genuss er ohne die zum Schadensersatz verpflichtende Handlung nicht gekommen wäre. Würde man hierbei die Differenzhypothese konsequent anwenden, müssten zu Lasten des Geschädigten auch alle positiven Vermögenszuwächse, die mit dem Schadensereignis zusammenhängen, berücksichtigt werden.[34] Denn der hypothetische Zustand ohne das schädigende Ereignis sieht weder Vor- noch Nachteile vor. Dies würde also zu einer Anrechnung aller Vorteile führen. Dieses Problem erkannte auch der Gesetzgeber frühzeitig, indem er in seinen Motiven zum Entwurf eines Bürgerlichen Gesetzbuches schreibt, dass es selbstverständlich sei, „wenn aus einer und derselben Maßregel oder aus einem Komplex von Maßregeln, für welche dieselbe Person einzustehen hat, schädliche und nützliche Folgen entstanden sind, diese nicht von einander getrennt werden dürfen, sondern auf das Gesamtresultat gesehen werden muß."[35]

Eine Anrechnung der Vorteile findet ihre Rechtfertigung teilweise im sog. Bereicherungsverbot.[36] Danach darf ein Geschädigter nicht besser gestellt werden, als er ohne das schädigende Ereignis stünde.[37] Allerdings herrscht heute Einigkeit darin, dass eine Vorteilsausgleichung nicht auf einem Wege, bei dem uneingeschränkt alle Vorteile anzurechnen sind, sondern nur unter wertenden Gesichtspunkten stattfinden kann.[38] Denn es wäre nicht gerechtfertigt, wenn

---

34 *Ekkenga/Kuntz*, in: Soergel, Vor § 249, Rn. 42; *Naujok*, ZfIR 2008, 803 (803); *Dittmayer*, S. 11; *Lange*, JuS 1978, 649 (649); *Zoller*, GWR 2014, 515 (520), der von „strenger Anwendung der Differenzhypothese" spricht; vgl. auch *Cantzler*, AcP 156 (1957), 29 (31); *Heck*, S. 50.

35 Motive II, S. 19.

36 *Larenz*, Schuldrecht, S. 531; *Dittmayer*, S. 11; vgl. auch *Rudloff*, in: FS Hippel, 423 (428), der von Gewinnabwehr spricht. Nach *Oetker*, in: MüKo BGB, § 249, Rn. 238, stellt das Bereicherungsverbot allerdings nichts Anderes dar, als eine andere Formulierung für die strenge Differenzhypothese, bei der nun neben den Nachteilen auch alle Vorteile berücksichtigt werden. Nach *Thiele*, AcP 167 (1967), 193 (197), besagen das Prinzip der Gewinnabwehr oder das Bereicherungsverbot nichts anderes als die Differenzhypothese. Eine darüber hinausgehende Bedeutung komme dem Prinzip nicht zu. Über die Bewertung und Anrechnung von Vorteilen sage es nichts aus.

37 BGH, Urt. v. 28.6.2007, VII ZR 81/06, BGHZ 173, 83 (87) m.w.N.; vgl. *Flume*, in: BeckOK BGB, § 249, Rn. 48; *Oetker*, in: MüKo BGB, § 249, Rn. 20; siehe zum Bereicherungsverbot auch die weiteren Ausführungen bei *Wendehorst*, S. 138.

38 *Ekkenga/Kuntz*, in: Soergel, Vor § 249, Rn. 279; *Lange/Schiemann*, S. 486; *Looschelders*, Schuldrecht, Rn. 1011; vgl. auch *Wendehorst*, S. 133; *Henke*, in: FS Hagen, 371 (374), der dem Institut der Vorteilsausgleichung eine „wertende Grundlage" beimisst.

ausnahmslos alle Vorteile anzurechnen wären und den Schädiger entlasteten.[39] Gerade bei durch Prämien erkauften Versicherungsleistungen, gesetzlichen Hinterbliebenenansprüchen oder Geschenken Dritter infolge von Schadensereignissen käme es zu Widersprüchen mit dem Rechtsempfinden.[40] Eine generelle Anrechnung von Vorteilen wird deshalb heute nicht mehr vertreten. Sie würde zu Ergebnissen führen, die für den Geschädigten nicht zumutbar sind und den Schädiger unangemessen entlasten.[41] Die Vorteilsausgleichung ist damit das Instrument, mit dem eine Entscheidung über die schadensmindernde Berücksichtigung der Vorteile getroffen wird. Zwar kommt es so zu einer Durchbrechung der Differenzhypothese;[42] aber auch ein Vermögensschaden darf nicht allein rein rechnerisch nach der Differenzhypothese ermittelt werden. Es müssen vielmehr auch wertende Gesichtspunkte Berücksichtigung finden, wie die Anwendung des „normativen Schadens" zeigt.[43]

B. Abgrenzungsfragen

Mit der Erkenntnis, dass die durch das schädigende Ereignis entstandenen Vorteile unter Umständen berücksichtigt werden müssen, ist aber noch nicht geklärt, auf welche Art und Weise dies genau geschehen soll. Das Wesen der Vorteilsausgleichung wird im Schrifttum unterschiedlich verstanden. Zunächst soll dogmatisch geklärt werden, wie die Vorteilsausgleichung einzuordnen ist, bevor dann der Umgang mit Steuervorteilen betrachtet werden kann.

I. Dogmatische Einordnung

Umstritten ist die dogmatische Einordnung der Vorteilsausgleichung. In Betracht kommen dabei zwei Möglichkeiten. Einerseits kann man sie als einen Teil der Schadensberechnung selbst betrachten, während andererseits die Existenz als eigenes Rechtsinstitut neben der Schadensberechnung denkbar ist.

---

39 *Larenz*, Schuldrecht, S. 531; *Schubert*, in: Bamberger/Roth, § 249, Rn. 108; *Looschelders*, Schuldrecht, Rn. 1011; *Erdmann*, S. 32.

40 *Lange*, JuS 1978, 649 (649); *Würthwein*, S. 427; vgl. auch *Hadding*, JuS 1969, 407 (410).

41 Vgl. BGH, Urt. v. 24.3.1959, VI ZR 90/58, BGHZ 30, 29 (33); Urt. v. 28.6.2007, VII ZR 81/06, BGHZ 173, 83 (87).

42 *Grunsky*, JZ 1997, 764 (771), will darin den begrenzten Erkenntniswert der Differenzhypothese sehen.

43 *Thüsing*, S. 10.

Im Schrifttum gibt es Autoren, die die Vorteilsausgleichung insgesamt als Teil der Schadensberechnung ansehen.[44] Der Schaden ist dann der endgültige Saldo der nach Abzug der Vorteile verbleibenden Nachteile.[45] Im Rahmen der Schadensberechnung können freilich nicht alle Vorteile uneingeschränkt Berücksichtigung finden. Es bedarf hier einer wertenden Betrachtung, aus der sich sodann ergibt, welche Vorteile in die Schadensberechnung einzustellen sind und welche nicht.[46]

Derweil finden sich aber auch etliche Stimmen, die die Vorteilsausgleichung neben der Schadensfeststellung bzw. -berechnung als ein eigenes Institut ansehen.[47] Voraussetzung hierfür ist zunächst ein bereits entstandener Schaden.[48] Dabei können der Vorteilsausgleichung entweder alle Vorteile zugeordnet werden[49] oder es ist eine differenzierende Betrachtung anzustellen. Dann werden bestimmte Vorteile der Schadensfeststellung zugeschrieben, während andere explizit den Bereich der Vorteilsausgleichung und damit die Höhe des Anspruchs betreffen und beeinflussen.[50] Entweder sind also nur die Nachteile der Schadensfeststellung zuzuordnen, während die Vorteile Gegenstand der Vorteilsausgleichung sind, oder die Vorteile werden differenziert einem der beiden Bereiche zugewiesen. Die Kriterien, welche Vorteile welcher Gruppe zugeordnet werden, sind dabei nicht einheitlich. So wird etwa vertreten, dass Vorteile der Schadensberechnung zufielen, wenn sie den Schaden von vornherein nicht oder nur in bestimmter Höhe entstanden erscheinen ließen.[51] Dies sind diejenigen

---

44 *Thiele*, AcP 167 (1967), 193 (200); *ders.*, JZ 1970, 581 (582); *Henke*, in: FS Hagen, 371 (380 f.); *Selb*, S. 22; *Zeuner*, AcP 157 (1958/59), 441 (443); *Thüsing*, S. 22; *Sonnenberger*, in: FS Trinkner, 723 (726); *Honsell*, JuS 1973, 69 (74); *Fikentscher/Heinemann*, Rn. 703; *Klimke*, VersR 1969, 785 (785); *Riedinger*, S. 2; *Heck*, S. 49; wohl auch *Erdmann*, S. 37; *Looschelders*, Mitverantwortlichkeit, S. 499; *Kessler*, DRiZ 1965, 320 (321); differenzierend hingegen *Leonhard*, S. 205.

45 *Honsell*, JuS 1973, 69 (74).

46 Vgl. *Medicus/Petersen*, Rn. 854; ähnlich *Zeuner*, AcP 157 (1958/59), 441 (443).

47 *Ganter*, NJW 2012, 801 (802); wohl auch *Ekkenga/Kuntz*, in: Soergel, Vor § 249, Rn. 283; *Lange/Schiemann*, S. 487; *Lange*, JuS 1978, 649 (649); *Erm*, S. 198.

48 *Ganter*, NJW 2012, 801 (802); *Ekkenga/Kuntz*, in: Soergel, Vor § 249, Rn. 283; a.A. *Lieb*, JR 1971, 371 (372).

49 Diese Möglichkeit überzeugt nicht, da sonst bei der Schadensberechnung nur negative Posten Berücksichtigung finden und dem Gesamtvermögensvergleich nicht mehr Rechnung getragen wird; so auch *Ganter*, NJW 2012, 801 (803).

50 BGH, Urt. v. 20.11.1997, IX ZR 286/96, NJW 1998, 982 (983), der hier im Grundsatz eine Trennung vornimmt; *Ganter*, NJW 2012, 801 (803).

51 *Lange/Schiemann*, S. 487; *Lange*, JuS 1978, 649 (649).

Konstellationen, bei denen der „Vorteil" darin besteht, dass eine Sache noch einen Restwert besitzt. Der Schaden besteht hier von vornherein nur in der Differenz.[52] Ferner wird vertreten, der Schadensfeststellung fielen solche Vorteile zu, die sich zwangsläufig aus dem schadensstiftenden Ereignis ergäben und somit unmittelbar die Schadensfeststellung beeinflussen würden.[53]

Für eine Einordnung der Vorteilsausgleichung als Teil der Schadensberechnung spricht, dass die Differenzhypothese den Ausgangspunkt für die Feststellung eines Vermögensschadens darstellt. Sie ist wertneutral und muss mit Billigkeitserwägungen gefüllt werden.[54] Legt man sie zugrunde und ermittelt bzw. definiert dadurch den letztendlich entstandenen Schaden, so sind auch bereits bei ihr die Vorteile zu berücksichtigen. Im Einzelfall müsste somit also durch Wertungen festgestellt werden, welcher Schaden dem Geschädigten tatsächlich erwachsen ist.[55] Dies wäre der Saldo aus den Nachteilen und den Vorteilen, die aufgrund der Vorteilsausgleichung anzurechnen sind.[56]

Letztlich legt aber *Ganter* überzeugend dar, warum die Vorteilsausgleichung vorzugswürdig als eigenes Institut neben der Schadensberechnung anzusehen ist. Dafür spricht nämlich die Erwägung, dass der Anspruchsteller, also der Geschädigte, die Anspruchsvoraussetzungen für den Schadensersatzanspruch darlegen und beweisen muss. Würde man die Vorteilsausgleichung als Teil der Schadensberechnung ansehen, so wäre dies auch für deren Voraussetzungen der Fall. Der Geschädigte soll aber nicht bereichert werden, was für eine Einwendung des Schädigers spricht.[57] Dann aber hat der Anspruchsgegner, also der Schädiger, die Vorteilsausgleichung darzulegen und zu beweisen.[58] Vor- und Nachteile müssen auch nicht zwangsläufig am selben Schadenssubjekt oder Schadensobjekt entstehen, was ebenso für eine Eigenständigkeit spricht.[59] Mag materiell-rechtlich eine Entscheidung entbehrlich sein, weil man zu denselben Ergebnissen gelangt,[60] hängen insoweit aber die Darlegungs- und Beweislast von der Einordnung der Vorteilsausgleichung ab.

---

52 Vgl. *Larenz*, Schuldrecht, S. 530.
53 *Ganter*, NJW 2012, 801 (806); *Ramme*, VersR 2016, 160 (162).
54 *Thüsing*, S. 21.
55 Zur wertenden Betrachtung im Einzelfall siehe *Wendehorst*, S. 133.
56 Vgl. *Erdmann*, S. 36.
57 *Ganter*, NJW 2012, 801 (802).
58 Siehe dazu Zweiter Teil, § 4.
59 *Erm*, S. 198.
60 Vgl. insoweit *Erm*, S. 198.

Unter welchen Voraussetzungen eine Vorteilsausgleichung vorzunehmen ist, wird im weiteren Verlauf der Arbeit zu klären sein.

II. Steuervorteile

In Anbetracht dessen, dass es sich bei der Vorteilsausgleichung um ein eigenes Institut handelt, sind die hier in Rede stehenden Steuervorteile damit der Vorteilsausgleichung und nicht der Schadensberechnung zuzuordnen. Sie entstehen dadurch, dass der Geschädigte durch das schädigende Ereignis, z.B. eine fehlerhafte Beratung, Vermögensdispositionen, also beispielsweise die Beteiligung an einem geschlossenen Immobilienfonds, vornimmt, die dann steuerliche Auswirkungen zur Folge haben. Diese resultieren aus der Anwendung des Gesetzes und bewirken einen reinen Vermögenszuwachs beim Geschädigten. Es handelt sich damit nicht um Vorteile, die nur eine Wertdifferenz betreffen und auch nicht um solche, die durch die Art der Ersatzleistung entstehen.[61] Sie stellen Vorteile dar, die im Rahmen der Vorteilsausgleichung dem Grunde nach berücksichtigungsfähig sein können. Der BGH hat Fälle, in denen ein Mandant aufgrund unzutreffender Beratung disponiert hat, ebenfalls der Vorteilsausgleichung zugeordnet.[62] Ebenso ist zu entscheiden, wenn die steuerlichen Vorteile z.B. auf Pauschbeträgen wie § 33b EStG beruhen.

§ 2: Voraussetzungen der Vorteilsausgleichung

Bislang wurde lediglich festgestellt, dass ein schädigendes Ereignis auch Vorteile hervorrufen kann und diese bei der Feststellung der Höhe des Schadens nicht unberücksichtigt bleiben können. Aber allein die Tatsache, dass Vorteile vorliegen, heißt noch nicht, dass diese stets auszugleichen sind.[63] Unter welchen Voraussetzungen ein solcher Ausgleich der Vorteile stattzufinden hat, ist gesetzlich nicht geregelt. Eine allgemeine Vorschrift zur Vorteilsausgleichung fehlt.[64] Dieser Umstand hängt damit zusammen, dass der Gesetzgeber die Entscheidung, wann eine Vorteilsausgleichung stattzufinden habe, der Wissenschaft und Praxis überlassen wollte. Denn die Lösung hänge wesentlich mit der Feststellung des

---

61 Hierunter fällt beispielsweise die Problematik „neu für alt“, da hierbei der Vorteil nicht durch das schädigende Ereignis, sondern erst durch die Schadensbehebung entsteht, vgl. *Mohr*, JURA 2010, 645 (649).

62 BGH, Urt. v. 31.1.1991, IX ZR 124/90, NJW-RR 1991, 794 (794); vgl. *Ganter*, NJW 2012, 801 (805).

63 Vgl. dazu *Cantzler*, AcP 156 (1957), 29 (33) mit Beispielen.

64 *Schiemann*, in: Staudinger, § 249, Rn. 134.

Schadensbegriffs zusammen und der Versuch einer Lösung „müsste zu einer weitgehenden Kasuistik führen, von welcher keine befriedigenden Resultate zu erwarten wären."[65] Jedoch muss mittlerweile anerkannt werden, dass auch der Weg der h.M., der sich aufgrund dieser gesetzgeberischen Vorgabe entwickelt hat, bis heute zu keiner im Ganzen befriedigenden und unumstrittenen Lösung geführt hat, wie im Folgenden noch zu sehen sein wird.

Grundsätzliche Anerkennung hat die Vorteilsausgleichung dadurch erlangt, dass es im Gesetz einzelne Sondervorschriften gibt.[66] So ist zunächst § 843 Abs. 4 BGB zu nennen, der eine Vorteilsausgleichung ausschließt. Zum Teil wird auch auf § 642 Abs. 2 BGB verwiesen, der hingegen eine Vorteilsausgleichung zulassen soll, indem sich die Höhe der Entschädigung unter anderem nach demjenigen bestimmt, was der Unternehmer infolge des Verzugs an Aufwendungen erspart oder durch anderweitige Verwendung seiner Arbeitskraft erwerben kann.[67] Allerdings ist umstritten, ob es sich beim Anspruch aus § 642 Abs. 1 BGB überhaupt um einen Schadensersatzanspruch handelt. Er wird insoweit zum einen als Vergütungsanspruch[68] oder als verschuldensunabhängiger Schadensersatzanspruch[69] bzw. Entschädigungsanspruch[70] eingeordnet. In letzterem Fall sollen die Gedanken der Vorteilsausgleichung aber anwendbar sein.[71] Zum anderen soll er als Anspruch eigener Art weder einen Vergütungs- noch einen Schadensersatzanspruch darstellen.[72] Gegen das Vorliegen eines Schadensersatzanspruchs kann vor allem der Wortlaut angeführt werden, denn § 642 Abs. 1 und 2 BGB sprechen insoweit von Entschädigung.[73] Für einen vergütungsgleichen Anspruch kann vorgetragen werden, dass § 642 Abs. 2 BGB auf die Vergütung

---

65 Motive II, S. 18 f.

66 Vgl. *Deutsch*, Rn. 842.

67 So z.B. *Büdenbender*, S. 8.

68 *Peters/Jacoby*, in: Staudinger, § 642, Rn. 24; *Roskosny/Bolz*, BauR 2006, 1804 (1815) (vergütungsgleicher Anspruch).

69 *Busche*, in: MüKo BGB, § 642, Rn. 16 (Schadensersatzanspruch eigener Art); *Teichmann*, in: Soergel, § 642, Rn. 6 (eigenständiger Schadensersatzanspruch).

70 BGH, Urt. v. 21.10.1999, VII ZR 185/98, BGHZ 143, 32 (39) (Entschädigungsanspruch); *Mansel*, in: Jauernig, Anm. zu den §§ 642, 643, Rn. 3 (eigenständiger Entschädigungsanspruch); *Sprau*, in: Palandt, § 642, Rn. 5 (Entschädigungsanspruch); *Voit*, in: BeckOK BGB, § 642, Rn. 14 (Entschädigungsanspruch).

71 *Schwenker/Rodemann*, in: Erman, § 642, Rn. 5; differenzierender *Voit*, in: BeckOK BGB, § 642, Rn. 15.

72 *Kögl*, in: BeckOGK BGB, § 642, Rn. 53.

73 Vgl. insoweit *Kögl*, in: BeckOGK BGB, § 642, Rn. 53; *Roskosny/Bolz*, BauR 2006, 1804 (1807); kritisch *Schilder*, BauR 2007, 450 (450).

Bezug nimmt.[74] Anhänger eines Entschädigungsanspruchs tragen vor, der Anspruch gehe weniger weit als ein Schadensersatzanspruch, er umfasse z.B. insbesondere nicht den entgangenen Gewinn.[75] Die Entscheidung darüber, ob ein Vergütungs- oder ein Entschädigungsanspruch vorliegt, kann letztlich dahinstehen, da es sich zumindest nicht um einen Schadensersatzanspruch handelt. Selbst wenn Gedanken der Vorteilsausgleichung hierauf anwendbar sein sollten, so enthält die Vorschrift des § 642 Abs. 2 BGB doch keine allgemeingültige Aussage über die Vorteilsausgleichung beim Schadensersatz. Dies ergibt sich schon daraus, dass die Vorschrift das Gegenteil von § 843 Abs. 4 BGB anordnet.

Neben § 843 Abs. 4 BGB zeigen aber auch die Legalzessionen, wie z.B. in § 116 Abs. 1 Satz 1 SGB X, § 6 Abs. 1 EFZG oder § 86 Abs. 1 Satz 1 VVG, dass eine erbrachte Leistung eines Dritten den Schaden nicht mindert, da die Abtretungen ansonsten ins Leere laufen würden.[76] Hier zeigt sich zudem das „Spannungsfeld“[77] zwischen dem Bereicherungsverbot und der gesetzlichen Maßgabe, eine unangemessene Anrechnung abzulehnen.[78] Auch aus der in § 254 Abs. 2 BGB normierten Schadensminderungspflicht[79] des Geschädigten wird eine Konsequenz für die Vorteilsausgleichung gezogen. Führt eine unterlassene Schadensminderungsobliegenheit zu einem mitwirkenden Verschulden des Geschädigten und damit zu einem gekürzten Schadensersatzanspruch, so müssten folgerichtig Vorteile, die sich aus der Beachtung dieser Obliegenheit ergeben, auf den Schadensersatzanspruch anzurechnen sein.[80]

---

74 *Schilder*, BauR 2007, 450 (451).

75 BGH, Urt. v. 21.10.1999, VII ZR 185/98, BGHZ 143, 32 (40); OLG Jena, Urt. v. 11.10.2005, 8 U 849/04, NZBau 2006, 510 (513); *Raab*, in: Nomos Kommentar, § 642, Rn. 13; *Sprau*, in: Palandt, § 642, Rn. 5.

76 *Deutsch*, Rn. 842; *Büdenbender*, S. 10 m.w.N.; *ders.*, NJW 2000, 986 (990 f.); vgl. auch *Ebert*, in: Erman, Vor §§ 249–253, Rn. 93; *Flume*, in: BeckOK BGB, § 249, Rn. 351 ff.; *Wendehorst*, S. 119.

77 *Büdenbender*, S. 31.

78 *Büdenbender*, S. 31 f., der aber darauf hinweist, dass in den Fällen der Legalzessionen keine Besserstellung des Geschädigten durch Doppelleistung seitens des Schädigers und des Drittleistenden vorliege, da durch die Überleitung des Anspruchs auf den Drittleistenden dessen Entlastung bewirkt wird.

79 Genau genommen handelt es sich um eine Obliegenheit, vgl. *Lorenz*, in: BeckOK BGB, § 254, Rn. 30; *Oetker*, in: MüKo BGB, § 254, Rn. 68.

80 BGH, Urt. v. 19.6.1984, VI ZR 301/82, BGHZ 91, 357 (362 f.); *Büdenbender*, S. 32 ff.; *ders.*, JZ 1995, 920 (922); *Grüneberg*, in: Palandt, Vorb v § 249, Rn. 70; *Ekkenga/Kuntz*, in: Soergel, Vor § 249, Rn. 314.

Überobligatorische Maßnahmen des Geschädigten kommen hingegen dem Geschädigten zugute.[81]

Die Rechtsprechung und die Lehre haben infolgedessen Kriterien entwickelt, anhand derer festgestellt werden soll, ob ein anzurechnender Vorteil gegeben ist oder nicht.[82] Liegen die Voraussetzungen vor, so erfolgt bei Gleichartigkeit von Vorteil und Ersatzanspruch eine Anrechnung, bei der der Vorteil vom Ersatzanspruch abgezogen wird. Hierdurch wird der Schadensersatzanspruch erst endgültig festgelegt, weshalb keine Aufrechnung vorliegt. Liegt keine Gleichartigkeit vor, ist der Vorteil Zug um Zug gegen den Ersatzanspruch herauszugeben.[83] Ob letztlich eine Anrechnung oder eine Nichtanrechnung von Vorteilen der Grundsatz ist und das jeweilige Gegenteil einer besonderen Begründung bedarf, wird in der Literatur unterschiedlich beantwortet. Einige Stimmen gehen davon aus, dass weder das eine noch das andere der Regelfall sei.[84] Vor dem gedanklichen Hintergrund des § 249 Abs. 1 BGB, nach dem der Zustand hergestellt werden soll, der ohne das schädigende Ereignis bestünde, spricht jedoch vieles dafür, von einer grundsätzlichen Anrechnung auszugehen und im Einzelfall eine Nichtanrechnung zu begründen.[85] Dafür spricht auch die Erwägung, dass es, wie bereits eingangs erwähnt, ungerecht wäre, alle Vorteile ausnahmslos anzurechnen, da sonst Unbilligkeiten entstehen würden. So ist es daher zweckmäßiger,

---

81 BGH, Urt. v. 16.2.1971, VI ZR 147/69, BGHZ 55, 329 (332); Urt. v. 28.6.2011, KZR 75/10, BGHZ 190, 145 (165); *Büdenbender*, S. 33 ff.; *ders.*, JZ 1995, 920 (922 f.); *Grüneberg*, in: Palandt, Vorb v § 249, Rn. 70; *Ekkenga/Kuntz*, in: Soergel, Vor § 249, Rn. 314; a.A. *Lieb*, JR 1971, 371 (372 f.); *Thiele*, AcP 167 (1967), 193 (236 f.), sieht hierin kein Problem der Vorteilsausgleichung; kritisch im Zusammenhang mit Drittgeschäften *Müller-Laube*, JZ 1991, 162 (167).

82 Siehe ausführlich zur Entwicklung *Lange/Schiemann*, S. 489 ff.

83 *Grüneberg*, in: Palandt, Vorb v § 249, Rn. 71; *Schiemann*, in: Staudinger, § 249, Rn. 142 f.; *Oetker*, in: MüKo BGB, § 249, Rn. 279; *Ebert*, in: Erman, Vor §§ 249–253, Rn. 88 f.

84 *Lange/Schiemann*, S. 495; *Lange*, JuS 1978, 649 (651); *Büdenbender*, S. 24; *Oetker*, in: MüKo BGB, § 249, Rn. 238; *Ekkenga/Kuntz*, in: Soergel, Vor § 249, Rn. 281; *Medicus/Lorenz*, Rn. 689, die aber behaupten, dass die Tendenz zur Nichtanrechnung gehe.

85 So auch *Esser/Schmidt*, S. 248; *Mohr*, JURA 2010, 645 (646); *Schiemann*, in: Staudinger, § 249, Rn. 140; *Grüneberg*, in: Palandt, Vorb v § 249, Rn. 70; a.A. *Fikentscher/Heinemann*, Rn. 703. Dagegen geht beispielsweise *Thiele*, AcP 167 (1967), 193 (196), davon aus, dass die Nichtanrechnung der Normalfall sei und eine Anrechnung positiv legitimiert werden müsse. *Grunsky*, JZ 1997, 764 (771), lehnt hingegen das Argument, wegen der Differenzhypothese eine Nichtanrechnung nur in Ausnahmefällen zu vertreten, ab.

den unbilligen Fall als Ausnahme im Einzelfall besonders zu begründen und nicht umgekehrt die eigentlich erforderliche Anrechnung. Daran ändert sich auch nichts, dass die Nichtanrechnung statistisch gesehen überwiegt.[86]

Dies bedeutet demnach zusammenfassend, dass neben den Nachteilen im Regelfall auch alle Vorteile zu berücksichtigen sind, es sei denn, die Anwendung der Vorteilsausgleichung ergibt, dass infolge Unbilligkeit von einer ausnahmsweisen Nichtanrechnung auszugehen ist. Was eine Anrechnung voraussetzt bzw. wann gegenteilig eine Nichtanrechnung in Betracht kommt, wird im Folgenden erläutert.

A. Äquivalenztheorie

Zunächst muss eine äquivalente Kausalität, welche anhand der condicio sine qua non-Formel festgestellt wird,[87] zwischen dem schädigenden Ereignis und dem anzurechnenden Vorteil gegeben sein.[88] Kausal ist danach jedes Ereignis, das nicht hinweggedacht werden kann, ohne dass der Erfolg entfiele.[89] Der Vorteil muss also durch das schädigende Ereignis bedingt sein.

Dem ursächlichen Zusammenhang im Sinne der condicio sine qua non-Formel wird in der Regel mit Ausnahme der Fälle des vorzeitigen Genusses einer Erbschaft und der rechtsgeschäftlichen Schadensverlagerung kaum Beachtung geschenkt, da sie grundsätzlich unproblematisch ist.[90] So verhält es sich auch in den Fällen, in denen es um die fragliche Anrechnung von Steuervorteilen geht. Es finden sich daher quasi so gut wie keine Ausführungen.

B. Adäquanztheorie

Geht es um den Ersatz von Schäden, ist der Bedingungszusammenhang der Äquivalenztheorie allein zu weit, denn der Schadensumfang wäre zu groß. Gelöst wurde dieses Problem zunächst durch die Adäquanztheorie.[91] Aus ihrer Anwendbarkeit bei der Einschränkung des Schadens wurde auch auf eine passende Anwendbarkeit bei der Ausgleichung von Vorteilen geschlossen, damit

---

86 *Würthwein*, S. 429; *Deutsch*, Rn. 844; *Honsell*, JuS 1973, 69 (74).

87 Vgl. dazu statt vieler *Looschelders*, Schuldrecht, Rn. 977.

88 *Lange/Schiemann*, S. 492; *Grüneberg*, in: Palandt, Vorb v § 249, Rn. 69; *Schiemann*, in: Staudinger, § 249, Rn. 137; *Larenz*, Schuldrecht, S. 531; *Büdenbender*, S. 26 f.; *Ebert*, in: Erman, Vor §§ 249–253, Rn. 86.

89 *Grüneberg*, in: Palandt, Vorb v § 249, Rn. 25.

90 Näher dazu *Büdenbender*, S. 27 f.

91 Vgl. *Cantzler*, AcP 156 (1957), 29 (43 ff.).

derselbe Maßstab gewahrt bleibe.[92] War das RG zunächst noch davon ausgegangen, dass eine Anrechnung nur in Betracht komme, wenn der Vorteil aus demselben Ereignis erwachse wie der Schaden, ein rein tatsächlicher Zusammenhang also nicht ausreiche,[93] wurde Anfang des letzten Jahrhunderts eine Anrechnung vom RG aber bereits dann vorgenommen, wenn ein adäquater Zusammenhang bestand.[94] Auch der BGH fordert als zusätzliches Element in seiner Rechtsprechung einen solchen. Nur dann, wenn das schädigende Ereignis allgemein geeignet war, den eingetretenen Vorteil mit sich zu bringen, lägen Umstände vor, die zu einer Anrechnung im Wege der Vorteilsausgleichung führen könnten.[95] Inadäquate Vorteile seien in spiegelbildlicher Anwendung des allgemeinen Lebensrisikos dem Geschädigten gutzubringen, nicht dem Schädiger.[96] Der Bejahung des adäquaten Zusammenhangs stehe es dabei auch nicht entgegen, wenn der Vorteil auf öffentlich- und nicht privatrechtlicher Grundlage beruhe.[97]

In der übrigen Literatur ist diese Voraussetzung bzw. dieser Maßstab bei der Lösung des Problems der Vorteilsausgleichung jedoch bei etlichen Autoren auf Ablehnung gestoßen.[98] Bei der Adäquanztheorie gehe es nämlich um die

---

92 Vgl. RG, Urt. v. 28.10.1912, VI 122/12, RGZ 80, 155 (159 f.); a.A. beispielsweise *Thüsing*, S. 43, nach dem die Anwendbarkeit nicht alleine mit diesem Argument begründet werden kann; siehe dazu näher die Darstellung bei *Cantzler*, AcP 156 (1957), 29 (36 ff.).

93 RG, Urt. v. 11.7.1883, V 159/83, RGZ 10, 50 (51 f.); Urt. v. 4.1.1907, III 217/06, RGZ 65, 57 (60); vgl. auch *Drachner*, S. 2; *Thüsing*, S. 41.

94 RG, Urt. v. 28.10.1912, VI 122/12, RGZ 80, 155 (159 f.); vgl. die ausführliche Darstellung von *Erdmann*, S. 22 ff., wonach selbst das RG phasenweise die Adäquanz nicht anwendete.

95 BGH, Urt. v. 15.1.1953, VI ZR 46/52, BGHZ 8, 325 (328); Urt. v. 17.6.1953, IV ZR 113/52, NJW 1953, 1346 (1346); Urt. v. 15.11.1967, VIII ZR 150/65, NJW 1968, 491 (492); Urt. v. 13.7.1981, II ZR 91/80, NJW 1982, 32 (33).

96 *Grüneberg*, in: Palandt, Vorb v § 249, Rn. 69. Für ein Beispiel einer Verneinung einer Anrechnung mangels Adäquanz siehe *Thesling*, S. 22.

97 BGH, Urt. v. 18.12.1969, VII ZR 121/67, BGHZ 53, 132 (134).

98 So z.B. *Erdmann*, S. 28; *Esser*, MDR 1957, 522 (523 f.); *Cantzler*, AcP 156 (1957), 29 (48 ff.); *Lange*, JuS 1978, 649 (651); *Larenz*, Schuldrecht, S. 531; *Rudloff*, in: FS Hippel, 423 (461); *Esser/Schmidt*, S. 252; *Büdenbender*, S. 22; *Rüßmann*, in: juris-PK, § 249, Rn. 49; *Mohr*, JURA 2010, 645 (646); *Heck*, S. 50; kritisch, im Ansatz aber der Rechtsprechung zustimmend *Oetker*, in: MüKo BGB, § 249, Rn. 237, der jedoch bemängelt, dass es nicht auszuschließen sei, dass der Zweck der Ersatzpflicht auch eine Anrechnung inadäquater Vorteile erzwinge, was allerdings nicht der Regelfall sei; a.A. hingegen *Schimmel*, S. 44 ff., der die Adäquanz für geeignet und ausreichend hält; ferner *Grüneberg*, in: Palandt, Vorb v § 249, Rn. 69; *Ekkenga/Kuntz*, in: Soergel, Vor § 249, Rn. 286; *Wendehorst*, S. 121, ist der Ansicht, auf das Mindesterfordernis

„Begrenzung der Verantwortung des Menschen."[99] Sie habe daher nur Bedeutung bei Nachteilen, nicht aber bei Vorteilen, bei denen es nicht auf eine Beherrschung des Kausalverlaufs ankomme.[100] Es sei nicht ersichtlich, warum dem Schädiger Vorteile zugutekommen sollen, die er voraus berechnen konnte. Der Schädiger werde vielmehr zu einer Schädigung ermuntert, wenn dadurch Vorteile zu erwarten seien.[101] Auch die Existenz der Legalzessionen zeige, dass der Gesetzgeber nicht von der Adäquanztheorie ausgegangen sei, denn die Leistung einer Versicherung im Schadensfall sei normal.[102] Zudem sei nicht ersichtlich, warum Leistungen Dritter, die ohne Zweifel als adäquate Folge anzusehen seien, den Schädiger entlasten sollen.[103]

Der BGH selbst äußerte im Anschluss an die kritische Literatur zwar ebenfalls Bedenken hinsichtlich ihrer Tauglichkeit, rückt aber dennoch nicht völlig von der Adäquanz ab.[104] Bei aller Kritik ist anzuerkennen, dass es freilich Fallkonstellationen geben mag, in denen die Anwendung der Adäquanztheorie zu unbilligen Ergebnissen führt.[105] Zu beachten ist aber, dass die heutige Rechtsprechung des BGH ihre Ergebnisse nicht einzig und allein nur auf die Adäquanz stützt. Sie ist vielmehr lediglich eine Mindestvoraussetzung.[106] Zu berücksichtigen sind dem BGH zufolge vielmehr zusätzliche Erfordernisse, denn die Adäquanz reiche in der Regel nicht aus, um die Frage nach der Angemessenheit einer Anrechnung

---

der Adäquanz könne nicht verzichtet werden; *Thüsing*, S. 44 f., hält die Adäquanz ebenfalls für anwendbar.

99 *Cantzler*, AcP 156 (1957), 29 (48).

100 *Cantzler*, AcP 156 (1957), 29 (48); *Larenz*, Schuldrecht, S. 531; *Lange/Schiemann*, S. 493; zustimmend *Esser*, MDR 1957, 522 (524), für den das Anwendungsgebiet der Adäquanz nur der haftbarmachende Tatbestand ist; ebenso *Esser/Schmidt*, S. 252; ebenfalls zustimmend *Drachner*, S. 99.

101 *Cantzler*, AcP 156 (1957), 29 (48 f.); *Lange*, JuS 1978, 649 (651); zustimmend wohl auch *Rudloff*, in: FS Hippel, 423 (427); a.A. *Wendehorst*, S. 121 (dort Fn. 253); *Erm*, S. 183.

102 *Büdenbender*, S. 22.

103 *Würthwein*, S. 428 m.w.N.

104 Vgl. auch *Thesling*, S. 26.

105 Siehe dazu die Beispiele bei *Cantzler*, AcP 156 (1957), 29 (49); *Lange*, JuS 1978, 649 (651); *Büdenbender*, JZ 1995, 920 (920); *Oetker*, in: MüKo BGB, § 249, Rn. 233.

106 BGH, Urt. v. 22.9.1970, VI ZR 28/69, BGHZ 54, 269 (272); Urt. v. 29.11.1977, VI ZR 177/76, NJW 1978, 536 (536 f.) m.w.N.

zu beantworten.[107] Sie dient daher nur noch der Negativabgrenzung, um nicht adäquate Vorteile, also völlig ungewöhnlich erlangte Vorteile, auszuschließen.[108]

Des Weiteren scheitert die Vorteilsausgleichung in den hier zu betrachtenden Sachverhalten nicht an der Adäquanz, da die in Rede stehenden Steuervorteile nicht außerhalb der Lebenswahrscheinlichkeit liegen, ja oft vielmehr sogar beabsichtigt sind.[109] Gerade bei Steuersparmodellen entstehen die steuerlichen Vorteile nicht zufällig, sondern sind geplant.[110] Es bedarf daher an dieser Stelle keiner weiteren Diskussion, inwieweit sich die Adäquanz als taugliches Abgrenzungskriterium eignet.[111]

C. Lösungsvorschläge in der Literatur

Die Frage, welche zusätzlichen Kriterien darüber hinaus nötig sein sollen, um eine sachgerechte und handhabbare Anrechnung bzw. Nichtanrechnung von Vorteilen vorzunehmen, ist bis heute nicht befriedigend beantwortet worden. Es hat sich zwar eine h.M. gebildet, dennoch werden in der Literatur die unterschiedlichsten Ansätze vorgebracht. Aufgrund deren Masse und den verschiedensten Differenzierungen, sollen an dieser Stelle nur die im Schrifttum am häufigsten beachteten Ansichten dargestellt werden.[112]

I. Förderung des verletzten Rechtsguts (Cantzler)

So möchte *Cantzler* in seiner viel zitierten Ausarbeitung von 1957 diejenigen Vorteile ausgleichen, die eine Förderung der verletzten Vertragspflicht oder des verletzten Rechtsguts bedeuten. Dies beruht seiner Meinung nach darauf, dass die Grundlage der Vorteilsausgleichung wegen der engen Abhängigkeit derselben von der Ersatzpflicht (Verletzung eines Rechtsguts oder einer Vertragspflicht) in

---

107 BGH, Urt. v. 19.12 1978, VI ZR 218/76, NJW 1979, 760 (760).

108 BGH, Urt. v. 19.12.1978, VI ZR 218/76, NJW 1979, 760 (760); *Oetker*, in: MüKo BGB, § 249, Rn. 233; *Pauge*, VersR 2007, 569 (570); *Rudloff*, in: FS Hippel, 423 (427); vgl. *Erm*, S. 183 f.

109 Vgl. dazu BGH, Teilurt. v. 15.7.2010, III ZR 336/08, BGHZ 186, 205 (217); vgl. auch *Meyer*, BKR 2016, 309 (310 f.); a.A. *Lucas*, JW 1938, 2656 (2657), nach dem die Vorteile ihre Ursache im Rechtssinne niemals in dem schädigenden Ereignis, sondern in dem besonderen Rechtsverhältnis zwischen Staat und Geschädigtem hätten.

110 Vgl. BGH, Urt. v. 24.4.2007, XI ZR 17/06, NJW 2007, 2401 (2403); *Grüter*, NZG 2006, 853 (854); *Schneider*, S. 399.

111 Siehe dazu weiterführend *Cantzler*, AcP 156 (1957), 29 (51 ff.); *Schiemann*, in: Staudinger, § 249, Rn. 139 ff.

112 Siehe vertiefend dazu die Darstellung bei *Cantzler*, AcP 156 (1957), 29 (36 ff.).

dem verletzten Recht zu sehen sei. Komme es bei der Verletzung einer Vertragspflicht oder eines Rechtsguts zu einer Ersatzpflicht, sei es logisch und gerecht, dass dem Schädiger auch die Förderung der gleichen zugutekomme. Im Einzelfall könne eine Auslegung und Konkretisierung der in Frage stehenden Vertragspflicht oder des Rechtsguts aber etwas anderes ergeben.[113] Anders sei dies, wenn die Vorteile auf einer eigenen Ersatzmaßnahme des Geschädigten oder eines Dritten beruhen. Dann müsse der Zweck der Maßnahme, Schadensbeseitigung beim Geschädigten oder Entlastung des Schädigers, entscheiden, ob eine Anrechnung stattfinde.[114]

Dieser Ansatz *Cantzlers* sieht sich der Kritik ausgesetzt, auf der einen Seite zwar konkret, auf der anderen aber nur „für die nicht einmal allzu große Gruppe der Fälle" der Vorteile ohne Zutun des Geschädigten oder eines Dritten verwertbar zu sein.[115] Innerhalb dieser Fallgruppe überzeuge sein Ansatz ferner nicht bei der Verletzung der Rechtsgüter Leben oder Gesundheit, denn diese müssten „immer erst in einen Vermögensschaden umgemünzt werden, um alsdann von vermögensbereichernden Vorteilen ‚gefördert' werden zu können."[116]

II. Umsorgtheit des Vorteils (Rudloff)

Einen anderen Ansatz verfolgt *Rudloff*. Er unterteilt zunächst nach drei Arten von Vorteilen, nämlich „zufällig eingetretenen, also unumsorgten Vorteilen", durch „Vor- oder Nachsorgemaßnahmen des Betroffenen erzielte Vorteile"[117] und solchen, die durch die „Fürsorge eines Dritten"[118] entstehen. Nach ihm sei ein Ausgleich von Vorteilen zumutbar, sofern diese „unumsorgt zufallen, sorgeleicht erzielt oder glückhaft erlangt sind und letzterenfalls der Schädiger dessen würdig" und auch bedürftig sei.[119] Kernthema ist also die Umsorgtheit des Vorteils, die Sorgewaltung, die sowohl von dem Geschädigten als auch einem Dritten ausgehen könne. Unter Umsorgtsein sei der Aufwand an Geld, Zeit, Arbeit oder Risiko zu verstehen, „der notwendig ist, um Vorteile zu erzielen oder bereitzustellen, die den Schaden ganz oder teilweise beheben."[120] Er kommt zu

113 *Cantzler*, AcP 156 (1957), 29 (52 ff.).
114 *Cantzler*, AcP 156 (1957), 29 (57 f.).
115 *Lange*, JuS 1978, 649 (651); *Lange/Schiemann*, S. 494.
116 *Rudloff*, in: FS Hippel, 423 (428).
117 Siehe dazu vertiefend *Rudloff*, in: FS Hippel, 423 (436 ff.).
118 Siehe dazu vertiefend *Rudloff*, in: FS Hippel, 423 (447 ff.).
119 *Rudloff*, in: FS Hippel, 423 (460); ablehnend *Erm*, S. 187; *Müller-Laube*, JZ 1991, 162 (167); *Wendehorst*, S. 139 f.
120 *Rudloff*, in: FS Hippel, 423 (429).

dem Ergebnis, dass, wenn überhaupt, eine Anrechnung auf den Gebieten der „ohne Zutun des Geschädigten oder eines Dritten unumsorgt zufallenden Vorteilen" nahe liege, denn würden Vorteile durch eine derartige Mühewaltung erzielt, so sollen sie in der Regel nicht den Schädiger entlasten.[121] Zu unterscheiden sei aber zwischen zufälligen Vorteilen, die sich aus einer nicht ungewöhnlich günstigen, also normalen Gesamtsituation ergeben (dies seien dann Einsparungen von Auslagen und Aufwendungen, die ohne das schädigende Ereignis notwendig gewesen wären) und solchen, die auf einem außergewöhnlichen Kausalverlauf beruhen. Bei Ersteren sei eine Anrechnung aus dem Gesichtspunkt der Gewinnabwehr zu berücksichtigen; eine Einzelfallbetrachtung sei aber nicht ausgeschlossen. Bei Letzteren, den sog. „Glück im Unglück"-Fällen, könne eine Vorteilsausgleichung nur dann zugemutet werden, wenn sich der Schädiger nicht unwürdig gezeigt habe, am Glück teilzuhaben, z.B. durch vorsätzliches oder grob fahrlässiges Verhalten.[122] Insgesamt ist somit eine differenzierende Betrachtung notwendig. Im Vordergrund steht bei diesem Lösungsansatz der Gesichtspunkt der Zumutbarkeit.[123]

Diesem Ansatz wird unter anderem vorgeworfen, er sei „für eine bestimmte Fallgruppe[124] durchaus weiterführend (...), aber auch nur für diese. Eine Differenzierung nach der ‚Würdigkeit' des Ersatzpflichtigen" führe zudem ein „pönales Element" ein, was unserem Schadensrecht fremd sei.[125] Auch finde dieser Ansatz keine Stütze im Gesetz und zeige „sprachlich, wie wenig griffig, abgrenzbar und überzeugend solche Kriterien sind."[126]

III. Rechnungseinheit (Thiele)

Bei *Thiele* rückt in dessen Arbeit aus dem Jahre 1967 die sog. Rechnungseinheit in den Vordergrund. Die beim Geschädigten entstandenen Vor- und Nachteile müssten nämlich eine solche bilden. Das heißt, dass zwischen ihnen ein „unlösbarer innerer Zusammenhang unter dem Aspekt der Schadensberechnung" bestehen müsse.[127] Der innere Zusammenhang könne sich dabei aus Gesetz, Rechtsgeschäft oder aufgrund natürlichen oder wirtschaftlichen

121 *Rudloff*, in: FS Hippel, 423 (430).

122 *Rudloff*, in: FS Hippel, 423 (430 ff.).

123 *Rudloff*, VersR 1979, 1152 (1153).

124 Leider wird nicht ersichtlich, welche Fallgruppe genau gemeint ist.

125 *Lange*, JuS 1978, 649 (651); *Lange/Schiemann*, S. 494.

126 *Büdenbender*, S. 25.

127 *Thiele*, AcP 167 (1967), 193 (201); *ders.*, JZ 1970, 581 (582); zustimmend *Larenz*, Schuldrecht, S. 531. Zu einem inneren Zusammenhang bereits *Dernburg*, S. 74.

Zusammenhangs beider ergeben. Entscheidend seien aber immer die Umstände des Einzelfalls und deren rechtliche Wertung.[128] Dabei könnten sich Anhaltspunkte dafür, ob ein solcher Zusammenhang gegeben sei, aus dem Umstand ergeben, „ob der Vorteil gerade die konkrete Einbuße voraussetzt, diese also notwendige Bedingung für die Entstehung des Vorteils ist."[129] Der Nachteil müsse „gewissermaßen als Opfer gebracht werden", damit der Vorteil erlangt werden könne.[130] Eine Präzisierung dieses generalklauselartig weit gefassten Ansatzes sei über die Bildung von typischen Fallgruppen mit typischen Gesichtspunkten zu erreichen.[131] Ein innerer Zusammenhang ist seiner Ansicht nach beispielsweise jedoch bei Leistungen Dritter zu verneinen, wenn der Zweck der Leistung ergebe, dass das Geleistete dem Empfänger unabhängig von einem zusätzlichen Schadensersatzanspruch verbleiben solle.[132] Letztlich ist sich *Thiele* bewusst, dass sein Ansatz allgemein gehalten ist, jedoch würden schärfere Formulierungen seiner Meinung nach die Wertungsgehalte allzu leicht verdecken.[133]

Auch sein Ansatz ist einiger Kritik ausgesetzt. So wird vorgebracht, dass seine Begrifflichkeit „nur neue Wertungserfordernisse" berge, und „ohne die von ihm nicht mitgelieferten Orientierungspunkte kaum hilfreich" sei.[134] Die „entscheidende Frage nach den Kriterien für die sachliche Unlösbarkeit" bleibe offen.[135] Ferner fehle den Argumenten, mit denen er sein Kriterium begründe, eine gemeinsame Struktur und Wertungsgrundlage. So sei „der Zusammenhang, der zwischen einem Schaden und einem Vorteil durch den Leistungszweck des Dritten hergestellt wird, (...) ein ganz anderer als der, der durch eine enge kausale Verknüpfung besteht."[136] Das Erfordernis des unlösbaren inneren Zusammenhangs sei mehr „ein induktiv aus den einzelnen Fallgruppen hergeleiteter Gesamtbegriff" ohne argumentativen Wert.[137] Für den inneren Zusammenhang gebe es zudem (erneut) keine gesetzliche Stütze und keine belastbaren Abgrenzungskriterien.[138]

---

128 *Thiele*, AcP 167 (1967), 193 (206).
129 *Thiele*, AcP 167 (1967), 193 (240).
130 *Thiele*, JZ 1970, 581 (582).
131 *Thiele*, AcP 167 (1967), 193 (206).
132 *Thiele*, AcP 167 (1967), 193 (227).
133 *Thiele*, AcP 167 (1967), 193 (240).
134 *Esser/Schmidt*, S. 252, dort. Fn. 246.
135 *Lange*, JuS 1978, 649 (651).
136 *Thüsing*, S. 51.
137 *Thüsing*, S. 52.
138 *Büdenbender*, S. 25.

IV. Gesetzliche Entscheidungskriterien (Büdenbender)

Büdenbender bemängelt hingegen, dass die bisherige Problemlösung der Vorteilsausgleichung zu subjektiv geprägt sei. Diese führe sodann zu „diffuse(n) Gerechtigkeits- und Billigkeitserwägungen."[139] Er möchte daher die maßgeblichen Entscheidungsgesichtspunkte aus dem Gesetz ableiten. Eine Reihe von Vorschriften müsse unmittelbar oder mittelbar herangezogen werden, da sich daraus „Vorgaben, Hinweise und Wertentscheidungen"[140] zur Problemlösung ergäben.[141] Taugliche Grundlagen seien etwa § 254 Abs. 2 BGB[142] und § 267 BGB. Bei § 267 BGB komme es auf den Fremdtilgungswillen an und dieser Grundgedanke werde auf die Behandlung von Leistungen Dritter zur Reduzierung des Schadens ohne rechtlich relevanten Tilgungswillen im Rahmen der Vorteilsausgleichung übertragen.[143] Für die Fälle der Vorteile, die ohne Zutun des Geschädigten oder Dritter, also zufällig, entstehen, soll auf den Grundsatz der Gleichbehandlung von Chancen und Risiken zurückgegriffen werden. Er gelte im Vertrags- sowie Deliktsrecht. Dem Schädiger sollten daher auch die positiven Folgen zugutekommen, sofern nicht spezialgesetzlich ausgeschlossen. Einen Rückgriff auf einen inneren Zusammenhang bedürfe es somit nicht.[144] Ferner seien die Relativität der Schuldverhältnisse bei Vorteilen aus Drittgeschäften[145] sowie die Grundgedanken der Legalzessionen und § 843 Abs. 4 BGB entscheidend. Bei den Legalzessionen, insbesondere bei Versicherungen, lasse sich erkennen, dass der Schutz dem Geschädigten diene und nicht den Schädiger entlasten solle. Daraus und aus § 843 Abs. 4 BGB lasse sich ferner ablesen, dass die Verantwortung des Schädigers vorrangig sei.[146]

139 *Büdenbender*, S. 30 f.

140 *Büdenbender*, S. 30.

141 *Büdenbender*, S. 26 ff.

142 Kritisch im Hinblick auf Vorteile, die auf überobligatorische Maßnahmen zurückgehen, weil sich aus den Wertungen des § 254 Abs. 2 BGB alleine keine Aussage ableiten lasse, *Looschelders*, S. 500. Siehe dazu noch Sechster Teil, § 2, C, III, 5.

143 *Büdenbender*, S. 37. Letztlich unterscheidet sich dieses Vorgehen aber nicht von dem der übrigen Lehre in den Drittleistungsfällen. Es wird lediglich normativ durch § 267 BGB gestützt.

144 *Büdenbender*, S. 38 ff. Als Beispiel zu diesem Grundsatz wird § 823 Abs. 1 BGB genannt, bei dem der Schädiger das Risiko für das Schadensausmaß in vollem Umfang trage.

145 *Büdenbender*, S. 42 ff.; vgl. auch *Müller-Laube*, JZ 1991, 162 (165 f.).

146 *Büdenbender*, S. 47 ff.; *ders.*, NJW 2000, 986 (990).

V. Weitere Ansätze

Daneben finden sich weitere, einzelne Ansätze, die nicht den Bekanntheitsgrad der vorstehend genannten Lösungsvorschläge erlangt haben. So wollte *Erdmann* darauf abstellen, dass eine Anrechnung schadensmindernder Handlungen nur dann zu erfolgen habe, wenn das die Ersatzpflicht begründende Ereignis und die schadensmindernde Handlung als Einheit gewertet würden und eine solche Wertung insbesondere durch Treu und Glauben gefordert werde. Diese Einheit (natürlicher/organischer oder zweckentsprechender Art) sei stets nach der Lage des Einzelfalles zu beurteilen.[147] Hiergegen spricht jedoch, dass ein durch die Einheit gefundenes Ergebnis stets der Überprüfung anhand von Kriterien wie Treu und Glauben bedarf. So wird das zunächst trennscharfe Kriterium wieder entwertet. *Drachner* möchte das Problem der Vorteilsausgleichung anhand einheitlicher Maßstäbe beurteilen und verwendet dabei das Instrumentarium der §§ 249 ff. BGB, sodass ein Rückgriff auf Billigkeitserwägungen, die außerhalb des gesetzlich Normierten liegen würden, entbehrlich sei. Dabei bedürfe es einer exakten Bestimmung des zum Ersatz verpflichtenden Umstandes und des Zustandes, der bestehen würde, wenn der zum Ersatz verpflichtende Umstand nicht eingetreten wäre, § 249 Abs. 1 BGB. Letzterer sei dann der realen Situation gegenüberzustellen und sich ergebende Unterschiede seien in tatsächlicher oder wirtschaftlicher Hinsicht rückgängig zu machen.[148]

D. Lösungsansatz des BGH

Der BGH hat hingegen eine eigene Formel entwickelt, anhand derer die Anrechnung von Vorteilen beurteilt werden soll. Freilich ist auch diese nicht frei von Kritik aus dem Schrifttum geblieben. Der Arbeit soll zunächst aber vornehmlich der Lösungsansatz des BGH zugrunde gelegt werden, da er der h.M. entspricht, bevor ein eigener Ansatz entwickelt wird.

I. „Formel des BGH“

Wie an anderer Stelle bereits ausgeführt,[149] fordert auch der BGH in ständiger Rechtsprechung über die Adäquanz hinaus weitere Erfordernisse, die erfüllt sein müssen, um eine Vorteilsausgleichung im Einzelfall zu rechtfertigen. Grundsätzlich lässt sich diese Formel wohl so zusammenfassen: Die Anrechnung muss

---

147 *Erdmann*, S. 36 ff.

148 *Drachner*, S. 94 ff.

149 Zweiter Teil, § 2, B.

dem Zweck des Ersatzanspruchs bzw. des Schadensersatzes entsprechen, darf den Geschädigten nicht unzumutbar belasten und den Schädiger nicht unbillig entlasten.[150] Entscheidend sei eine wertende Betrachtung. Die Vorteile müssten mit dem Nachteil in einem Zusammenhang stehen, der beide zu einer Rechnungseinheit verbinde.[151] Teilweise wird auch von einer Korrespondenz zwischen Einzelschaden und Vorteil gesprochen.[152] Darüber hinaus wird von der Rechtsprechung des BGH stellenweise als zusätzliche Voraussetzung auch ein zeitlicher Zusammenhang zwischen dem Vorteil und dem schädigenden Ereignis gefordert.[153]

Diese Formel geht letztlich zurück auf *Thiele*, der, wie bereits aufgezeigt, einen unlösbaren inneren Zusammenhang unter dem Aspekt der Schadensberechnung forderte.[154] Der BGH schloss sich diesem nunmehr an.[155] In der Literatur verlangten manche Autoren dagegen eine Kongruenz zwischen Schadensposten und Vorteil.[156] Kongruenz bedeutet in diesem Zusammenhang, dass die Vorteilsausgleichung nur den Schadensposten betrifft, bei dem der Vorteil eingetreten ist.[157] Der BGH reagierte allerdings auch auf dieses Verlangen und setzte seine

---

150 BGH, Urt. v. 22.3.1979, VII ZR 259/77, BGHZ 74, 103 (114); Urt. v. 13.7.1981, II ZR 91/80, BGHZ 81, 271 (275); Urt. v. 28.1.2014, XI ZR 495/12, BGHZ 200, 110 (115); Urt. v. 11.2.2014, II ZR 276/12, BGHZ 200, 51 (53 f.).

151 BGH, Urt. v. 17.6.1953, VI ZR 113/52, BGHZ 10, 107 (108); Urt. v 19.12.1978, VI ZR 218/76, NJW 1979, 760 (760); Urt. v. 16.5.1980, V ZR 91/79, BGHZ 77, 151 (154); Urt. v. 17.5.1984, VII ZR 169/82, NJW 1984, 2457 (2458); Urt. v. 28.6.2007, VII ZR 81/06, BGHZ 173, 83 (87); Urt. v. 10.7.2014, VII ZR 67/13, NJW-RR 2014, 1235 (1235).

152 BGH, Urt. v 19.12.1978, VI ZR 218/76, NJW 1979, 760 (760); *Thesling*, S. 26.

153 BGH, Urt. v. 18.12.1969, VII ZR 121/67, BGHZ 53, 132 (137); Urt. v. 13.12.1966, VI ZR 59/65, VersR 1967, 187 (189); *Rudloff*, VersR 1979, 1152 (1153); kritisch dazu *Steinle*, S. 198, der dem Zeitfaktor allein keine ausschlaggebende Bedeutung zukommen lassen möchte. Vgl. zu dieser Entwicklung auch *Wendehorst*, S. 122.

154 *Thiele*, AcP 167 (1967), 193 (201).

155 Siehe dazu insbesondere BGH, Urt. v 19.12.1978, VI ZR 218/76, NJW 1979, 760 (760); Urt. v. 16.5.1980, V ZR 91/79, BGHZ 77, 151 (154); Urt. v. 6.6.1997, V ZR 116/96, NJW 1997, 2378 (2378).

156 Siehe zur Kongruenz statt vieler *Schiemann*, in: Staudinger, § 249, Rn. 144 m.w.N.; kritisch zur Übertragbarkeit dieses Kriteriums auf die Vorteilsausgleichung *Wendehorst*, S. 123.

157 *Pauge*, VersR 2007, 569 (571).

Formel letzten Endes damit gleich.[158] Schließlich folgt der Rechtsgedanke der Vorteilsausgleichung dem BGH zufolge aus Treu und Glauben, § 242 BGB.[159]

II. Abweichungen

Es fällt aber auf, dass der BGH gelegentlich geringfügig von dieser Formel abweicht und diese daher Ungenauigkeiten aufweist.

1. Problemstellung

Bisweilen stellt der BGH auf den Zweck des Schadensersatzes[160] ab, dann wiederum auf den Zweck des Ersatzanspruchs[161] und teilweise auf den Zweck des Schadensersatzrechts[162] oder die Schadensersatzpflicht.[163] Der Zweck des Ersatzanspruchs ist aber nicht mit dem Zweck des Schadensersatzes bzw. des Schadensersatzrechts identisch. Zu unterscheiden ist zwischen der Haftungsnorm und den §§ 249 ff. BGB.[164] Der Zweck eines Ersatzanspruchs bezieht sich auf eine konkrete Norm und kann darin liegen, nur vor bestimmten Schäden zu schützen. Der Zweck des Schadensersatzrechts hingegen ist vielfältiger. Er liegt primär in der Ausgleichsfunktion und kann nebenbei auch eine Präventivfunktion erfüllen.[165] Nimmt der BGH auf das Schadensersatzrecht Bezug, so stellt er zum Teil auf die dahinter stehende Schadensersatznorm ab.[166] Wird hingegen der Zweck des Schadensersatzes erwähnt, so rückt beispielsweise eine Tarifermäßigung nach § 34 Abs. 1 oder Abs. 3 EStG in seinen Blick.[167] Insoweit scheint an dieser Stelle ein unterschiedliches Verständnis vorzuherrschen.

---

158 BGH, Urt. v. 6.6.1997, V ZR 115/96, BGHZ 136, 52 (54 f.); *Wendehorst*, S. 122.

159 BGH, Urt. v. 17.5.1984, VII ZR 169/82, NJW 1984, 2457 (2458).

160 BGH, Urt. v. 22.3.1979, VII ZR 259/77, BGHZ 74, 103 (114); Urt. v. 28.1.2014, XI ZR 49/13, BeckRS 2014, 04364; Urt. v. 17.7.2014, III ZR 218/13, NJW 2014, 3436 (3438).

161 BGH, Urt. v. 14.1.2002, II ZR 40/00, NJW 2002, 1711 (1712); Urt. v. 28.6.2007, VII ZR 81/06, BGHZ 173, 83 (87).

162 BGH, Urt. v. 6.6.1972, VI ZR 49/71, NJW 1972, 1460 (1461); Urt. v. 19.12.1978, VI ZR 218/76, NJW 1979, 760 (760); Urt. v. 13.7.1981, II ZR 91/80, BGHZ 81, 271 (275).

163 BGH, Urt. v. 15.1.1953, VI ZR 46/52, BGHZ 8, 325 (329); Urt. v. 6.6.1997, V ZR 115/96, BGHZ 136, 52 (54); so auch *Kessler*, DRiZ 1965, 320 (324).

164 *Oetker*, in: MüKo BGB, § 249, Rn. 8.

165 *Magnus*, in: Nomos Kommentar, Vor §§ 249–255, Rn. 8 ff.; *Teichmann*, in: Jauernig, Vorbemerkungen zu den §§ 249–253, Rn. 2; *Oetker*, in: MüKo BGB, § 249, Rn. 8 f.

166 BGH, Urt. v. 19.12.1978, VI ZR 218/76, NJW 1979, 760 (760 f.).

167 BGH, Urt. v. 28.1.2014, XI ZR 49/13, BeckRS 2014, 04364.

Ferner kommt es zu Ungenauigkeiten, wenn er z.B. in seinem Urteil v. 28.6.2007 ausführt, dass „nur solche [Vorteile auf den Schadensersatzanspruch anzurechnen sind], deren Anrechnung mit dem jeweiligen Zweck des Ersatzanspruchs übereinstimmt, das heißt dem Geschädigten zumutbar ist und den Schädiger nicht unbillig entlastet."[168] Ähnlich formuliert der BGH beispielsweise auch in den Urteilen v. 17.5.1984[169] und v. 6.6.1997.[170] Bei derartigen Formulierungen erweckt er den Eindruck, dass nicht alle Voraussetzungen kumulativ vorliegen müssen, sondern dass sich der Sinn und Zweck des Ersatzanspruchs lediglich aus der unzumutbaren Belastung des Geschädigten und einer unbilligen Entlastung des Schädigers ergibt bzw. konkretisiert wird. In einem anderen Urteil heißt es dagegen ausdrücklich „auch darf die Anrechnung den Geschädigten nicht unzumutbar belasten und den Schädiger nicht unbillig begünstigen."[171] Hier scheinen die Voraussetzungen kumulativ vorliegen zu müssen. Deutlich wird es aber z.B. im Urteil v. 17.7.2014. Dort „muss die Anrechnung dem Zweck des Schadensersatzes entsprechen und darf weder den Geschädigten unzumutbar belasten noch den Schädiger unbillig entlasten."[172] Ob dem BGH diese Differenzierungen bewusst sind, scheint zweifelhaft, da er sich bei seinen Verweisen in Urteilen, die kein kumulatives Vorliegen fordern, auch auf vorangegangene Urteile beruft, in denen er ein solches scheinbar verlangt.[173] Die genaue Interpretation scheint zudem auch in der Literatur etwas unklar zu sein. *Oetker* geht in der Kommentierung zum Münchener Kommentar davon aus, die vom BGH geforderte Rechnungseinheit sei gegeben, wenn die Voraussetzungen kumulativ vorlägen, also die Anrechnung mit dem Zweck des jeweiligen Ersatzanspruches übereinstimme, sie für den Geschädigten zumutbar sei und den Schädiger nicht unangemessen entlaste. Dann bildeten Vor- und Nachteil die geforderte Rechnungseinheit.[174] *Ebert* gibt die Voraussetzungen der Rechtsprechung dergestalt wieder, „dass die Anrechnung dem Zweck des Ersatzanspruchs entsprechen und für den Geschädigten zumutbar sein müsse, nicht zu einer unbilligen Entlastung des Schädigers führen dürfe, ferner zwischen Vorteil und Schaden ein innerer Zusammenhang bestehen müsse, der beides bei

168 BGH, Urt. v. 28.6.2007, VII ZR 81/06, BGHZ 173, 83 (87).
169 BGH, Urt. v. 17.5.1984, VII ZR 169/82, NJW 1984, 2457 (2458).
170 BGH, Urt. v. 6.6.1997, V ZR 115/96, BGHZ 136, 52 (54).
171 BGH, Urt. v. 13.7.1981, II ZR 91/80, BGHZ 81, 271 (275).
172 BGH, Urt. v. 17.7.2014, III ZR 218/13, NJW 2014, 3436 (3438); ebenso Urt. v. 20.8.2015, III ZR 57/14, DStR 2015, 2787 (2788).
173 So z.B. der Verweis in BGH, Urt. v. 17.5.1984, VII ZR 169/82, NJW 1984, 2457 (2458) auf BGH, Urt. v. 13.7.1981, II ZR 91/80, BGHZ 81, 271 (275).
174 *Oetker*, in: MüKo BGB, § 249, Rn. 235.

wertender Betrachtung zu eine Rechnungseinheit verschmelzen lasse (...).“[175] Während *Oetker* die Rechnungseinheit als Resultat der Voraussetzungen betrachtet, fordert *Ebert* diese aufgrund der Formulierung „ferner“ wohl darüber hinaus. *Magnus* führt in seiner Kommentierung zum Nomos Kommentar hingegen aus, dass einerseits ein Kausalzusammenhang zwischen dem Schadensereignis und dem Vorteil bestehen müsse. Dieser sei dann gegeben, wenn sich Vor- und Nachteil zu einer Rechnungseinheit verbinden. Andererseits dürfe die Anrechnung nicht dem Sinn und Zweck des Ersatzanspruchs widersprechen. Dies erfordere, dass die Anrechnung dem Geschädigten zumutbar sei und den Schädiger nicht unangemessen entlaste.[176] Der Zusammenhang der Tatbestandsmerkmale scheint hier also ebenfalls ein anderer zu sein.

2. Stellungnahme

Stellt man auf den Zweck des Schadensersatzes ab, so geht es eigentlich lediglich um den Ausgleich erlittener Nachteile. Dies spräche immer für eine Anrechnung, denn damit gibt die Rechtsordnung zu erkennen, dass der Schädiger nicht begünstigt werden soll.[177] Es ist aber auch fraglich, ob aus dem Zweck des Schadensersatzanspruchs eine taugliche Abgrenzung erzielt werden kann.[178] Über eine Anrechnung enthält eine Schadensersatznorm in der Regel keine Aussage. Liegt beispielsweise ein Ersatzanspruch nach § 823 Abs. 1 BGB vor, so ist nicht ersichtlich, wie hieraus etwas für die Anrechenbarkeit von Vorteilen abgeleitet werden soll.[179] Vielmehr liegt der Zweck der Haftungsnormen im Schutze von Rechtsgütern und Interessen Einzelner bzw. deren Ausgleich, nicht jedoch in der Abschöpfung von Vorteilen.[180]

Dennoch ist zunächst ist auf den Ersatzanspruch abzustellen, weil die Frage nach dem Schadensersatzrecht zu allgemein ist. In einem zweiten Schritt kann nach der Zumutbarkeit für den Geschädigten und der Unangemessenheit bzgl. des Schädigers gefragt werden. Hier können dann Art des erlangten Vorteils und Zweck der Leistung maßgeblich sein.[181] Auf diese Weise fließen, bezogen auf das

---

175 *Ebert*, in: Erman, Vor §§ 249–253, Rn. 87.

176 *Magnus*, in: Nomos Kommentar, Vor §§ 249–255, Rn. 119.

177 Vgl. *Looschelders*, Schuldrecht, Rn. 1013.

178 Kritisch auch *Wendehorst*, S. 135 f.; befürwortend hingegen *Oetker*, in: MüKo BGB, § 249, Rn. 236; die Schutzzwecktheorie im Bereich der Vorteilsausgleichung ablehnend *Raiser*, S. 21.

179 So auch *Schiemann*, in: Staudinger, § 249, Rn. 140.

180 *Wendehorst*, S. 135 f.

181 Vgl. *Larenz*, Schuldrecht, S. 531.

Steuerrecht, Sinn und Zweck der Besteuerungstatbestände ein. So braucht beispielsweise auch der Zweck des § 34 EStG nicht unter dem Begriff des Zwecks des Schadensersatzes, wie es der BGH[182] zum Teil praktiziert, diskutiert werden, denn thematisch passt dies eher zur Unzumutbarkeit. Richtig ist deshalb, dass die Voraussetzungen kumulativ vorliegen müssen.[183]

III. Kritik in der Literatur

In der Literatur wird dieser insgesamt doch sehr allgemeinen Formel differenziert entgegengetreten. Es finden sich freilich Stimmen, von denen sie Zuspruch erfährt.[184] Vorgebracht wird von diesen jedoch lediglich, dass die Kriterien im Einzelfall geeignet seien, um abzuwägen, ob ein konkreter Vorteil angerechnet werden müsse oder nicht.[185] In der Sache ist dies nicht weiterführend. Indes ist die negative Kritik an ihrem Aussagegehalt ungleich höher. Die Gründe sind dabei vielfältiger Natur. Einer betrifft besonders die Allgemeinheit der Formel, sodass speziell die mangelnde Bestimmtheit der Begriffe Probleme bereite.[186] So wird ihr vorgeworfen, nur eine „Leerformel" zu sein, die erst anhand von Fallgruppen konkretisiert werden müsse.[187] Ferner wird ihr entgegengehalten, dass unklar bleibe, was unter dem Begriff der Rechnungseinheit zu verstehen sei.[188] Dieser werde meist verwendet, „um die wahren Wertungen nicht gesondert offenlegen zu müssen."[189] Auch gebe sie wegen der Irrationalität für die Lösung

182 Vgl. BGH, Urt. v. 28.1.2014, XI ZR 49/13, BeckRS 2014, 04364.

183 So auch *Oetker*, in: MüKo BGB, § 249, Rn. 235.

184 Beispielsweise *Fikentscher/Heinemann*, Rn. 703.

185 *Loritz*, ZfIR 2006, 586 (587), nach dem dieser Grundsatz auch für ersparte Steuern gelten müsse; *Wendehorst*, S. 132, mit der Einschränkung, dass die Formel aber nicht geeignet sei zu begründen, warum eine Anrechnung von Vorteilen überhaupt erfolgen soll. Zugeneigt scheint auch *Oetker*, in: MüKo BGB, § 249, Rn. 236 f., zu sein nach dem der Zweck der verletzten Norm allein soll maßgebliches Kriterium für die Gebotenheit einer Anrechnung von Vorteilen sein soll; a.A. *Schiemann*, in: Staudinger, § 249, Rn. 140.

186 *Büdenbender*, JZ 1995, 920 (922); siehe dazu auch eingehend *Thesling*, S. 26; vgl. auch *Larenz*, Schuldrecht, S. 531.

187 *Schiemann*, in: Staudinger, § 249, Rn. 140; *Mertens*, in: Soergel 12. Auflage, Vor § 249, Rn. 212; *Thüsing*, S. 45; kritisch auch *Loritz/Wagner*, ZfIR 2003, 753 (754), nach denen die allgemeine Formel zur Lösung der Einzelfälle wenig beiträgt; für *Grüneberg*, in: Palandt, Vorb v § 249, Rn. 68, sind die Begriffe wenig aussagekräftig.

188 *Ekkenga/Kuntz*, in: Soergel, Vor § 249, Rn. 297.

189 *Wendehorst*, S. 122; a.A. *Thesling*, S. 26, der die ursprünglichen Quellen zur näheren inhaltlichen Bestimmung heranziehen möchte.

einzelner Sachprobleme wenig her.[190] Vorgebracht wird zudem, die Frage nach dem Sinn und Zweck der Ersatzpflicht passe nur, solange der Vorteil nicht durch die Leistung eines Dritten bewirkt werde, denn dann entscheide der Zweck der Leistungspflicht.[191] Der Zweck des Schadensersatzes sei außerdem, dem Betroffenen den Schaden abzunehmen und sei daher nicht für differenzierte Lösungen geeignet.[192] Teilweise wird vorgebracht, die Schutzzwecktheorie versage im Bereich der Vorteilsausgleichung, da es nicht auf die Eigenart der haftungsbegründenden Tatbestände, sondern auf die der eingetretenen Vorteile ankomme. Als Beispiel seien Spenden genannt, die nach Absicht des Spenders dem Geschädigten zugutekommen sollen, unabhängig vom Rechtsgrund der Ersatzpflicht.[193]

Ferner sei nicht ersichtlich, wann ein Zusammenhang ein innerer und unlösbarer sei.[194] Für ihn gebe es keine gesetzliche Stütze, keine belastbaren Abgrenzungskriterien und die konsequente Anwendung führe zu keinen durchgehend überzeugenden Ergebnissen.[195] Der V. Zivilsenat des BGH führt in dieser Hinsicht in einem seiner Urteile aus, dass für einen solchen Zusammenhang auch ein zeitlicher Aspekt sprechen könne.[196] *Larenz* sieht diesen Zusammenhang hingegen als gegeben, wenn der Vorteil durch das die Ersatzpflicht begründende Ereignis ohne weiteres, also ohne die Handlung eines Dritten oder des Verletzten selbst oder eines neuen Ereignisses, herbeigeführt werde.[197]

Was die Zumutbarkeit angeht, so wird der Formel vorgeworfen, mit diesem Kriterium zu früh in den Bereich der Billigkeitsentscheidung zu verweisen.[198] Wann eine Anrechnung dem Geschädigten zumutbar ist und wann von einer unbilligen Entlastung des Schädigers auszugehen ist, kann pauschal nicht beantwortet werden. Es handelt sich auch hier um sehr unbestimmte Begriffe, die einen Spielraum für Einzelfallentscheidungen lassen. Auf die entsprechenden, in diesem Zusammenhang relevanten Normen wird im weiteren Verlauf der Arbeit eingegangen.[199] Konkrete Anhaltspunkte für die Unbilligkeit finden sich nur

---

190 *Lange/Schiemann*, S. 494; *Lange*, JuS 1978, 649 (651); ähnlich *Esser/Schmidt*, S. 252.

191 *Deutsch*, Rn. 843 m.w.N.

192 *Rüßmann*, in: juris-PK, § 249, Rn. 49.

193 *Raiser*, S. 21.

194 *Schiemann*, in: Staudinger, § 249, Rn. 140; *Lange*, JuS 1978, 649 (651); *Büdenbender*, JZ 1995, 920 (922).

195 *Büdenbender*, S. 25.

196 BGH, Urt. 16.5.1980, V ZR 91/79, BGHZ 77, 151 (154) m.w.N.

197 *Larenz*, Schuldrecht, S. 531 f.

198 *Thiele*, AcP 167 (1967), 193 (195); *Hadding*, JuS 1969, 407 (411).

199 Dritter Teil, § 3, B.

selten. Hingewiesen wird in der Literatur beispielsweise auf die eventuelle Möglichkeit einer Abzugsfähigkeit der Schadensersatzleistung als Betriebsausgabe oder Werbungskosten beim Schädiger oder auf die Generierung hoher Einnahmen durch die Mitwirkung an der Auferlegung eines Fonds, die dem Schädiger dauerhaft verbleiben.[200]

Insgesamt bleibt trotz aller Kritik aber festzuhalten, dass der Rechtsprechung des BGH ein besserer Vorschlag bisher noch nicht entgegengesetzt werden konnte.[201] Er hat daher bis heute an diesen Kriterien zur Bestimmung eines anrechenbaren Vorteils festgehalten.[202] Auch die meisten Autoren folgen heute dem BGH oder aber finden wegen der Unbestimmtheit der Formel einzelfallorientierte Ergebnisse.[203]

E. Zwischenergebnis

Es hat sich gezeigt, dass über die Behandlung der Vorteilsausgleichung die verschiedensten Ansichten vertreten werden, sei es in Bezug auf die dogmatische Einordnung, sei es unter welchen Kriterien ein Vorteil anzurechnen ist. Der vorstehende Überblick über die Rechtsprechung des BGH zur Vorteilsausgleichung und über die auszugsweise in der Literatur vertretenen Ansichten führt zu der Erkenntnis, dass eine allgemeingültige Formel für die Entscheidung, wann Vorteile auszugleichen sind, nicht existiert und dies auch überwiegend abgelehnt wird.[204] Letztlich wurde der Vorschlag *Thieles* von der Rechtsprechung aufgegriffen und fand auch am ehesten Anklang in der Literatur.[205] Danach ist ein Vorteil anzurechnen, wenn er dem Zweck des Schadensersatzanspruchs entspricht, die Anrechnung dem Geschädigten zumutbar ist und eine unbillige Entlastung des Schädigers vermieden wird. Dennoch ist dieser Versuch insbesondere der Kritik ausgesetzt, nicht auf einer gesetzlichen Grundlage zu beruhen. Aber auch die anderen Ansichten im Schrifttum sind im Ergebnis nicht zufriedenstellend, egal ob man auf die Förderung des verletzten Rechtsguts, die Umsorgtheit von Vorteilen oder eine Rechnungseinheit abstellt. Sie leiden an einer zu unbestimmten Formulierung, was dazu führt, dass eine Entscheidung auf den ersten Blick meist

200 *Lampe*, BB 2008, 2599 (2599).

201 *Wendehorst*, S. 122; *Grüneberg*, in: Palandt, Vorb v § 249, Rn. 68; *Büdenbender*, S. 24.

202 Vgl. dazu jüngst BGH, Urt. v. 10.7.2014, VII ZR 67/13, NJW-RR 2014, 1235 (1235); Urt. v. 20.8.2015, III ZR 57/14, DStR 2015, 2787 (2788).

203 *Drachner*, S. 22 m.w.N.

204 So beispielsweise *Büdenbender*, S. 59; a.A. *Drachner*, S. 89 ff., die den Versuch einer solchen Formel wagt.

205 Vgl. *Larenz*, Schuldrecht, S. 531.

nicht möglich ist. Will man stets unterschiedliche Einzelfälle im Blick behalten, die wertend zu betrachtend sind, so führt dies zwangsläufig zu generalklauselartigen Formeln, die zudem in ihrem Aussagegehalt eher vage formuliert sind.

§ 3: Fallgruppen

In der Rechtsprechung des BGH und der überwiegenden Literatur ist man der Ansicht, dass das Problem der Vorteilsausgleichung nicht anhand eines allgemein gültigen Kriteriums gelöst werden könne. Daher soll eine Lösung durch die Bildung von Fallgruppen gefunden werden.[206] So können die vorgegebenen Kriterien für die Anrechnung von Vorteilen konkretisiert werden. Die Bildung von Fallgruppen führt dazu, dass diese in einem bestimmten Sinne entschieden werden und das Problem der Vorteilsausgleichung auf diese Weise gelöst werden soll. Einzelfälle werden so einer Fallgruppe zugeordnet.[207]

A. Allgemeine Fallgruppen

Dabei finden sich im Allgemeinen häufig die drei Kategorien „ohne Zutun des Geschädigten oder eines Dritten eintretende Vorteile", „Vorteile durch Maßnahmen des Geschädigten"[208] oder „Vorteile durch Maßnahmen Dritter".[209] In den Fällen, in denen es um Maßnahmen/Zuwendungen Dritter geht, besteht der Sache nach Einigkeit. Maßgeblich ist hier die Erwägung, dass solche Leistungen ihrem Sinn und Zweck nach dem Geschädigten zugutekommen sollen und daher eine Anrechnung zugunsten des Schädigers auszuschließen ist. Lediglich dann, wenn der Wille des leistenden Dritten ersichtlich ist, die Leistung dem Schädiger zugutekommen zu lassen bzw. diesen zu entlasten, §§ 267 Abs. 1, 362 BGB, ist das Ergebnis anders zu beurteilen. Dies wird in der Mehrzahl der Fälle jedoch nicht der Fall

206 BGH, Urt. v. 16.5.1980, V ZR 91/79, BGHZ 77, 151 (154); *Oetker*, in: MüKo BGB, § 249, Rn. 238; vgl. auch *Schiemann*, in: Staudinger, § 249, Rn. 140; a.A. *Drachner*, S. 89 f.; kritisch zur Fallgruppen-Kasuistik *Geiß*, DRiZ 1992, 45 (48).

207 Vgl. *Thesling*, S. 27.

208 Hierzu eingehend *Erdmann*, S. 4 ff.

209 Vgl. *Drachner*, S. 23 ff.; dazu auch bereits *Schimmel*, S. 8 ff. Siehe auch die Dreigliedrigkeit bei *Rudloff*, in: FS Hippel, 423 (424), der die Gruppe „ohne Zutun des Geschädigten oder eines Dritten eintretende Vorteile" allerdings „durch Zufall entstandene Vorteile" nennt.

sein.[210] Zudem erlischt dann bereits der Schadensersatzanspruch.[211] Ähnlich dem Normalfall bei solchen Leistungen Dritter verhält es sich, wenn die Vorteile auf eigenen Anstrengungen des Geschädigten beruhen. Auch hier soll der Schädiger in der Regel nicht entlastet werden. Beide Fallgruppen führen also zu einer Versagung der Anrechnung. In den Fällen hingegen, in denen die Vorteile ohne Zutun des Geschädigten oder eines Dritten, also zufällig entstehen, kommt häufig eine Anrechnung in Betracht.[212]

Während also das Ergebnis der jeweiligen Fallgruppen grundsätzlich unstreitig ist, sind die jeweiligen Begründungsansätze, die bereits in ihren Grundzügen beschrieben wurden, unterschiedlich.[213]

B. Steuervorteile in der Literatur

Die Einordnung von Steuervorteilen in eine dieser Fallgruppen erfolgt in der Literatur nicht einheitlich.[214] Vielfach werden sie unter die „Ersparnisse des Geschädigten",[215] unter die „Vorteile, die ohne weiteres menschliches Zutun erfolgen"[216] sowie die „Vorteile durch Bewirkung einer Drittleistung"[217] gefasst.[218] Teilweise wird die „Ersparnis von Aufwendungen" auch als ein Unterfall der „Vorteile ohne Zutun des Geschädigten oder eines Dritten" angesehen.[219] Anderen Stimmen zufolge soll eine eindeutige Zuordnung indes gar nicht möglich

210 So bereits *Oertmann*, S. 105.

211 *Esser/Schmidt*, S. 252; vgl. *Würthwein*, S. 432; wohl auch *Fikentscher/Heinemann*, Rn. 706.

212 Vgl. auch *Larenz*, Schuldrecht, S. 531; *Esser/Schmidt*, S. 252.

213 Zweiter Teil, § 2, C.

214 Siehe dazu auch *Steinle*, S. 177 f.

215 *Schiemann*, in: Staudinger, § 249, Rn. 171, der die Steuervorteile zwar als eigene Fallgruppe aufführt, sie aber den Ersparnissen des Geschädigten infolge der Schädigung zuordnet; *Oetker*, in: MüKo BGB, § 249, Rn. 247 ff., der Steuervorteile als ersparte Aufwendungen ansieht; ebenso *Wendehorst*, S. 124; *Larenz*, Schuldrecht, S. 532; *Teichmann*, in: Jauernig, Vorbemerkungen zu den §§ 249–253, Rn. 39, der verbleibende Steuervorteile aber gesondert anspricht.

216 *Drachner*, S. 27; *Ekkenga/Kuntz*, in: Soergel, Vor § 249, Rn. 313.

217 Vgl. *Thiele*, JZ 1970, 581 (582); *Boelsen*, DB 1988, 2187 (2189), nach dem Steuervorteile aus § 34 EStG ansatzweise mit dieser Fallgruppe vergleichbar sind.

218 Siehe dazu auch die Darstellung bei *Steinle*, S. 178; *Boelsen*, DB 1988, 2187 (2187 f.).

219 *Lange/Schiemann*, S. 504, die Steuervorteile als ersparte Aufwendungen ansehen, sie aber unter dem Punkt „Vorteile ohne Zutun des Geschädigten oder eines Dritten" ansprechen.

sein.[220] Denn sehe man in der Einkommensteuer eine Form der Einkommensverwendung, so liege die Gruppe der ersparten Aufwendungen nahe, wohingegen Vorteile durch Leistungen Dritter vorlägen, stelle man das Steuerschuldverhältnis zwischen Fiskus und Geschädigtem in den Vordergrund.[221] Daher werden sie bisweilen in einer eigenen Gruppe ausgeklammert.[222]

C. Eigener Ansatz

In der Tat ist es schwierig, die Probleme um die Steuervorteile einer bestimmten Fallgruppe zuzuordnen. Zunächst spricht einiges dafür, sie unter die Leistungen Dritter einzuordnen. Schließlich werden steuerliche Vorteile letztlich durch den Gesetzgeber ermöglicht bzw. gewährt. Dagegen könnten Vorteile, die ohne weiteres menschliches Zutun entstehen, unter dem Aspekt angenommen werden, dass man auf den Automatismus durch den gesetzlichen Tatbestand abstellt. Letztlich steht für den konkreten steuerlichen Vorteil aber primär die Vermögenssituation des steuerpflichtigen Geschädigten im Vordergrund. Abhängig von seiner Bemessungsgrundlage bestimmt sich die Höhe der konkreten Steuervorteile. Seine Leistungsfähigkeit im relevanten Veranlagungszeitraum ist maßgebend für die Entstehung der konkreten steuerlichen Vorteile. Dies zeigt sich auch deutlich bei steueroptimierten Kapitalanlagen. Hier werden dem Anleger in der Regel nicht konkrete steuerliche Vorteile versprochen,[223] sondern lediglich Verluste zugewiesen, die in gewissem Maße steuerlich abzugsfähig sind. Abhängig von der Bemessungsgrundlage des Anlegers ergibt sich daraus seine individuelle Steuerersparnis.[224] Ohne die Bemessungsgrundlage des Geschädigten wären die Verluste ohne Relevanz. Die steuerlichen Vorteile sind folglich als eigene Leistungen des Geschädigten einzuordnen.

D. Steuervorteile in der Rechtsprechung des BGH

Nachdem die allgemeinen Voraussetzungen der Vorteilsausgleichung dargestellt und eine Einordnung von Vorteilen in allgemeine Fallgruppen vorgenommen

---

220 *Boelsen*, DB 1988, 2187 (2187); *Thesling*, S. 119; *Steinle*, S. 177.

221 *Steinle*, S. 177 f.

222 Vgl. *Thesling*, S. 119 ff. Ebenfalls in einer eigenen Fallgruppe aufführend *Grüneberg*, in: Palandt, Vorb v § 249, Rn. 95 f.; *Schubert*, in: Bamberger/Roth, § 249, Rn. 139 f.; *Steinle*, S. 178.

223 Sollte eine fixe Steuerersparnis Vertragsinhalt geworden sein, so ist von einer Anrechnung der erlangten Vorteile auszugehen.

224 Vgl. *Kurth/Grass*, S. 22; *Walch*, S. 35 f.; *Wawrzinek*, S. 48 f.

wurde, rückt nun die Behandlung steuerlicher Vorteile durch die Rechtsprechung des BGH in den Fokus. Steuervorteile in Form von ersparten Steuern erlangt der Steuerpflichtige beispielsweise dann, wenn er Aufwendungen, die er zur Erzielung von Einkünften tätigt, steuerlich geltend macht. Handelt es sich um Gewinneinkünfte, § 2 Abs. 2 Satz 1 Nr. 1 EStG, so können diese Betriebsausgaben, § 4 Abs. 4 EStG, darstellen. Bei den Überschusseinkünften, § 2 Abs. 2 Satz 1 Nr. 1 EStG, sind diese als Werbungskosten, § 9 Abs. 1 EStG, geltend zu machen, worunter auch die Absetzung für Abnutzung, § 9 Abs. 1 Satz 3 Nr. 7 i.V.m. § 7 EStG, fällt.[225]

I. Grundsatz

Bei der Frage, ob solche erlangten Steuervorteile im Rahmen der Vorteilsausgleichung zu berücksichtigen sind,[226] lässt sich keine klare Linie des BGH erkennen.[227] Der BGH betont zwar, dass ersparte Steuern grundsätzlich Vorteile darstellen können, die im Wege der Vorteilsausgleichung auf den Schadensersatz anzurechnen seien.[228] Die ständige Rechtsprechung des BGH führt aber letztlich faktisch dazu, dass grundsätzlich keine Anrechnung dieser Vorteile stattfindet.[229] Dem Vorgehen des BGH lässt sich nämlich entnehmen, dass er untersucht, ob die Steuervorteile dem Geschädigten endgültig verbleiben[230] bzw. ob dem Geschädigten durch die Schadensersatzleistung steuerliche Nachteile erwachsen. Dies könne z.B. der Fall sein, wenn den Steuervorteilen als Nachteil gegenüberstehe, dass die Schadensersatzleistung ihrerseits wieder zu versteuern sei, eine Nachforderung des Finanzamtes bestehe oder eine Besteuerung der Zug-um-Zug-Übertragung der Kapitalanlage, etwa wegen der Übernahme eines negativen

---

225 *Podewils*, DStR 2009, 752 (752).

226 Die Frage nach anzurechnenden Vorteilen kann sich nur stellen, wenn man die modifizierte Bruttomethode zugrunde legt, *Steinle*, S. 181 f.

227 Vgl. *Loritz/Wagner*, ZfIR 2003, 753 (757): „Die Rechtsprechung (…) zeigt kein in sich stimmiges Bild".

228 BGH, Urt. v. 10.4.1967, VIII ZR 27/65, NJW 1967, 1462 (1462) m.w.N.; Urt. v. 18.12.1969, VII ZR 121/67, BGHZ 53, 132 (134); Urt. v. 22.3.1979, VII ZR 259/77, BGHZ 74, 103 (114); Teilurt. v. 15.7.2010, III ZR 336/08, BGHZ 186, 205 (213); Urt. v. 28.1.2014, XI ZR 495/12, BGHZ 200, 110 (114); Urt. v. 17.7.2014, III ZR 218/13, NJW 2014, 3436 (3438).

229 Vgl. auch *Zoller*, GWR 2014, 515 (520).

230 Vgl. *Geibel*, S. 421; siehe zur Endgültigkeit auch *Rüßmann*, in: juris-PK, § 249, Rn. 50.

Kapitalkontos, stattfinde.[231] Nur wenn dies der Fall sei, also ein Nachteil bestehe, sei der Geschädigte nicht bereichert und besser gestellt, als er es ohne das schädigende Ereignis wäre. Vor- und Nachteil würden sich in den genannten Fällen gewissermaßen aufheben. Eine Anrechnung wäre folglich unbillig.[232] Ob der Geschädigte die Schadensersatzleistung tatsächlich versteuert, sei dabei unerheblich, da dieser sich sonst einseitig der Pflicht entziehen und den Schaden erhöhen könne.[233] Ohne das Vorliegen eines Nachteils würden ihm hingegen die steuerlichen Vorteile verbleiben und er bekäme zusätzlich die Schadensersatzzahlung. Somit führe eine „Kongruenz" zwischen dem Steuervorteil und dem künftigen Steuernachteil zu einem Ausschluss der Vorteilsausgleichung.[234]

II. Ermittlung und Gegenüberstellung der Vor- und Nachteile

Bei dieser Vorgehensweise ist es nach dem BGH jedoch nicht nötig, eine bis ins Letzte exakte Errechnung der Steuervorteile unter Gegenüberstellung der tatsächlichen mit einer hypothetischen Vermögenslage durchzuführen. Dies erfordere nämlich häufig einen unverhältnismäßigen Aufwand, was das Gesetz gerade bei der Ermittlung der Höhe einer Schadensersatzforderung vermeiden wolle, § 287 ZPO.[235] Unerheblich sei es auch, wenn die Schadensersatzleistung einem ermäßigten Steuertarif unterfallen würde, so z.B. dem des § 34 EStG. Zwar könne dem Geschädigten dadurch ein Steuervorteil verbleiben, der Schädiger könne sich aber nicht darauf berufen, denn es sei unbillig, würde eine Steuervergünstigung, die der Staat dem Geschädigten aus einem besonderen Anlass gewähre, ihm letztlich nicht zugutekommen, sondern den Schädiger entlasten.[236]

---

231 BGH, Urt. v. 17.11.2005, III ZR 350/04, NJW 2006, 499 (499); Teilurt. v. 15.7.2010, III ZR 336/08, BGHZ 186, 205 (213); Urt. v. 17.7.2014, III ZR 218/13, NJW 2014, 3436 (3438); Urt. v. 8.9.2016, IX ZR 255/13, NJW-RR 2017, 566 (568).

232 *Lampe*, BB 2008, 2599 (2601); *Edelmann*, in: Assmann/Schütze, § 3, Rn. 134; *Martini*, DStR 2014, 2160 (2164), der von einer Neutralisierung der Steuervorteile der Vergangenheit spricht.

233 *Martini*, DStR 2014, 2160 (2165).

234 *Geibel*, S. 421.

235 BGH, Urt. v. 27.6.1984, IVa ZR 231/82, NJW 1984, 2524 (2524); Teilurt. v. 15.7.2010, III ZR 336/08, BGHZ 186, 205 (214); Urt. v. 17.7.2014, III ZR 218/13, NJW 2014, 3436 (3438).

236 BGH, Urt. v. 22.3.1979, VII ZR 259/77, BGHZ 74, 103 (116); Urt. v. 27.6.1984, IVa ZR 231/82, NJW 1984, 2524 (2524); Teilurt. v. 15.7.2010, III ZR 336/08, BGHZ 186, 205 (221); vgl. zu Fällen des Steuerverzichts durch den Staat *Kessler*, DRiZ 1965, 320 (324).

Aus Gründen der Prozessökonomie wird hier letztlich darauf verzichtet, genau zu prüfen, ob sich Vor- und Nachteile decken. Es wird lediglich „Pi mal Daumen" geprüft, ob auch ein Nachteil vorhanden ist. Theoretisch kann dem Geschädigten dennoch ein Vorteil verbleiben.[237]

III. Ausnahme, namentlich außergewöhnliche Steuervorteile

Etwas anderes soll aber dann gelten, wenn der Geschädigte trotz Versteuerung der Schadensersatzleistung sog. außergewöhnliche[238] Steuervorteile auf eine solche Weise oder in einer solchen Höhe erlangt hat, dass sie ihm abweichend vom Regelfall billigerweise auf die Entschädigungsleistung angerechnet werden müssten.[239] Was unter diesen außergewöhnlichen Steuervorteilen zu verstehen ist, wurde vom BGH bisher noch nicht eindeutig bezeichnet. Gemeint sind damit aber solche, die auch bei der Versteuerung der ungeschmälerten Ersatzsumme dauerhaft im Vermögen des Geschädigten verbleiben.[240] Zu erkennen ist, dass vom BGH im Einzelfall außergewöhnliche Steuervorteile im Bereich von Fondsbeteiligungen angenommen wurden, wenn die Verlustzuweisung 100 % der Einlageleistung übersteigt.[241] Irrelevant sei es darüber hinaus aber, wie bereits erwähnt, ob eine Versteuerung der Schadensersatzleistung durch den Geschädigten überhaupt stattfinde. Im weiteren Verlauf wird sich jedoch zeigen, dass dieser Ausnahmefall der außergewöhnlichen Steuervorteile heute quasi ohne

---

237 Vgl. *Witt*, LMK 2010, 308392, der die Gefahr eines Verstoßes gegen das Bereicherungsverbot sieht, wenn die steuerlichen Vorteile die Nachteile überwiegen.

238 Stellenweise spricht der BGH auch von „außergewöhnlich hohen" Steuervorteilen, so z.B. im Urt. v. 23.9.2014, XI ZR 215/13, BKR 2015, 339, (341); Urt. v. 28.1.2014, XI ZR 495/12, BGHZ 200, 110 (115). Dabei ist zu beachten, dass er hierbei auf seine ständige Rechtsprechung verweist, in der er aber die Formulierung „außergewöhnliche Steuervorteile" verwendet. Der BGH zitiert insofern ungenau.

239 BGH, Urt. v. 27.6.1984, IVa ZR 231/82, NJW 1984, 2524 (2524); Urt. v. 17.11.2005, III ZR 350/04, NJW 2006, 499 (499); Urt. v. 31.5.2010, II ZR 30/09, NJW 2010, 2506 (2508); Teilurt. v. 15.7.2010, III ZR 336/08, BGHZ 186, 205 (214); Urt. v. 11.2.2014, II ZR 276/12, BGHZ 200, 51 (54); Urt. v. 8.9.2016, IX ZR 255/13, NJW-RR 2017, 566 (568); kritisch dazu *Otto*, S. 149 f.; ebenso *Balzer/Warlich*, EWiR 2011, 333 (334), im Hinblick auf den Grundsatz der Naturalrestitution, sollten keine außergewöhnlichen Steuervorteile vorliegen; die Vorgehensweise ablehnend dagegen z.B. *Ekkenga/Kuntz*, in: Soergel, Vor § 249, Rn. 397.

240 *Martini*, DStR 2014, 2160 (2164).

241 Vgl. BGH, Urt. v. 27.6.1984, IVa ZR 231/82, NJW 1984, 2524 (2524 f.); Urt. v. 12.2.1986, IVa ZR 76/84, NJW-RR 1986, 1102 (1104); Urt. v. 28.1.2014, XI ZR 495/12, BGHZ 200, 110 (120); *Lampe*, BB 2008, 2599 (2602).

Anwendungsbereich ist. Letztlich führt dies sodann dazu, dass die Ausnahme (keine Anrechnung der steuerlichen Vorteile) den Grundsatz (Steuervorteile seien anrechenbare Vorteile) praktisch nahezu bedeutungslos macht und damit selbst zur Regel wird.[242]

IV. Hintergrund

Die aufgezeigte Vorgehensweise des BGH mit ihrem Regel-Ausnahme-Verhältnis hat mehrere Gründe. Zum einen soll ein unverhältnismäßiger Aufwand vermieden werden, der durch eine konkrete Berechnung aller steuerlichen Vor- und Nachteile entstünde.[243] Zum anderen bedeute es aus Sicht des BGH für die Zivilgerichte eine steuerrechtliche Vereinfachung und beinhalte somit die Möglichkeit, abschließend entscheiden zu können.[244] Eine exakte Berechnung durch den Anleger bzw. die Gerichte und eine abschließende Entscheidung werden nämlich durch zwei Umstände erschwert: Erstens durch die Tatsache, dass es sich bei der Einkommensteuer um eine Jahressteuer handelt. Sie wird gem. § 25 Abs. 1 EStG nach Ablauf des Kalenderjahres veranlagt. Insofern können im Zeitpunkt der letzten mündlichen Verhandlung die steuerlichen Folgen noch nicht feststehen. Erst nach Ablauf des Veranlagungszeitraumes kann etwas über die Höhe der Steuervorteile und zur möglichen Versteuerung der Schadensersatzleistung gesagt werden.[245] Denn offen bleibt bis dahin, wann die Zahlungen auf das Urteil geleistet werden und wie sich die übrigen Einkünfte und die persönlichen Verhältnisse des Geschädigten, auch wegen des progressiven Steuertarifs, auswirken.[246] § 287 ZPO erlaubt insoweit auch eine Zukunftsprognose.[247]

---

242 So auch *Müller*, LMK 2014, 356535; *ders.*, LMK 2015, 373984.

243 BGH, Urt. v. 22.3.1979, VII ZR 259/77, BGHZ 74, 103 (116); Urt. v. 27.6.1984, IVa ZR 231/82, NJW 1984, 2524 (2524); Teilurt. v. 15.7.2010, III ZR 336/08, BGHZ 186, 205 (214).

244 BGH, Teilurt. v. 15.7.2010, III ZR 336/08, BGHZ 186, 205 (214); Urt. v. 11.2.2014, II ZR 276/12, BGHZ 200, 51 (56); Urt. v. 17.7.2014, III ZR 218/13, NJW 2014, 3436 (3438); zustimmend *Meyer*, WuB 2014, 236 (238); *ders.*, BKR 2016, 309 (311); a.A. *Yildirim*, BKR 2014, 188 (192).

245 BGH, Urt. v. 31.5.2010, II ZR 30/09, NJW 2010, 2506 (2509); *Kessen*, jurisPR-BKR 11/2010 Anm. 3; *Knobbe-Keuk*, Karlsruher Forum 1983, 134 (137); *Boelsen*, DB 1988, 2187 (2193); *Kaligin*, GmbHR 1982, 41 (41); *Trüter*, BB 1986, 269 (271); vgl. zu dieser Problematik auch *Knobbe-Keuk*, StuW 1976, 43 (45); *Geibel*, S. 422.

246 *Meindl/Schmid/Kemmetter*, Rn. 218; *Steinle*, S. 117.

247 BGH, Urt. v. 1.3.2011, XI ZR 96/09, DStR 2011, 872 (874); *Einsiedler*, WM 2015, 958 (959).

Zweitens wird dadurch eine „Endlosschleife“ vermieden. Diese kann durch die mögliche Steuerbarkeit der Schadensersatzleistung entstehen.[248] Würde eine Anrechnung der erlangten steuerlichen Vorteile stattfinden, so käme es in einem zweiten Schritt zu einer Versteuerung der Schadensersatzleistung, welche möglicherweise wiederum einen Schaden beim Anleger bedeuten würde.[249] Im Erstprozess würde dieser dann im Wege der Feststellungsklage tenoriert werden.[250] Das entspricht der Vorgehensweise der Vertreter der modifizierten Nettomethode.[251] Allerdings würde dem BGH zufolge diese Maßnahme zu einer nicht hinnehmbaren Erschwerung der Durchsetzung des Schadensersatzanspruchs führen, weshalb er dem ein Ende bereiten wollte.[252] Es wäre auch nicht zumutbar, dass der Geschädigte beispielsweise den Fondsanteil aus der Hand geben müsse, obwohl feststehe, dass ihm wegen der Besteuerung der Ersatzleistung weitere Ansprüche zustünden.[253] Er müsse ferner das Risiko tragen, dass der Schädiger die noch ausstehende Ersatzleistung erbringen werde.[254] Deshalb geht der BGH davon aus, dass nach der Rückabwicklung entstehende Steuernachforderungen keinen Schaden mehr darstellen, weil sie durch die Steuervorteile kompensiert werden, die ansonsten anzurechnen gewesen wären.[255] Der BGH verfolgt somit eine Vereinfachung zugunsten der entscheidenden Gerichte und eine Entlastung der Geschädigten, die so nicht auf einen zweiten Prozess angewiesen sind.

---

248 Vgl. BGH, Urt. v. 18.12.1969, VII ZR 121/67, BGHZ 53, 132 (138); Urt. v. 31.5.2010, II ZR 30/09, NJW 2010, 2506 (2509); *Kessen*, jurisPR-BKR 11/2010 Anm. 3; *Nieding*, jurisPR-BKR 1/2011 Anm. 3, nennt es „spiralförmig“; *Hofmann*, VersR 1980, 807 (809). An einer in der Praxis zu versteuernden Schadensersatzleistung zweifeln *Edelmann/Glemser*, WuB 2008, 728 (729); *Ruhkopf/Book*, VersR 1973, 781 (786).

249 Vgl. *Magnus*, in: Nomos Kommentar, Vor §§ 249–255, Rn. 170.

250 Vgl. *Zoller*, GWR 2014, 131 (131); *ders.*, GWR 2014, 515 (520); zum Feststellungsantrag *Staudenmayer*, VuR 2011, 43 (49); *Jäger*, DStR 2011, 155 (157 f.); *Edelmann/Glemser*, WuB 2008, 728 (729 f.).

251 Vgl. *Steinle*, S. 117 m.w.N.

252 BGH, Urt. v. 18.12.1969, VII ZR 121/67, BGHZ 53, 132 (138); Teilurt. v. 15.7.2010, III ZR 336/08, BGHZ 186, 205 (215).

253 BGH, Urt. v. 31.5.2010, II ZR 30/09, NJW 2010, 2506 (2509); *Kessen*, jurisPR-BKR 11/2010 Anm. 3.

254 BGH, Teilurt. v. 15.7.2010, III ZR 336/08, BGHZ 186, 205 (215); Urt. v. 17.7.2014, III ZR 218/13, NJW 2014, 3436 (3438).

255 BGH, Urt. v. 13.1.2004, XI ZR 355/02, NJW 2004, 1868 (1870).

V. Behandlung konkreter steuerlicher Vorteile

An dieser Stelle soll nur im Ansatz zusammengefasst werden, bei welchen Sachverhalten bzw. Normen die Kommentarliteratur, gestützt auf die Rechtsprechung, eine Anrechnung vornimmt bzw. ausschließt. Differenziert wird vornehmlich nach dem Zweck der Steuerbegünstigung. So seien z.B. Vorteile aus der Berechtigung zum Vorsteuerabzug gem. § 15 UStG, die Gewerbeertragsteuerfreiheit der Ersatzleistung wegen Minderung der Erwerbsfähigkeit, die Steuerbefreiungen für Leistungen der Kranken-, Pflege- oder gesetzlichen Unfallversicherung nach § 3 Nr. 1 Buchst. a EStG oder das Arbeitslosengeld nach § 3 Nr. 2 Buchst. a EStG anzurechnen. Insoweit ist aber der Progressionsvorbehalt nach § 32b EStG zu beachten. Die freigestellten Einkünfte fließen danach zwar nicht in die Bemessungsgrundlage mit ein, haben aber Auswirkungen auf den Steuersatz der steuerpflichtigen Einkünfte. Dieser berechnet sich dann nach § 32b Abs. 2 EStG. Ansonsten würde neben einer geringeren Bemessungsgrundlage auch noch ein niedrigerer Steuersatz für die steuerpflichtigen Einkünfte vorliegen.[256]

Keine Vorteilsausgleichung soll hingegen (neben den Fällen, in denen die Ersatzleistung zu versteuern ist) unter anderem stattfinden beim Pauschbetrag nach § 33b EStG[257] für Körperbehinderte, bei § 34 EStG und § 16 Abs. 4 EStG, bei der Ermäßigung einer zwischenzeitlichen Tarifsenkung oder der Verjährung einer Steuerschuld sowie bei der „Abwrackprämie".[258] Schadensmindernd anzurechnen seien daher die Vorteile, die nicht spezifisch als sozialpolitische Begünstigung zu werten seien.[259]

---

256 *Pfirrmann*, in: Kirchhof, § 32b EStG, Rn. 2; *Wagner*, in: Blümich, § 32b EStG, Rn. 15.

257 *Drachner*, S. 117, befürwortet derweil eine Anrechnung, da die Situation, die § 33b EStG ausgleichen wolle (nämlich geringerer Prozentsatz der Einkünfte eines Behinderten zur freien Verfügung aufgrund zusätzlicher Lebenshaltungskosten), nicht mehr gegeben sei, wenn eine Leistung von dritter Seite vorliege, die die aus der Beschädigung resultierenden Mehraufwendungen erstatte.

258 Siehe ausführlich dazu die Aufzählungen bei *Schiemann*, in: Staudinger, § 249, Rn. 171 ff.; *Grüneberg*, in: Palandt, Vorb v § 249, Rn. 95 f.; *Oetker*, in: MüKo BGB, § 249, Rn. 247 ff.; *Magnus*, in: Nomos Kommentar, Vor §§ 249–255, Rn. 164 f.; *Flume*, in: BeckOK BGB, § 249, Rn. 349; *Ebert*, in: Erman, Vor §§ 249–253, Rn. 116 f.; *Knobbe-Keuk*, Karlsruher Forum 1983, 134 (137).

259 *Ekkenga/Kuntz*, in: Soergel, Vor § 249, Rn. 313.

§ 4: Darlegungs- und Beweislast

Während bislang dargestellt wurde, unter welchen Voraussetzungen eine Vorteilsausgleichung stattzufinden hat und welche Fallgruppen im Rahmen der Anrechnung entwickelt wurden, wurde die Frage ausgeblendet, wer diese Voraussetzungen darzulegen und zu beweisen hat. Der Kläger, in den hier relevanten Fällen der Geschädigte, ist bei seinem Schadensersatzbegehren zunächst nicht verpflichtet, die erzielten Steuervorteile oder die Nachteile, die sich aus einer Versteuerung des Schadensersatzes ergeben, konkret darzustellen. Ebenso wenig muss er diese rechnerisch gegenüberstellen.[260] Will hingegen der Beklagte, also der Schädiger, geltend machen, dass eine Vorteilsausgleichung in Betracht kommt, so muss er sämtliche Voraussetzungen darlegen und beweisen.[261] Er trägt damit die primäre Darlegungs- und Beweislast für die Umstände, aus denen sich eine Vorteilsausgleichung ergibt. Dies betrifft insbesondere die Anhaltspunkte für das Bestehen außergewöhnlicher Steuervorteile.[262] Das bloße Berufen auf Steuervorteile ist dabei nicht ausreichend.[263] Der Beklagte muss den Steuervorteil beziffern und darlegen, welche Auswirkungen eine mögliche Schadensersatzzahlung hat.[264] „Angaben ins Blaue hinein",[265] um den Gegner zur Offenbarung der steuerlichen Daten zu zwingen, reichen nicht aus.[266]

Kann der Beklagte substantiiert darlegen und beweisen, dass außergewöhnliche Steuervorteile vorliegen, trifft den Kläger eine sekundäre Darlegungslast. Grundsätzlich korrespondieren die Darlegungs- und Beweislast. Eine Ausnahme findet sich aber in den Fällen, in denen der Darlegungspflichtige keine Kenntnis der maßgeblichen Tatsachen besitzt, weil sie sich in der Sphäre des

260 BGH, Urt. v. 30.11.2007, V ZR 284/06, NJW 2008, 649 (650); *Podewils*, ZfIR 2008, 461 (462); *ders.*, DStR 2011, 33 (34).

261 BGH, Urt. v. 24.4.1985, VIII ZR 95/84, BGHZ 94, 195 (217); Urt. v. 18.1.2007, IX ZR 122/04, NJW-RR 2007, 742 (744); Urt. v. 28.1.2014, XI ZR 495/12, BGHZ 200, 110 (115); *Knops*, WM 2015, 993 (997); *Grüneberg*, in: Palandt, Vorb v. § 249, Rn. 75; *Oetker*, in: MüKo BGB, § 249, Rn. 279; *Ebert*, in: Erman, Vor §§ 249–253, Rn. 84; *Klauser*, JZ 1968, 167 (168 f.).

262 BGH, Urt. v. 8.9.2016, IX ZR 255/13, NJW-RR 2017, 566 (568); *Oetker*, in: MüKo BGB, § 249, Rn. 248.

263 *Edelmann*, in: Assmann/Schütze, § 3, Rn. 134; *Jäger*, DStR 2011, 155 (157).

264 *Jäger*, DStR 2011, 155 (157).

265 *Knops*, WM 2015, 993 (998).

266 *Knops*, WM 2015, 993 (998), der ausführlich die Voraussetzungen des Vortrags aufführt; vgl. allgemein auch *Baumgärtel*, Rn. 315.

Prozessgegners abspielen.[267] Dieser darf sich deshalb nicht auf ein Bestreiten oder eine unklare Darstellung beschränken, denn nur er allein hat die Kenntnis, welche Steuervorteile sich aus der Beteiligung für ihn ergeben.[268] Er muss die für die Berechnung der Steuervorteile erforderlichen Daten mitteilen. Diese können beispielsweise aus den Steuererklärungen bzw. -bescheiden hervorgehen.[269] Einzelbelege sollen dabei jedoch nicht erforderlich sein.[270]

Was den Umfang der Darlegung der steuerlichen Verhältnisse anbelangt, sei dabei dem BGH zufolge das Steuergeheimnis mit zu berücksichtigen. So legt er dar, dass es kaum vertretbar sei, vom Geschädigten Angaben über das steuerrechtlich erhebliche Einkommen seines Ehegatten zu verlangen, wenn eine Zusammenveranlagung vorliege. Ebenso verhalte es sich seiner Ansicht nach mit einer Erklärung über das Zugutekommen steuerlicher Tatbestände (aufgrund Vermögensdispositionen im Zeitraum der Veranlagung einer möglichen Ersatzleistung), mit denen ein drohender Nachteil der Ersatzleistung vermieden werden könne. Diese stünden mit dem schädigenden Ereignis in keinem Zusammenhang, da sie zum eigenen Vorteil und nicht zur Entlastung des Schädigers vorgenommen würden.[271] Höhere Anforderungen an den ursprünglichen Vortrag des Schädigers sollen aber dann gelten, wenn es sich bei diesem um die Hausbank des Geschädigten handele.[272]

Das eigentliche Problem liegt aber gar nicht bei der Frage des Steuergeheimnisses, sondern vielmehr in der Abhängigkeit des Steuervor- und Steuernachteils von außerhalb des Schadensfalles liegenden Faktoren, wie z.B. anderen Einkünften und steuerlich relevanten Sachverhalten, aufgrund der Periodenbesteuerung. Im Zeitpunkt der letzten mündlichen Verhandlung stehen unter Umständen noch gar nicht alle relevanten Tatsachen fest, sodass der Umfang der Darlegung ohnehin lediglich eine relative Größe darstellt.[273]

---

267 *Völzmann-Stickelbrock*, in: FS Schilken, 539 (547).

268 BGH, Urt. v. 27.6.1984, IVa ZR 231/82, NJW 1984, 2524 (2525); Teilurt. v. 15.7.2010, III ZR 336/08, BGHZ 186, 205 (218); *Knops*, WM 2015, 993 (998); vgl. auch *Rosenberg/Schwab/Gottwald*, § 109, Rn. 15.

269 BGH, Urt. v. 1.3.2011, XI ZR 96/09, DStR 2011, 872 (875); *Oetker*, in: MüKo BGB, § 249, Rn. 248.

270 *Knops*, WM 2015, 993 (998).

271 BGH, Teilurt. v. 15.7.2010, III ZR 336/08, BGHZ 186, 205 (219); zum Steuergeheimnis differenzierend *Lampe*, BB 2008, 2599 (2607).

272 *Martini*, DStR 2014, 2160 (2165).

273 Vgl. Zweiter Teil, § 3, D, IV.

Trägt nun beispielsweise der Beklagte (der Schädiger) vor, die Summe x der vom Kläger geforderten Schadensersatzsumme sei ein erlangter außergewöhnlicher Steuervorteil und kommt dieser seiner sekundären Darlegungslast nicht nach, dann gilt die Behauptung des primär Darlegungspflichtigen als zugestanden im Sinne des § 138 Abs. 3 ZPO.[274] Gelingt hingegen dem Schädiger dieser Vortrag nicht, soll er nach Teilen der Literatur nach der Versteuerung der Rückabwicklung die Möglichkeit haben, mit der Feststellungswiderklage seinen Anspruch auf Auskehr der Steuervorteile geltend zu machen.[275]

§ 5: Zusammenfassung

Die Vorteilsausgleichung ist also das Instrument, mit dem Vorteile, die bei einem schädigenden Ereignis zu Tage treten, angerechnet werden können. Es handelt sich nach vorzugswürdiger Ansicht nicht um einen Teil der Schadensberechnung, sondern um ein eigenes Institut. Die Darlegungs- und Beweislast für deren Voraussetzungen trägt insofern zunächst primär der Schädiger. Bei einem substantiierten Vortrag kann aber den Geschädigten eine sekundäre Darlegungslast treffen, da nur er über die erforderlichen Informationen verfügt. Wertende Überlegungen sind sodann die Grundlage dafür, ob ein Vorteil durch die Vorteilsausgleichung zu einem geminderten Schaden führt oder nicht. Dabei stellt nach hier vertretener Auffassung die Anrechnung von Vorteilen den Regelfall dar, während der unbillige Fall als Ausnahme im Einzelfall besonders zu begründen ist. Neben der Kausalität im Sinne der Äquivalenz- und Adäquanztheorie sind zusätzliche Voraussetzungen erforderlich, um eine Anrechnung zu rechtfertigen. Während in der Literatur diverse Ansätze verfolgt werden, wie unter anderem eine Förderung des verletzten Rechtsguts, das Vorliegen einer Rechnungseinheit zwischen Vor- und Nachteil oder der Vorschlag der Umsorgtheit des Vorteils, stellt der BGH darauf ab, ob die Anrechnung dem Zweck des Schadensersatzanspruchs entspricht, der Geschädigte nicht unzumutbar belastet und der Schädiger nicht unbillig entlastet wird.

In Bezug auf steuerliche Vorteile (insbesondere auch ersparte Steuern) geht der BGH davon aus, dass diese anzurechnende Vorteile im Sinne der Vorteilsausgleichung sein können. Dies setzt aber voraus, dass sie dem Geschädigten endgültig verbleiben. Daher fragt er, ob diesen Vorteilen ein entsprechender

---

274 BGH, Urt. v. 31.5.2010, II ZR 30/09, NJW 2010, 2506 (2508); *Greger*, in: Zöller, Vor § 284, Rn. 34c; *Knops*, WM 2015, 993 (998); *von Selle*, in: BeckOK ZPO, § 138, Rn. 20; *Lampe*, BB 2008, 2599 (2607).

275 *Knops*, WM 2015, 993 (998); vgl. *Martini*, DStR 2014, 2160 (2165).

Nachteil gegenübersteht. Ein solcher könne sich beispielsweise daraus ergeben, dass die Schadensersatzleistung ihrerseits wiederum zu versteuern wäre. Er prüft also stets, ob die Schadensersatzleistung einen steuerlichen Tatbestand erfüllt. Einer exakten Berechnung und Gegenüberstellung der Vor- und Nachteile bedürfe es hierbei nicht, da dies einen unverhältnismäßigen hohen Aufwand erfordere, was § 287 ZPO gerade verhindern wolle. Lediglich beim Vorliegen von sog. außergewöhnlichen Steuervorteilen könne eine Anrechnung in Betracht kommen. Es wäre unbillig, wenn trotz Versteuerung der Ersatzleistung noch außergewöhnliche Vorteile beim Geschädigten verblieben.

Zuletzt sollen noch einmal die Hintergründe dieses Vorgehens aufgezeigt werden. Liegt eine zu versteuernde Schadensersatzleistung vor, so entstehe dem Geschädigten durch die zu zahlende Steuer ein Nachteil. Hierbei wird davon ausgegangen, dass der Nachteil den Vorteil in etwa aufwiege. An dieser Stelle darf dann nach Ansicht des BGH keine Anrechnung im Wege der Vorteilsausgleichung vorgenommen werden, denn es sei eigentlich gar kein Vorteil mehr vorhanden. Die Nachteile aus der Versteuerung können dann auch nicht mehr als Schaden geltend gemacht werden, sodass der BGH eine „Endlosschleife", die aus einem immer wiederkehrenden Steuerschaden entstehen würde, vermeidet. Der Schaden werde nämlich durch die ursprünglichen Vorteile kompensiert. Bei Vorteilen, die aus der Rückabwicklung resultieren, entscheidet darüber hinaus eine Zweckbetrachtung, die dem BGH nach zumeist zugunsten des Geschädigten ausfällt.

Im nächsten Teil wird aufgrund dieser Annahmen die Rechtsprechung des BGH hinsichtlich steuerlicher Vorteile und deren Anrechnung im Wege der Vorteilsausgleichung im konkreten Falle dargestellt und kritisch gewürdigt. Im Detail findet eine Untersuchung statt, ob die Schadensersatzleistung ihrerseits zu versteuern ist. Dies stellt dann die Grundlage für eine Analyse der Folgen der Rechtsprechung im weiteren Verlauf der Arbeit (fünfter Teil) dar.

Dritter Teil: Steuervorteile und Versteuerung der Schadensersatzleistung

Der dritte Teil beschäftigt sich mit der Darstellung der Rechtsprechung des BGH zur Anrechnung von Steuervorteilen. Diese seien danach zwar grundsätzlich anrechenbar, es sei aber stets zu prüfen, ob die Schadensersatzleistung und deren Gestaltung nicht zu Nachteilen führe, sei es durch eine Versteuerung der Schadensersatzleistung selbst oder durch Nachteile im Zusammenhang mit der Zug-um-Zug-Übertragung einer Kapitalanlage gegen die Schadensersatzleistung.[276] Im Rahmen dieser Prüfung lässt sich die Rechtsprechung des BGH in Fallgruppen einteilen. Sie orientiert sich zunächst daran, auf welche Art und Weise die steuerlichen Vorteile beim Geschädigten zur Entstehung gelangt sind. Zum einen kann der Geschädigte z.B. Steuern durch Verlustzuweisungen oder Abschreibungen sparen. Innerhalb dieser Gruppe wird ferner unterschieden zwischen Gewinn- und Überschusseinkünften. Zum anderen kann der Geschädigte einen steuerlichen Vorteil auch dadurch erhalten, dass in der Rückabwicklung selbst wieder eine Begünstigung liegt, beispielsweise durch eine Progressionsglättung nach § 34 Abs. 1 EStG, einen ermäßigten Steuersatz gem. § 34 Abs. 3 EStG oder durch einen Freibetrag, § 16 Abs. 4 EStG. Des Weiteren ist es möglich, dass dem Geschädigten nach der Rechtsprechung des BGH trotz einer Versteuerung der Schadensersatzleistung sog. außergewöhnliche Steuervorteile verbleiben, ein Nachzahlungsbescheid des Finanzamtes verjährt ist oder ein Zeichnungsnachlass gewährt wurde, was wiederum zu Vorteilen führen kann. Neben der Frage, ob bzw. wann ein solcher Vorteil entsteht, ist mittels Wertungen zu klären, ob solche Vorteile schadensmindernd zu berücksichtigen sind.

Der Argumentation des BGH lagen dabei über die Jahre hinweg verschiedenste Sachverhalte zugrunde. Häufig findet sich in der Literatur die Aussage, eine dogmatische Linie sei nicht immer zu erkennen.[277] Dies liegt wohl auch daran, dass die Vorgehensweise des BGH mit der Zeit immer mehr Kriterien erhalten hat, die das Ganze überfrachtet haben. Zwar liegt mittlerweile faktisch eine gefestigte Rechtsprechung vor, diese ist aber aus steuerrechtlicher Perspektive unübersichtlich. Die Aufgabe dieses Teils ist es nun primär, zu untersuchen, ob die schadensersatzrechtliche Rückabwicklung einen Steuertatbestand erfüllt.

---

276 Vgl. BGH, Urt. v. 15.7.2010, III ZR 336/08, BGHZ 186, 205 (213).

277 Vgl. *Schneider*, S. 398; *Loritz/Wagner*, ZfIR 2003, 753 (761); *Edelmann/Glemser*, WuB 2008, 728 (728).

Wenn das der Fall wäre, würde dies nach der Rechtsprechung des BGH bedeuten, dass dem Geschädigten steuerliche Vorteile nicht endgültig verblieben.[278]

In dieser Hinsicht wird zuerst zu prüfen sein, ob ein entsprechender Steuerbescheid nicht etwa zu korrigieren ist, weil die Steuer aus dem Steuerschuldverhältnis nicht zutreffend ermittelt wurde. Sodann werden die Schadensersatzleistung und deren Abwicklung im Hinblick auf eine etwaige Steuerbarkeit analysiert.

§ 1: Korrektur des Steuerbescheids

Zunächst stellt sich bei der Endgültigkeit der Steuervorteile die Frage, ob ein Steuerbescheid nicht als Folge der schadensersatzrechtlichen Rückabwicklung wegen einer nach seinem Erlass eingetretenen Tatsache nach § 175 Abs. 1 Satz 1 Nr. 2 AO zu ändern ist. Vorliegend kommt als solche Tatsache die Geltendmachung des Schadensersatzanspruchs oder spätestens seine Erfüllung in Betracht. Hierbei fließen dem Geschädigten vorher geltend gemachte Betriebsausgaben bzw. Werbungskosten zurück.[279] Für eine Änderung bedarf es der Vorschrift nach eines rückwirkenden Ereignisses, also ein Ereignis, das steuerliche Wirkung für die Vergangenheit hat. Dies können alle rechtlich bedeutenden Geschehnisse oder tatsächlichen Lebensvorgänge sein, die steuerlich in der Weise Rückwirkung entfalten, dass nunmehr der veränderte anstelle des zuvor verwirklichten Sachverhalts der Besteuerung zugrunde zu legen ist.[280] Die steuerliche Rückwirkung bemisst sich dabei allein nach dem materiellen Steuerrecht.[281] Hieraus, etwa dem EStG, muss sich ergeben, dass die mit dem nachträglich eingetretenen Ereignis verbundene Vergangenheitswirkung einen rechtswidrigen Zustand geschaffen hat, den es zu korrigieren gilt.[282]

Bei der Einkommensteuer als laufend veranlagter Steuer werden materiellrechtlich erforderliche Anpassungen aufgrund des Eintritts neuer Ereignisse regelmäßig aber nicht rückwirkend, sondern in dem Veranlagungszeitraum vorgenommen, in dem sich der Sachverhalt ändert.[283] Kommt es beim Geschädigten

---

278 Vgl. *Podewils*, DStR 2009, 752 (752 f.).

279 *Podewils*, DStR 2009, 752 (753).

280 BFH, Beschluss v. 19.7.1993, GrS 2/92, BFHE 172, 66 (74 f.); *Koenig*, in: Koenig, § 175 AO, Rn. 42; *Fehrenbacher*, § 8, Rn. 118.

281 BFH, Beschluss v. 19.7.1993, GrS 2/92, BFHE 172, 66 (75); Urt. v. 4.5.2006, VI R 17/03, BFHE 213, 383 (386); *Podewils*, DStR 2009, 752 (753); *Koenig*, in: Koenig, § 175 AO, Rn. 43; *Fehrenbacher*, § 8, Rn. 118.

282 *Podewils*, DStR 2009, 752 (753).

283 BFH, Beschluss v. 19.7.1993, GrS 2/92, BFHE 172, 66 (76); Urt. v. 2.6.1999, X R 84/97, BFHE 189, 70 (73); *Koenig*, in: Koenig, § 175 AO, Rn. 43; *Rüsken*, in: Klein, § 175

in einem späteren Veranlagungszeitraum durch die Rückabwicklung zu einem Rückfluss von Aufwendungen, die er bereits zuvor als Werbungskosten oder Betriebsausgaben geltend gemacht hatte, so betreffen diese nur den späteren Veranlagungszeitraum, in dem die Rückerstattung stattfindet. Die Schadensersatzleistung ist in diesem Veranlagungszeitraum zu versteuern. Der Grund ist bei den Überschusseinkünften nach § 2 Abs. 1 Satz 1 Nr. 4–7 EStG bzw. bei Überschussrechnungen nach § 4 Abs. 3 EStG im Zu- und Abflussprinzip, § 11 EStG, zu sehen.[284] Im betrieblichen Bereich (Gewinnermittlung nach § 4 Abs. 1 und § 5 EStG) gilt das Zu- und Abflussprinzip dagegen nicht, § 11 Abs. 1 Satz 5, Abs. 2 Satz 6 EStG.[285] Aufwendungen und Erträge sind vielmehr unabhängig vom Zeitpunkt der Zahlung dem Geschäfts- bzw. Wirtschaftsjahr zuzuordnen, in dem sie wirtschaftlich verursacht sind, § 252 Abs. 1 Nr. 5 HGB.[286] Nach dem Realisationsprinzip, § 252 Abs. 1 Nr. 4 Hs. 2 HGB, werden Aufwendungen und Erträge gemäß dem Zeitpunkt ihrer wirtschaftlichen Verursachung ausgewiesen.[287] Gewinne dürfen daher erst aktiviert werden, wenn sie realisiert sind.[288] Ansprüche auf Schadensersatz sind zu aktivieren, wenn sie hinreichend sicher und konkretisiert sind.[289] Es ist damit ein einredefreier Anspruch erforderlich. Die Einrede des § 320 BGB darf dem Schuldner nicht mehr zustehen.[290] Der Geschädigte muss damit seiner Verpflichtung zur Übertragung der Kapitalanlage nachgekommen sein.[291] Letztlich kommt der Rückabwicklung daher keine Rückwirkung im Sinne des § 175 Abs. 1 Satz 1 Nr. 2 AO zu.[292]

AO, Rn. 57; *Podewils*, DStR 2009, 752 (753); *ders.*, DStR 2011, 33 (33); *Söffing*, BB 1995, 2558 (2561).

284 Vgl. *Glenk*, in: Blümich, § 11 EStG, Rn. 4; *Hey*, in: Tipke/Lang, § 8, Rn. 192; *Janssen*, NJW 2008, 625 (626).

285 Vgl. *Glenk*, in: Blümich, § 11 EStG, Rn. 7.

286 *Birk/Desens/Tappe*, Rn. 829; *Fehrenbacher*, § 2, Rn. 67.

287 *Merkt*, in: Baumbach/Hopt, § 252 HGB, Rn. 18.

288 *Birk/Desens/Tappe*, Rn. 831.

289 *Merkt*, in: Baumbach/Hopt, § 252 HGB, Rn. 20.

290 BFH, Urt. v. 3.8.2005, I R 94/03, DStRE 2005, 1371 (1371); vgl. *Maier*, in: Beck'sches Steuer- und Bilanzrechtslexikon, Aktivierung, Rn. 37, 64.

291 § 320 BGB gilt dabei auch für Sekundäransprüche, bei Ansprüchen aus § 281 BGB muss aber die Surrogationstheorie angewendet werden, vgl. *H. Schmidt*, BeckOK BGB, § 320, Rn. 10.

292 *Berninghaus*, DStR 2014, 624 (625); *Janssen*, NJW 2008, 625 (626); *Jooß*, DStR 2014, 6 (8); *Knebel/Schmidt*, BB 2010, 1316 (1318); *Podewils*, DStR 2009, 752 (753); *Salger*, WuB 2016, 12 (12). Siehe zur Anfechtung *Meindl/Schmid/Kemmetter*, Rn. 235.

§ 2: Steuervorteile in Form von ersparten Steuern

Nachdem geklärt ist, dass einer Rückabwicklung keine Rückwirkung im Sinne des § 175 Abs. 1 Satz 1 Nr. 2 AO zukommt, sind nun die verschiedenen Fallgruppen der Steuervorteile zu betrachten. Die erste große Fallgruppe widmet sich den Steuervorteilen in Form von ersparten Steuern. Ein solcher Vorteil kann sich daraus ergeben, dass Aufwendungen, die zur Erzielung von Einkünften getätigt wurden, bei den Gewinneinkünften als Betriebsausgaben, § 4 Abs. 4 EStG, und bei den Überschusseinkünften als Werbungskosten, § 9 Abs. 1 EStG, das zu versteuernde Einkommen mindern.[293] Bei den sog. Steuerstundungsmodellen investieren die Anleger in geschlossene Fonds, welche vorwiegend in der Rechtsform von Personengesellschaften organisiert sind (sog. Verlustzuweisungsgesellschaften). Sie erzielen dadurch zwar Erträge, jedoch dient die Investition vielmehr der Zuweisung von hohen Verlusten in der Anfangsphase und den damit verbundenen steuerlichen Vorteilen.[294] Versprochen werden den Anlegern nämlich hohe anfängliche Verlustzuweisungen, die zu einem Steuerstundungseffekt führen.[295] Dadurch soll der Eigenkapitaleinsatz ganz oder zum Teil aus den ersparten Steuern finanziert werden.[296] Vermittelt werden solche Konzepte typischerweise durch Anlageprospekte oder vergleichbare Formen.[297]

Bei gewerblichen Beteiligungen können Verluste insbesondere durch Abschreibungen,[298] nicht aktivierungspflichtige Wirtschaftsgüter und den Vor- und Anlaufkosten erreicht werden. Bei privaten Vermögensanlagen kommen Verluste durch einen Überschuss der Werbungskosten und Abschreibungsvergünstigungen in Betracht.[299] Insbesondere bei Investitionen in Immobilien, durch die Einkünfte aus Vermietung und Verpachtung nach § 21 Abs. 1 Satz 1

---

293 *Podewils*, ZfIR 2012, 358 (358).

294 BT-Drucks. 16/107, S. 6 zu Nr. 4; *Grüter*, NZG 2006, 853 (854); *Heuermann*, in: Blümich, § 15b EStG, Rn. 4; *Meyer*, BKR 2016, 309 (309); *Rauh*, in: Beck'sches Steuer- und Bilanzrechtslexikon, Verlustzuweisungsgesellschaft, Rn. 1; *Walch*, S. 33.

295 *Weber/Bulach*, BKR 2009, 504 (504); *Knebel/Schmidt*, BB 2010, 1316 (1316 f.); zum Problem der Gewinnerzielungsabsicht bei Verlustzuweisungsgesellschaften siehe *Jakob*, in: FS Schmidt, 721 (722 f.).

296 *Wagner*, in: Assmann/Schütze, § 16, Rn. 1; *Kurth/Grass*, S. 21; vgl. auch *Dittmayer*, S. 133.

297 *Heuermann*, in: Blümich, § 15b EStG, Rn. 12.

298 Unter dem Begriff Abschreibung sind (handels- und steuerrechtlich) sämtliche Wertminderungen eines Wirtschaftsgutes zu verstehen, siehe *Maier*, in: Beck'sches Steuer- und Bilanzrechtslexikon, Abschreibung, Rn. 1 ff.

299 *Wagner*, in: Assmann/Schütze, § 16, Rn. 2.

Nr. 1 EStG erzielt werden sollen, nutzen Anleger die Möglichkeit, Werbungskosten abzuziehen und durch einen entsprechenden Überschuss der Werbungskosten einen steuerlich ausgleichsfähigen Verlust zu erzielen. Gerade geschlossene Immobilienfonds sind sehr häufig darauf angelegt, möglichst viele der anfallenden Aufwendungen den sofort abzugsfähigen Werbungskosten zuzuordnen.[300] Werbungkosten sind nach dem Abflussprinzip sofort abzugsfähig, § 9 Abs. 1 Satz 1 EStG, wenn es sich nicht um Anschaffungs- oder Herstellungskosten handelt. Diese können dann nur über einen längeren Zeitraum als AfA geltend gemacht werden, § 9 Abs. 1 Satz 3 Nr. 7 EStG i.V.m. § 7 Abs. 4 und 5 EStG.[301] Für den Regelfall, bei dem ein Gebäude nach dem 31.12.1924 fertiggestellt wurde, werden gem. § 7 Abs. 4 Satz 1 Nr. 2 EStG jährlich 2 % der Anschaffungs- und Herstellungskosten abgezogen. Bei Investitionen in Medienfonds lag der Anreiz für die Anleger hingegen in den sofort abzugsfähigen Herstellungskosten für ein nicht aktivierungsfähiges, selbst geschaffenes immaterielles Wirtschaftsgut, § 5 Abs. 2 EStG i.V.m. § 248 Abs. 2 HGB.[302]

Im Kern geht es bei der Betrachtung des Vorgehens des BGH darum, ob die erzielten Steuervorteile dem Geschädigten dauerhaft verbleiben oder ob sie durch eine Versteuerung der Schadensersatzleistung bzw. durch Nachteile bei der Zug-um-Zug-Rückabwicklung wieder entfallen. Im Folgenden wird daher untersucht, ob diese Vorgänge einer der in § 2 Abs. 1 Satz 1 Nr. 1–7 EStG aufgezählten Einkunftsarten unterfallen.

A. Ertragsbesteuerung von Personengesellschaften

Bevor auf die einzelnen Einkunftsarten eingegangen wird, soll zunächst aufgezeigt werden, wie eine Ertragsbesteuerung von Personengesellschaften stattfindet. Das „Problem" besteht insoweit darin, dass gem. § 1 Abs. 1 Satz 1 EStG nur natürliche Personen der Einkommensteuerpflicht unterliegen. Während juristische Personen Subjekte der Körperschaftsteuer sind, sind Personengesellschaften weder Subjekt der Einkommen- noch der Körperschaftsteuer.[303] Bei Einkünften, die über eine Personengesellschaft erzielt werden, ist Steuersubjekt vielmehr der

---

300 *Kurth/Grass*, S. 91.

301 *Birk/Desens/Tappe*, Rn. 785.

302 *Sagasser*, in: Assmann/Schütze, § 27, Rn. 372; *Podewils*, DStR 2009, 752 (752). Zu den genauen Anforderungen zur Ausgestaltung der Fonds siehe *Weber/Bulach*, BKR 2009, 504 (505); *Jakob*, Rn. 701.

303 *Fehrenbacher*, § 2, Rn. 17; *Birk/Desens/Tappe*, Rn. 1102; *Hennrichs*, in: Tipke/Lang, § 10, Rn. 10.

einzelne Gesellschafter. Ihm werden die Einkünfte entsprechend dem Beteiligungsverhältnis anteilig zugerechnet.[304] Anders sieht dies dagegen z.B. bei der Gewerbesteuer aus. Dort ist die Personengesellschaft selbst Steuerschuldner, § 5 Abs. 1 Satz 3 GewStG.

Zu unterscheiden ist zunächst zwischen unternehmerischen Personengesellschaften (Mitunternehmerschaften) und vermögensverwaltenden Personengesellschaften.[305] Erstere setzen gewerbliche Einkünfte, § 15 Abs. 2 EStG, voraus. Diese können sich auch aus einer gewerblichen Infektion, § 15 Abs. 3 Nr. 1 EStG, oder einer gewerblichen Prägung, § 15 Abs. 3 Nr. 2 EStG,[306] ergeben. Mitunternehmerschaften liegen ferner nach § 13 Abs. 7 EStG oder § 18 Abs. 4 Satz 2 EStG vor.[307] Hinsichtlich der Qualifikation und der Ermittlung der gemeinschaftlich in der als Mitunternehmerschaft zu behandelnden Personengesellschaft erwirtschafteten Einkünfte ist diese als Einheit zu betrachten und damit Steuerrechtssubjekt, sog. partielle Steuerrechtsfähigkeit.[308] Abhängig davon, ob es sich bei dem Gesellschafter um eine natürliche oder juristische Person handelt, unterliegen die Einkünfte dann entweder der Einkommen- oder der Körperschaftsteuer.[309] Steuerlich werden die Gesellschafter als Mitunternehmer bezeichnet, § 15 Abs. 1 Nr. 2 EStG.[310] Bei den Personengesellschaften, die als Mitunternehmerschaft behandelt werden, findet daher eine Besteuerung nach dem Transparenzprinzip[311] statt.[312] Die Einkünfte aus der unternehmerischen Personengesellschaft sind nach §§ 179 Abs. 2 Satz 2, 180 Abs. 1 Satz 1 Nr. 2 Buchst. a AO verfahrensrechtlich einheitlich und gesondert festzustellen.[313] Es ist also letztlich zweistufig vorzugehen, sog. dualistisches Prinzip. In einem

---

304 *Klumpp*, in: Lange/Bilitewski/Götz, Rn. 232; *Birk/Desens/Tappe*, Rn. 1103.

305 *Fehrenbacher*, § 3, Rn. 2 f.

306 Siehe dazu ausführlicher Dritter Teil, § 2, B, I, 2.

307 Vgl. *Birk/Desens/Tappe*, Rn. 1115 ff.

308 BFH, Beschluss v. 25.6.1984, GrS 4/82, BFHE 141, 405 (426); Beschluss v. 3.7.1995, GrS 1/93, BFHE 178, 86 (95); *Bippus*, DStR 1998, 749 (751); *Birk/Desens/Tappe*, Rn. 1103; *Klumpp*, in: Lange/Bilitewski/Götz, Rn. 233; *Bode*, in: Blümich, § 15 EStG, Rn. 236; *Bodden*, DStZ 1996, 73 (74); *Früchtl/Prokscha*, DStZ 2010, 595 (599).

309 *Bippus*, DStR 1998, 749 (749); *Fehrenbacher*, § 3, Rn. 1.

310 *Fehrenbacher*, § 3, Rn. 2; *Birk/Desens/Tappe*, Rn. 1103; *Hennrichs*, in: Tipke/Lang, § 10, Rn. 2.

311 Früher galt die mittlerweile aufgegebene sog. Bilanzbündeltheorie, vgl. dazu die Darstellung bei *Bippus*, S. 143 ff.

312 *Fehrenbacher*, § 3, Rn. 1; *Hennrichs*, in: Tipke/Lang, § 10, Rn. 1.

313 *Bippus*, S. 159; *Bode*, in: Blümich, § 15 EStG, Rn. 236; *Birk/Desens/Tappe*, Rn. 1106–1108; *Bodden*, DStZ 1996, 73 (74); *Niehus/Wilke*, S. 20.

ersten Schritt findet auf Ebene der Mitunternehmerschaft eine Ermittlung und Qualifizierung der Einkünfte statt, bevor in einem zweiten Schritt der Gewinn bzw. Überschuss den Mitunternehmern anteilig zugerechnet wird.[314] An dieser Stelle findet eine erneute Qualifikation (eine Umqualifizierung kann beispielsweise im Falle der sog. Zebragesellschaft notwendig werden) statt und die Höhe der Einkünfte wird abschließend ermittelt.[315]

Keine Mitunternehmerschaft im Sinne des § 15 Abs. 1 Satz 1 Nr. 2 EStG stellen dagegen insbesondere die vermögensverwaltenden Personengesellschaften dar, sofern sie nicht gewerblich geprägt sind, vgl. § 15 Abs. 3 Nr. 2 EStG. Sie üben keine gewerbliche Tätigkeit aus. § 15 Abs. 1 Satz 1 Nr. 2 EStG verdrängt § 39 Abs. 2 Nr. 2 AO insofern also nicht als lex specialis.[316] Die partielle Steuerrechtsfähigkeit hinsichtlich der Einkünftequalifikation und -ermittlung gilt dem BFH zufolge aber für alle in § 2 Abs. 1 Satz 1 Nr. 1–7 EStG genannten Einkunftsarten, folglich auch für die vermögensverwaltende Personengesellschaft.[317] Somit wird auf erster Stufe ermittelt, ob die vermögensverwaltende Gesellschaft einen Überschuss erzielt hat und dann auf zweiter Stufe anteilig auf die Gesellschafter verteilt.[318] Ansonsten wird die Gesamthand steuerrechtlich als Bruchteilsgemeinschaft gesehen.[319] Auf die persönliche Zurechnung von Einkünften ist § 39 Abs. 2 Nr. 2 AO aber nicht anwendbar, sondern nur auf die Zurechnung von Wirtschaftsgütern.[320]

---

314 BFH, Beschluss v. 25.6.1984, GrS 4/82, BFHE 141, 405 (426 f.); Beschluss v. 3.7.1995, GrS 1/93, BFHE 178, 86 (95); *Niehus/Wilke*, S. 20 f.; *Bodden*, DStZ 1996, 73 (75 ff.).

315 *Bodden*, DStZ 1996, 73 (79 f.); *Meindl/Schmid/Kemmetter*, Rn. 290; vgl. *Bippus*, S. 163.

316 BFH, Urt. v. 27.7.2004, IX R 20/03, DStR 2004, 1600 (1602); *Milatz/Sax*, DStR 2017, 141 (142); *Birk/Desens/Tappe*, Rn. 1120; *Ratschow*, in: Klein, § 39 AO, Rn. 78.

317 BFH, Beschluss v. 25.6.1984, GrS 4/82, BFHE 141, 405 (426); *Engel*, Rn. 56; *Früchtl/Prokscha*, DStZ 2010, 595 (599).

318 BFH, Urt. v. 21.11.2000, IX R 2/96, BFHE 193, 460 (470); Urt. v. 27.7.2004, IX R 20/03, DStR 2004, 1600 (1601); *Pfirrmann*, in: Herrmann/Heuer/Raupach, § 21 EStG, Anm. 21; *Schallmoser*, in: Blümich, § 21 EStG, Rn. 66; *Mellinghoff*, in: Kirchhof, § 21 EStG, Rn. 30; *Kulosa*, in: Schmidt, § 21 EStG, Rn. 65 f.

319 *Fehrenbacher*, § 3, Rn. 3; *Groh*, DB 1984, 2373 (2374); *Ratschow*, in: Klein, § 39 AO, Rn. 80; *Koenig*, in: Koenig, § 39 AO, Rn. 70; vgl. die Ausführungen von *Engel*, Rn. 7 ff.; *Götz*, in: Lange/Bilitewski/Götz, Rn. 3953.

320 *Koenig*, in: Koenig, § 39 AO, Rn. 77; *Ratschow*, in: Klein, § 39 AO, Rn. 80; vgl. *Engel*, Rn. 147.

B. Gewinneinkünfte

Nachdem nun geklärt ist, wie eine Ertragsbesteuerung von Personengesellschaften vorzunehmen ist, sollen bei der schadensersatzrechtlichen Rückabwicklung zunächst die Gewinneinkünfte, § 2 Abs. 2 Satz 1 Nr. 1 EStG, in den Blick genommen werden. Relevant sind hier insbesondere diejenigen Konstellationen, in denen sich der Anleger als Kommanditist an einem geschlossenen Fonds beteiligt hat. Im Vordergrund steht daher eine Steuerbarkeit der Schadensersatzleistung nach § 15 Abs. 1 Satz 1 Nr. 2 EStG oder § 16 Abs. 1 Nr. 2 (ggf. i.V.m. Abs. 3 Satz 1) EStG. Der jeweils einschlägige steuerliche Tatbestand hängt davon ab, worauf sich die Schadensersatzleistung bezieht. Wird Schadensersatz für bestimmte Betriebsausgaben, wie beispielsweise Kosten der Finanzierung geleistet, so handelt es sich bei der Schadensersatzleistung um Sonderbetriebseinnahmen, womit § 15 Abs. 1 Satz 1 Nr. 2 EStG einschlägig ist. Geht es hingegen um den Anteil am Gesamthandsvermögen, so unterfällt die Schadensersatzleistung § 16 Abs. 1 Satz 1 Nr. 2 i.V.m. Abs. 3 Satz 1 EStG. § 16 Abs. 3 EStG enthält dabei eine Fiktion einer Veräußerung.

I. § 15 Abs. 1 Satz 1 Nr. 2 EStG

Kommt es zur schadensersatzrechtlichen Rückabwicklung, so stellt sich die Frage, ob die Schadensersatzleistung ihrerseits gem. § 15 Abs. 1 Satz 1 Nr. 2 EStG zu versteuern ist. Von § 15 EStG werden realisierte Wertzugänge des Betriebsvermögens als Betriebseinnahmen erfasst.[321] Zum Betriebsvermögen gehört nicht nur das Gesamthandsvermögen, sondern auch das Sonderbetriebsvermögen der Mitunternehmerschaft.[322] Es ergänzt das Gesamthandsvermögen und führt so zu einer wirtschaftlichen Einheit.[323]

1. (Sonder-)Betriebseinnahmen

§ 15 Abs. 1 Satz 1 Nr. 2 EStG regelt die Einkünfte aus Mitunternehmerschaften. Das sind insbesondere die Gewinnanteile der Gesellschafter einer OHG, KG oder einer anderen Gesellschaft, bei der der Gesellschafter als Mitunternehmer des Betriebs anzusehen ist. Der BGH ist der Auffassung, dass Steuervorteilen, die aus der Kommanditanlage resultieren, entsprechende Nachteile gegenüberstünden. Beteiligt sich also beispielsweise ein Anleger als Kommanditist an einem geschlossenen

321 *Podewils*, DStR 2009, 752 (754).

322 *Bode*, in: Blümich, § 15 EStG, Rn. 458.

323 *Bode*, in: Blümich, § 15 EStG, Rn. 448; *Hottmann*, in: Beck'sches Steuer- und Bilanzrechtslexikon; Sonderbilanzen, Rn. 5; *Jakob*, Rn. 1107.

Fonds in der Form der KG (häufig auch als GmbH & Co. KG),[324] und erzielt dieser Einkünfte aus Gewerbebetrieb, § 15 Abs. 1 Satz 1 Nr. 2 EStG, so nimmt der BGH an, dass auch die Schadensersatzleistung zu versteuern sei. Diese sei eine Betriebseinnahme gem. § 15 Abs. 1 Satz 1 Nr. 2 EStG und somit steuerbar.[325] Unter einer Betriebseinnahme sind (in Anlehnung an den BFH) alle Zugänge in Geld oder Geldeswert, die durch den Betrieb veranlasst sind, zu verstehen, wobei eine betriebliche Veranlassung dann gegeben sei, wenn ein objektiver wirtschaftlicher Zusammenhang mit dem Betrieb bestehe.[326] Alle Zahlungen, die der Kommanditist, der steuerrechtlich Mitunternehmer sei, in wirtschaftlichem Zusammenhang mit seiner Beteiligung an der KG erhalte, seien nach dem BGH Betriebseinnahmen.[327] Die Schadensersatzleistung stehe in einem solchen wirtschaftlichen Zusammenhang mit der Kommanditbeteiligung. Dafür würden auch Interessensgesichtspunkte sprechen. Würden die Verluste der KG steuerlich als Betriebsverluste einkommensmindernd behandelt, müsste die Schadensersatzleistung, die wirtschaftlich mit der Beteiligung zusammenhänge, auch dem betrieblichen Bereich zugerechnet werden.[328]

An dieser Stelle ist aber danach zu differenzieren, worauf sich die Schadensersatzleistung bezieht. Hat der Anleger beispielsweise ein Darlehen zur Finanzierung des Gesellschaftsanteils aufgenommen, so handelt es sich bei den Verbindlichkeiten um (negatives) Sonderbetriebsvermögen II.[329] Gezahlte Zinsen der Fremdfinanzierung stellen damit Sonderbetriebsausgaben dar. Dies sind alle persönlichen Aufwendungen eines Mitunternehmers, die wirtschaftlich durch seinen Mitunternehmeranteil veranlasst sind.[330] Bezieht sich die

---

324 Vgl. *Brendle-Weith*, ImmoStR 2011, 106 (107).

325 BGH, Urt. v. 22.3.1979, VII ZR 259/77, BGHZ 74, 103 (114 f.); Urt. v. 15.7.2010, III ZR 336/08, BGHZ 186, 205 (213 f.); Urt. v. 17.7.2014, III ZR 218/13, NJW 2014, 3436 (3438).

326 Statt vieler BFH, Urt. v. 1.12.2010, IV R 17/09, BFHE 232, 93 (103 f.).

327 BGH, Urt. v. 22.3.1979, VII ZR 259/77, BGHZ 74, 103 (115); Urt. v. 15.7.2010, III ZR 336/08, BGHZ 186, 205 (213 f.); Urt. v. 17.7.2014, III ZR 218/13, NJW 2014, 3436 (3439).

328 BGH, Urt. v. 22.3.1979, VII ZR 259/77, BGHZ 74, 103 (115); *Brendle-Weith*, ImmoStR 2011, 106 (107); *Piltz*, BB 1979, 1336 (1337); für einen zumindest mittelbaren Zusammenhang *Steinle*, S. 30; *ders.*, DStR 1981, 366 (366 f.); *Dittmayer*, S. 150 f.; im Ergebnis zustimmend auch *Trüter*, BB 1986, 269 (270); *Boelsen*, DB 1988, 2187 (2189); a.A. *v. Linstow*, NJW 1980, 424 (426).

329 *Bode*, in: Blümich, § 15 EStG, Rn. 461a; *Fehrenbacher*, § 3, Rn. 21; *Jakob*, Rn. 1109.

330 *Birk/Desens/Tappe*, Rn. 1148; *Bode*, in: Blümich, § 15 EStG, Rn. 531; *Fehrenbacher*, § 3, Rn. 20.

Schadensersatzleistung auf den Ersatz der geleisteten Zinsen, so handelt es sich um Sonderbetriebseinnahmen. In diesem Falle ist die Schadensersatzleistung insoweit also zu versteuern. Schadensersatz für den Anteil am Gesamthandsvermögen wird sodann von § 16 Abs. 1 Satz 1 Nr. 2 i.V.m. Abs. 3 EStG erfasst.[331]

2. Sonderfall: GmbH & Co. KG

Eine Versteuerung nach §§ 15 ff. EStG kommt allerdings grundsätzlich nicht in Betracht, wenn es sich um eine reine Vermögensverwaltung handelt, die Fondsgesellschaften also als bloße Vermögensverwaltungsgesellschaften tätig werden. Die Schadensersatzleistung ist dann nicht nach § 15 Abs. 1 Satz 1 Nr. 2 EStG zu versteuern, weil die Tätigkeit der vermögensverwaltenden KG kein Gewerbe im Sinne des § 15 Abs. 2 EStG darstellt. Ungeschriebenes Tatbestandsmerkmal für das Vorliegen eines Gewerbebetriebs ist nach Auffassung des BFH nämlich, dass die Tätigkeit den Rahmen einer privaten Vermögensverwaltung überschreitet.[332] Die Grenze von der privaten Vermögensverwaltung zum Gewerbebetrieb wird überschritten, „wenn nach dem Gesamtbild der Betätigung und unter Berücksichtigung der Verkehrsauffassung die Ausnutzung substantieller Vermögenswerte durch Umschichtung gegenüber der Nutzung von Grundbesitz im Sinne einer Fruchtziehung aus zu erhaltenden Substanzwerten entscheidend in den Vordergrund tritt."[333] Geschlossene Immobilienfonds vermieten bzw. verpachten und verwalten grundsätzlich Immobilien nach §§ 535 ff. BGB. Beschränkt sich die Tätigkeit hierauf, stellt dies eine private Vermögensverwaltung dar, weshalb eine gewerbliche Tätigkeit ausscheidet.[334] Wird aber beispielsweise ein errichtetes Hotel nicht lediglich verpachtet, sondern selbst betrieben, liegen Einkünfte nach § 15 EStG vor.[335]

Eine Steuerbarkeit nach §§ 15 ff. EStG kommt neben der Möglichkeit der Abfärbung nach § 15 Abs. 3 Nr. 1 EStG allerdings vor allem durch eine gewerbliche Prägung nach § 15 Abs. 3 Nr. 2 EStG in Betracht, wenn es sich um eine GmbH & Co. KG handelt. Hiernach werden gewerbliche Einkünfte erzielt, auch wenn

---

331 Dritter Teil, § 2, B, II.

332 BFH, Urt. v. 29.10.1998, XI R 80/97, BStBl. II 1999, 448 (448); Urt. v. 9.4.2003, X R 21/00, BStBl. II 2003, 520 (521); Urt. v. 18.8.2009, X R 25/06, BStBl. II 2009, 965 (966).

333 BFH, Beschluss v. 3.7.1995, GrS 1/93, BFHE 178, 86 (90); vgl. auch *Früchtl/Proksch*a, DStZ 2010, 595 (600).

334 *Sagasser*, in: Assmann/Schütze, § 27, Rn. 302; *Walch*, S. 33; *Jakob*, Rn. 430; *Kurth/Grass*, S. 70.

335 *Meindl/Schmid/Kemmetter*, Rn. 296.

keine gewerbliche Tätigkeit ausgeübt wird. Voraussetzung ist, dass ausschließlich eine oder mehrere Kapitalgesellschaften persönlich haftende Gesellschafter sind und nur diese oder Personen, die nicht Gesellschafter sind, zur Geschäftsführung befugt sind. Hierzu zählt beispielsweise die vermögensverwaltende GmbH & Co. KG.[336] Die gewerbliche Prägung führt dazu, dass die Tätigkeit der vermögensverwaltenden GmbH & Co. KG in vollem Umfang als gewerblich gilt und sie in jeglicher Hinsicht wie eine gewerblich tätige Personengesellschaft zu behandeln ist.[337] Sollen durch einen Immobilienfonds aber gerade Einkünfte aus Vermietung und Verpachtung erzielt werden, muss z.B. eine natürliche Person aus dem Gesellschafterkreis als Geschäftsführer eingesetzt werden, um die genannten Folgen zu vermeiden.[338]

II. § 16 Abs. 1 Satz 1 Nr. 2 i.V.m. Abs. 3 EStG

Geht es um die Rückerstattung der Einlage, also einen Schadensersatz für den Anteil am Gesamthandsvermögen, so kommt ein zu beachtender Nachteil durch eine Besteuerung der Zug um Zug gegen die Schadensersatzleistung vorgesehenen Übertragung einer Kapitalanlage nach § 16 Abs. 1 Satz 1 Nr. 2 i.V.m. Abs. 3 EStG in Betracht.[339]

Dabei ist zwischen dem Vorliegen eines positiven und eines negativen Kapitalkontos beim Kommanditisten im Zeitpunkt der Übertragung zu unterscheiden. Unter dem Begriff Kapitalkonto ist das Kapitalkonto in der Steuerbilanz der KG, ggf. zuzüglich Mehr- oder Minderkapital aus der für einen Gesellschafter geführten Ergänzungsbilanz, zu verstehen. Unberücksichtigt bleiben dagegen Sonderbilanzen der Gesellschafter.[340] Auch muss das Kapitalkonto nicht mit der Handelsbilanz identisch sein.[341]

---

336 *Sagasser*, in: Assmann/Schütze, § 27, Rn. 305; *Fehrenbacher*, § 3, Rn. 12; *Brendle-Weith*, ImmoStR 2011, 106 (107).

337 *Drüen*, SteuerStud 2004, 8 (11); *Fehrenbacher/Tavakoli*, § 3, Rn. 27.

338 *Meindl/Schmid/Kemmetter*, Rn. 299; *Wagner*, in: Assmann/Schütze, § 16, Rn. 153.

339 Vgl. BGH, Urt. v. 15.7.2010, III ZR 336/08, BGHZ 186, 205 (213).

340 BFH, Urt. v. 14.5.1991, VIII R 31/88, DStR 1991, 1344 (1344); *Wacker*, in: Schmidt, § 15a EStG, Rn. 83; *Knobbe-Keuk*, Bilanz- und Unternehmenssteuerrecht, S. 491; *Heuermann*, in: Blümich, § 15a EStG, Rn. 36; *Sagasser*, in: Assmann/Schütze, § 27, Rn. 343.

341 Vgl. *Wacker*, in: Schmidt, § 15a EStG, Rn. 86.

1. *Positives Kapitalkonto*

Kommt es im Rahmen des Schadensersatzes zu einer Zug-um-Zug-Rückübertragung der Kommanditbeteiligung, so erfüllt dies die Voraussetzungen nach § 16 Abs. 1 Satz 1 Nr. 2 i.V.m. Abs. 3 Satz 1 EStG.[342] Eine Erweiterung der Steuerbarkeit gewerblicher Einkünfte wird durch § 16 EStG aber nicht erzielt. § 15 EStG behandelt die Besteuerung laufender Gewinne aus Gewerbebetrieb und wird durch § 16 Abs. 1 Satz 1 Nr. 2 i.V.m. Abs. 3 Satz 1 EStG lediglich ergänzt.[343] Bisweilen fällt auf, dass der BGH die Frage, ob die Rückabwicklung unter § 16 EStG fällt, offen lässt.[344] Angeführt wird, dass sich die Steuerbarkeit schon aus den allgemeinen Gewinnermittlungsvorschriften ergebe und § 16 EStG lediglich klarstellende Funktion hätte.[345] Dies hängt aber wohl auch damit zusammen, dass ein ermäßigter Steuertarif nach § 16 Abs. 4 EStG oder § 34 EStG dem Schädiger seiner Ansicht nach ohnehin gar nicht zugutekommen dürfe.[346] Dennoch ist nicht von laufenden Gewinnen auszugehen.

Der Veräußerungsgewinn ist dann gem. § 16 Abs. 2 Satz 1 EStG der Betrag, um den der Veräußerungspreis nach Abzug der Veräußerungskosten den Wert des Betriebsvermögens oder den Wert des Anteils am Betriebsvermögen übersteigt. Im Falle eines positiven Kapitalkontos ist also die Schadensersatzleistung abzüglich des positiven Buchwerts und der Veräußerungskosten nach § 16 Abs. 1 Satz 1 Nr. 2 i.V.m. Abs. 3 Satz 1 EStG zu versteuern.[347] Dabei bemisst sich

---

342 BGH, Urt. v. 6.11.1989, II ZR 235/88, NJW 1990, 571 (571); Urt. v. 28.1.2014, XI ZR 495/12, BGHZ 200, 110 (119); *Jooß*, DStR 2014, 6 (9); *Schneider*, S. 390; *Knebel/ Schmidt*, BB 2010, 1316 (1318); *Wigand/Spengler*, WuB 2013, 359 (359); *Trüter*, BB 1986, 269 (270). *Geibel*, S. 423 f., geht hingegen grundsätzlich davon aus, dass statt der Rückübertragung nur die objektive Wertdifferenz in Geld geschuldet sei. Nach ihm liegt also in den meisten Fällen keine Veräußerung vor.

343 *Reiß*, in: Kirchhof, § 15 EStG, Rn. 6; *Wacker*, in: Schmidt, § 15 EStG, Rn. 2. Der ihm innewohnende Sinn und Zweck ist es, zusammengeballte stille Reserven nach §§ 16 Abs. 4, 34 EStG ermäßigt zu besteuern, um dem progressiven Einkommensteuertarif zu entgehen, BFH, Urt. v. 26.1.1994, III R 39/91, BFHE 173, 338 (343); Beschluss v. 18.10.1999, GrS 2/98, BFHE 189, 465 (473); *Hey*, in: Tipke/Lang, § 8, Rn. 421.

344 Vgl. BGH, Teilurt. v. 15.7.2010, III ZR 336/08, BGHZ 186, 205 (220), Urt. v. 28.1.2014, XI ZR 495/12, BGHZ 200, 110 (119 f.); Urt. v. 17.7.2014, III ZR 218/13, NJW 2014, 3436 (3439); siehe auch *Meyer*, WuB 2014, 240 (242).

345 BGH, Urt. v. 28.1.2014, XI ZR 495/12, BGHZ 200, 110 (120).

346 So wohl auch BGH, Teilurt. v. 15.7.2010, III ZR 336/08, BGHZ 186, 205 (221). Siehe dazu ausführlich Dritter Teil, § 3, B, I, 1.

347 BGH, Urt. v. 6.11.1989, II ZR 235/88, NJW 1990, 571 (571); Urt. v. 28.1.2014, XI ZR 495/12, BGHZ 200, 110 (119); *Knebel/Schmidt*, BB 2010, 1316 (1318).

die Ersatzleistung nach der geleisteten Einlage abzüglich anzurechnender Ausschüttungen, während der Buchwert dem steuerlichen Kapitalkonto entspricht. Die Differenz ist damit im (noch nicht ausgeglichenen) Verlustabzug zu sehen. So findet eine Rückgängigmachung des Verlustabzugs statt.[348]

Daneben finden sich Ausführungen des BGH zu einer Konstellation, in der bei der Übertragung des Kommanditanteils das Kapitalkonto trotz anfänglicher Verlustzuweisungen nicht mehr negativ ist, weil nicht ausgeschüttete Gewinne angefallen sind.

> Sei laut BGH *„das Kapitalkonto des Anlegers trotz der anfänglichen Verlustzuweisungen bei Übertragung des Fondsanteils nicht mehr negativ, weil dort in der Zwischenzeit nicht ausgeschüttete Gewinne angefallen sind, haben diese Gewinne in den betreffenden Veranlagungszeiträumen bei dem Anleger einkommenserhöhend gewirkt und die zuvor steuerrechtlich einkommensmindernd angesetzten Verluste insoweit kompensiert. Für eine Anrechnung der Steuervorteile aus den Verlustzuweisungen bleibt dann kein Raum. Im Fall eines positiven Kapitalkontos hat der Anleger nach § 16 Abs. 1 Satz 1 Nr. 2 EStG die Schadensersatzleistung zwar nur unter Abzug des (positiven) Buchwerts des übertragenen Fondsanteils zu versteuern; auch dadurch erlangt der Anleger aber in schadensrechtlicher Hinsicht aus der Rückabwicklung der Fondsbeteiligung keinen Vorteil, weil er zuvor die Gewinne versteuern musste."*[349]

Diese wörtlichen Ausführungen des BGH können in ihrer Pauschalität einen falschen Eindruck erwecken. Sie fußen bei näherer Betrachtung nämlich auf der Annahme, dass ursprünglich ein negatives Kapitalkonto bestanden hat und die Verlustzuweisungen einkommensmindernd angesetzt werden konnten, also das Ausgleichsverbot des § 15a Abs. 1 EStG nicht entgegenstanden haben kann. Nur dann können den daraus resultierenden Vorteilen die „Nachteile" aus den nicht ausgeschütteten, zu versteuernden Gewinnen gegenübergestellt und kompensiert werden. Das Bestehen eines negativen Kapitalkontos allein führt für sich genommen noch nicht zu steuerlichen Vorteilen. Die Verluste in Höhe des negativen Kapitalkontos können bei Bestehen eines Ausgleichsverbots nämlich lediglich mit zukünftigen Gewinnen verrechnet werden, § 15a Abs. 2 Satz 1 EStG.[350]

Daneben lassen die Ausführungen des BGH Progressionseffekte, wodurch steuerliche Vorteile verbleiben können, unerwähnt. Dies beruht aber wohl

---

348 *Jooß*, DStR 2014, 6 (9).

349 BGH, Urt. v. 28.1.2014, XI ZR 495/12, BGHZ 200, 110 (119); vgl. auch *Einsiedler*, WM 2015, 958 (961).

350 Siehe dazu Dritter Teil, § 2, B, II, 2, c, bb.

darauf, dass diese dem BGH zufolge ohnehin nicht schadensmindernd zu berücksichtigen wären.[351]

2. *Negatives Kapitalkonto*

Unübersichtlicher ist die Situation hingegen, wenn beim Kommanditisten ein negatives Kapitalkonto entstanden ist, sich hieraus ein steuerlicher Vorteil ergeben hat und jenes zum Zeitpunkt der Übertragung immer noch negativ war. Negative Kapitalkonten können beim Kommanditisten entstehen, wenn die ihm zugewiesenen Verluste der Gesellschaft, §§ 167 Abs. 1, 120 Abs. 1, 2 Hs. 2 HGB, den Betrag seiner Einlage überschreiten.

a) Grundlegendes

Das negative Kapitalkonto bringt den wirtschaftlichen Wert der (negativen) Beteiligung des Gesellschafters am Gesellschaftsvermögen in Form einer buchmäßigen Rechnungsziffer zum Ausdruck.[352] Zwar nimmt der Kommanditist gem. § 167 Abs. 3 HGB an dem Verlust nur bis zum Betrag seines Kapitalanteils und seiner noch rückständigen Einlage teil. Dies bedeutet nach der handelsrechtlichen Auffassung aber nur, dass ihn bei seinem Ausscheiden oder der Liquidation der Gesellschaft keine Nachschusspflicht trifft (Grenze der endgültigen Verlusttragung). Der Verlust, der sich aus der Jahresbilanz der KG ergibt, kann unbeschadet dieser Vorschrift auf den Kommanditisten verteilt und abgeschrieben werden und zu einem negativen Kapitalkonto führen.[353] Während des Bestehens der KG folgt die fehlende Nachschusspflicht aus den §§ 161 Abs. 2, 105 Abs. 3 HGB, 707 BGB. Das Kapitalkonto kann also einen negativen Saldo aufweisen.[354] Jedoch kann der Kommanditist gem. § 169 Abs. 1 Satz 2 Hs. 2 HGB keine Auszahlung des Gewinns fordern, solange sein Kapitalkonto negativ ist.[355] Darin erschöpft sich letztlich die Bedeutung des negativen Kapitalkontos.[356] Es

351 Siehe dazu Dritter Teil, § 4, B.

352 BGH, Urt. 3.5.1999, II ZR 32/98, NJW 1999, 2438 (2438) m.w.N.

353 BFH, Beschluss v. 10.11.1980, GrS 1/79, BFHE 132, 244 (252); *Wacker*, in: Schmidt, § 15a EStG, Rn. 2 f.; *Gunsenheimer*, SteuerStud 2010, 305 (305); *Dittmayer*, S. 135; *Kurth/Grass*, S. 37.

354 *Oetker*, in: Oetker, § 167 HGB, Rn. 18 f.; *Roth*, in: Baumbach/Hopt, § 167 HGB, Rn. 4 f.; *Grunewald*, in: MüKo HGB, § 167 HGB, Rn. 16.

355 BFH, Beschluss v. 10.11.1980, GrS 1/79, BFHE 132, 244 (252).

356 *Roth*, in: Baumbach/Hopt, § 167 HGB, Rn. 5.

muss insofern also ausgeglichen werden.[357] Steuerrechtlich wird das negative Kapitalkonto ebenso anerkannt.[358] Zwar erkennt das Steuerrecht Verlustanteile, die nur auf dem Papier entstehen, nicht an, aber der Zwang, künftige Gewinne zur Deckung früherer Verluste zu verwenden, ist Teil des Unternehmerrisikos. Diese Verlusthaftung ist Grund für die steuerrechtliche Anerkennung des negativen Kapitalkontos. Dies gilt nur dann nicht, soweit bei Aufstellung der Bilanz nach den Verhältnissen am Bilanzstichtag feststeht, dass ein Ausgleich des negativen Kapitalkontos mit künftigen Gewinnanteilen des Kommanditisten nicht mehr in Betracht kommt.[359] Zusätzlich ist die steuerliche Anerkennung durch § 15a EStG gesetzlich geregelt.[360]

b) Begrenzung des Verlustausgleichs durch § 15a EStG

Die Möglichkeiten, steuerliche Vorteile mit Hilfe eines negativen Kapitalkontos durch einen Verlustausgleich zu erzielen, sind heute nur noch eingeschränkt möglich. Die Anerkennung des negativen Kapitalkontos hat in der Vergangenheit bei Verlustzuweisungsgesellschaften dazu geführt, dass die Verluste weit über die Einlage des Kommanditisten hinausgingen, um auf diesem Wege Steuern zu sparen, indem die Verluste mit anderen positiven Einkünften verrechnet wurden.[361] Unter Verlustzuweisungsgesellschaften sind daher, grob gesagt, Personengesellschaften zu verstehen, „deren Tätigkeit allein darauf angelegt ist, ihren Gesellschaftern Steuervorteile dergestalt zu vermitteln, daß durch Verlustzuweisungen andere an sich zu versteuernde Einkünfte nicht versteuert werden müssen."[362] Diese negativen Einkünfte mindern also im Rahmen des Verlustausgleichs oder -abzugs die Steuerlast der Gesellschafter.[363] Ermöglicht wurde dies insbesondere durch hohe Buchverluste durch Sonderabschreibungen,

---

357 *Grunewald*, in: MüKo HGB, § 169 HGB, Rn. 3; *Roth*, in: Baumbach/Hopt, § 169 HGB, Rn. 4; *Dittmayer*, S. 135.

358 Zur historischen Entwicklung siehe z.B. die Darstellung bei *v. Beckerath*, in: Kirchhof/Söhn/Mellinghoff, § 15a EStG, Rn. A 171 ff.; *Knobbe-Keuk*, Bilanz- und Unternehmenssteuerrecht, S. 483 ff.

359 BFH, Beschluss v. 10.11.1980, GrS 1/79, BFHE 132, 244 (256); Urt. v. 26.2.1987, IV R 61/84, BFH/NV 1988, 24 (26); *Bode*, in: Blümich, § 15 EStG, Rn. 260.

360 BFH, Beschluss v. 10.11.1980, GrS 1/79, BFHE 132, 244 (253 ff.); zustimmend *v. Beckerath*, in: Kirchhof/Söhn/Mellinghoff, § 15a EStG, Rn. A 178; vgl. *Dittmayer*, S. 135.

361 *Bode*, in: Blümich, § 15 EStG, Rn. 264.

362 BFH, Urt. v. 30.8.1994, IX R 65/91, BFH/NV 1995, 517 (518).

363 *Engel*, Rn. 121 m.w.N.

erhöhte Absetzungen oder nicht aktivierbare immaterielle Wirtschaftsgüter (insbesondere bei Medienfonds).[364] Der Begriff Verlustzuweisungsgesellschaft hat dabei den früheren Begriff der Abschreibungsgesellschaft abgelöst.[365] Um dem entgegenzuwirken, wurde im Jahre 1980 § 15a EStG[366] eingeführt, der es dem Kommanditisten in § 15a Abs. 1 Satz 1 EStG verbietet, den ihm zuzurechnenden Anteil am Verlust der KG mit anderen Einkünften aus Gewerbebetrieb oder mit Einkünften aus anderen Einkunftsarten auszugleichen, soweit ein negatives Kapitalkonto des Kommanditisten entsteht oder sich erhöht. Ein Ausgleich ist folglich erst künftig und nur gegen Gewinne aus der Beteiligung möglich. Ein Abzug nach § 10d EStG ist insoweit ebenfalls nicht gestattet. Abweichend davon erlauben §§ 15a Abs. 1 Sätze 2 und 3 EStG einen Ausgleich oder Abzug, wenn der Kommanditist am Bilanzstichtag nach § 171 Abs. 1 HGB den Gläubigern der Gesellschaft haftet. Dann können Verluste des Kommanditisten bis zur Höhe des Differenzbetrags zwischen der im Handelsregister eingetragenen Einlage und seiner geleisteten Einlage auch ausgeglichen oder abgezogen werden, soweit durch den Verlust ein negatives Kapitalkonto entsteht oder sich erhöht (Verlustausgleich). Die nach § 15a Abs. 1 EStG nicht ausgleichs- oder abzugsfähigen Verluste werden gem. § 15a Abs. 4 EStG aber gesondert festgestellt und können nach § 15a Abs. 2 EStG die Gewinne des Kommanditisten aus seiner Beteiligung an der KG in späteren Wirtschaftsjahren mindern.[367] Die Folge der Verrechnung mit künftigen Gewinnen ist, dass der Kommanditist die Auffüllung seines negativen Kapitalkontos nicht als Gewinn versteuern muss.[368] Letztlich soll erreicht werden, dass es einem beschränkt haftenden Gesellschafter nur insoweit möglich sein soll, Verlustanteile auszugleichen, als er dadurch wirtschaftlich belastet ist.[369] Die Zurechnung von Verlusten bleibt also durch § 15a EStG unberührt; sie werden aber in ausgleichsfähige Verluste, die im Wirtschaftsjahr der Entstehung

364 *Dittmayer*, S. 133; *Meyer*, BKR 2016, 309 (309); *Vogl*, in: Beck'sches Steuer- und Bilanzrechtslexikon, Negatives Kapitalkonto, Rn. 3; ausführlich auch *v. Beckerath*, in: Kirchhof/Söhn/Mellinghoff, § 15a EStG, Rn. A 161 ff.

365 *HG*, DStR 1996, 580 (580).

366 § 15a EStG eingefügt durch das Gesetz v. 20.8.1980 (BGBl. I 80, 1525).

367 Vgl. die Darstellung von *Vogl*, in: Beck'sches Steuer- und Bilanzrechtslexikon, Negatives Kapitalkonto, Rn. 4.

368 *Knobbe-Keuk*, Bilanz- und Unternehmenssteuerrecht, S. 489.

369 *Heuermann*, in: Blümich, § 15a EStG, Rn. 1; *Gunsenheimer*, SteuerStud 2010, 305 (306); *v. Beckerath*, in: Kirchhof/Söhn/Mellinghoff, § 15a EStG, Rn. A 4; vgl. *Dittmayer*, S. 137.

mit anderen Einkünften ausgleichsfähig sind und in verrechenbare Verluste, die erst zukünftig verrechenbar sind, aufgeteilt.[370]

Die Aussagen zur Anrechenbarkeit von Steuervorteilen auf die Schadensersatzleistung von BGH und BFH sind in ihren Urteilen teilweise mit Vorsicht zu genießen. Sie betreffen nämlich häufig Sachverhalte, auf die § 15a EStG noch nicht anwendbar war. Er ist anzuwenden bei Verlusten, die in dem Wirtschaftsjahr entstanden sind, das nach dem 31.12.1979 beginnt.[371]

Gem. § 21 Abs. 1 Satz 2 EStG ist § 15a EStG sinngemäß auch im Privatvermögen, also bei der Beteiligung an vermögensverwaltenden Gesellschaften, anzuwenden. Damit ist hinsichtlich der negativen Einkünfte aus Vermietung und Verpachtung nur noch ein beschränkter Ausgleich oder Abzug nach § 10d EStG mit anderen positiven Einkünften möglich. Auf diese Weise sollen Verluste bei Beteiligungen an vermögensverwaltenden und gewerblich tätigen Kommanditgesellschaften steuerrechtlich so weit wie möglich gleichgestellt werden.[372] Allerdings ist die Vorschrift auf Gewinneinkünfte zugeschnitten.[373] Bei den Einkünften aus Vermietung und Verpachtung handelt es sich hingegen um Überschusseinkünfte. Eine vermögensverwaltende KG ermittelt ihre Einkünfte durch Überschuss der Einnahmen über die Werbungskosten, § 2 Abs. 2 Satz 1 Nr. 2 EStG. Maßgebend kann somit nicht das Kapitalkonto der Steuerbilanz sein; es gibt nämlich keines.[374] Daher wird zum Teil die Bildung eines fiktiven steuerlichen Kapitalkontos vorgeschlagen.[375] Ferner muss für eine sinngemäße Übertragung eine Uminterpretation stattfinden, sodass z.B. aus dem Begriff „Verlust" ein „Werbungskostenüberschuss" wird und aus „Gewinn" ein

---

370 *Gunsenheimer*, SteuerStud 2010, 305 (306).

371 *Heuermann*, in: Blümich, § 15a EStG, Rn. 8; zu den Übergangsregelungen siehe ausführlich *Dittmayer*, S. 138 ff.

372 BT-Drucks. 8/4157, S. 5; *Schallmoser*, in: Blümich, § 21 EStG, Rn. 477; *Götz*, in: Lange/Bilitewski/Götz, Rn. 4027.

373 *Götz*, in: Lange/Bilitewski/Götz, Rn. 4026.

374 BFH, Urt. v. 15.10.1996, IX R 72/92, BFHE 181, 462 (465 f.); Urt. v. 2.9.2014, IX R 52/13, DStR 2015, 160 (161); *Engel*, Rn. 1325; *Pfirrmann*, in: Herrmann/Heuer/Raupach, § 21 EStG, Anm. 176; *Schallmoser*, in: Blümich, § 21 EStG, Rn. 480; *Holste genannt Göcke*, DStR 2016, 1246 (1247); *Knobbe-Keuk*, Bilanz- und Unternehmenssteuerrecht, S. 501.

375 *Kulosa*, in: Schmidt, § 21 EStG, Rn. 152; *Herrmann*, StuW 1989, 97 (106 f.); *Pfirrmann*, in: Herrmann/Heuer/Raupach, § 21 EStG, Anm. 176; a.A. *Jakob*, DB 1980, 2354 (2361); *Götz*, in: Lange/Bilitewski/Götz, Rn. 4027; *Engel*, Rn. 1331.

„Einnahmenüberschuss". Die „Einkünfte[n] aus Gewerbebetrieb" werden zu „Einkünften aus Vermietung und Verpachtung".[376]

c) Steuerliche Vorteile durch das negative Kapitalkonto?

Das negative Kapitalkonto ist daher nur bedingt geeignet, steuerliche Vorteile zu erzeugen. Zu unterscheiden ist zwischen negativen Kapitalkonten, die auf ausgleichs- und abziehbaren Verlusten und solchen, die auf nur verrechenbaren Verlusten beruhen.

aa) Ausgleich- und abziehbare Verluste

Ist das Kapitalkonto durch die Zurechnung von ausgleichs- und abzugsfähigen Verlustanteilen negativ geworden, weil diese außerhalb des Anwendungsbereiches des § 15a EStG oder, was inzwischen naheliegender ist, durch eine überschießende Außenhaftung nach § 15a Abs. 1 Sätze 2 und 3 EStG entstanden sind,[377] hat der Anleger diesen Betrag von seinen Einkünften abziehen können, da er einen Verlustausgleich geltend machen konnte. Er hat so einen steuerlichen Vorteil erlangt, den er sich grundsätzlich im Wege der Vorteilsausgleichung anrechnen lassen muss.

Allerdings ist auch an dieser Stelle wieder zu fragen, ob diesen steuerlichen Vorteilen ein in etwa entsprechender steuerlicher Nachteil gegenübersteht. Übernimmt der Schädiger das negative Kapitalkonto, was z.B. mit der Übertragung eines Kommanditanteils im Rahmen des Schadensersatzes verbunden ist, so erzielt der Geschädigte hierdurch insbesondere dem BGH und BFH zufolge einen zu versteuernden Gewinn, § 16 Abs. 1 Satz 1 Nr. 2 i.V.m. Abs. 3 Satz 1 EStG, was Folge der früheren Verlustzurechnung ist.[378] Dies geht auch aus § 52 Abs. 24 (Abs. 33 a.F.) Satz 3 EStG hervor.[379] Der Veräußerungsgewinn ist gem. § 16 Abs. 2 EStG der Betrag, um den der Veräußerungspreis nach Abzug der Veräußerungskosten den Wert des Anteils am Betriebsvermögen übersteigt. Letztlich ist dies der vom Schädiger zu zahlende Schadensersatzbetrag zuzüglich

---

376 *Schallmoser*, in: Blümich, § 21 EStG, Rn. 479; *Holste genannt Göcke*, DStR 2016, 1246 (1247); *Pfirrmann*, in: Herrmann/Heuer/Raupach, § 21 EStG, Anm. 176.

377 Vgl. *Bitz*, in: Littmann/Bitz/Pust, § 15a EStG, Rn. 52.

378 BGH, Urt. v. 22.3.1979, VII ZR 259/77, BGHZ 74, 103 (114); Urt. v. 28.1.2014, XI ZR 495/12, BGHZ 200, 110 (117 f.); BFH, Beschluss v. 10.11.1980, GrS 1/79, BFHE 132, 244 (256); Urt. v. 25.1.1996, IV R 91/94, BFHE 180, 61 (64); *Bitz*, in: Littmann/Bitz/Pust, § 15a EStG, Rn. 54.

379 *Lüdemann*, in: Herrmann/Heuer/Raupach, § 15a EStG, Anm. 138.

des negativen Kapitalkontos.[380] Der Gewinn wird durch den negativen Buchwert also erhöht.[381] Der Veräußerungsgewinn ist zudem nach §§ 16, 34 EStG tarifbegünstigt.[382] Dieser sich aus der Versteuerung ergebende Nachteil steht dem steuerlichen Vorteil des Kommanditisten aus dem Verlustausgleich gegenüber, weshalb eine Anrechnung der Vorteile wiederum nicht in Betracht kommt, es sei denn, die steuerlichen Vor- und Nachteile decken sich nicht in etwa.[383] Dies ist aber, wie noch zu zeigen sein wird, eine kaum eintretende Konstellation.

bb) Nur verrechenbare Verlustanteile

Anders stellt sich die Situation zunächst bei lediglich verrechenbaren Verlustanteilen nach § 15a Abs. 2 EStG dar. Liegen solche vor, weil dem Kommanditisten ein Verlustausgleich nach § 15a Abs. 1 EStG verwehrt blieb, und führten diese zu einem negativen Kapitalkonto, so ergibt sich alleine aus dem Bestand des negativen Kapitalkontos zum Zeitpunkt der Schadensberechnung beim Kommanditisten zunächst noch kein steuerlicher Vorteil.[384] Nach der Wertung des § 15a EStG sind die nur verrechenbaren Verluste nämlich keine zu berücksichtigende Vermögensminderung.[385] Diese verrechenbaren Verluste wirken sich aber dann aus, wenn ein Veräußerungsgewinn vorliegt, welchen jene dann mindern können. Der BGH jedenfalls hat, soweit ersichtlich, eine solche Differenzierung bisher nicht vorgenommen.

Zunächst liegt dem BFH zufolge auch bei der Übertragung eines negativen Kapitalkontos, das aus nur verrechenbaren Verlusten besteht, ein steuerpflichtiger Veräußerungsgewinn vor, da dieser eine rechtlich notwendige Folge aus der früheren Verlustzurechnung sei.[386] Ferner geht er davon aus, dass im Rahmen des § 15a Abs. 2 EStG alle Gewinne zu berücksichtigen seien, die mit der Beteiligung in Zusammenhang stünden, weshalb der Tatbestand auch Veräußerungsgewinne erfasse. Der Veräußerungsgewinn könne folglich mit verrechenbaren

380 BGH, Urt. v. 28.1.2014, XI ZR 495/12, BGHZ 200, 110 (118); *Jooß*, DStR 2014, 6 (9).

381 *Knebel/Schmidt*, BB 2010, 1316 (1319).

382 *Lüdemann*, in: Herrmann/Heuer/Raupach, § 15a EStG, Anm. 138.

383 Vgl. *Geibel*, S. 428.

384 *Geibel*, S. 432.

385 *V. Beckerath*, in: Kirchhof/Söhn/Mellinghoff, § 15a EStG, Rn. B 332.

386 BFH, Beschluss v. 10.11.1980, GrS 1/79, BFHE 132, 244 (256); kritisch zu dieser Begründung *v. Beckerath*, in: Kirchhof/Söhn/Mellinghoff, § 15a EStG, Rn. B 332; *ders.*, in: Kirchhof, § 15a EStG, Rn. 23; *Zimmermann*, EFG 2007, 1019 (1019 f.).

Verlusten saldiert werden.[387] Der Veräußerungsgewinn ergibt sich auch hier wieder aus der Ersatzleistung zuzüglich des negativen Kapitalkontos. Kommt es also durch die Zug-um-Zug-Rückabwicklung im Rahmen des Schadensersatzes zu einer Übertragung des negativen Kapitalkontos, wird der nach § 16 Abs. 1 Satz 1 Nr. 2 i.V.m. Abs. 3 Satz 1 EStG zu versteuernde Veräußerungsgewinn um die noch nicht verrechneten innerbetrieblichen Verlustvorträge, § 15a Abs. 2 Satz 1 EStG, gemindert.[388] Das negative Kapitalkonto wird somit also zunächst hinzugerechnet und dann wieder abgezogen.

Für die Vorteilsausgleichung würde dies bedeuten, dass sich die zugewiesenen Verluste jetzt auswirken, denn der steuerpflichtige Veräußerungsgewinn wird nun gemindert. Durch die Rückabwicklung werden die nun verrechenbaren Verluste steuerlich insoweit neutralisiert. Damit scheidet nach der Vorgehensweise des BGH eine Anrechnung auch an dieser Stelle aus.

III. Ergebnis

Im Bereich der Gewinneinkünfte findet nach der Rechtsprechung des BGH letztlich keine Anrechnung erlangter steuerlicher Vorteile im Wege der Vorteilsausgleichung statt. Entweder ist die Schadensersatzleistung ihrerseits als Sonderbetriebseinnahme nach § 15 Abs. 1 Satz 1 Nr. 2 EStG zu versteuern, wenn es um den Ersatz von Sonderbetriebsausgaben geht, oder nach § 16 Abs. 1 Satz 1 Nr. 2 i.V.m. Abs. 3 Satz 1 EStG, wenn der Ersatz des Anteils am Gesamthandsvermögen in Rede steht. Dem steuerlichen Vorteil steht dadurch immer ein in etwa entsprechender Nachteil gegenüber und wird gemäß der Rechtsprechung des BGH folglich kompensiert. Hinsichtlich negativer Kapitalkonten ist zwischen ausgleichs- und abziehbaren Verlusten und nur verrechenbaren Verlusten zu unterscheiden. Allerdings führen im Ergebnis beide Konstellationen zu einer Versagung der Anrechnung.

C. Überschusseinkünfte

Als nächstes rücken bei der schadensersatzrechtlichen Rückabwicklung die Überschusseinkünfte ins Blickfeld. Handelt es sich bei den Einkünften des

387 BFH, Urt. v. 26.1.1995, IV R 23/93, BFHE 177, 71 (77); Urt. v. 2.9.2014, IX R 52/13, DStR 2015, 160 (161); *Lüdemann*, in: Herrmann/Heuer/Raupach, § 15a EStG, Anm. 137; *Heuermann*, in: Blümich, § 15a EStG, Rn. 75; *v. Beckerath*, in: Kirchhof/Söhn/Mellinghoff, § 15a EStG, Rn. B 333; *Gunsenheimer*, SteuerStud 2010, 305 (310); a.A. *Mücke*, DStZ 1994, 211 (212).

388 *Jooß*, DStR 2014, 6 (9); *Meindl/Schmid/Kemmetter*, Rn. 414; vgl. *Schneider*, S. 384.

geschädigten Anlegers um Überschusseinkünfte, § 2 Abs. 2 Satz 1 Nr. 2 EStG, so stellt sich ebenfalls die Frage, ob bei einer Rückabwicklung den erlangten Steuervorteilen entsprechende steuerliche Nachteile, hervorgerufen durch eine Besteuerung der Schadensersatzleistung, gegenüberstehen. Diese Konstellation tritt unter anderem dann auf, wenn sich der Anleger an einem geschlossenen Immobilienfonds beteiligt und dieser lediglich vermögensverwaltend tätig wird. Ist eine Gewerblichkeit aufgrund § 15 Abs. 3 EStG ausgeschlossen, erzielt der geschädigte Kommanditist Einkünfte aus Vermietung und Verpachtung, § 21 Abs. 1 Satz 1 Nr. 1 EStG.[389] Möglich ist aber beispielsweise auch eine steuerorientierte Kapitalanlage, bei der lediglich eine Eigentumswohnung erworben wird.[390] Untersucht wird daher zunächst, ob die Schadensersatzleistung nach § 21 Abs. 1 Satz 1 Nr. 1 EStG zu versteuern ist. Des Weiteren ist umstritten, ob die Rückabwicklung Zug um Zug ein privates Veräußerungsgeschäft im Rahmen des § 22 Nr. 2 i.V.m. § 23 Abs. 1 EStG darstellen kann und dem Geschädigten insoweit ein steuerlicher Nachteil erwächst. Zuletzt ist eine Versteuerung nach § 20 EStG zu betrachten.

I. § 21 Abs. 1 Satz 1 Nr. 1 EStG

Erzielt der der Anleger durch seine Kapitalanlage, sei es ein vermögensverwaltender Immobilienfonds oder eine Immobilie, Einkünfte aus Vermietung und Verpachtung, § 21 Abs. 1 Satz 1 Nr. 1 EStG, und kommt es nun zu einer Rückabwicklung im Wege des Schadensersatzes, so ist zu untersuchen, ob die Schadensersatzleistung ihrerseits nach § 21 Abs. 1 Satz 1 Nr. 1 EStG steuerbar ist. Im Rahmen des § 21 EStG muss man sich aber zunächst vor Augen führen, dass eine Differenzierung hinsichtlich einer steuerbaren Vermögensnutzung und nicht steuerbaren Vorgängen in der Vermögenssphäre charakteristisch ist.[391] Zurückzuführen ist das auf den Einkünftedualismus, wonach zwischen Gewinn- und Überschusseinkünften zu unterscheiden ist, § 2 Abs. 2 Satz 1 EStG. Nach der sog. Quellentheorie unterliegt nämlich bei den Überschusseinkünften die Einkunftsquelle selbst nicht der Besteuerung, sondern nur die aus ihr erzielten laufenden Einnahmen. Veräußerungseinkünfte und Wertveränderungen des Stammvermögens, wie etwa Substanzverluste, werden daher nicht erfasst.

---

389 Vgl. den Sachverhalt bei BGH, Urt. v. 17.11.2005, III ZR 350/04, NJW 2006, 499; *Berninghaus*, DStR 2014, 624 (624 f.).

390 Siehe z.B. den Sachverhalt in BGH, Urt. v. 1.3.2011, XI ZR 96/09, DStR 2011, 872; vgl. *Meyer*, WuB 2014, 236 (236).

391 *Schallmoser*, in: Blümich, § 21 EStG, Rn. 108.

Ausnahmen davon finden sich jedoch in § 17 EStG, § 20 Abs. 2 EStG und §§ 22 Nr. 2, 23 EStG.[392]

1. *Ersatzleistung als unmittelbare Einnahme im Sinne des § 21 EStG*

Die Ersatzleistung stellt danach keine unmittelbare Einnahme im Sinne des § 21 EStG dar. Eine unmittelbare Steuerbarkeit gem. § 21 Abs. 1 Satz 1 Nr. 1 EStG setzt nämlich voraus, dass es sich bei der Schadensersatzleistung um ein Entgelt handeln, das in einem objektiven wirtschaftlichen oder tatsächlichen Zusammenhang mit der Einkunftsart steht und damit durch sie veranlasst ist.[393] Wird bei der Schadensersatzzahlung Zug um Zug gegen Übertragung des Vermögensgegenstandes jedoch nur der Substanzwert abgegolten, handelt es sich also um eine Schadensersatzleistung nur für verlorenes Kapital, fehlt es an einer Gegenleistung für die Überlassung des Gebrauchs oder der Nutzung des Gegenstandes.[394] Voraussetzung für § 21 EStG ist, dass der Eigentümer zumindest einen Teil seiner Herrschaftsgewalt behält.[395] Das Entgelt wird hier aber vielmehr für den wertmäßigen Ausgleich eines dauerhaften und endgültigen Verlustes des Vermögensgegenstandes gezahlt, weshalb keine steuerbare Vermögensnutzung mehr vorliegt.[396] So ist daher beispielsweise die Erstattung des ursprünglichen Kaufpreises bei der Rückabwicklung eines Kaufvertrages nicht steuerbar.[397]

2. *Rückerstattung von Werbungskosten*

Dennoch muss berücksichtigt werden, dass die Schadensersatzleistungen regelmäßig einen Rückfluss von zuvor angefallenen Werbungskosten enthalten.[398] Wurden Aufwendungen steuerlich als Werbungkosten geltend gemacht und

---

392 *Birk/Desens/Tappe*, Rn. 611; *Tipke*, Band II, S. 717; *Jooß*, DStR 2014, 6 (10); *Hey*, in: Tipke/Lang, § 8, Rn. 50.

393 BFH, Urt. v. 14.12.1999, IX R 69/98, BFHE 190, 442 (443); Urt. v. 26.2.2002, IX R 20/98, BFHE 198, 425 (427 f.).

394 BFH, Urt. v. 9.3.1962, VI 180/61 U, BFHE 74, 591 (593); BGH, Urt. v. 17.11.2005, III ZR 350/04, NJW 2006, 499 (500); *Frisch/Münscher*, Rn. 1676; *Mellinghoff*, in: Kirchhof, § 21 EStG, Rn. 48 (Schadensersatz); *Schneider*, S. 393; *Staudenmayer*, VuR 2011, 43 (48).

395 *Mellinghoff*, in: Kirchhof, § 21 EStG, Rn. 5; *Pfirrmann*, in: Herrmann/Heuer/Raupach, § 21 EStG, Anm. 60; *Kulosa*, in: Schmidt, § 21 EStG, Rn. 16; *Schneider*, S. 385, 393.

396 Vgl. *Schallmoser*, in: Blümich, § 21 EStG, Rn. 108.

397 *Kulosa*, in: Schmidt, § 21, Rn. 117 (Rückabwicklung eines Kaufvertrages).

398 *Podewils*, DStR 2009, 752 (754).

fallen diese Aufwendungen durch die nachträgliche Ersatzleistung weg, so liegt wirtschaftlich gesehen ein Werbungskostenrückfluss vor.[399] Ein den steuerlichen Vorteilen gegenüberstehender Nachteil könnte also in der Rückerstattung von Werbungskosten erblickt werden. Unter Werbungskosten sind nach § 9 Abs. 1 EStG Aufwendungen zur Erwerbung, Sicherung und Erhaltung der Einnahmen zu verstehen. Sie sind bei der Einkunftsart abzuziehen, bei der sie erwachsen sind. Dieser Werbungskostenbegriff ist wegen Art. 3 Abs. 1 GG und aus systematischen Gründen aber zu eng. Nach dem Veranlassungsprinzip sind Werbungskosten deshalb alle Aufwendungen, die durch den Erwerb veranlasst sind.[400] Bei den Überschusseinkünften bleibt aufgrund der bereits erwähnten Quellentheorie das zur Erzielung der Einkünfte eingesetzte Vermögen grundsätzlich außer Betracht, sodass Wertänderungen grundsätzlich unbeachtlich sind.[401] Aufwendungen zur Anschaffung oder Herstellung von Wirtschaftsgütern, die der Einnahmeerzielung dienen, sind danach keine (sofort abziehbaren) Werbungskosten nach § 9 Abs. 1 Satz 1 EStG. Eine Ausnahme enthält allerdings § 9 Abs. 1 Satz 3 Nr. 7 EStG. Danach können jene in Form von AfA als Werbungskosten berücksichtigt werden, sofern sie sich auf die Anschaffung oder Herstellung abnutzbarer Wirtschaftsgüter beziehen.[402] Dies betrifft beispielsweise die Gebäude bei einem Immobilienfonds.[403] Die Anschaffungskosten für den Grund und Boden können mangels Wertverzehr hingegen nicht steuerlich abgesetzt werden.[404] Anschaffungskosten können ferner nicht im Zeitpunkt ihres Abflusses abgesetzt werden, sondern nur in Raten über einen längeren Zeitraum.[405]

---

399 Vgl. BGH, Versäumnisurt. v. 6.2.2006, II ZR 329/04, DStR 2006, 956 (958); *Lampe*, BB 2008, 2599 (2604).

400 *Hey*, in: Tipke/Lang, § 8, Rn. 358; *Fehrenbacher*, § 2, Rn. 129; siehe dazu auch *Wüllenkemper*, S. 17 ff.

401 *Birk/Desens/Tappe*, Rn. 1024; *Loschelder*, in: Schmidt, § 9 EStG, Rn. 75; *Hey*, in: Tipke/Lang, § 8, Rn. 359.

402 BFH, Urt. v. 29.7.1986, IX R 206/84, BStBl. II 1986, 747 (748); *Kreft*, in: Herrmann/Heuer/Raupach, § 9 EStG, Anm. 187; *Thürmer*, in: Blümich, § 9 EStG, Rn. 139; *Hey*, in: Tipke/Lang, § 8, Rn. 365; *Birk/Desens/Tappe*, Rn. 1025.

403 Vgl. *Wigand/Spengler*, WuB 2013, 359 (359).

404 *Kurth/Grass*, S. 92; *Loschelder*, in: Schmidt, § 9 EStG, Rn. 76.

405 BGH, Urt. v. 18.12.2012, II ZR 259/11, DStR 2013, 317 (319); *Weber-Grellet*, DB 2007, 2740 (2742); *Einsiedler*, WM 2015, 958 (962); vgl. auch *Jakob*, Rn. 208.

a) Einnahmen

Nach der ständigen Rechtsprechung des BFH und BGH sind Erstattungsbeträge, die Werbungskosten ersetzen, im Jahr des Zuflusses steuerpflichtige Einnahmen bei der Einkunftsart, bei der die Aufwendungen vorher als Werbungskosten abgezogen worden sind.[406] Dies gilt auch für eine Schadensersatzleistung, die Werbungskosten ersetzt.[407] Das kann z.B. der Ersatz von Finanzierungskosten wie Zinsen oder der Ersatz von sonstigen Werbungskosten, etwa Entgelte für Mietgarantie oder Beratungsleistungen sein.[408] Unter diesem Aspekt können folglich Einnahmen aus Vermietung und Verpachtung, § 21 Abs. 1 Satz 1 Nr. 1 EStG, vorliegen.[409] Unerheblich ist, ob die Werbungskosten vom früheren Vertragspartner oder von einem Dritten erstattet werden; Voraussetzung ist aber, dass ein innerer Zusammenhang zwischen der Zahlung und den Einnahmen besteht.[410] Dieser liegt vor, wenn sämtliche Schäden und somit auch die Werbungskosten infolge des Erwerbs zu ersetzen sind.[411] Ferner ist es ohne Bedeutung, ob es sich um

---

406 BFH, Urt. v. 23.3.1993, IX R 67/88, BFHE 171, 183 (183); Urt. v. 14.12.1999, IX R 69/98, BFHE 190, 442 (443); Urt. v. 26.2.2002, IX R 20/98, BFHE 198, 425 (428); Urt. v. 27.7.2004, IX R 44/01, BFH/NV 2005, 188 (189); Urt. v. 31.1.2017, IX R 26/16, DStR 2017, 1028 (1030); BGH, Urt. v. 17.11.2005, III ZR 350/04, NJW 2006, 499 (500); Urt. v. 30.11.2007, V ZR 284/06, NJW 2008, 649 (650); Urt. v. 18.12.2012, II ZR 259/11, DStR 2013, 317 (318); Urt. v. 11.2.2014, II ZR 276/12, BGHZ 200, 51 (54 f.); Urt. v. 20.8.2015, III ZR 57/14, DStR 2015, 2787 (2788); ebenso *Thürmer*, in: Blümich, § 9, Rn. 184; *Podewils*, DStR 2009, 752 (754 f.); *ders.*, DStR 2011, 33 (33); *Lampe*, BB 2008, 2599 (2603); *Loschelder*, in: Schmidt, § 9 EStG, Rn. 112; *Meyer*, BKR 2016, 309 (313); a.A. *Flies*, DB 1997, 799 (802); *Tiedtke*, S. 472, nach denen es sich um „negative Werbungskosten" handelt.

407 BFH, Urt. v. 31.1.2017, IX R 26/16, DStR 2017, 1028 (1030).

408 *Jooß*, DStR 2014, 6 (10).

409 BGH, Urt. v. 19.6.2008, VII ZR 215/06, NJW 2008, 2773 (2774); Urt. v. 1.3.2011, XI ZR 96/09, DStR 2011, 872 (875); Urt. v. 20.8.2015, III ZR 57/14, DStR 2015, 2787 (2788); *Mellinghoff*, in: Kirchhof, § 21 EStG, Rn. 48 (Schadensersatz); *Pfirrmann*, in: Herrmann/Heuer/Raupach, § 21 EStG, Anm. 90; *Podewils*, EWiR 2008, 715 (716); *Wigand/Spengler*, WuB 2013, 359 (359); kritisch differenzierend nach dem Gegenstand des Schadensersatzanspruchs *Wagner*, GWR 2011, 309 (309); a.A. *Naujok*, ZfIR 2008, 803 (803); wohl auch *Loritz/Wagner*, ZfIR 2003, 753 (756), die aber den Rückfluss von Aufwendungen nicht ansprechen.

410 BFH, Urt. v. 27.7.2004, IX R 44/01, BFH/NV 2005, 188 (189 f.); BGH, Urt. v. 11.2.2014, II ZR 276/12, BGHZ 200, 51 (57); *Meyer*, WuB 2014, 236 (237); *ders.*, BKR 2016, 309 (314); vgl. auch *Podewils*, ZfIR 2012, 358 (358).

411 BGH, Urt. v. 30.11.2007, V ZR 284/06, NJW 2008, 649 (650); Urt. v. 1.3.2011, XI ZR 96/09, DStR 2011, 872 (875); vgl. auch Urt. v. 11.2.2014, II ZR 276/12, BGHZ 200, 51 (57).

die Rückabwicklung eines Immobilienerwerbs oder einer Beteiligung an einem geschlossenen Immobilienfonds handelt.[412] Bei der Rückabwicklung kann der Erstattungsbetrag auch als Rechnungsposten in den Rückkaufpreis eingegangen sein.[413] Für die Annahme einer Werbungskostenrückerstattung ist es zudem nicht hinderlich, dass das gesamte Entgelt zivilrechtlich Gegenleistung für eine (Grundstücks-)Übertragung war.[414]

b) Rückzahlung von Anschaffungskosten

Die Rückzahlungen von Anschaffungskosten zählten dagegen bislang nicht zu den Einnahmen aus Vermietung und Verpachtung, § 21 Abs. 1 Satz 1 Nr. 1 EStG, sondern waren vielmehr als Anschaffungspreisminderungen gem. § 255 Abs. 1 Satz 3 HGB von den Anschaffungskosten abzusetzen. Wenn die Veräußerung eines Wirtschaftsguts des Privatvermögens, das zur Erzielung von Einkünften aus Vermietung und Verpachtung bestimmt war, nicht zu solchen Einkünften führe, könne auch die Rückzahlung von Anschaffungskosten nicht zu den Einkünften aus Vermietung und Verpachtung zählen.[415] Allerdings gilt das zuvor Gesagte hinsichtlich der Einnahmen dem BGH und Teilen der Literatur zufolge neuerdings z.B. nicht mehr nur für sofort abzugsfähige Werbungskosten nach § 9 Abs. 1 Satz 1 EStG, sondern auch für AfA, die aus den Anschaffungskosten hergeleitet wird.[416] Die AfA sei den in § 9 Abs. 1 Satz 1 EStG genannten Werbungskosten gleichzustellen.[417] Dem stünden weder das Urteil des BGH v. 6.11.1989[418] noch v. 17.11.2005[419] entgegen, welche in diesem Zusammenhang des Öfteren angeführt werden. Beide haben zwar die Gemeinsamkeit, dass im Ergebnis eine steuerpflichtige Einnahme hinsichtlich der Ersatzleistung

412 BGH, Urt. v. 18.12.2012, II ZR 259/11, DStR 2013, 317 (318 f.).

413 BGH, Urt. v. 30.11.2007, V ZR 284/06, NJW 2008, 649 (650); *Schallmoser*, in: Blümich, § 21 EStG, Rn. 240 (Erstattung von Werbungskosten).

414 BFH, Urt. v. 22.9.1994, IX R 6/93, BFH/NV 1995, 499 (499 f.).

415 BFH, Urt. v. 26.2.2002, IX R 20/98, BFHE 198, 425 (428); vgl. *Jooß*, DStR 2014, 6 (10).

416 BGH, Urt. v. 19.6.2008, VII ZR 215/06, NJW 2008, 2773 (2774); Versäumnisurt. v. 26.1.2012, VII ZR 154/10, NJW 2012, 1573 (1573); Urt. v. 18.12.2012, II ZR 259/11, DStR 2013, 317 (319); *Einsiedler*, WM 2015, 958 (962); *Berninghaus*, DStR 2014, 624 (626); *Weber-Grellet*, DB 2007, 2740 (2742), der jedoch von „negativen Werbungskosten" spricht; a.A. wohl *Meindl/Schmid/Kemmetter*, Rn. 251; *Loritz*, ZfIR 2006, 586 (587).

417 BGH, Urt. v. 19.6.2008, VII ZR 215/06, NJW 2008, 2773 (2774).

418 BGH, Urt. v. 6.11.1989, II ZR 235/88, NJW 1990, 571.

419 BGH, Urt. v. 17.11.2005, III ZR 350/04, NJW 2006, 499.

verneint wurde. Bei Ersterem sei sich aber nicht damit befasst worden, inwieweit über den Erwerbspreis rückerstattete AfA nach § 21 Abs. 1 Satz 1 Nr. 1 EStG zu versteuern seien,[420] während bei Letzterem aufgrund des Vortrags des Anlegers nicht feststand, dass Anschaffungskosten als AfA geltend gemacht wurden.[421]

In der Literatur wird hinsichtlich der AfA gem. § 9 Abs. 1 Satz 3 Nr. 7 i.V.m. § 7 EStG aber auch der Vorschlag unterbreitet, in Anlehnung an die frühere Verwaltungspraxis zwischen anschaffungs- bzw. vermögensnahen Werbungskosten, die § 23 EStG unterfallen, und anderen, „weichen" Werbungskosten,[422] die unter § 21 EStG behandelt werden sollen, zu differenzieren.[423] In der Tat führten in der früheren Verwaltungspraxis bei einer Rückabwicklung lediglich die sonstigen Werbungskosten zu Einnahmen aus Vermietung und Verpachtung, § 21 Abs. 1 Satz 1 Nr. 1 EStG, nicht hingegen die geltend gemachte AfA, § 9 Abs. 1 Satz 3 Nr. 7 i.V.m. § 7 EStG.[424] Die Einkünfte aus Vermietung und Verpachtung fielen dementsprechend geringer aus. Die Finanzverwaltung änderte aber in Bezugnahme auf das Urteil des BFH v. 19.12.2007[425] ausdrücklich ihre Auffassung. Sie vertritt nun die Ansicht, dass „die Rückzahlung von Anschaffungskosten (...) insoweit zum Ansatz negativer Werbungkosten (und damit im Ergebnis zu Einnahmen) führt, als die AfA in den Vorjahren bereits steuerlich berücksichtigt worden ist. Die bisher vorgenommene AfA (...) ist damit zu korrigieren."[426] § 7 EStG ist dem BFH zufolge nämlich dazu bestimmt, Aufwendungen des Steuerpflichtigen in Gestalt von Anschaffungs- oder Herstellungskosten für das

---

420 BGH, Urt. v. 19.6.2008, VII ZR 215/06, NJW 2008, 2773 (2774).

421 BGH, Urt. v. 18.12.2012, II ZR 259/11, DStR 2013, 317 (319); vgl. auch BGH, Urt. v. 30.11.2007, V ZR 284/06, NJW 2008, 649 (650); kritisch dazu *Edelmann/Glemser*, WuB 2008, 728 (728); a.A. wohl *Loritz*, ZfIR 2006, 586 (587), nach dem der Ersatz trotz angesetzter AfA keiner Einkunftsart zuzuordnen sei, weil auch diese nur die private Vermögenssphäre berühre.

422 Der Begriff der weichen Werbungskosten ist nicht einheitlich definiert. Der BGH versteht hierunter aber wohl diejenigen Aufwendungen, die außerhalb der Anschaffungs- und Herstellungskosten liegen, vgl. BGH, Versäumnisurt. v. 6.2.2006, II ZR 329/04, DStR 2006, 956 (957); ausführlich dazu *Hoppe/Riedel*, DB 2007, 1125 ff.; mit Beispielen auch *Meindl/Schmid/Kemmetter*, Rn. 23.

423 *Lampe*, BB 2008, 2599 (2604).

424 Beispielsweise Bayerisches Landesamt für Steuern, Verfügung v. 23.11.2007, S 2256-33 St 32/33, BeckVerw 104477; siehe auch *Berninghaus*, DStR 2014, 624 (626).

425 BFH, Urt. v. 19.12.2007, IX R 50/06, BFHE 220, 261.

426 Bayerisches Landesamt für Steuern, Verfügung v. 16.7.2008, S 2256.1.1-1/3 St 32/33, DB 2008, 2110 (2110); OFD Frankfurt a.M., Rundverfügung v. 2.12.2008, S 2256 A-19-St 225, FMNR618310008 (juris).

jeweilige Wirtschaftsgut typisierend periodengerecht zu verteilen.[427] Damit erhöhen sich die Einkünfte aus Vermietung und Verpachtung. Zustimmend äußern sich auch Teile der Literatur.[428] Erhalte der Steuerpflichtige seinen Kaufpreis bzw. seine geleistete Kommanditeinlage vollständig zurück, so beinhalte dies auch denjenigen Teil seiner Anschaffungskosten, deren Abzug ihm das Gesetz, § 9 Abs. 1 Satz 3 Nr. 7 i.V.m. § 7 Abs. 4 EStG, zugebilligt hatte. Zudem sei dies mit der Situation der AfaA, § 9 Abs. 1 Satz 3 Nr. 7 i.V.m. § 7 Abs. 1 Satz 7 EStG, vergleichbar.[429]

Es lässt sich somit festhalten, dass eine Rückerstattung von Werbungskosten im Rahmen der schadensersatzrechtlichen Rückabwicklung zu Einnahmen aus Vermietung und Verpachtung, § 21 EStG, führt. Durch diesen Nachteil wird nach der Rechtsprechung des BGH folglich der ursprüngliche steuerliche Vorteil zunichtegemacht, weshalb dieser nicht von dauerhafter Natur ist und letztlich nicht zu einer Anrechnung im Wege der Vorteilsausgleichung führen kann.

c) Kritik an der Rechtsprechung des BGH

In der Literatur ist die Vorgehensweise des BGH bei geschlossenen Immobilienfonds auf eine kritische Stimme gestoßen. *Yildirim* beanstandet dabei die Urteile des II. Senats v. 18.12.2012[430] und v. 11.2.2014.[431] Nach ihm seien diese Urteile aus steuerlicher Sicht unrichtig und zudem nicht mit der Rechtsprechung des BFH zu vereinbaren. Letztlich führe das Vorgehen des BGH dazu, dass fälschlicherweise eine Steuerbarkeit der Ersatzleistung angenommen werde und der Anleger somit in Höhe der erzielten Steuervorteile bereichert bleibe.[432] Er führt dabei die folgenden Argumente an, welche so im Wesentlichen bereits die Revision geltend gemacht hatte.

---

427 BFH, Urt. v. 19.12.2007, IX R 50/06, BFHE 220, 261 (263).

428 *Weber-Grellet*, DB 2007, 2740 (2742); *Berninghaus*, DStR 2014, 624 (626); kritisch, aber zustimmend *Jooß*, DStR 2014, 6 (10 f.); *Kulosa*, in: Schmidt, § 21 EStG, Rn. 117 (Rückabwicklung eines Kaufvertrages); *Schallmoser*, in: Blümich, § 21 EStG, Rn. 240 (Erstattung von Werbungskosten).

429 *Berninghaus*, DStR 2014, 624 (626).

430 BGH, Urt. v. 18.12.2012, II ZR 259/11, DStR 2013, 317.

431 BGH, Urt. v. 11.2.2014, II ZR 276/12, BGHZ 200, 51; zustimmend *Armbrüster*, EWiR 2014, 169 (170).

432 *Yildirim*, BKR 2014, 188 (192).

aa) Irrtümliche Annahme sofort abzugsfähiger Werbungskosten

Probleme können auftreten, wenn das Finanzamt fälschlicherweise sofort abzugsfähige Werbungskosten angenommen hat, die Aufwendungen aber korrekterweise als AfA (verteilt auf die Nutzungsdauer) hätten abgeschrieben werden müssen.[433] In der Folge kommt es in nicht wenigen Fällen bei der Rückabwicklung ebenfalls zu einer Einordnung als Rückfluss von Werbungskosten. Hier lautet der Vorwurf, dass nach dem BFH keine Rechtsgrundlage dafür bestehe, „steuerbare Einnahmen aus Vermietung und Verpachtung nur deshalb anzunehmen, weil Aufwendungen zurückgewährt werden, die anstatt als Anschaffungskosten zu Unrecht als sofort abziehbare Werbungkosten behandelt worden sind."[434] Durch die Rückzahlung der Aufwendungen lägen keine steuerbaren Einnahmen, sondern Minderungen der Anschaffungskosten gem. § 255 Abs. 1 Satz 3 HGB im Jahr der Erstattung vor. Es würde insofern nämlich kein Korrespondenzprinzip geben. Das bedeutet, Rückflüsse von Aufwendungen seien nicht deshalb steuerrechtlich als Einnahmen zu erfassen, nur weil die Aufwendungen selbst als Werbungkosten abgezogen wurden (obwohl sie richtigerweise auf die Zeit der Nutzungsdauer zu verteilen gewesen wären). Fehleinschätzungen seien vielmehr über das Verfahrensrecht zu lösen.[435]

Der BGH gesteht ein, dass bei einigen Aufwendungen viel dafür spreche, sie als Anschaffungskosten im Sinne des § 255 Abs. 1 Satz 1 HGB zu qualifizieren, mit der Folge, dass ihr Rückfluss nicht als Einkünfte aus Vermietung und Verpachtung steuerbar sei (sofern keine AfA geltend gemacht wurde). Im Ergebnis könne dies aber offenbleiben, da das Finanzamt die Kosten als sofort abziehbare Werbungskosten behandelt und steuermindernd von den Einkünften abgezogen habe. Die Kläger müssten damit rechnen, dass das Finanzamt die Schadensersatzleistung in Höhe der als sofort abziehbare Werbungskosten behandelten Aufwendungen besteuere. Daher sei es für sie unzumutbar, sich die Vorteile anrechnen zu lassen. Was das erwähnte Korrespondenzprinzip und die bereits unrichtig eingeordneten Aufwendungen betrifft, so zweifelt der BGH im Falle einer Rückabwicklung im Rahmen des großen Schadensersatzes an der Übertragbarkeit dieser Aussage aus dem genannten BFH-Urteil. Dort hätten die Aufwendungen auf jeden Fall steuermindernd berücksichtigt werden können, sei es als sofort abziehbare Werbungskosten oder richtigerweise als AfA. Der

433 Vgl. *Yildirim*, BKR 2014, 188 (190).

434 *Yildirim*, BKR 2014, 188 (189).

435 BFH, Urt. v. 26.2.2002, IX R 20/98, BFHE 198, 425 (430 f.); *Yildirim*, BKR 2014, 188 (189 f.); a.A. *Drenseck*, FR 1991, 496 (497).

Kläger scheide beim großen Schadensersatz aber aus dem Anlegerkreis aus und könne keine AfA mehr geltend machen. Würde die (evtl. zu Unrecht) gewährte Steuerersparnis nicht durch eine Besteuerung der Schadensersatzleistung ausgeglichen, so entstünde für ihn zu Lasten des Fiskus ein dauerhafter Vorteil. Aus dem Urteil würden sich keine Hinweise ergeben, dass der BFH auch bei einer derartigen Sachverhaltskonstellation von einer Nichtsteuerbarkeit des Rückflusses ausgehen würde.[436]

Insgesamt ist die Situation bei der schadensersatzrechtlichen Rückabwicklung damit unübersichtlich. Zum einen ist die Einordnung des Rückflusses von zu Unrecht angenommenen Werbungskosten umstritten, zum anderen ist es im Prinzip möglich, dass es nicht zu einem steuerbaren Werbungskostenrückfluss kommt, sollten die Finanzämter künftig hinsichtlich der Aufwendungen keine sofort abzugsfähigen Werbungskosten annehmen (und sollte keine AfA geltend gemacht werden).

bb) Aufwendungen der Fondsgesellschaft

Yildirim widmet sich ferner den Aufwendungen der Fondsgesellschaft, die diese als Werbungskosten geltend mache, wie z.B. Eigenkapitalbeschaffung, Mietausfallgarantiegebühr, Vermittlung, Disagio und Zinsen der Endfinanzierung, Zinsen der Zwischenfinanzierung, Fondsverwaltung, Komplementärvergütung, Sonderabschreibungen und lineare Abschreibung. Er führt dazu aus, dass der Anleger die Aufwendungen für die Vermittlung der Endfinanzierung, das Disagio und Finanzierungszinsen für End- und Zwischenfinanzierung nicht mit seiner Kommanditeinlage bezahlt habe und diese somit nicht aus seinem Vermögen abgeflossen seien. Vielmehr seien sie von der Fonds-KG aus ihrer Bankfinanzierung getragen worden. Dies führe beim Schadensersatz nun dazu, dass diese Aufwandspositionen nicht anteilig entsprechend der Beteiligungsquote an den Anleger zurückerstattet würden, da der auf Rückabwicklung klagende Anleger nicht die Erstattung von Aufwendungen verlange, die als Werbungskosten der Fondsgesellschaft vom Finanzamt anerkannt worden seien. Er schließt daraus, dass es an der Identität der an den Aufwendungen und am Rückfluss beteiligten Personen fehle. Aus der Zurechnung des Verlustes der Gesellschaft an den

436 BGH, Urt. v. 11.2.2014, II ZR 276/12, BGHZ 200, 51 (58 ff.); Urt. v. 20.8.2015, III ZR 57/14, DStR 2015, 2787 (2789); kritisch *Meyer*, WuB 2014, 236 (237); *ders.*, BKR 2016, 309 (314), der bei Rechtsanwendungsfehlern der Finanzverwaltung vielmehr eine Sondersituation sieht, die im Rahmen der typisierenden Betrachtungsweise des BGH von vornherein nicht zu einer konkreten Schadensberechnung führen solle.

Gesellschafter könne ferner nicht implizit geschlossen werden, dass der Gesellschafter die Werbungskosten als Aufwendungen der Fondsgesellschaft mit seiner Kommanditeinlage getragen habe.[437] Dagegen wendet der BGH ein, es sei für die steuerliche Beurteilung unerheblich, dass die Kosten aus dem Fremd- und nicht aus dem Kommanditkapital bezahlt wurden. Für die Zurechnung der Werbungskosten hänge es nicht davon ab, wie die Zahlungen gebucht worden seien. Der Kläger hätte die Werbungskosten in voller Höhe geltend machen können.[438]

Werbungskosten sind bei vermögensverwaltenden Personengesellschaften auf Ebene der Gesamthand zu ermitteln. Dabei ist der Abfluss bei der Gesellschaft entscheidend, § 11 Abs. 2 EStG.[439] Sie sind dann entsprechend des Beteiligungsverhältnisses an die einzelnen Gesellschafter aufzuteilen, sofern nichts anderes vereinbart ist.[440] Die Werbungskosten auf Ebene der Gesellschaft dürfen daher nicht unberücksichtigt bleiben.[441] Insofern hat der BGH zu Recht betont, dass der Kläger die Werbungskosten in voller Höhe geltend gemacht hat. Sie müssen daher auch bei der Rückabwicklung berücksichtigt werden.

cc) Sonderabschreibungen nach dem FördG

Des Weiteren nimmt *Yildirim* Stellung zu den Sonderabschreibungen nach dem Fördergebietsgesetz. In Bezug auf das Urteil des BFH v. 17.7.2007[442] sei „davon auszugehen, dass nach § 1 Abs. 1 Satz 2 FördG bei Personengesellschaften an die Stelle des nach § 1 EStG steuerpflichtigen Gesellschafters die Gesellschaft tritt"[443] und das Fördergesetz damit eine Sperrwirkung begründe, sodass die Gesellschafter der Fondsgesellschaft, also die Anleger, die Sonderabschreibungen gerade nicht in Anspruch genommen hätten. Es finde keine anteilige Anrechnung nach § 39 Abs. 2 Nr. 2 AO statt.[444] Der BGH vertritt dagegen die Auffassung, die Sperrwirkung des § 1 Abs. 1 Satz 2 FördG beziehe sich dabei nur auf die Ausübung des Wahlrechts.[445] Zudem bleibe im Rahmen des § 1 Abs. 1 Satz 2 FördG allein der

---

437 *Yildirim*, BKR 2014, 188 (189).

438 BGH, Urt. v. 11.2.2014, II ZR 276/12, BGHZ 200, 51 (57); *Meyer*, WuB 2014, 236 (237).

439 *Engel*, Rn. 173.

440 *Thürmer*, in: Blümich, § 9 EStG, Rn. 179; *Glenk*, in: Blümich, § 11 EStG, Rn. 31.

441 Vgl. *Schneider*, S. 395.

442 BFH, Urt. v. 17.7.2007, IX R 5/07, BFH/NV 2007, 2097.

443 *Yildirim*, BKR 2014, 188 (190).

444 *Yildirim*, BKR 2014, 188 (190 ff.).

445 BGH, Urt. v. 11.2.2014, II ZR 276/12, BGHZ 200, 51 (61); Urt. v. 18.12.2012, II ZR 259/11, DStR 2013, 317 (319); *Töben*, Rn. 89.

Gesellschafter steuerpflichtig und die Sonderabschreibungen würden sich bei ihm auswirken. Lediglich für die Voraussetzungen der Sonderabschreibungen seien die Verhältnisse der Gesellschaft maßgeblich. Dies stehe daher nicht im Widerspruch zum Urteil des BFH.[446] Die Schadensersatzleistung führe daher zu einem Rückfluss auch der zugerechneten Sonderabschreibungen.[447]

Yildirim ist insoweit zuzustimmen, als dass hier die Zurechnungsgrundsätze des § 39 Abs. 2 Nr. 2 AO nicht anwendbar sind. Hinsichtlich AfA ist bei vermögensverwaltenden Personengesellschaften auf § 39 Abs. 2 Nr. 2 AO zurückzugreifen. Als „AfA-befugt" ist damit der einzelne Gesellschafter anzusehen. Etwas anderes gilt aber beim Vorliegen von Sonderregelungen, beispielsweise § 1 Abs. 1 Satz 2 FördG.[448] Bei Sonderabschreibungen nach dem FördG ist die Personengesellschaft selbst zur Inanspruchnahme der Steuervergünstigungen berechtigt.[449] Diese kann dann das Bewertungswahlrecht ausüben. § 1 Abs. 1 Satz 2 FördG übernimmt den Gedanken, den Überschuss der Einnahmen auf Ebene der Gesellschaft zu ermitteln, in das Gesetz. Die Vorschrift ist damit lex specialis zu § 7a Abs. 7 EStG.[450] Dennoch ist letztlich dem BGH zuzustimmen, denn die Sonderabschreibungen wirken sich beim Gesellschafter aus, soweit ihm das Betriebsergebnis zuzurechnen ist.[451] Zwar erkennt *Yildirim* dies, er geht aber zu Unrecht davon aus, dass mit der Rückzahlung der Kommanditeinlage die Sonderabschreibungen nicht an den Kläger zurückerstattet werden.[452] Bei der schadensersatzrechtlichen Rückabwicklung soll der Geschädigte aber so stehen, als hätte er sich nie an der Gesellschaft beteiligt. Die Sonderabschreibungen verbleiben ihm damit nicht. Letztlich liegt eine Besteuerung zumindest hinsichtlich des Teils der Schadensersatzleistung vor, der dem zugerechneten Teil der Sonderabschreibungen entspricht.[453]

---

446 BGH, Urt. v. 18.12.2012, II ZR 259/11, DStR 2013, 317 (319); Urt. v. 11.2.2014, II ZR 276/12, BGHZ 200, 51 (61 f.); Urt. v. 11.2.2014, II ZR 69/13, BeckRS 2014, 06701.

447 *Meyer*, WuB 2014, 236 (238).

448 *Brandis*, in: Blümich, § 7 EStG, Rn. 134; *Pfirrmann*, in: Kirchhof, § 7 EStG, Rn. 11.

449 BFH, Urt. v. 27.7.2004, IX R 20/03, DStR 2004, 1600 (1601 f.); *Engel*, Rn. 202 f.

450 *Stuhrmann*, in: Blümich, § 1 FördG, Rn. 6; vgl. auch *Brandis*, in: Blümich, § 7a EStG, Rn. 59.

451 BFH, Urt. v. 27.7.2004, IX R 20/03, DStR 2004, 1600 (1602).

452 *Yildirim*, BKR 2014, 188 (191).

453 BGH, Urt. v. 11.2.2014, II ZR 276/12, BGHZ 200, 51 (61 f.); Urt. v. 11.2.2014, II ZR 69/13, BeckRS 2014, 06701.

dd) Endgültiger Verbleib von steuerlichen Vorteilen

Unabhängig davon trägt *Yildirim* letztlich vor, dass Schadensersatz in Form der Einlagenrückgewähr nur abzüglich der erhaltenen Ausschüttungen geltend zu machen sei und die Schadensersatzleistung auch nur in dieser Höhe in die Ermittlung der Einkünfte eingestellt werden könne. „Auf die Rückerstattung der Kommanditeinlage entfällt nach Abzug der erhaltenen Ausschüttungen nicht selten z.B. über 50 % der geleisteten Kommanditeinlage.“[454] Daher könnten bei Annahme eines Werbungskostenrückflusses ebenfalls nur 50 % der Werbungskosten im Zusammenhang mit der Schadensersatzzahlung als Einkünfte aus Vermietung und Verpachtung zu berücksichtigen seien. Die anderen 50 % würden dem Anleger sodann endgültig verbleiben.[455]

Durch die Schadensersatzleistung werden zuvor geltend gemachte Werbungskosten ersetzt. Insoweit ist auch eine Kürzung durch erzielte (Miet-)Einnahmen vorzunehmen. Letztlich erfolgt dadurch aber nur eine Kompensation des Verlustabzugs der vorangegangenen Veranlagungszeiträume.[456] Verbleibende Vorteile sind damit nicht verbunden.

d) Analoge Anwendung des § 23 EStG

Aufgrund der wirtschaftlichen Ähnlichkeit der Rückgabe mit der Veräußerung wurde eine analoge Anwendung des § 23 Abs. 1 Satz 1 Nr. 1 EStG vorgeschlagen. Dabei sollen im Rahmen der Steuerbarkeit nach § 21 EStG die gleichen Rechtsfolgen erzielt werden. Werde der Zeitraum von zehn Jahren bei der Rückabwicklung überschritten, solle auch die Rückzahlung von Werbungskosten nicht mehr berücksichtigt werden. Dies hätte zur Folge, dass auch bei Einkünften aus Vermietung und Verpachtung, die durch die Rückzahlung von Werbungskosten entstehen, ein Vorteil verbliebe und somit eine Anrechnung vorzunehmen wäre.[457]

Einer solchen Analogie hat der BGH eine Absage erteilt. Er stellte zunächst dar, dass es der Zweck des § 23 Abs. 1 Satz 1 Nr. 1 EStG sei, Spekulationsgewinne zu versteuern und dass nach der Zehnjahresfrist nicht mehr von einer Spekulation ausgegangen werden könne, weshalb eine Besteuerung dann nicht

---

454 *Yildirim*, BKR 2014, 188 (190).

455 *Yildirim*, BKR 2014, 188 (190).

456 *Jooß*, DStR 2014, 6 (10).

457 *Staudenmayer*, VuR 2011, 43 (47); *Weber-Grellet*, DB 2007, 2740 (2742 f.); so auch einige Instanzgerichte, z.B. OLG Stuttgart, Urt. v. 15.7.2009, 9 U 164/07, BeckRS 2009, 28035; OLG Frankfurt, Urt. v. 18.11.2011, 19 U 68/11, BeckRS 2012, 08957; a.A. *Berninghaus*, DStR 2014, 624 (627); *Lampe*, BB 2008, 2599 (2604).

mehr angemessen sei. Bei der Rückabwicklung gehe es hingegen nicht um Spekulationsgeschäfte. In den vorliegenden Fällen der Rückabwicklung sei vielmehr danach zu fragen, ob im Zusammenhang mit der Eingehung einer Vermögensanlage gezogene Steuervorteile bei der Rückabwicklung der Investition ebenfalls rückabgewickelt werden und daran anknüpfend, ob die Schadensersatzleistung nach Ablauf von zehn Jahren steuerlich begünstigt werden solle. Für eine analoge Anwendung fehle es daher bereits an einer Regelungslücke bzw. an der Rechtsähnlichkeit. Es handle sich bei den Besteuerungstatbeständen der §§ 23 Abs. 1 Satz 1 Nr. 1 i.V.m. 22 Nr. 2 EStG einerseits und bei der Rückabwicklung der Beteiligung an einem geschlossenen Immobilienfonds andererseits um rechtlich nicht vergleichbare Sachverhalte.[458]

Zu Recht geht der BGH davon aus, dass für eine Analogie die erforderlichen Voraussetzungen nicht gegeben sind. Es wird noch darzulegen sein, dass die Rückabwicklung des ursprünglichen Anschaffungsgeschäfts keine Veräußerung im Sinne des § 23 EStG darstellt, da keine Verwendung am Markt gegeben ist.[459] Daran vermag auch eine wirtschaftliche Ähnlichkeit der Vorgänge nichts ändern. Wird durch die Rückabwicklung ein Steuertatbestand erfüllt, so z.B. der des § 21 Abs. 1 Satz 1 Nr. 1 EStG, ist die Schadensersatzleistung zu versteuern. § 23 EStG ist als subsidiärer Tatbestand vorerst nicht relevant. Wollte man nun die Zehnjahresfrist des § 23 Abs. 1 Satz 1 Nr. 1 EStG entsprechend anwenden, würde man die eindeutige Entscheidung des Gesetzgebers konterkarieren, der bei § 21 Abs. 1 Satz 1 Nr. 1 EStG keine solche Frist gesetzt hat.[460] Es ist somit in der Tat nicht von einer Regelungslücke auszugehen.

Auch fehlt es richtigerweise an der Vergleichbarkeit der Interessenlage. Zwar mag aus wirtschaftlicher Sicht eine Ähnlichkeit bestehen. Es fehlt nach Ablauf der Frist aber einerseits schon an dem spekulativen Charakter, der einer Vergleichbarkeit entgegensteht. Andererseits setzt § 23 EStG voraus, dass neben der Einhaltung der Frist überhaupt ein Veräußerungsgeschäft bestehen muss. Dies ist aber, vorweggenommen, nicht der Fall, denn die Rückabwicklung stellt keine Veräußerung dar. Der Tatbestand müsste also doppelt analog angewendet werden. An der Vergleichbarkeit fehle es ferner, weil bei der Rückabwicklung keine freie marktbestimmte Kaufpreisfindung wie bei einer Veräußerung im Sinne des § 23 EStG stattfinde. Der zu erzielende Erlös aus der Rückabwicklung sei auf das

---

458 BGH, Urt. v. 18.12.2012, II ZR 259/11, DStR 2013, 317 (318); Urt. v. 20.8.2015, III ZR 57/14, DStR 2015, 2787 (2788 f.); zustimmend *Jooß*, DStR 2014, 6 (12); *Müller*, LMK 2015, 373984; *Salger*, WuB 2016, 12 (13).

459 Siehe Dritter Teil, § 2, C, II, 2.

460 Vgl. auch *Jooß*, DStR 2014, 6 (12).

Restitutionsinteresse des Anlegers beschränkt. Eine ungerechtfertigte Ungleichbehandlung im Sinne des Art. 3 Abs. 1 GG liege daher nicht vor.[461]

Der BGH führt im Rahmen seiner Begründung außerdem an, dass „die Steuerfreiheit nach dieser Bestimmung in der vorliegenden Fallgestaltung im wirtschaftlichen Ergebnis [zudem] die unangemessene Folge [hätte], dass allein der zum Schadensersatz Verpflichtete durch die Anrechnung von Steuervorteilen einen Nutzen hätte."[462] Seine Verpflichtung zur Leistung des Schadensersatzes wäre der Höhe nach gemindert. Dieses Argument mag in dieser Konstellation zwar zutreffend sein, kann aber nicht zu einem allgemeinen Grundsatz führen. Sollte sich herausstellen, dass § 21 Abs. 1 Satz 1 Nr. 1 EStG als Besteuerungstatbestand nicht in Betracht kommt und als letzte Möglichkeit § 23 EStG verbliebe, würde man mangels „Veräußerung" auch zu dem Ergebnis kommen, dass allein der Schädiger durch die Anrechnung einen Nutzen hätte. Es ist also ohne weiteres denkbar, dass im Einzelfall ein anzurechnender Steuervorteil verbleibt. Insofern ist das Vorgehen des BGH im Hinblick auf dieses Argument genau genommen inkonsequent, im Ergebnis aber dennoch zu begrüßen.

3. *Zwischenergebnis*

Bei der Rückabwicklung ist im Rahmen des § 21 EStG zu beachten, dass der Vermögensstamm außer Betracht zu bleiben hat. Daher führt jene auch nicht zu einer unmittelbaren Einnahme im Sinne des § 21 Abs. 1 Satz 1 Nr. 1 EStG, wenn lediglich der Substanzwert abgegolten wird. Es kommt aber zu einer Versteuerung der Schadensersatzleistung, wenn eine Rückerstattung von Werbungskosten vorliegt. Dies gilt nicht nur für sofort abzugsfähige Werbungskosten, sondern entgegen früherer Annahmen auch für die aus den Anschaffungskosten hergeleitete AfA. Hinsichtlich zu Unrecht angenommener sofort abziehbarer Werbungskosten ist die rechtliche Beurteilung hingegen umstritten. Zuletzt soll trotz einer wirtschaftlichen Ähnlichkeit zu § 23 EStG eine Versteuerung nicht auf die Zehnjahresfrist analog § 23 Abs. 1 Satz 1 Nr. 1 EStG beschränkt werden. Hierzu fehlt es neben einer planwidrigen Regelungslücke an der Vergleichbarkeit der Interessenlage.

---

461 *Berninghaus*, DStR 2014, 624 (627).

462 BGH, Urt. v. 20.8.2015, III ZR 57/14, DStR 2015, 2787 (2789). Bereits im Urt. v. 18.12.2012, II ZR 259/11, DStR 2013, 317 (318), führte er aus: „Eine solche Sichtweise hätte im wirtschaftlichen Ergebnis zur Folge, dass allein der zum Schadensersatz verpflichtete „Täter" durch die Anrechnung von Steuervorteilen einen Nutzen hätte." Dieses Argument ablehnend *Salger*, WuB 2016, 12 (13).

II. Rückabwicklung als privates Veräußerungsgeschäft, § 23 EStG

Zu untersuchen ist an dieser Stelle die bereits aufgeworfene Frage, ob die Rückabwicklung des ursprünglichen Anschaffungsgeschäfts, also beispielsweise die Übertragung der Gesellschaftsanteile oder des Eigentums am Grundstück durch den Geschädigten auf den Schädiger innerhalb einer bestimmten Frist, ein privates Veräußerungsgeschäft im Sinne der §§ 22 Nr. 2 i.V.m. 23 Abs. 1 Satz 1 Nr. 1 EStG darstellen kann. Nach § 23 Abs. 1 Satz 1 Nr. 1 i.V.m. Satz 4 EStG gilt auch die Veräußerung einer unmittelbaren oder mittelbaren Beteiligung an einer Personengesellschaft als Veräußerung der anteiligen Wirtschaftsgüter, wenn der Zeitraum zwischen Anschaffung und Veräußerung nicht mehr als zehn Jahre beträgt. Häufig wird diese Frist bei der Rückabwicklung noch nicht abgelaufen sein, sodass dies einer Steuerbarkeit in vielen Fällen nicht entgegenstehen wird. Ein etwaiger Veräußerungsgewinn bemisst sich nach § 23 Abs. 3 EStG. Nach § 23 Abs. 3 Satz 1 EStG ist der Gewinn der Unterschied zwischen dem Veräußerungspreis einerseits und den Anschaffungs- oder Herstellungskosten und den Werbungskosten andererseits. Nach § 23 Abs. 3 Satz 4 EStG mindern sich die Anschaffungs- oder Herstellungskosten um AfA, erhöhte Absetzungen und Sonderabschreibungen, soweit sie bei der Ermittlung der Einkünfte im Sinne des § 2 Abs. 1 Satz 1 Nr. 4–7 EStG abgezogen worden sind.[463] Dadurch erhöht sich letztlich der Gewinn.

Das grundlegende Problem ist jedoch, dass der Geschädigte an sich gar nichts veräußern möchte.[464] Er will vielmehr nur seinen erlittenen Schaden ersetzt haben. Zu klären ist daher, ob der Begriff der Veräußerung in § 23 EStG auch eine Rückabwicklung im Wege des gesetzlich angeordneten Schadensersatzes erfasst. Dabei ist jedoch zunächst zu beachten, dass § 23 EStG subsidiär zu anderen Überschusseinkunftsarten ist, § 23 Abs. 2 EStG.[465] § 21 EStG und § 23 EStG schließen sich wechselseitig aus. § 21 EStG betrifft Entgelte für eine Nutzungsüberlassung, § 23 EStG hingegen Entgelte für die Veräußerung bestimmter Wirtschaftsgüter.[466] Eine mögliche Besteuerung der erstatteten Werbungskosten gem. § 21 EStG ist daher vorrangig.[467]

---

463 Zur Vermeidung einer doppelten Korrektur der AfA siehe *Berninghaus*, DStR 2014, 624 (628).

464 *Schirp/Kondert*, ImmoStR IV ESt 2005, 183 (199).

465 *Glenk/Ratschow*, in: Blümich, § 23 EStG, Rn. 28; *Weber-Grellet*, in: Schmidt, § 23 EStG, Rn. 65.

466 *Mellinghoff*, in: Kirchhof, § 21 EStG, Rn. 5; *Schallmoser*, in: Blümich, § 21 EStG, Rn. 108.

467 *Meindl/Schmid/Kemmetter*, Rn. 250.

1. Meinungsstand

Die Frage, ob die schadensersatzrechtliche Rückabwicklung den Tatbestand der Veräußerung im Sinne des § 23 Abs. 1 Satz 1 Nr. 1 (ggf. i.V.m. Satz 4) EStG erfüllt, war lange Zeit Gegenstand einer kontroversen Diskussion. Ruhe dürfte eingekehrt sein, seit sich die höchstrichterliche Rechtsprechung zu diesem Thema geäußert hat.

a) Höchstrichterliche Rechtsprechung

Der BGH ist der Ansicht, die in Rede stehende Rückabwicklung erfülle nicht den Steuertatbestand des privaten Veräußerungsgeschäfts nach § 23 Abs. 1 Satz 1 Nr. 1 (ggf. i.V.m. Satz 4) EStG. Dies hat der III. Zivilsenat in seinem Urteil v. 17.11.2005, in dem es um eine Zug-um-Zug-Übertragung der Kommanditanteile auf die Beklagte ging, entschieden. Die Rückübertragung sei nur eine notwendige Voraussetzung für die Durchsetzung des Schadensersatzbegehrens, also ein Teilakt im Rahmen der schadensersatzrechtlichen Rückabwicklung der Anschaffung der Kläger.[468] Sowohl der BFH in seinem Urteil v. 27.6.2006 als auch Teile der Literatur haben sich der Auffassung des BGH angeschlossen. Nach dem BFH liegt eine Veräußerung im Sinne des § 23 Abs. 1 Satz 1 Nr. 1 EStG nicht vor, wenn sich das ursprüngliche Anschaffungsgeschäft lediglich in ein Abwicklungsverhältnis verwandelt. Begründet wird dies mit der fehlenden Marktoffenheit des Vorgangs. Vielmehr sei die Herausgabe nur ein notwendiger Teilakt im Rahmen der Rückabwicklung. Unschädlich ist es laut BFH auch, wenn die Rückgabe dabei nicht an den Schädiger, sondern an einen Dritten, z.B. einen Bürgen erfolge, da dieser in das Rückabwicklungsverhältnis einbezogen worden sei.[469]

---

468 BGH, Urt. v. 17.11.2005, III ZR 350/04, NJW 2006, 499 (501); ebenso BGH, Urt. v. 18.12.2012, II ZR 259/11, DStR 2013, 317 (318); Urt. v. 20.8.2015, III ZR 57/14, DStR 2015, 2787 (2788).

469 BFH, Urt. v. 27.6.2006, IX R 47/04, BFHE 214, 267 (269) m.w.N.; ferner Urt. v. 1.8.2012, IX R 8/12, BFHE 238, 129 (131); vgl. auch Urt. v. 31.1.2017, IX R 26/16, DStR 2017, 1028 (1030); zustimmend BGH, Urt. v. 30.11.2007, V ZR 284/06, NJW 2008, 649 (650); Urt. v. 18.12.2012, II ZR 259/11, DStR 2013, 317 (318); Urt. v. 11.2.2014, II ZR 276/12, BGHZ 200, 51 (62); Urt. v. 20.8.2015, III ZR 57/14, DStR 2015, 2787 (2788); *Musil*, in: Herrmann/Heuer/Raupach, § 23 EStG, Anm. 57; *Lampe*, BB 2008, 2599 (2603); *Everts*, ZfIR 2008, 563 (567 f.); *Weber-Grellet*, in: Schmidt, § 23 EStG, Rn. 49, 54; *Wernsmann*, in: Kirchhof/Söhn/Mellinghoff, § 23 EStG, Rn. B 145; *Meindl/Schmid/Kemmetter*, Rn. 249; im Ergebnis zustimmend auch *Fischer*, jurisPR-SteuerR 51/2006 Anm. 3; vor Erlass des Urteils so auch bereits *Loritz/Wagner*,

Ob es sich dabei um die Rückübertragung einer Eigentumswohnung oder einer Fondsbeteiligung handelt, kann dabei keine Rolle spielen.

b) Frühere Finanzverwaltung und Teile der Literatur

Als gegenteilige Ansicht wird häufig die Finanzverwaltung aufgeführt, hierbei insbesondere die OFD Frankfurt a.M. Diese ging in einer Rundverfügung v. 12.7.2001 noch davon aus, dass die Rückübertragung eines Grundstücks (wenn der Anleger bis zur Rückabwicklung rechtlicher und wirtschaftlicher Eigentümer desselben war) innerhalb der Zehnjahresfrist ein privates Veräußerungsgeschäft im Sinne des § 23 Abs. 1 Satz 1 Nr. 1 EStG darstelle.[470] Zustimmend äußern sich Teile der Literatur.[471] Mittlerweile folgt aber auch die OFD Frankfurt a.M. der Beurteilung des BFH. Dies geht aus den Rundverfügungen vom 10.4.2008[472] sowie 2.12.2008[473] in Anlehnung an das BFH-Urteil v. 27.6.2006[474] hervor. Im dortigen Beispielssachverhalt ging es um die Rückabwicklung eines Grundstückskaufvertrags im Wege des Rücktritts, §§ 346, 323 BGB. Ein weiterer Erlass der Senatsverwaltung für Finanzen Berlin v. 14.5.2007 sieht insofern nun ebenfalls vor, dass die Rückabwicklung kein steuerpflichtiges Veräußerungsgeschäft im Sinne des § 23 Abs. 1 Satz 1 Nr. 1 EStG darstelle.[475] Zum identischen Sachverhalt äußerte sich auch das Bayerische Landesamt für Steuern in einer Verfügung v. 16.7.2008 entsprechend.[476] Aus einem Beschluss des FG München v. 10.2.2010 geht ferner hervor, dass das zuständige Finanzamt ebenfalls (unter der Beachtung der Verfügung des Bayerischen Landesamts für Steuern) davon ausging, dass die Rückabwicklung eines Anschaffungsgeschäfts kein privates

---

ZfIR 2003, 753 (761); zweifelnd aus steuersystematischer Sicht hingegen *Stützel*, NJW 2014, 2070 (2072).

470 OFD Frankfurt a.M., Rundverfügung v. 12.7.2001, S 2256 A-19-St II 27, DStR 2001, 1753 (1754).

471 *Martin*, NZG 2006, 175 (176); vgl. auch *Schirp/Kondert*, ImmoStR IV ESt 2005, 183 (199 f.); a.A. *Everts*, ZfIR 2008, 563 (565).

472 OFD Frankfurt a.M., Rundverfügung v. 14.4.2008, S 2256 A-19-St 225, FMNR381310007 (juris) i.d.F. v. 10.4.2008 gültig bis 1.12.2008.

473 OFD Frankfurt a.M., Rundverfügung v. 2.12.2008, S 2256 A-19-St 225, FMNR618310008 (juris).

474 BFH, Urt. v. 27.6.2006, IX R 47/04, BFHE 214, 267.

475 Senatsverwaltung für Finanzen Berlin, Erlass v. 14.5.2007, III A-S 2253-4/07, DStR 2007, 1820 (1821).

476 Bayerisches Landesamt für Steuern, Verfügung v. 16.7.2008, S 2256.1.1-1/3 St 32/St 33, DB 2008, 2110 (2110), welche die Verfügung v. 27.6.2007, S 2256-33 St 32/St 33 ersetzte.

Veräußerungsgeschäft darstelle.[477] Die Finanzverwaltung einiger Bundesländer hat sich folglich überwiegend der Ansicht von BFH und BGH angeschlossen.

Die Argumentationsgrundlage der früheren Ansicht der OFD Frankfurt a.M. und von Teilen der Literatur ist im wirtschaftlichen Ergebnis zu sehen. Die OFD Frankfurt a.M. ging damals davon aus, dass die Rückübertragung eines Grundstücks, was die steuerliche Beurteilung angehe, einem Verkauf gleichgestellt werden müsse.[478] Freilich stehen hierbei fiskalische Zwecke im Vordergrund.[479] Nach *Martin* und *Schirp/Kondert* sei der Begriff der „Veräußerung" aus steuerlicher Sicht anders zu beurteilen als der zivilrechtliche Begriff. Im Steuerrecht würde es genügen, wenn die Parteien Verhältnisse schufen, die einer Veräußerung wirtschaftlich gleichgestellt seien. Nötig seien gerade weder ein Rechtsgeschäft im zivilrechtlichen Sinne noch ein rechtsgeschäftlicher Handlungswille.[480] *Schneider* verfolgt den Ansatz, der Anleger gebe seine Beteiligung auf und erhalte hierfür einen entsprechenden Ersatz. Es sei kein Grund ersichtlich, die Veräußerung in § 23 EStG anders auszulegen als in § 16 EStG.[481] Dort liege eine Veräußerung durch das Ausscheiden unabhängig vom Rechtsgrund vor.[482] Dies kann aber wohl nur aufgrund der Fiktion des § 16 Abs. 3 EStG gelten. Ferner führt er aus, dass der Begriff der Veräußerung in § 16 EStG und § 17 EStG gleichbedeutend ausgelegt werde, obwohl sich beide Vorschriften darin unterscheiden würden, dass § 17 EStG eine Steuerbarkeit von Privatvermögen vorsehe. Lege man nun § 16 EStG und § 17 EStG gleich aus, so müssten ihm zufolge auch § 17 EStG und § 23 EStG gleich ausgelegt werden. Zwingende Gründe für eine unterschiedliche Auslegung in § 17 EStG und § 23 EStG seien nicht ersichtlich.[483]

2. *Stellungnahme*

Es gilt herauszufinden, welche Voraussetzungen an eine Veräußerung gestellt werden müssen und ob innerhalb des EStG eine unterschiedliche Definition geboten erscheint. Zu betrachten ist dabei der Begriff der Veräußerung in §§ 16, 17 und 23 EStG. Insbesondere ist zu klären, ob der vom BFH geforderte Begriff der

---

477 FG München, Beschluss vom 10.2.2010, 13 V 3809/09, BeckRS 2010, 26028955.

478 OFD Frankfurt a.M., Rundverfügung v. 12.7.2001, S 2256 A-19-St II 27, DStR 2001, 1753 (1754).

479 *Meindl/Schmid/Kemmetter*, Rn. 249 (dort Fn. 304).

480 *Martin*, NZG 2006, 175 (176); *Schirp/Kondert*, ImmoStR IV ESt 2005, 183 (199 f.).

481 *Schneider*, S. 386, 393 f.

482 *Schneider*, S. 385 ff.

483 *Schneider*, S. 385 ff.

„Marktoffenheit" den Begriff der Veräußerung bestimmt. Dies ist durch Auslegung zu ermitteln.

a) Begriff der Veräußerung im EStG

Gemein ist den Begriffen der Veräußerung innerhalb des EStG, dass es im Grundsatz um eine entgeltliche Übertragung des zivilrechtlichen oder wirtschaftlichen Eigentums an einem Wirtschaftsgut auf einen anderen Rechtsträger geht.[484] Trotzdem könne (z.B. aus zeitlicher Sicht) nicht von einem einheitlichen Begriff im EStG ausgegangen werden.[485] Dennoch wird teilweise dafür plädiert, den Begriff der Veräußerung in § 16 EStG und § 17 EStG grundsätzlich gleich auszulegen.[486] Systematisch gehören dagegen eigentlich § 17 EStG und § 23 EStG zusammen, da sie das private Stammvermögen erfassen.[487] Ferner handelt es sich bei § 17 EStG, ebenso wie bei § 23 EStG, um eine Ausnahme von dem Grundsatz, dass eine steuerliche Erfassung von im Privatvermögen realisierten Vermögensmehrungen nicht in Betracht kommt.[488] Vor diesem Hintergrund liegt der in der Literatur vorgetragene Schluss, dass eine gleiche Auslegung von § 16 EStG und § 17 EStG auch zu einer gleichbedeutenden Auslegung von § 17 EStG und § 23 EStG führen müsse, nahe.[489] Das Ergebnis wäre so in allen Fällen das gleiche.

Der BFH stellte zunächst fest, dass der Tatbestand von § 17 EStG dem des § 16 EStG in Aufbau und systematischer Stellung entspreche. Der wesentlich Beteiligte solle einem Mitunternehmer gleichgestellt werden, da sich beide wirtschaftlich nahe stünden.[490] Dagegen hat er sich aber auch zu einer etwaigen unterschiedlichen Betrachtungsweise zwischen § 17 EStG und § 23 EStG geäußert. Im Urteil v. 21.10.1999 ging er davon aus, dass eine Rückübertragung von Gesellschaftsanteilen im Zuge der Rückabwicklung des ursprünglichen

---

484 Vgl. *Schallmoser*, in: Blümich, § 16 EStG, Rn. 20; *Vogt*, in: Blümich, § 17 EStG, Rn. 340; *Glenk/Ratschow*, in: Blümich, § 23 EStG, Rn. 121.

485 BFH, Urt. v. 27.6.2006, IX R 47/04, BFHE 214, 267 (269 f.); *Weber-Grellet*, in: Schmidt, § 17 EStG, Rn. 95; *Vogt*, in: Blümich, § 17 EStG, Rn. 340a, im Hinblick auf die zeitliche Hinsicht.

486 BFH, Urt. v. 21.12.1993, VIII R 69/88, BFHE 174, 324 (327); im Grundsatz auch Urt. v. 17.4.1997, VIII R 47/95, BFHE 184, 275 (279 f.).

487 Vgl. *Hey*, in: Tipke/Lang, § 8, Rn. 197.

488 Vgl. BFH, Urt. v. 17.4.1997, VIII R 47/95, BFHE 184, 275 (278); *Gosch/Oertel*, in: Kirchhof, § 17 EStG, Rn. 1; *Vogt*, in: Blümich, § 17 EStG, Rn. 2.

489 Vgl. *Schneider*, S. 387.

490 BFH, Urt. v. 21.12.1993, VIII R 69/88, BFHE 174, 324 (326) m.w.N.; BT-Drucks. IV/2400, S. 69; zustimmend *Schneider*, S. 390; *Jooß*, DStR 2014, 6 (9).

Anschaffungsgeschäfts als „Veräußerung" der Anteile im Sinne des § 17 Abs. 1 Satz 1 EStG anzusehen sei. Bei der Beurteilung der Entgeltlichkeit sei weniger auf die Rechtsnatur der erhaltenen Zahlungen als vielmehr darauf abzustellen, dass die Zahlungen im Hinblick auf die Minderwertigkeit der Anteile geleistet wurden. Diese Beurteilung veranlasste den BFH dazu, die Auslegung des § 17 EStG daran zu orientieren, dass der wirtschaftliche Gehalt der Vorschrift zur Geltung gebracht werde.[491] In seinem Urteil v. 27.6.2006 wurde eine Steuerbarkeit gem. § 23 EStG hingegen verneint. Der BFH geht dabei auf die vorstehende Beurteilung ein, stellt aber klar, dass er mit seiner Entscheidung nicht vom Urteil v. 21.10.1999[492] abweiche. Diese sei nämlich „Ausdruck eines besonderen normspezifischen Begriffsverständnisses, um den wirtschaftlichen Gehalt des § 17 EStG zur Geltung zu bringen." Ferner verweist er auf die unterschiedliche Auslegung des Begriffs innerhalb des EStG.[493] Zwischen § 17 EStG und § 23 EStG bestehen in der Rechtsprechung des BFH also Unterschiede bei der Frage, ob eine Veräußerung gegeben ist.

b) Auslegung

Letztlich bedarf es einer Auslegung, um zu klären, wie der Begriff der Veräußerung zu verstehen ist.

aa) Verhältnis zwischen Steuerrecht und Zivilrecht

Eine Veräußerung stellt einen Vorgang dar, der sich zunächst nach zivilrechtlichen Regeln bemisst. Knüpft das Steuerrecht hieran eine Rechtsfolge, indem dieser Vorgang steuerpflichtig sein könnte, so ist bei der Auslegung der zivilrechtlichen Begriffe der steuerrechtliche Bedeutungszusammenhang zu berücksichtigen, namentlich die wirtschaftliche Betrachtungsweise des Steuerrechts. Abweichend von der nicht zwingenden zivilrechtlichen Gestaltung des Sachverhaltes wird dabei der wirtschaftliche Gehalt des Geschehens erfasst.[494] Das Steuerrecht ist insoweit also nicht nur eine Folge des Zivilrechts, sondern steht gleichrangig neben dem Zivilrecht. Es existiert zwar eine Vorherigkeit, eine sog. Präzedenz, wonach der zivilrechtliche Vorgang dem steuerrechtlichen also

---

491 BFH, Urt. v. 21.10.1999, I R 43, 44/98, BFHE 190, 377 (384 f.); zustimmend *Schneider*, S. 390; a.A. *Fischer*, FR 2000, 393 (394 f.); *ders.*, jurisPR-SteuerR 51/2006 Anm. 3; *Weber-Grellet*, in: Schmidt, § 17 EStG, Rn. 96.

492 BFH, Urt. v. 21.10.1999, I R 43, 44/98, BFHE 190, 377.

493 BFH, Urt. v. 27.6.2006, IX R 47/04, BFHE 214, 267 (269); zweifelnd *Glenk/Ratschow*, in: Blümich, § 23 EStG, Rn. 151; ablehnend *Fischer*, jurisPR-SteuerR 51/2006 Anm. 3.

494 Dazu *Ratschow*, in: Blümich, § 2 EStG, Rn. 50.

vorangeht; es gibt aber keine sog. Prävalenz bzw. keinen Primat, also keinen Vorrang des Zivilrechts.[495] Zivilrechtliche Begriffe sind anhand des Zwecks des relevanten Steuergesetzes bzw. der Steuerrechtsnorm und dem steuerrechtlichen Bedeutungszusammenhang zu verstehen.[496] Die wirtschaftliche Betrachtungsweise bildet zugleich die Grenze der Gestaltungsfreiheit des Steuerpflichtigen.[497]

bb) Sinn und Zweck

Sinn und Zweck der Vorschrift des § 23 EStG ist es, realisierte Werterhöhungen aus verhältnismäßig kurzfristigen Wertdurchgängen eines bestimmten Wirtschaftsguts im Privatvermögen des Steuerpflichtigen zu besteuern.[498] Durch An- und Verkauf innerhalb einer gewissen Spekulationsfrist entsteht eine Nähe zur Gewerblichkeit, was die Regelung legitimiert.[499] Zu verstehen ist der Begriff der Veräußerung in einem wirtschaftlichen Sinne. Ein rechtsgeschäftlicher Handlungswille sei nicht zwingend erforderlich.[500] Dieses wirtschaftliche Verständnis von § 23 EStG müsste nun eigentlich dazu führen, dass die Rückabwicklung unter den Tatbestand der Norm fällt und somit eine Steuerbarkeit zu bejahen wäre. Der Geschädigte überträgt die (zuvor erlangte) Inhaberschaft bzw. das Eigentum in entgeltlicher Weise auf den Schädiger, denn er erhält seine ursprüngliche Einlage bzw. seinen Kaufpreis in Form des Schadensersatzes zurück. Diese Situation ist mit derjenigen vergleichbar, bei der der Geschädigte Anteile an einen Dritten gegen Entgelt veräußert.[501] In beiden Fällen überträgt er die Anteile und erhält den Betrag seiner ursprünglichen Einlage wieder zurück.

Dennoch muss das steuerrechtliche Tatbestandsmerkmal auch anhand des Zwecks des jeweiligen Steuergesetzes interpretiert werden. Im Falle eines Abwicklungsverhältnisses fehlt es dem BFH zufolge an dem eingangs genannten gesonderten marktoffenbaren Vorgang. Das Merkmal der Marktoffenheit folgt in dogmatischer Hinsicht aus § 2 EStG. Eine Steuerbarkeit des Einkommens setzt

---

495 BVerfG, Beschluss v. 27.12.1991, 2 BvR 72/90, NJW 1992, 1219 (1219); *Tipke*, Band I, S. 44 ff.; *Fehrenbacher*, § 1, Rn. 5; *Birk/Desens/Tappe*, Rn. 46; *Jakob*, Rn. 41; *Hoor*, S. 201; a.A. BFH, Urt. v. 12.7.1967, I 204/64, BFHE 90, 122 (124 f.).

496 BVerfG, Beschluss v. 27.12.1991, 2 BvR 72/90, NJW 1992, 1219 (1220); *Tipke*, Band III, S. 1636.

497 *Jakob*, Rn. 41.

498 BFH, Urt. v. 30.11.1976, VIII R 202/72, BFHE 120, 522 (527); *Kube*, in: Kirchhof, § 23 EStG, Rn. 1; *Weber-Grellet*, in: Schmidt, § 23 EStG, Rn. 1.

499 *Weber-Grellet*, in: Schmidt, § 23 EStG, Rn. 1.

500 *Glenk/Ratschow*, in: Blümich, § 23 EStG, Rn. 122 f.

501 Vgl. dazu *Weber-Grellet*, DB 2007, 2740 (2742).

voraus, dass Einkünfte am Markt erwirtschaftet werden.[502] Dazu muss der private Bereich der Vermögensverwaltung verlassen werden; bei einer Rückabwicklung ist dies jedoch noch nicht der Fall.[503] Verlangt ein Geschädigter Schadensersatz, zu dem er nach dem Gesetz berechtigt ist, so verwendet er sein Vermögen nicht am Markt, sondern es soll lediglich die Vermögenssituation hergestellt werden, die ohne das schädigende Ereignis bestanden hätte. Die Abwicklung dessen, was durch Gesetz angeordnet ist, kann daher nicht als ein Erwirtschaften am Markt angesehen werden. § 2 EStG bildet insofern den Ausgangstatbestand des steuerbaren Einkommens und dieser Aussagegehalt muss den folgenden Vorschriften zugrunde gelegt werden; Abweichungen bedürfen einer besonderen Rechtfertigung.[504] Unter diesem Aspekt kann also die Rückabwicklung des Anschaffungsgeschäfts nicht als „Veräußerung" im Sinne des § 23 EStG angesehen werden.

Eine abweichende Beurteilung ist auch nicht durch das bereits ausgeführte Urteil des BFH v. 22.10.1999[505] hinsichtlich § 17 EStG geboten. Nach § 17 EStG werden Veräußerungsgewinne, die im Privatvermögen anfallen, als gewerbliche Gewinne fingiert, wenn der Veräußerer innerhalb der letzten fünf Jahre am Kapital der Gesellschaft unmittelbar oder mittelbar zu mindestens 1 % beteiligt war.[506] Zu Recht legte der BFH zunächst die wirtschaftliche Betrachtungsweise bei der Auslegung des § 17 EStG zugrunde. Eine Identität mit dem zivilrechtlichen Begriff der Veräußerung, wie er beispielsweise in den §§ 932, 929 BGB in Erscheinung tritt, soll nicht bestehen.[507] Daher ist es im Grundsatz auch unbeachtlich, wenn die Veräußerung zivilrechtlich als Schadensersatz einzuordnen ist.[508] Entscheidend ist aber, dass der Sinn und Zweck von § 17 EStG (und darüber hinaus auch von § 16 EStG) nicht in der Besteuerung von Spekulationen am Markt, sondern in der Besteuerung stiller Reserven zu sehen ist.[509] Sowohl § 16 Abs. 3 Satz 1 EStG als auch § 17 Abs. 4 Satz 1 EStG enthalten Fiktionen, wonach eine Aufgabe bzw. eine Auflösung als Veräußerung gilt. Dabei werden die

---

502 *Fehrenbacher*, § 2, Rn. 30; *Kirchhof*, in: Kirchhof/Söhn/Mellinghoff, § 2 EStG, Rn. A 9.

503 *Fischer*, FR 2000, 393 (394 f.); *ders.*, jurisPR-SteuerR 51/2006 Anm. 3.

504 BFH, Urt. v. 4.11.1992, X R 33/90, BFHE 169, 357 (363); *Kirchhof*, in: Kirchhof/Söhn/Mellinghoff, § 2 EStG, Rn. A 642.

505 BFH, Urt. v. 21.10.1999, I R 43, 44/98, BFHE 190, 377.

506 *Vogt*, in: Blümich, § 17 EStG, Rn. 2.

507 *Vogt*, in: Blümich, § 17 EStG, Rn. 340a; *Weber-Grellet*, in: Schmidt, § 17 EStG, Rn. 95.

508 *Vogt*, in: Blümich, § 17 EStG, Rn. 340a.

509 *Gosch/Oertel*, in: Kirchhof, § 17 EStG, Rn. 120; *Reiß*, in: Kirchhof, § 16 EStG, Rn. 6; *Wacker*, in: Schmidt, § 16 EStG, Rn. 5 f.; *Weber-Grellet*, in: Schmidt, § 17 EStG, Rn. 210.

stillen Reserven aufgedeckt und realisiert. Durch diese Fiktionen kann es dort auf einen marktoffenbaren Vorgang nicht ankommen.[510] Aufgrund dieser unterschiedlichen Zwecke ist davon auszugehen, dass die schadensersatzrechtliche Rückabwicklung bei § 23 EStG nicht zu versteuern ist.

Untermauert wird das gefundene Ergebnis hinsichtlich § 23 EStG von *Fischer* durch einen Vergleich zum Umsatzsteuerrecht, wo nur ein echter Wieder(ver-)kauf ein Veräußerungsgeschäft sei, nicht aber eine bloße Rückabwicklung. Im Umsatzsteuerrecht werde eine Grenze zwischen einer steuerbaren Rücklieferung und einer nicht steuerbaren Rückgängigmachung eines vollzogenen Leistungsaustausches gezogen. Eine Rücklieferung setze danach den Abschluss eines neuen Umsatzgeschäfts durch die Beteiligten voraus.[511]

c) Zwischenergebnis

Festzuhalten ist somit, dass zu Recht eine Steuerbarkeit nach § 23 Abs. 1 EStG nicht in Betracht kommt, wenn eine gesetzlich angeordnete Rückabwicklung des ursprünglichen Anschaffungsgeschäfts vorgenommen wird. Eine Auslegung führt dazu, dass der Begriff der Veräußerung am Zweck des Steuergesetzes zu interpretieren ist. Insoweit folgt aus § 2 EStG, dass eine notwendige Verwendung am Markt der Annahme einer Veräußerung in diesem Fall entgegensteht. § 16 Abs. 3 Satz 1 EStG und § 17 Abs. 4 Satz 1 EStG enthalten insoweit hingegen Fiktionen hinsichtlich einer Veräußerung. Im Gegensatz zu § 23 EStG steht dort nicht die Besteuerung von Spekulationsgewinnen, sondern die stiller Reserven im Vordergrund. Deshalb ist die gesetzlich angeordnete, schadensersatzrechtliche Rückabwicklung nicht als Veräußerung im Sinne des § 23 EStG anzusehen.

Es ist aber in einem nächsten Schritt zu prüfen, ob diese Lösung einer Folgebetrachtung Rechnung trägt.

3. *Folgebetrachtung: vergleichsweise Rückabwicklung*

Es gibt Konstellationen, in denen der gleiche, ursprüngliche Zustand zwischen den Parteien hergestellt wird, die Rückabwicklung aber nicht aufgrund einer gesetzlichen Rückabwicklung im Wege des Schadensersatzes stattfindet. Vielmehr geschieht dies durch eine vertragliche Vereinbarung, beispielsweise aufgrund eines Rückkaufangebots des Schädigers. Die Gründe für ein solches Vorgehen können unter anderem in der Vermeidung weiterer Klagen und der Herstellung von

---

510 *Jooß*, DStR 2014, 6 (9).

511 *Fischer*, FR 2000, 393 (394); *ders.*, jurisPR-SteuerR 51/2006 Anm. 3.

Rechtsfrieden zu sehen sein.[512] Wurde bereits auf Schadensersatz geklagt, wird eine Annahme des Angebots nur dann möglich sein, wenn zuvor die Klage zurückgenommen wurde.[513] Auf Seiten des Geschädigten können die Beweggründe für eine Annahme eines solchen Angebots im eigenen Prozessrisiko, den Verfahrenskosten, schneller Liquidität oder dem Insolvenzrisiko des Beklagten liegen.[514] Dabei vollziehen die Parteien die Rückabwicklung in der Weise, dass der Schädiger dem Geschädigten etwa eine Eigentumswohnung oder die Anteile an einem Immobilienfonds zunächst wieder abkauft. Der Sache nach wird anschließend das gleiche Ergebnis erzielt wie beim Schadensersatzverlangen. Der Schädiger erlangt das Eigentum (z.B. §§ 873, 925 BGB) bzw. die Inhaberschaft (§§ 413, 398 BGB), der Geschädigte den Kaufpreis bzw. seine ursprünglich gezahlte Einlage.

a) Meinungsstand hinsichtlich rechtsgeschäftlicher Rückabwicklung

Lemaire ist hierzu der Ansicht, dass das ursprüngliche Anschaffungsgeschäft unverändert rechtlichen Bestand habe, während daneben nun ein weiteres selbständiges Rechtsgeschäft trete. Durch den Vergleich sei es nicht mehr zur Umwandlung in ein Rückabwicklungsverhältnis (den Erfolg der Klage vorausgesetzt) gekommen.[515] Mit der Thematik der einvernehmlichen Rückabwicklung hat sich ebenfalls *Everts* beschäftigt. Er kommt hingegen zu dem Ergebnis, dass es auch den Fällen einer vergleichsweisen Vorbeugung eines einseitigen Schadensersatzverlangens an der Marktoffenheit fehlen würde, denn der Vorgang spiele sich auch hier notwendig nur zwischen den Vertragsteilen, höchstens noch mit von diesen bestimmten Dritten ab. Anderes soll lediglich dann gelten, wenn es nur darum ginge, zu spät erkannte ungünstige Steuerfolgen durch eine Vertragsaufhebung zu beseitigen; dann läge (mangels Mitwirkungsverpflichtung des Kontrahenten) eine Marktoffenheit vor.[516] Insoweit ist es zwar richtig, dass sich der Vorgang notwendig nur zwischen den Vertragsteilen abspielt, dies ist jedoch bei einem „normalen" Veräußerungsvorgang, bei dem es nicht um eine Rückabwicklung geht, auch der Fall. Freilich ist der Kreis der potentiellen Vertragspartner bei einem „normalen" Veräußerungsvorgang größer als bei einem

512 Vgl. Senatsverwaltung für Finanzen Berlin, Runderlass v. 21.12.2005, III A – S 2256 – 7/2005, BeckVerw 071012.

513 Vgl. die Konstellation in BFH, Urt. v. 6.9.2016, IX R 27/15, DStR 2016, 2950 (2951).

514 FG Münster, Urt. v. 13.12.2012, 6 K 2989/10 E, EFG 2013, 356 (357).

515 *Lemaire*, EFG 2013, 358 (358).

516 *Everts*, ZfIR 2008, 563 (567); a.A. Senatsverwaltung für Finanzen Berlin, Runderlass v. 21.12.2005, III A – S 2256 – 7/2005, BeckVerw 071012 für die Konstellation eines Rückkaufangebots.

Abwicklungsvorgang im Wege des Schadensersatzes; aber auch dort kann prinzipiell aus einem beliebigen Kreis Dritter gewählt werden, die die Leistung bewirken, § 267 Abs. 1 BGB oder an die erfüllt werden soll, § 362 Abs. 2 BGB.

Letztlich ist aber auch hier vielmehr entscheidend, ob der private Bereich der Vermögensverwaltung verlassen wird. Sind sich die Parteien über das Vorliegen des Schadensersatzes einig, so können sie sich privatautonom auch für eine vergleichsweise Rückabwicklung entscheiden. Um eine Abgrenzung eines Veräußerungsgeschäfts im Sinne des § 23 Abs. 1 EStG von einer nicht steuerbaren Rückabwicklung vorzunehmen, bedarf es der Auslegung der Vereinbarung zwischen den Parteien, wie es bereits von manchen Finanzgerichten praktiziert wurde.[517] War hierüber bislang noch nicht höchstrichterlich entschieden worden, hat am 6.9.2016 auch der BFH Stellung bezogen und deren Ansicht zu Recht bestätigt. Er hat zu solch einer Konstellation ausgeführt, dass eine Gesamtwürdigung der objektiven Umstände des Einzelfalles darüber entscheiden könne, ob eine Veräußerung oder eine Rückabwicklung vorliege. Dabei liege eine neue Veräußerung dann vor, wenn der Vertrag keine Aussagen über die üblichen Fragen der Schadensermittlung enthalte. Dazu würden neben der Erwähnung der von den Klägern möglicherweise zuvor gerichtlich geltend gemachten Schadensersatzansprüche (z.B. Prospekthaftung, culpa in contrahendo oder deliktische Ansprüche) unter anderem die Berechnung der Schadenshöhe im Rahmen eines Schadensersatzverfahrens, also beispielsweise Ausführungen zum entgangenen Gewinn, § 252 Satz 1 BGB, und zur Anrechnung von Steuervorteilen im Wege der Vorteilsausgleichung gehören.[518] Weitere Indizien, die gegen eine Rückabwicklung sprechen, könnten der Wortlaut im Vertrag, eine Abweichung vom ursprünglichen Kaufpreis oder die Vereinbarung neuer Gewährleistungsrechte sein. So seien unter anderem die Bezeichnungen „Käufer", „Verkäufer", „Kaufpreis", „Verkauf" und „Kauf- und Übereignungsvertrag" schädlich. Ferner könne auch entscheidend sein, ob das Rückkaufangebot allen Anlegern unterbreitet wurde oder nur denjenigen, die Schadensersatzansprüche geltend gemacht hätten.[519] Beantwortet der Vertrag aber solche Fragen, kann es

---

517 Vgl. FG Baden-Württemberg, Urt. v. 1.10.2014, 2 K 2085/11, EFG 2015, 641 (643); FG Münster, Urt. v. 13.12.2012, 6 K 2989/10 E, EFG 2013, 356 (358); FG München, Urt. v. 16.4.2015, 13 K 2956/11, EFG 2015, 1447 (1449).

518 BFH, Urt. v. 6.9.2016, IX R 27/15, DStR 2016, 2950 (2953); FG Baden-Württemberg, Urt. v. 1.10.2014, 2 K 2085/11, EFG 2015, 641 (644).

519 BFH, Urt. v. 6.9.2016, IX R 27/15, DStR 2016, 2950 (2953); FG Münster, Urt. v. 13.12.2012, 6 K 2989/10 E, EFG 2013, 356 (358); *Lemaire*, EFG 2013, 358 (358); vgl. auch *Meindl/Schmid/Kemmetter*, Rn. 251, 416.

in der Sache keinen Unterschied machen, ob die Parteien das aus dem Prozess resultierende Urteil umsetzen oder sich für einen Vergleich entscheiden. Es geht dann immer noch um einen Vorgang, der sich im Bereich der privaten Vermögensverwaltung abspielt. Es handelt sich lediglich um eine besondere Art der Rückabwicklung.

b) Einordnung als Kaufpreis im Sinne des § 23 Abs. 3 Satz 1 EStG

Sollte man jedoch zu dem Ergebnis kommen, dass es sich um eine Veräußerung im Sinne des § 23 EStG handelt, ist weiter zu entscheiden, in welcher Höhe die Gegenleistung als Veräußerungspreis im Sinne des § 23 Abs. 3 Satz 1 EStG einzuordnen ist. Der BFH führt hierzu aus, dass neben dem Verkaufserlös auch alle sonstigen geldwerten Güter im Sinne des § 8 EStG, die der Steuerpflichtige als Gegenleistung für das veräußerte Wirtschaftsgut erhalte, zum Veräußerungspreis gehören. Sollen mit der Gegenleistung jedoch auch andere Leistungen entgolten oder ein Teil unentgeltlich zugewendet werden, zähle dies nicht zum Veräußerungspreis. Gerade bei „Schrottimmobilien" könnten die Anteile im Zeitpunkt der Übertragung keinen oder nur einen sehr geringen Wert haben. Es sei bei einer einheitlichen Geldleistung also danach zu unterscheiden, welcher Teil für das Wirtschaftsgut und welcher für eine andere Verpflichtung geleistet wurde. Diese könne z.B. in der Rücknahme der Klage und/oder im Verzicht weiterer Schadensersatzansprüche zu sehen sein. Für den Teil des Kaufpreises, der also auf eine andere Verpflichtung zurückgehe, liege kein Veräußerungsgeschäft vor. Um den Wert der Beteiligung zu ermitteln, sei darauf abzustellen, was ein fremder Dritter, der nur Zugang zu Informationen aus allgemein zugänglichen Quellen habe, für die Beteiligung zu zahlen bereit gewesen wäre. Es liege nahe, dass der den Kaufpreis übersteigende Teil für eine andere Verpflichtung gezahlt wurde, wenn die Bewertung ergebe, dass die Anteile nicht mit dem in den Vereinbarungen angeführten prozentualen Nominalwert der Einlage, sondern einem geringeren Wert zu bewerten waren.[520]

4. *Zwischenergebnis*

§ 23 EStG ist gem. § 23 Abs. 2 EStG insbesondere zu § 21 EStG subsidiär. Ist der vorrangige Steuertatbestand des § 21 EStG hinsichtlich der Rückabwicklung zu verneinen, weil beispielsweise keine AfA geltend gemacht wurde, kann § 23 EStG in Betracht kommen. Beruht die Rückabwicklung auf einer gesetzlichen

520 BFH, Urt. v. 6.9.2016, IX R 27/15, DStR 2016, 2950 (2953 ff.).

Verpflichtung zur Leistung von Schadensersatz, so scheidet mangels Marktoffenheit eine Versteuerung der Schadensersatzleistung nach § 23 Abs. 1 Satz 1 Nr. 1 (ggf. i.V.m. Satz 4) EStG aber aus. Es handelt sich, mangels Fiktionen wie bei § 16 Abs. 3 Satz 1 und § 17 Abs. 4 Satz 1 EStG, insoweit nicht um eine Veräußerung.

Liegt der Rückabwicklung hingegen ein einvernehmliches Rechtsgeschäft zugrunde, so kommt es entscheidend darauf an, ob der Vertrag Aussagen zu den üblichen Fragen der Schadensermittlung enthält. Ist dies durch Auslegung zu bejahen, so befindet man sich auch hier im Bereich der privaten Vermögensverwaltung und eine Versteuerung scheidet ebenfalls aus. Bei einer Verneinung liegt dagegen ein Veräußerungsgeschäft vor, bei welchem der Kaufpreis aber danach zu untersuchen ist, ob eine Teilung der einheitlichen Geldsumme in Betracht kommt, sollten damit andere Verpflichtungen entgolten werden. Darunter fallen beispielsweise Entgelte für die Rücknahme oder den Verzicht von weiteren Klagen. Insoweit zählen diese dann nicht zum Veräußerungspreis.

III. Einkünfte aus Kapitalvermögen, § 20 EStG

Eher selten wird in der Literatur Stellung zu den Einkünften aus Kapitalvermögen im Zusammenhang mit der Vorteilsausgleichung genommen. Liegt ein Schadensersatz in Form von Verzugs- und Prozesszinsen, § 288 BGB und § 291 BGB, vor, sind Kapitaleinkünfte nach § 20 Abs. 1 Nr. 7 EStG gegeben.[521] Daneben kann sich auch die Frage stellen, ob z.B. Schadensersatzleistungen aufgrund von Beratungsfehlern von Banken bei Wertpapieranlagen den Einkünften aus Kapitalvermögen unterliegen. Bei der Erzielung steuerlicher Vorteile durch ersparte Steuern ist darauf zu achten, dass § 20 Abs. 6 EStG Regelungen zur Verlustverrechnung, zum Verlustausgleich und zum Verlustabzug enthält. Ferner ist bei der Steuerwirksamkeit von Verlusten der Sparer-Pauschbetrag in Höhe von 801 Euro zu beachten.[522] Während § 20 Abs. 1 EStG die Steuerpflichtigkeit von Nutzungsentgelten behandelt, geht es bei Abs. 2 um die Gewinne aus Veräußerungsgeschäften. Auf sie wird grundsätzlich eine Kapitalertragsteuer mit Abgeltungswirkung in Höhe von 25 %, § 32d EStG, erhoben.[523] Die Kapitalertragsteuer ist in den §§ 43 ff. EStG geregelt. Bei ihr wird

---

521 BFH, Urt. v. 24.5.2011, VIII R 3/09, DStR 2012, 400 (401); *Jooß*, DStR 2014, 6 (12); *Knoblauch*, DStR 2012, 1952 (1954); *v. Beckerath*, in: Kirchhof, § 20 EStG, Rn. 114; vgl. *Bruns*, DStR 2015, 482 (484 f.).

522 *Martini*, DStR 2014, 2160 (2164).

523 *Fehrenbacher*, § 2, Rn. 206.

die Einkommensteuer durch Abzug vom Kapitalertrag erhoben, § 43 Abs. 1 Satz 1 EStG. Zu beachten ist aber stets die Subsidiaritätsklausel in § 20 Abs. 8 EStG, wonach Gewinneinkünfte und Einkünfte aus Vermietung und Verpachtung vorrangig sind.

1. Schadensersatzleistung bei Wertpapieranlagen

Ob eine Schadensersatzleistung im Zusammenhang mit Wertpapieranlagen den Einkünften aus Kapitalvermögen nach § 20 Abs. 3 i.V.m. § 20 Abs. 1 oder 2 EStG unterfällt, ist umstritten. § 20 Abs. 3 EStG enthält dabei lediglich eine Klarstellung des Umfangs der Erträge aus § 20 Abs. 1 und 2 EStG.[524] Nicht mit dem Problem der Vorteilsausgleichung ist hingegen die Konstellation zu verwechseln, in der Banken häufig ihre Schadensersatzpflicht gegenüber dem geschädigten Anleger einseitig kürzen, da sie sich auf eine Verpflichtung zur Entrichtung von Kapitalertragsteuer berufen. Diese Kürzung des Schadensersatzanspruchs hat nichts mit der Vorteilsausgleichung zu tun, da der Zahlung an das Finanzamt vielmehr Erfüllungswirkung, § 362 Abs. 1 BGB, zukommt. Ein Anspruch auf Auszahlung der ungeschmälerten Summe besteht dann nicht.[525]

a) Pro Steuerbarkeit

Insbesondere die Finanzverwaltung geht davon aus, dass ein dem Anleger geleisteter Schadensersatz für Verluste, der auf Beratungsfehlern im Zusammenhang mit einer Kapitalanlage beruht, gem. § 20 Abs. 3 i.V.m. § 20 Abs. 1 oder 2 EStG zu versteuern ist. Voraussetzung sei ein unmittelbarer Zusammenhang zu einer konkreten einzelnen Transaktion, bei der ein konkreter Verlust entstanden ist oder ein steuerpflichtiger Gewinn vermindert wird.[526] Dem stimmt *Knoblauch* zu. Die Entschädigung falle zwar nicht direkt unter § 20 Abs. 2 EStG, da mit der Entschädigung nicht unmittelbar ein Entgelt für die Übertragung von Wertpapieren gezahlt werde. Allerdings sei § 20 Abs. 3 EStG weit zu interpretieren, der sodann alle Einnahmen erfasse, die wirtschaftlich gesehen ein Surrogat für die in § 20 Abs. 1 und 2 EStG aufgezählten Einkünfte seien.

---

524 *Ratschow*, in: Blümich, § 20 EStG, Rn. 399; *Weber-Grellet*, in: Schmidt, § 20 EStG, Rn. 156; *v. Beckerath*, in: Kirchhof, § 20 EStG, Rn. 148.

525 Vgl. *Bruns*, DStR 2015, 482 (482); *Martini*, DStR 2014, 2160 (2161).

526 BMF, Schreiben, v. 18.1.2016, IV C 1 – S 2252/08/10004, BStBl. I 2016, 85 (99); v. 9.10.2012, IV C 1 – S 2252/10/10013, BStBl. I 2012, 953 (967); v. 16.10.2010, IV C 1 – S 2252/10/10010, BStBl. I 2010, 1305 (1305); v. 22.12.2009, IV C 1 – S 2252/08/10004, BStBl. I 2010, 94 (106); *Buge*, in: Herrmann/Heuer/Raupach, § 20 EStG, Anm. 551; *Weber-Grellet*, in: Schmidt, § 20 EStG, Rn. 157.

Eine Entschädigungszahlung sei dabei ein solches Surrogat für ein Veräußerungsentgelt.[527] Zu beachten ist jedoch, dass *Knoblauchs* Ausgangsthese auf der Annahme fußt, die Anteile seien bereits veräußert worden. Er zieht allerdings einen Vergleich zu einer Verurteilung zur Erstattung der Anschaffungskosten Zug um Zug gegen Rückgabe der Wertpapiere. Dies subsumiert er unter den Veräußerungsbegriff des § 20 Abs. 2 EStG. Steuerrechtlich könne sich der Unterschied in der Abwicklung aber nicht auswirken.[528]

b) Contra Steuerbarkeit

In der Literatur sehen *Schmidt/Eck* § 20 Abs. 3 EStG dagegen als nicht einschlägig an. Zwar sei das Vorgehen der Finanzverwaltung aus fiskalischer Sicht nachvollziehbar; der gezahlte Schadensersatz stelle sich aber weder als Nutzungsentgelt der Kapitalüberlassung noch als realisierter Gewinn aus der Veräußerung der Kapitalbeteiligung dar. Dies sei jedoch Voraussetzung, weil das Entgelt nicht nur „anlässlich", sondern „aufgrund" der Kapitalüberlassung bzw. Veräußerung gezahlt werden müsse. Die Zahlung des Schadensersatzes beruhe vielmehr auf einer schuldrechtlichen Verpflichtung, die eigenständig neben dem Forderungsanspruch aus der Kapitalanlage stehe. Leiste der Schuldner auf dieses Schuldverhältnis, so gehöre diese Zahlung für den Kunden folglich nicht zu den Einkünften aus Kapitalvermögen.[529]

So äußerte sich auch das LG Frankfurt a.M. in seinem Urteil v. 21.12.2011 und liefert noch einen weiteren Aspekt. Es geht davon aus, dass die Voraussetzungen des § 20 Abs. 3 EStG, wonach als Einkünfte auch besondere Entgelte oder Vorteile gelten, nicht vorlägen, denn Schadensersatzansprüche würden nicht darunter zählen. Der Wortlaut stehe schon entgegen, denn der Schadensersatz beruhe auf dem Ausgleichsgedanken und werde gewährt, wenn eine Person einer anderen Person Nachteile zugefügt habe, weshalb ein Ausgleich für einen Nachteil keinen Vorteil darstellen könne. Es gehe bei den Einkünften nach § 20 EStG immer um Einnahmen oder vergleichbare Zahlungen, was eine Schadensersatzleistung nicht darstelle. Auch würde die Schadensersatzleistung nicht neben den in § 20 Abs. 1 und 2 EStG bezeichneten Einnahmen oder an deren Stelle gewährt. Es fehle an einem Vorteil oder Überschuss. Letztlich ist das LG Frankfurt a.M.

527 *Knoblauch*, DStR 2012, 1952 (1952 f.).
528 *Knoblauch*, DStR 2012, 1952 (1953).
529 *Schmidt/Eck*, BB 2010, 1123 (1129 f.).

somit der Auffassung, dass die Auslegung der Finanzverwaltung dem Wortlaut und dem Sinn des § 20 Abs. 3 EStG widerspreche.[530]

c) Differenzierende Ansätze

Daneben bestehen differenzierende Ansätze. Einen solchen, bei dem es auf die Art und Höhe des Schadensersatzes ankomme, vertritt *Bruns*. Durch einen Vergleich mit der Lohnsteuer kommt er zu dem Ergebnis, dass Entschädigungszahlungen, die nur einen Nachteilsausgleich und keinen Gewinn bedeuten, nicht der Kapitalertragsteuer unterlägen. Entsprechendes gelte bei einem Schadensersatz, der auf das negative Interesse gerichtet sei. Anders stellt sich die Situation für ihn aber dann dar, wenn der Schadensersatz auch den entgangenen Gewinn, § 252 BGB, umfasst. Der Gewinnanteil übersteige dann das negative Interesse und sei so entsprechend der Ansicht des BMF[531] kapitalertragsteuerpflichtig.[532]

Ebenso differenziert *Martini*. Er ist gegen einen grundsätzlichen Ausschluss des Schadensersatzes von der Steuerbarkeit, da durch die Erweiterung des § 20 Abs. 3 EStG eine wirtschaftliche Verknüpfung entscheidend sein solle. Zudem erfasse der Begriff „Entgelt" auch Schadensersatzleistungen. Letztlich sei daher zwischen den Entschädigungen für entgangenen Gewinn und der Rückzahlung des Zeichnungsbetrages zu unterscheiden. Nur für Erstere sei eine Steuerbarkeit anzunehmen, da es an einem unmittelbaren Zusammenhang zur Rückübertragung der Anteile fehle. Würde man hingegen die Rückzahlung des Zeichnungsbetrages versteuern, so unterläge der Vermögensstamm den Einkünften aus Kapitalvermögen. Daher wäre allenfalls eine Subsumtion unter § 20 Abs. 2 EStG[533] möglich. Die Rückzahlung entspreche aber nicht ohne weiteres einer Veräußerung, es fehle an der rechtsgeschäftlichen Übertragung. Für § 20 Abs. 3 EStG fehle es hingegen an einem Überschuss.[534]

2. Stellungnahme

Wird der Anleger zu einer Zug-um-Zug-Übertragung verurteilt, so kann zunächst in Übereinstimmung zu dem bei § 23 EStG gefundenen Ergebnis schon

530 LG Frankfurt a.M., Urt. v. 21.12.2011, 2 – 25 O 218/11, BeckRS 2013, 22690; a.A. bzgl. des Wortlauts *Martini*, DStR 2014, 2160 (2161); für eine weite Auslegung *Knoblauch*, DStR 2012, 1952 (1952 f.).

531 Bezug genommen wird auf BMF, Schreiben v. 9.10.2012, IV C 1 – S 2252/10/10013, BStBl. I 2012, 953 (967).

532 *Bruns*, DStR 2015, 482 (483 f.).

533 Hier wiederum i.V.m. § 8 Abs. 5 InvStG.

534 *Martini*, DStR 2014, 2160 (2162).

keine Veräußerung im Sinne des § 20 Abs. 2 EStG vorliegen. Auch hier fehlt es an einer Marktoffenheit, wenn lediglich das Anschaffungsgeschäft rückabgewickelt wird. Die Rückabwicklung an sich unterfällt nicht § 20 Abs. 2 EStG.[535] Bliebe noch die Möglichkeit einer Versteuerung gem. § 20 Abs. 3 EStG, wonach zu den Einkünften aus Kapitalvermögen auch besondere Entgelte oder Vorteile gehören, die neben den in den Abs. 1 und 2 bezeichneten Einnahmen oder an deren Stelle gewährt werden. Indem dieser Ergänzungstatbestand mit den Grundtatbeständen zusammenwirkt, sollen alle Vermögensmehrungen erfasst werden, die sich bei wirtschaftlicher Betrachtung als Kapitalertrag oder Veräußerungs-„gewinn" darstellen.[536] Diese Vermögensmehrungen müssten sich beim Schadensersatz insofern um ein Entgelt für die Überlassung von Kapital zur Nutzung oder als Wertsteigerungen aus dessen Veräußerung darstellen.[537] Der Ersatzbetrag im Rahmen der Rückabwicklung wird hier jedoch nicht für eine Überlassung von Kapital gezahlt, sondern es wird der Wert der Anlage abgegolten. Wertsteigerungen aus einer Veräußerung, möchte man eine solche annehmen, liegen ebenfalls nicht vor. Nach § 20 Abs. 4 Satz 1 EStG ist der Gewinn der Unterschied zwischen den Einnahmen aus der Veräußerung nach Abzug der Aufwendungen, die im unmittelbaren sachlichen Zusammenhang mit dem Veräußerungsgeschäft stehen (Veräußerungskosten), und den Anschaffungskosten. Zu letzteren gehört insbesondere der Erwerbspreis. Insoweit entspricht der Begriff der Anschaffungskosten dem des § 6 EStG und § 255 Abs. 1 HGB.[538] Als Surrogat für die Veräußerung bedarf es daher eines Überschusses, an dem es hier fehlt, denn der Zug um Zug zurückzuzahlende Betrag bei der Geltendmachung des negativen Interesses entspricht dem ursprünglich aufgewendeten Betrag.[539] Eine Minderung der Anschaffungskosten durch AfA ist hier nicht gegeben. Eine Steuerbarkeit kommt insoweit also nicht in Betracht. Zudem setzt § 20 Abs. 3 EStG die Tatbestände der Abs. 1 und 2 voraus.[540] Das bedeutet, dass dem Grunde nach ein marktoffener Vorgang gegeben sein muss. Daran fehlt es bei der Rückabwicklung, da es sich um einen notwendigen Teilakt im Rahmen des Schadensersatzes handelt. Kommt es zum Ersatz des positiven Interesses, könnte hingegen eine Versteuerung in Betracht kommen. In diesem Fall geht es

---

535 Vgl. im Ergebnis *Martini*, DStR 2014, 2160 (2162), der allerdings auf eine fehlende rechtsgeschäftliche Übertragung (bzgl. Investmentanteilen) abstellt.

536 *V. Beckerath*, in: Kirchhof, § 20 EStG, Rn. 148.

537 *Ratschow*, in: Blümich, § 20 EStG, Rn. 399.

538 *Ratschow*, in: Blümich, § 20 EStG, Rn. 411.

539 *Martini*, DStR 2014, 2160 (2162); vgl. *Bruns*, DStR 2015, 482 (484).

540 *Buge*, in: Herrmann/Heuer/Raupach, § 20 EStG, Anm. 550.

nicht um einen notwendigen Teil der Rückabwicklung, sondern um eine Zahlung, die nicht Zug um Zug zu erbringen ist.[541] Insoweit ist eine Versteuerung denkbar.

3. *Zwischenergebnis*

Bei den Einkünften aus Kapitalvermögen, § 20 EStG, ist zunächst zwischen erlangten Zinsen und der Rückabwicklung der Wertpapieranlage zu unterscheiden. Während die Prozess- und Verzugszinsen nach § 20 Abs. 1 Nr. 7 EStG zu versteuern sind, ist umstritten, ob die Schadensersatzleistung selbst § 20 Abs. 1 bzw. 2 i.V.m. Abs. 3 Satz 1 EStG unterfällt. Die vorzugswürdige differenzierende Ansicht unterscheidet zwischen der Ersatzleistung für entgangenen Gewinn und der Rückzahlung des Zeichnungsbetrages. Bei dem Rückzahlungsbetrag handelt es sich weder um eine Veräußerung nach § 20 Abs. 2 EStG noch um ein besonderes Entgelt oder Vorteile nach § 20 Abs. 3 EStG. Zwar wird hierdurch eine Präzisierung des Umfangs der Abs. 1 und 2 des § 20 EStG vorgenommen, diese werden aber dennoch vorausgesetzt, sodass es an einer Marktoffenheit fehlt. Wird hingegen ein entgangener Gewinn, § 252 BGB, geltend gemacht, ist dies nicht notwendiger Teil der Rückabwicklung. Insoweit wäre hier § 20 Abs. 3 EStG zu bejahen. Eine Anrechnung der steuerlichen Vorteile hängt somit von der jeweiligen Lage des Sachverhaltes ab.

IV. Ergebnis

In aller Regel kommt es auch bei im Privatvermögen befindlichen Vermögensgegenständen zu einer Besteuerung der Schadensersatzleistung. Eine unmittelbare Einnahme nach § 21 Abs. 1 Satz 1 Nr. 1 EStG scheidet bei Abgeltung des Substanzwertes zwar aus, da es an einer Gegenleistung für die Überlassung des Gebrauchs oder der Nutzung des Gegenstandes fehlt. Gleichwohl kommt aber eine Besteuerung wegen eines Werbungskostenrückflusses im Sinne des § 21 Abs. 1 Satz 1 Nr. 1 EStG in Betracht. Eine Steuerbarkeit der Rückabwicklung durch § 23 EStG ist nur in absoluten Ausnahmefällen einschlägig. Zum einen ist er hinsichtlich der AfA gegenüber § 21 EStG subsidiär, § 23 Abs. 2 EStG, zum anderen fehlt es grundsätzlich an einer Veräußerung mangels marktoffenbaren Vorgangs. Liegt dagegen eine vergleichsweise Rückabwicklung vor, ist diese im Einzelfall danach auszulegen, ob sich die Parteien vertraglich über den wesentlichen Inhalt einer schadensersatzrechtlichen Rückabwicklung verständigt haben. Nur wenn dies zu bejahen ist, kann entsprechend zur gesetzlich angeordneten

541 *Martini*, DStR 2014, 2160 (2162).

Rückabwicklung eine Marktoffenheit verneint werden. Ebenso scheidet letztlich eine Steuerbarkeit nach § 20 Abs. 1 oder 2 i.V.m. § 20 Abs. 3 EStG bzgl. der Rückabwicklung aus. Lediglich bei der Geltendmachung eines entgangenen Gewinns kommt eine Versteuerung in Betracht, da dessen Ersatz nicht notwendiger Teil der Zug-um-Zug-Rückabwicklung ist. Anfallende Verzugs- und Prozesszinsen sind dagegen nach § 20 Abs. 1 Nr. 7 EStG zu versteuern.

D. Fazit

Untersucht wurde, ob die Schadensersatzleistung ihrerseits zu versteuern ist. Dabei wurde zwischen Gewinn- und Überschusseinkünften differenziert. Hält der Anleger einen Vermögensgegenstand im Betriebsvermögen, so kommt es zu einer Versteuerung der Schadensersatzleistung nach § 15 Abs. 1 Satz 1 Nr. 2 EStG hinsichtlich der Sonderbetriebseinnahmen bzw. nach § 16 Abs. 1 Satz 1 Nr. 2 i.V.m. Abs. 3 EStG hinsichtlich des Anteils am Gesamthandsvermögen. Dies hat zur Folge, dass eine Anrechnung der steuerlichen Vorteile aus der Sicht der Rechtsprechung des BGH nicht in Betracht kommt, da den ursprünglichen Vorteilen nun ein in etwa entsprechender Nachteil gegenübergestellt wird. Aufgrund dieser Kompensation verbliebe kein anrechenbarer Vorteil. Befindet sich der Vermögensgegenstand dagegen im Privatvermögen, so kommt es in nahezu fast allen Fällen ebenfalls zu einer Versteuerung, z.B. nach § 21 Abs. 1 Satz 1 Nr. 1 EStG als Werbungskostenrückfluss. Eine Steuerbarkeit im Rahmen der Überschusseinkünfte muss aber nicht zwingend der Fall sein, was § 20 Abs. 3 EStG und § 22 Nr. 2 EStG i.V.m. § 23 Abs. 1 Satz 1 Nr. 1 (ggf. i.V.m. Satz 4) EStG gezeigt haben. Insofern ist es zumindest im Einzelfall denkbar, dass es im Ergebnis zu einer unterschiedlichen Behandlung von im Betriebsvermögen und im Privatvermögen gehaltenen Vermögensgegenständen kommen kann. Dies ist aber die logische Folge aus der Vorgabe des BGH, zu prüfen, ob ein verbleibender Vorteil vorliegt, was konsequenterweise nur dann der Fall ist, wenn er nicht durch eine Besteuerung der Schadensersatzleistung aufgezehrt wird. Die Analyse, ob die schadensersatzrechtliche Rückabwicklung zu einem Nachteil beim Geschädigten führt, hat aber auch gezeigt, wie aufwendig und kompliziert das Vorgehen des BGH ist. Dabei wollte er diesen Aufwand durch seine pauschale Gegenüberstellung von Vor- und Nachteilen eigentlich vermeiden. Dieses Bestreben kann nicht darüber hinwegtäuschen, dass die Prüfung eines Nachteils im Einzelfall eines erheblichen Aufwands bedarf.

Hinzu kommt, dass nach den bisherigen Erkenntnissen im absoluten Großteil der Fälle eine Anrechnung der erlangten steuerlichen Vorteile ausscheidet.

Daher wird der BGH aufgefordert, dies endlich klar auszusprechen.[542] Durch seine Aussage, steuerliche Vorteile seien grundsätzlich anzurechnen, wird in den Fällen der gescheiterten Anlagemodelle zunächst ein falscher Eindruck erweckt. Bedenklich sind insofern auch pauschale Aussagen in der Literatur wie „Der Bundesgerichtshof hat (…) seine Rechtsprechung gefestigt, dass Steuervorteile des Anlegers auf dessen Schadensersatzansprüche anzurechnen sind."[543] Sie führen dazu, dass relevante Differenzierungen bei der Vorgehensweise des BGH verschwimmen. Sie beruhen auf Einzelfällen oder zum Teil nicht mehr vertretenen bzw. umstrittenen Rechtsansichten und können somit nicht zur Grundaussage emporgehoben werden.

§ 3: Aus der Rückabwicklung folgende Steuervorteile

Nach dem bislang gefundenen Ergebnis scheidet eine Anrechnung ersparter Steuern im Regelfall mangels dauerhaft verbleibender Vorteile aus. Dabei wurden aber solche steuerlichen Vorteile außer Acht gelassen, die sich erst aus der Rückabwicklung selbst ergeben. Hiermit wird sich die folgende Fallgruppe beschäftigen. Zuerst wird aufgezeigt, wie steuerliche Vorteile aufgrund der Rückabwicklung entstehen können. Dabei wird insbesondere auf Freibeträge oder ermäßigte Steuersätze eingegangen. Danach wird zu diskutieren sein, ob solche Vorteile im Rahmen der Vorteilsausgleichung anzurechnen sind oder nicht.

A. Steuerliche Vorteile

Zunächst ist zu erörtern, ob ein ermäßigter Steuersatz gem. § 34 Abs. 3 EStG bzw. eine Steuerermäßigung nach § 34 Abs. 1 EStG oder der Freibetrag nach § 16 Abs. 4 EStG bei der schadensersatzrechtlichen Rückabwicklung in Betracht kommen.

I. Freibetrag, § 16 Abs. 4 EStG

Zu Beginn ist der Freibetrag nach § 16 Abs. 4 EStG in den Blick zu nehmen. Im Rahmen der Gewinneinkünfte wurde festgestellt, dass die Rückabwicklung im Wege des Schadensersatzes als Veräußerung im Sinne des § 16 Abs. 1 Satz 1 Nr. 2 i.V.m. Abs. 3 Satz 1 EStG fingiert wird. Sie führt daher zur Anwendbarkeit des § 16 Abs. 4 EStG. Danach kann ein Freibetrag von 45.000 Euro geltend gemacht werden, der sich aber gem. § 16 Abs. 4 Satz 3 EStG um den Betrag ermäßigt,

542 *Meyer*, WuB 2014, 236 (238).
543 *Loritz*, ZfIR 2006, 586 (588).

um den der Veräußerungsgewinn 136.000 Euro übersteigt. Die Vorschrift enthält eine sachliche Steuerbefreiung, die dazu dient, kleinere Gewinne von der steuerlichen Belastung freizustellen und im Falle dauernder Berufsunfähigkeit im sozialversicherungsrechtlichen Sinne oder Erreichens einer bestimmten Altersgrenze, namentlich die Vollendung des 55. Lebensjahres, zumindest den freigestellten Gewinn ungeschmälert der Altersversorgung zukommen zu lassen.[544] Gewährt werden kann der Freibetrag dem Steuerpflichtigen allerdings nur einmal, § 16 Abs. 4 Satz 2 EStG.

II. § 34 EStG

Eine Tarifermäßigung beim Vorliegen außerordentlicher Einkünfte betreffen die §§ 34 Abs. 1, 3 EStG. Wann solche außerordentlichen Einkünfte in Betracht kommen, regelt § 34 Abs. 2 EStG. Dies können nach § 34 Abs. 2 Nr. 1 EStG insbesondere Veräußerungsgewinne im Sinne des § 16 EStG oder nach § 34 Abs. 2 Nr. 2 EStG Entschädigungen im Sinne des § 24 Nr. 1 EStG[545] sein. Die Tarifvorschriften des § 34 EStG haben den Zweck, eine Progressionswirkung zu mildern. Diese kann dadurch entstehen, dass einmalige Einkünfte zu laufenden in einem Veranlagungszeitraum hinzutreten und somit auch die laufenden Einkünfte von einer Progressionswirkung erfasst werden, was zu einer höheren Besteuerung führt. In tatsächlicher Hinsicht ist damit aber keine nachhaltige Steigerung der Leistungsfähigkeit verbunden.[546] Neben der ermäßigten Besteuerung nach § 34 Abs. 1 EStG besteht alternativ ein einmaliges Wahlrecht für eine Besteuerung mit einem ermäßigten Steuersatz nach § 34 Abs. 3 EStG.

1. Progressionsglättung, § 34 Abs. 1 EStG

§ 34 Abs. 1 EStG enthält die sog. Fünftel-Regelung.[547] Nach § 34 Abs. 1 Satz 1 EStG ist die Einkommensteuer nach den Sätzen 2 bis 4 zu berechnen. Dabei handelt es sich allerdings nicht um einen besonderen Steuersatz. Vielmehr werden die außerordentlichen Einkünfte im Jahr des Zuflusses rechnerisch auf fünf Jahre verteilt, sodass eine Progressionsglättung erreicht wird.[548]

---

544 Vgl. *Schallmoser*, in: Blümich, § 16 EStG, Rn. 667.

545 Siehe dazu noch Dritter Teil, § 3, A, II, 3, a.

546 *Wacker*, in: Schmidt, § 34 EStG, Rn. 1; *Lindberg*, in: Blümich, § 34 EStG, Rn. 4.

547 Ab dem Veranlagungszeitraum 98.

548 Näher dazu *Knebel/Schmidt*, BB 2010, 1316 (1319); *Lindberg*, in: Blümich, § 34 EStG, Rn. 69 ff.; *Wacker*, in: Schmidt, § 34 EStG, Rn. 56.

2. *Ermäßigter Steuersatz, § 34 Abs. 3 EStG*

§ 34 Abs. 3 EStG hingegen sieht eine Versteuerung mit einem ermäßigten Steuersatz von 56 % des durchschnittlichen Steuersatzes,[549] mindestens jedoch 14 % für den Teil außerordentlicher Einkünfte im Sinne des § 34 Abs. 2 Nr. 1 EStG (Veräußerungsgewinne), der den Betrag von insgesamt 5 Millionen Euro nicht übersteigt, vor, und dient insoweit der Altersvorsorge mittelständischer Unternehmer.[550] Dieser setzt allerdings unter anderem voraus, dass der Steuerpflichtige das 55. Lebensjahr vollendet hat oder dauernd berufsunfähig ist. Zudem kann er nur einmal im Leben in Anspruch genommen werden, § 34 Abs. 3 Satz 4 EStG. Diese Art der Vergünstigung wird in den vorliegenden Fällen der schadensersatzrechtlichen Rückabwicklung nur in den seltensten Fällen in Betracht kommen, da entweder das 55. Lebensjahr vollendet sein oder eine dauernde Berufsunfähigkeit vorliegen muss. Liegen außerordentliche Einkünfte nach § 34 Abs. 2 Nr. 1 EStG vor, so kann der Steuerpflichtige entscheiden, welche Vorschrift er, falls einschlägig, in Anspruch nimmt.[551]

3. *Außerordentliche Einkünfte*

Als außerordentliche Einkünfte kommen gem. § 34 Abs. 2 Nr. 1 EStG unter anderem Veräußerungsgewinne im Sinne des § 16 EStG in Betracht. Dass ein solcher Veräußerungsgewinn vorliegt, wurde bereits oben festgestellt.[552] Ferner unterfallen den außerordentlichen Einkünften gem. § 34 Abs. 2 Nr. 2 EStG auch Entschädigungen im Sinne des § 24 Nr. 1 EStG. Insbesondere sind die Entschädigungen für entgangene oder entgehende Einnahmen im Sinne des § 24 Nr. 1 Buchst. a EStG relevant.

a) Schadensersatzleistungen und § 24 Nr. 1 EStG

Zu klären ist daher, ob die hier in Rede stehenden Schadensersatzleistungen bei der Rückabwicklung gescheiterter Kapitalanlagen von § 34 Abs. 2 Nr. 2 i.V.m. § 24 Nr. 1 Buchst. a EStG erfasst werden.

aa) Schadensersatzleistung als Ausgabenausgleich

Vornehmlich der BGH ist der Auffassung, dass es sich bei der Schadensersatzleistung, die ein Kapitalanleger von (Abschreibungs- bzw.) Verlustzuweisungsge-

---

549 Ab dem Veranlagungszeitraum 04; bis dahin der halbe durchschnittliche Steuersatz.

550 *Lindberg*, in: Blümich, § 34 EStG, Rn. 5.

551 *Lindberg*, in: Blümich, § 34 EStG, Rn. 16.

552 Dritter Teil, § 2, B, II.

sellschaften gegen Vermittler von Kapitalanlagen geltend macht, nicht um eine Entschädigung als Ersatz für entgangene oder entgehende Einnahmen gem. § 24 Nr. 1 Buchst. a EStG handle. Bereits der VII. Zivilsenat entschied im Urteil v. 22.3.1979, dass der Kläger nämlich gerade nicht Ersatz für entgangene Einnahmen, sondern Ersatz für die von ihm gezeichneten Kommanditeinlagen verlange. Er erstrebe also vielmehr einen Ausgabenausgleich, weil er sein verlorenes Vermögen wiederhaben wolle. Diesen Fall erfasse § 24 Nr. 1 Buchst. a EStG aber nicht.[553] Dies geht auch konform mit dem BFH und Teilen der Literatur, nach denen § 24 Nr. 1 Buchst. a EStG keine Entschädigungen erfasse, die Ausgaben ersetzen.[554] Dies bestätigte der III. Zivilsenat des BGH in seinem Urteil v. 17.11.2005.[555] Nicht unerwähnt bleiben soll allerdings die Besonderheit, dass dort im Rahmen der schadensersatzrechtlichen Rückabwicklung kein Steuertatbestand einschlägig war. § 24 EStG begründet für sich hingegen keine weitere Einkunftsart, sondern setzt voraus, dass eine solche nach § 2 Abs. 1 EStG gegeben ist. Aus § 2 Abs. 1 Satz 2 EStG ergibt sich eine deklaratorische Bedeutung der Norm. Die Entschädigungen müssen also einer Einkunftsart in § 2 Abs. 1 EStG zuzuordnen sein und sind dann wie Einnahmen zu behandeln.[556] Der BGH geht in seinem Urteil davon aus, dass die Schadensersatzleistung keiner Einkunftsart zuzurechnen sei. Seine Ausführungen zu § 24 Nr. 1 Buchst. a EStG sind daher überflüssig und könnten hier auch bei anderem Verständnis der entgangenen Einnahmen nicht zu einer Besteuerung führen.[557]

---

553 BGH, Urt. v. 22.3.1979, VII ZR 256/77, BGHZ 74, 103 (115 f.). Im Urteil v. 6.10.1980, II ZR 60/80, BGHZ 79, 337 (347) ging der BGH jedoch inzident von einem halben Steuersatz aus, was für die Anwendung von § 24 Nr. 1 Buchst. a EStG spräche, so *Loritz/Wagner*, ZfIR 2003, 753 (761); *Loritz*, ZfIR 2006, 586 (588).

554 BFH, Urt. v. 26.10.1972, I R 229/70, BFHE 107, 265 (269); Urt. v. 18.10.2011, IX R 58/10, BFHE 235, 423 (426) m.w.N.; *Boelsen*, DB 1988, 2187 (2189); *Ebenroth/Autenrieth*, JA 1980, 8 (15); *Frisch/Münscher*, Rn. 1680; *Fischer*, in: Blümich, § 24 EStG, Rn. 16; *Schneider*, S. 389. Für eine analoge Anwendung des § 24 Nr. 1 Buchst. b EStG siehe *Jooß*, DStR 2014, 6 (12). Näher zu § 24 Nr. 1 Buchst. b EStG siehe z.B. *Piltz*, BB 1979, 1336 (1338).

555 BGH, Urt. v. 17.11.2005, III ZR 350/04, NJW 2006, 499 (501); dazu auch *Meyer*, BKR 2016, 309 (313).

556 *Fischer*, in: Blümich, § 24 EStG, Rn. 2; *Lange/Schiemann*, S. 363; *Mellinghoff*, in: Kirchhoff, § 24 EStG, Rn. 1; *Wacker*, in: Schmidt, § 24 EStG, Rn. 2.

557 So auch *Schneider*, S. 394, dort, Fn. 1787; vgl. zur Systematik auch *Lindberg*, in: Blümich, § 34 EStG, Rn. 26; *Wacker*, in: Schmidt, § 34 EStG, Rn. 6.

bb) Schadensersatzleistung als Ersatz für entgangene Einnahmen

In der Literatur ist diese Betrachtungsweise kritisch beäugt worden. Dort wird überwiegend vertreten, dass es sich bei der Schadensersatzleistung um eine Entschädigung im Sinne von § 24 Nr. 1 Buchst. a EStG handle, die entgangene Einnahmen ausgleiche. Nach *Piltz* erzielten die Modelle, die auf eine Steuerersparnis gerichtet seien, zwar zunächst einen Verlust, bei dem das gesamte Gesellschaftskapital verloren gehe, jedoch sei auch in der Zukunft mit der Erwirtschaftung von Gewinnen zu rechnen. Diese Gewinne seien nur nicht erwirtschaftet worden, weil sich die Geschäfte der Gesellschaft schlecht entwickelten. Die Entschädigung gleiche das Nichtwiederauffüllen des Kapitalkontos aus. Deshalb sei seiner Ansicht nach in einem solchen und in vergleichbaren Fällen davon auszugehen, dass die Schadensersatzleistung als Ausgleich für entgangene Einnahmen zu qualifizieren sei. In der Folge läge auch die Tarifbegünstigung des § 34 EStG vor, bei der er hinsichtlich der Zusammenballung von Einkünften keine Bedenken sieht, sofern die Voraussetzungen erfüllt seien.[558]

Ähnlich sehen dies *Steinle* und *Dittmayer*. Wirtschaftlich sei die Schadensersatzpflicht dadurch bedingt, dass erwartete Einnahmen ausblieben. Es handle sich nicht um einen Ausgaben-, sondern um einen Verlustausgleich. Würden nicht ausreichend Einnahmen erzielt, führe dies zu Verlusten. Die Ersatzleistung solle primär einen Ausgleich für entgangene Einnahmen darstellen. Auch gebe es keine Probleme hinsichtlich der Zusammenballung der Einkünfte.[559] Weiter beruft man sich auf die Zielsetzung des § 34 EStG und folglich einer Anwendung des § 24 Nr. 1 Buchst. a EStG.[560] Dem hält *Schneider* entgegen, dass diese Argumentation auf den Ersatz des positiven Interesses hinauslaufe. Der Anleger sei aber so zu stellen, wie er ohne Erwerb der Beteiligung stünde, denn Prospekthaftung und Ansprüche aus vorvertraglicher Pflichtverletzung seien auf das negative Interesse gerichtet. Dann hätte er aber keine Einnahmen gehabt, sondern die Einlage gespart.[561] Insofern argumentierte *Piltz* jedoch, dass eine wirtschaftliche Betrachtungsweise relevant und der Regelungsgehalt der §§ 249 ff. BGB, insbesondere § 252 BGB, für das Steuerrecht nicht verbindlich seien.[562]

---

558 *Piltz*, BB 1979, 1336 (1339).

559 *Dittmayer*, S. 152; *Steinle*, DStR 1981, 366 (367 f.); *ders.*, S. 32 ff., nach dem diese Argumentation dem Urteil des BFH v. 26.10.1972, I R 229/70, BFHE 107, 265, nicht entgegenstehe.

560 *Loritz/Wagner*, ZfIR 2003, 753 (761).

561 *Schneider*, S. 389 f.

562 *Piltz*, BB 1979, 1336 (1338).

cc) Stellungnahme

Auf den ersten Blick erscheint die Darstellung von Teilen der Literatur einleuchtend, wonach der Schadensersatzanspruch die entgangenen Einnahmen ausgleichen soll. Dies mag man auch mit der Erwartungshaltung der Kläger begründen können, weil sie trotz eines negativen Kapitalkontos erst klagen, wenn zu erwarten ist, dass keine Gewinne mehr erwirtschaftet werden und es daher um das „Nichtwiederauffüllen" geht.[563] Andererseits kann man die Erwartung der Kläger auch darin sehen, dass sie nicht die negativen Folgen aus dem schädigenden Ereignis tragen möchten, namentlich den Verlust ihres Kapitals. Losgelöst von den Erwartungshaltungen der Parteien ist aber der dogmatische Einwand von *Schneider* und im Ergebnis die Ansicht des BGH überzeugender. Vergegenwärtigt man sich den Ausganspunkt der Überlegung, so ist der Inhalt des Schadensersatzanspruchs aus bürgerlich-rechtlicher Prospekthaftung im weiteren Sinn oder einer vorvertraglichen Pflichtverletzung nach §§ 280 Abs. 1, 311 Abs. 2 BGB darauf gerichtet, die ursprüngliche Güterlage wiederherzustellen. Der Anleger ist so zu stellen, wie er stünde, hätte er nicht auf die fehlerhaften Informationen vertraut.[564] Dann aber liegt kein Verlust-, sondern ein Ausgabenausgleich vor.

Der entgangene Gewinn wird beim negativen Interesse nur ersetzt, wenn er auch erzielt worden wäre, hätte der Geschädigte die Unwirksamkeit gekannt, beispielsweise durch ein Alternativgeschäft.[565] Das negative Interesse besteht dann darin, dass sich der geschädigte Anleger ohne die Pflichtverletzung an einem anderen Modell mit gleicher bzw. ähnlicher Gewinnerwartung beteiligt hätte. Von solch einer Absicht des Geschädigten kann zwar nicht ohne weiteres ausgegangen werden, die allgemeine Lebenserfahrung spricht jedoch dafür.[566] Liegt jene vor, ist der Ersatz als ein solcher für entgangene Einnahmen zu qualifizieren. Gab es kein solches Alternativgeschäft, bei dem er einen Gewinn erwirtschaftet hätte, so ist dieser auch nicht ersatzfähig.

Ist der Ersatzanspruch hingegen auf das positive Interesse gerichtet, kann der Ersatz in den nicht erfüllten Gewinnaussichten gesehen werden. Dann müssten Sachverhalte vorliegen, in denen es um einen Schadensersatz statt der Leistung geht. Diese Konstellation lag aber in den vom BGH und der Literatur beleuchteten Fällen nicht vor. Die Haftungsgrundlage kann daher nicht völlig außer Acht

563 *Piltz*, BB 1979, 1336 (1339).

564 Vgl. *Otto*, S. 147 m.w.N; *Hanke*, BKR 2014, 441 (444).

565 *Oetker*, in: MüKo BGB, § 249 BGB, Rn. 129.

566 Siehe dazu Vierter Teil, § 3, A, II, 2.

gelassen werden. Liegt also z.B. ein Fall der §§ 280 Abs. 1, Abs. 3, 281 Abs. 1 Satz 3 BGB vor, wäre der Tatbestand von § 24 Nr. 1 Buchst. a EStG durchaus erfüllt.

Gegen eine wirtschaftliche Betrachtungsweise, wie sie *Piltz* vorschlägt, wonach zunächst mit Anlaufverlusten zu rechnen gewesen sei, das Kapitalkonto aber durch spätere Gewinne aufgefüllt worden wäre,[567] spricht, dass eine solche wirtschaftliche Betrachtung nur ausnahmsweise vorzunehmen ist, nämlich wenn eine andere Wertung als im Zivilrecht geboten erscheint. Dass es sich um eine Ausnahme handelt, geht schon aus § 39 Abs. 2 Nr. 1 AO hervor. Der Umstand alleine, dass sich für den Geschädigten durch die Rückzahlung der Einlage eine hohe steuerliche Belastung ergeben mag, reicht hierfür nicht aus.

dd) Zwischenergebnis

Bei der schadensersatzrechtlichen Rückabwicklung kann nicht pauschal davon ausgegangen werden, dass die Schadensersatzleistung von § 24 Nr. 1 Buchst. a EStG erfasst ist, sondern nur bei einem entsprechenden Ersatz. Durch eine Auslegung des Vertrags zwischen den Parteien kann ermittelt werden, ob es um den Ersatz entgangener oder entgehender Einnahmen geht.[568] Kommt es zur Konstellation der bürgerlich-rechtlichen Prospekthaftung im weiteren Sinn[569] bzw. Haftung wegen vorvertraglicher Pflichtverletzung, §§ 280 Abs. 1, 311 Abs. 2 BGB, so ist beim negativen Interesse ein entgangener Gewinn nur zu ersetzen, wenn er durch eine Alternativanlage erzielt worden wäre. Ansonsten kommt ein entgangener Gewinn in Betracht, wenn Schadensersatz statt der Leistung geltend gemacht wird.

b) Zusammenballung von Einkünften, § 34 EStG

Ein ermäßigter Steuersatz liegt aber noch nicht automatisch vor, wenn außerordentliche Einkünfte gem. § 34 Abs. 2 EStG festgestellt wurden. Vielmehr muss eine Zusammenballung von Einkünften in einem Veranlagungszeitraum gegeben sein. Dies ergibt sich durch eine teleologische Reduktion der Vorschrift dahingehend, die Ausnahmesituation in der Progressionsbelastung zu verhindern. Eine Zusammenballung von Einkünften liegt vor, wenn die Einkünfte in einem Jahr zufließen, in einem Veranlagungszeitraum zu erfassen sind und hieraus eine erhöhte steuerliche Belastung entsteht, während sich die Einkünfte bei normalem Ablauf des Geschehens auf mehrere Veranlagungszeiträume verteilt

---

567 *Piltz*, BB 1979, 1336 (1338 f.).

568 BFH, Urt. v. 18.10.2011, IX R 58/10, BFHE 235, 423 (426).

569 Zur Prospekthaftung nach dem KAGB siehe *Hanke*, BKR 2014, 441 (441 ff.).

hätten.[570] Stellt die Rückabwicklung im Rahmen des Schadensersatzes eine Veräußerung dar, § 16 Abs. 1 Satz 1 Nr. 2 (ggf. i.V.m. Abs. 3 Satz 1) EStG, fragt sich, ob diese zu solch einer Zusammenballung führt. Bei Veräußerungsgewinnen setzt die Steuerermäßigung voraus, dass alle stillen Reserven aufgelöst werden.[571] Geht es aber um das negative Interesse, ist dies nicht der Fall.[572] Liegt allerdings ein entgangener Gewinn vor, hätte sich dieser normalerweise auf mehrere Veranlagungszeiträume verteilt. Auf einen Ersatz entgangener Einnahmen kann im Falle einer Alternativanlage oder beim Ersatz des positiven Interesses abgestellt werden.

4. *Zwischenergebnis*

Im Rahmen der Rückabwicklung können sich für den Geschädigten steuerliche Vorteile aus der Anwendung des Freibetrags nach § 16 Abs. 4 EStG ergeben. Liegt der Tatbestand des § 16 EStG vor, ist zwar wegen § 34 Abs. 2 Nr. 1 EStG auch ein ermäßigter Steuertarif nach §§ 34 Abs. 1, 3 EStG denkbar; insoweit fehlt es aber in der Regel, nämlich dem Ersatz des negativen Interesses, an einer Zusammenballung von Einkünften. Eine Ausnahme stellt dabei die Geltendmachung des entgangenen Gewinns dar. Eine Entschädigung im Sinne des § 24 Nr. 1 Buchst. a EStG ist bei der Rückabwicklung wegen vorvertraglicher Haftung nach §§ 280 Abs. 1, 311 Abs. 2 BGB zu verneinen, sofern es nicht um den Ersatz entgangener Einnahmen aufgrund eines Alternativgeschäfts, § 252 BGB, geht. Bei der Geltendmachung des positiven Interesses im Rahmen des Schadensersatzes statt der ganzen Leistung, §§ 280 Abs. 1, Abs. 3, 281 Abs. 1 Satz 3 BGB, wäre der Tatbestand von § 24 Nr. 1 Buchst. a EStG erfüllt.

B. Anrechenbarkeit im Rahmen der Vorteilsausgleichung

Liegt ein ermäßigter Steuertarif nach § 34 Abs. 1 bzw. Abs. 3 EStG vor oder kann der Freibetrag nach § 16 Abs. 4 EStG genutzt werden, so muss man sich in einem zweiten Schritt fragen, ob der dadurch entstehende Vorteil einen anzurechnenden Vorteil im Rahmen der Vorteilsausgleichung darstellt.[573]

---

570 *Lindberg*, in: Blümich, § 34 EStG, Rn. 28 ff.; *Wacker*, in: Schmidt, § 34 EStG, Rn. 15.

571 *Lindberg*, in: Blümich, § 34 EStG, Rn. 29.

572 *Schneider*, S. 391 f.

573 Siehe dazu auch die Darstellung bei *Geibel*, S. 435 ff. Nach *Dittmayer*, S. 122, handle es sich nicht um ein Problem der Vorteilsausgleichung, sondern um eine Frage der Schadensberechnung (modifizierte Nettotheorie); kritisch dazu *Grunsky*, DAR 1988, 400 (410).

I. Meinungsstand

1. Contra Anrechnung

Insbesondere der BGH vertritt in ständiger Rechtsprechung die Ansicht, dass verbleibende Steuervorteile, die sich im Rahmen der Rückabwicklung aus der Tarifermäßigung nach § 34 Abs. 1 oder Abs. 3 EStG ergäben, nicht schadensmindernd anzurechnen seien. Dies wäre mit dem Zweck des Schadensersatzes nicht vereinbar. Die Steuervergünstigung würde dem Geschädigten vom Staat aus einem besonderen Anlass gewährt und es wäre unbillig, würde sie ihm letztlich gar nicht zugutekommen, sondern nur den Schädiger entlasten.[574] In Bezug auf § 16 Abs. 4 EStG ging der BGH in seinen beiden Urteilen vom 28.1.2014 ebenfalls davon aus, dass diese Steuervergünstigung dem Schädiger nicht zugutekommen könne, da sie aus besonderen persönlichen Gründen gewährt werde. Zudem werde dieser Freibetrag nur einmal im Leben gewährt, sodass eine Anrechnung zum Verlust der Vergünstigung für andere in Zukunft anfallende Veräußerungs- oder Aufgabegewinne führen würde. Für den Geschädigten bestehe aber keine Obliegenheit, diesen Vorteil zugunsten des Schädigers endgültig aufzugeben. Dies ergebe sich auch aus der Wertung des § 249 Abs. 1 BGB, wonach die Möglichkeit, von § 16 Abs. 4 EStG Gebrauch zu machen, erhalten bleiben müsse.[575]

In der Literatur wird weitgehend der Argumentation des BGH gefolgt.[576] Einer Anrechnung im Wege der Vorteilsausgleichung stünden der Sinn und Zweck des § 34 EStG entgegen. Dabei entstandene Vorteile seien dem Gesetzgeber bei der Schaffung des Paragraphen bekannt gewesen und zudem im Rahmen einer pauschalierenden Norm hinzunehmen.[577] Manche Autoren stimmen dem BGH

---

574 BGH, Urt. v. 22.3.1979, VII ZR 256/77, BGHZ 74, 103 (116) in einem obiter dictum; Urt. v. 27.6.1984, IVa ZR 231/82, NJW 1984, 2524 (2524); Teilurt. v. 15.7.2010, III ZR 336/08, BGHZ 186, 205 (221); Urt. v. 28.1.2014, XI ZR 495/12, BGHZ 200, 110 (115). Der II. Zivilsenat hat die Frage in seinem Urteil v. 6.10.1980, II ZR 60/80, BGHZ 79, 337 (347) noch offengelassen. Siehe auch *Boelsen*, DB 1988, 2187 (2189), der dies mit der Fallgruppe der „Zuwendungen an den Geschädigten von dritter Seite" vergleicht.

575 BGH, Urt. v. 28.1.2014, XI ZR 495/12, BGHZ 200, 110 (116); Urt. v. 28.1.2014, XI ZR 49/13, BeckRS 2014, 04364.

576 *Podewils*, DStR 2009, 752 (755), dort Fn. 37; *Knops*, WM 2015, 993 (995); *Ekkenga/Kuntz*, in: Soergel, Vor § 249, Rn. 388; vgl. im Ergebnis wegen des Sinn und Zwecks der Vorschrift auch *Grunsky*, DAR 1988, 400 (410); *ders.*, JZ 1997, 764 (772).

577 *Boelsen*, DB 1988, 2187 (2188).

im Ergebnis zu, haben dabei aber andere Begründungsansätze. So fehle es z.B. bereits an einem adäquat kausalen Zusammenhang zwischen dem Vorteil aus § 34 EStG und dem Schadensereignis, sodass es auf eine wertende Betrachtung nach Sinn und Zweck gar nicht ankomme.[578] Vorgebracht wird auch, dass § 34 Abs. 2 Nr. 2 EStG gar keinen „steuerlichen Vorteil im engeren Sinne“ beinhalte, sondern nur „Nachteile pauschaliert vermeiden“ wolle, was dazu führen müsse, diese Betrachtungsweise aus Gründen der Einheit der Rechtsordnung auf das Zivilrecht zu übertragen.[579] Teilweise hänge die Frage auch damit zusammen, ob es um den Brutto- oder Nettoersatz gehe.[580]

2. Pro Anrechnung

Für eine Anrechnung der sich aus § 34 Abs. 1 oder Abs. 3 EStG ergebenden steuerlichen Vorteile werden ebenso die verschiedensten Argumente angeführt. So sei beispielsweise der Zweck des § 34 EStG nicht erfüllt, da der sprunghaften Steigerung des Steuersatzes eine sprunghafte Senkung durch hohe Verluste in einem früheren Veranlagungszeitraum gegenüberstehe.[581] In die identische Richtung geht der Einwand, der Geschädigte habe durch die Beteiligung an einem Steuersparmodell von einer einmaligen Progressionssenkung profitiert, weshalb nun das Argument der unzumutbaren Progressionssteigerung bei Anfall einer einmaligen Entschädigungsleistung nicht greife. Auch sei dem Anleger der Vorteil aus dem ermäßigten Tarif gewissermaßen gleichzeitig mit dem Nachteil der „faulen“ Anlagebeteiligung vom Schädiger verschafft worden, weshalb eine Rechnungseinheit vorliege, die zu einer Saldierung führen müsse, wolle man nicht alle Vorteile beim Anleger belassen, ihm aber gleichzeitig alle Nachteile nehmen. Es gebe also keinen Grund, vom Grundsatz der generellen Anrechenbarkeit von Steuervorteilen abzuweichen.[582] Ferner wird angeführt, es sei falsch, § 34 EStG dem Geschädigten zugutekommen zu lassen. Es sei nicht auf einen speziellen Zweck einer Steuernorm, sondern auf die schädigende Handlung abzustellen. Der Geschädigte sei nicht unzumutbar belastet, solange er nach Ausgleich des Schadens nicht schlechter stehe, als wenn er die Anlage nicht getätigt hätte. Führe die Anwendung des § 34 EStG zu Vorteilen, so resultiere aus dem

578 *Geibel*, S. 437.
579 *Steinle*, DStR 1981, 366 (368).
580 Nach *Knobbe-Keuk*, StuW 1976, 43 (45), bestehe der Erwerbsschaden im Entgang der Bruttoeinnahme, eine günstigere Besteuerung sei im Wege der Vorteilsausgleichung zu berücksichtigen.
581 *Trüter*, BB 1986, 269 (270).
582 *Otto*, S. 150.

Zweck der Vorschrift kein Grund, sie dem Geschädigten zu belassen.[583] Andere versagen es dem Geschädigten im Rahmen der Zumutbarkeit, die Vorteile aus § 34 EStG für sich in Anspruch zu nehmen. Denn dies würde sonst dem Grundsatz, dass der Geschädigte aus dem Schadensereignis keinen Vorteil ziehen dürfe, entgegenstehen.[584]

II. Stellungnahme

Legt man der Frage, ob ein steuerlicher Vorteil angerechnet werden soll, die vom BGH verwendeten Kriterien zugrunde, ist zu untersuchen, ob die Anrechnung dem Zweck der Schadensersatznorm entspricht, dem Geschädigten zumutbar ist und eine unbillige Entlastung des Schädigers vermieden wird. Es müsste sich bei den Vorteilen, die aus § 16 Abs. 4 EStG oder § 34 EStG resultieren, um solche handeln, bei denen die Rechtsordnung zu verstehen gibt, dass der Schädiger nicht begünstigt werden dürfe.

§ 34 EStG hat den Zweck, Nachteile aus einer Zusammenballung von Einkünften zu vermeiden. Daraus folgt, dass es die Zielsetzung ist, zunächst einmal den Geschädigten zu begünstigen. Hinsichtlich § 34 Abs. 1 EStG ist wegen der zuvor erlangten Vorteile (und der damit verbundenen Progressionssenkung) aber Teilen der Literatur zuzustimmen. In diesem Zusammenhang ist nämlich zu berücksichtigen, dass der Anleger in der Vergangenheit durch die Zuweisung der Verluste eine Progressionssenkung erfahren hat. Dies lässt es zumutbar erscheinen, eine Anrechnung der Vorteile vorzunehmen, denn eine außergewöhnliche Belastung liegt so nicht vor.

Bei § 34 Abs. 3 EStG und § 16 Abs. 4 EStG wird insoweit zwar richtigerweise darauf hingewiesen, dass die Ermäßigung gem. § 34 Abs. 3 Satz 4 EStG bzw. der Freibetrag gem. § 16 Abs. 4 Satz 2 EStG nur einmal im Leben geltend gemacht werden könne. Die Anrechnung könnte damit der Naturalrestitution entgegenstehen und der Geschädigte stünde im Endeffekt schlechter da. Dies könnte ihn unzumutbar belasten, selbst wenn man beim Zweck der Vorschrift, wie Teile der Literatur sie vorbringen, Zweifel haben sollte. Gleichwohl ist der geschädigte Anleger letztlich nicht schützenswert und damit eine Anrechnung ebenso wie bei § 34 Abs. 1 EStG vorzunehmen. Wer bewusst durch Ausnutzung der Wahlmöglichkeit die Begünstigung für die Rückabwicklung einer Anlage einsetzt, muss am Ende genauso stehen, wie derjenige, der den Weg über § 34 Abs. 1 EStG wählt. Zwar fällt das Wahlrecht des § 34 Abs. 3 EStG bei dessen Ausübung

583 *Meindl/Schmid/Kemmetter*, Rn. 221.

584 *Ruhkopf/Book*, VersR 1973, 781 (784 f.).

weg, die Begünstigung wurde dadurch aber dennoch bewusst erzielt. § 34 Abs. 1 EStG und § 34 Abs. 3 EStG verfolgen den gleichen Zweck, weshalb das Wahlrecht alleine nicht der ausschlaggebende Punkt sein kann, eine Anrechnung zu verneinen. Ein solch weitgehender Anlegerschutz kann aus der Vorschrift nicht abgeleitet werden. Gleiches muss für § 16 Abs. 4 EStG gelten. Er dient als weitere Begünstigung des Veräußerungs- und Aufgabegewinns.[585]

C. Ergebnis

Eine Anrechnung derjenigen Vorteile, die sich aus der Rückabwicklung selbst ergeben, also aus einem Freibetrag nach § 16 Abs. 4 oder gem. § 34 EStG, hat an dieser Stelle zu erfolgen. Der Geschädigte wird durch sie nicht unzumutbar belastet, auch wenn sein einmaliges Antragsrecht wie bei § 16 Abs. 4 EStG oder § 34 Abs. 3 EStG entfällt. Die Behandlung dieser Vorteile muss denjenigen aus § 34 Abs. 1 EStG entsprechen. Bei ihnen ist, vorbehaltlich einer Kritik an der Vorgehensweise des BGH im Rahmen der Vorteilsausgleichung insgesamt,[586] eine Anrechnung in Betracht zu ziehen, weil mit den erlangten Vorteilen eine Progressionssenkung verbunden war. Wurden die Vorteile durch bewusste Ausnutzung des Wahlrechts erzielt, so geht der Schutz des geschädigten Anlegers nicht so weit, dass die Vorteilsausgleichung dieses Wahlrecht durch Verneinung einer Anrechnung zu berücksichtigen hätte.

§ 4: Außergewöhnliche Steuervorteile

Wie ersichtlich wurde, kommt in aller Regel eine Anrechnung der steuerlichen Vorteile nicht in Betracht; der Grundsatz ist also zur Ausnahme geworden, denn der BGH geht von der grundsätzlichen Anrechnung steuerlicher Vorteile aus. Eine Anrechnung soll aber dann vorgenommen werden, wenn der Geschädigte sog. außergewöhnliche Steuervorteile erlangt hat. Dann wäre es möglich, dass ihm Vorteile endgültig verbleiben. Solche außergewöhnlichen Steuervorteile, die nach Berücksichtigung der Steuerbarkeit der Ersatzleistung verbleiben, führen nach ständiger Rechtsprechung zu einer Anrechnung auf die Schadensersatzleistung. Insofern trägt der Schädiger die Darlegungs- und Beweislast.[587] In diesen

585 *Schallmoser*, in: Blümich, § 16 EStG, Rn. 667.

586 Siehe dazu Fünfter Teil.

587 BGH, Teilurt. v. 15.7.2010, III ZR 336/08, BGHZ 186, 205 (218) m.w.N.; Urt. v. 28.1.2014, XI ZR 495/12, BGHZ 200, 110 (115). Siehe dazu bereits Zweiter Teil, § 4. Kritisch *Otto*, S. 150, der in den Fällen der außerordentlichen Steuervorteile

Fällen hat eine exakte Berechnung zu erfolgen und eine Anrechnung wäre vorzunehmen.[588]

Wann allerdings solche außergewöhnlichen Vorteile vorliegen, hat der BGH bisher nicht eindeutig geklärt. In der Literatur wird insoweit zu Recht darauf hingewiesen, dass es sich um keine subsumtionsfähige Definition handelt.[589] Anfangs stellte der BGH lediglich fest, dass „nicht nur dann, wenn nicht mehr änderbare fehlerhafte Steuerfestsetzungen zu unberechtigten Steuervorteilen geführt haben, (…) außergewöhnliche Steuervorteile eintreten [können], wie dem Senat aus anderen Fällen bekannt ist."[590] Nach und nach haben sich aber verschiedene Fallgruppen gebildet, bei denen der BGH das Vorliegen von außergewöhnlichen Steuervorteilen zumindest diskutiert hatte. Dabei handelt es sich grob gesagt um Verlustzuweisungen, die die Einlage übersteigen, um eine Absenkung des Steuersatzes bzw. geänderte persönliche Einkommensverhältnisse oder gewährte Zeichnungsnachlässe. Diese Fälle sollen im Folgenden auf ihren Inhalt und ihre Anrechenbarkeit untersucht werden.

A. Verlustzuweisung übersteigt Einlage

Die erste Fallgruppe der außergewöhnlichen Steuervorteile betrifft diejenigen Sachverhalte, in denen der Betrag der Verlustzuweisung den Betrag der Einlage des Kommanditisten übersteigt, es dadurch also zum Entstehen eines negativen Kapitalkontos kommt. Außergewöhnlich seien daher solche Steuervorteile, die sich aus einer den eingezahlten Betrag übersteigenden Verlustzuweisung ergeben.[591] Die Fälle, in denen es inhaltlich entscheidend um die Frage außergewöhnlicher Steuervorteile ging, sind insgesamt überschaubar. In diversen Urteilen hat sich aber gezeigt, dass der BGH wohl grundsätzlich von einer 100 %-Grenze ausging, die Verlustzuweisung also 100 % der Einlageleistung übersteigt.[592] Nachfolgend soll ein kurzer Überblick über die Urteile des BGH

---

fragen will, ob nicht der Schädiger unbillig belastet werde, die Wertungsfrage also in ihr Gegenteil verkehrt werden müsse.

588 BGH, Urt. v. 31.5.2010, II ZR 30/09, NJW 2010, 2506 (2508).

589 *Koch/Harnos*, WuB 2010, 607 (608).

590 BGH, Urt. v. 27.6.1984, IVa ZR 231/82, NJW 1984, 2524 (2524 f.).

591 *Trüter*, BB 1986, 269 (271).

592 Vgl. BGH, Urt. v. 27.6.1984, IVa ZR 231/82, NJW 1984, 2524 (2524 f.); Urt. v. 12.2.1986, IVa ZR 76/84, NJW-RR 1986, 1102 (1104); Urt. v. 28.1.2014, XI ZR 495/12, BGHZ 200, 110 (120); *Lampe*, BB 2008, 2599 (2602). *Zoller*, GWR 2014, 515 (520), weist darauf hin, dass es bei konzeptionsbedingten Teileinzahlungen auf

skizziert werden, in denen er sich etwas ausführlicher mit den außergewöhnlichen Steuervorteilen beschäftigt hat.

I. Anrechnung wegen Überschreiten der 100 %-Grenze

Ausgangspunkt soll zunächst ein frühes Urteil des BGH v. 27.6.1984 sein. Hier bestand die Besonderheit, dass dem IVa. Zivilsenat zufolge Anhaltspunkte dafür gegeben seien, „dass der Kläger durch seine Beteiligung außergewöhnliche Steuervorteile auf eine solche Weise oder in einer solchen Höhe erlangt hat, dass sie ihm abweichend vom Regelfall billigerweise auf die Entschädigungsleistung angerechnet werden müssten." Der Kläger erwarb im Jahre 1976 eine Kommanditeinlage in Höhe von 140.000 DM (= 71.580,86 Euro) an einer KG. Die Beklagte war eine GmbH & Co. KG, die steuerbegünstigte Kapitalanlagen vermittelte. Der Kläger forderte von der Beklagten Schadensersatz in Höhe des eingezahlten Betrages von 91.000 DM (= 46.527,56 Euro).[593] Die Beklagte machte ihrerseits geltend, der Kläger habe für das Jahr 1977 eine Verlustzuweisung in Höhe von 105 % seiner Zeichnungssumme erhalten, also 147.000 DM (= 75.159,91 Euro). Eine Einzahlung erfolgte aber nur zu 2/3. Dies entspreche einer Verlustzuweisung in Höhe von 162 % des eingesetzten Kapitals.[594] Der Vorteil des Anlegers ergäbe sich also daraus, dass er einen Betrag als Verlustzuweisung geltend machen konnte, den er tatsächlich noch nicht in das Steuersparmodell eingebracht hatte.[595]

Dies ist, um es vorwegzunehmen, der bislang einzig erkennbare Fall, in dem der BGH Hinweise für das Vorliegen außergewöhnlicher Vorteile angenommen hatte und deshalb eine Anrechnung in Betracht zog.[596] Diese 100 %-Grenze wurde vom IVa. Zivilsenat am 12.2.1986 erneut aufgegriffen, wenn auch hier die Grenze letztlich nicht überschritten wurde.[597]

---

die rechtliche Einlageverpflichtung des Anlegers gegenüber der Fondsgesellschaft ankomme.

593 BGH, Urt. v. 27.6.1984, IVa ZR 231/82, NJW 1984, 2524 (2524); zustimmend *Trüter*, BB 1986, 269 (271).

594 *Lampe*, BB 2008, 2599 (2602).

595 Vgl. *Koch/Harnos*, WuB 2010, 607 (608).

596 Vgl. *Koch/Harnos*, WuB 2010, 607 (608); *Witt*, LMK 2010, 308392.

597 BGH, Urt. v. 12.2.1986, IVa ZR 76/84, NJW-RR 1986, 1102 (1104). Im vorliegenden Fall hatte der Kläger seine Beteiligung (GmbH & Co. KG) und das Agio voll eingezahlt. Gewinnausschüttungen erhielt er nicht. Die Verlustzuweisungen hatte er zwar steuerlich in Anspruch genommen, entgegen den Versprechungen in Höhe

II. Keine Anrechnung trotz Verlustzuweisungen von rechnerisch mind. 158 %

Eine erhebliche Einschränkung erfuhr dieser Grundsatz aber im Jahre 2014. Am 28.1.2014 entschied der XI. Zivilsenat des BGH in drei Urteilen über das Vorliegen außergewöhnlicher Steuervorteile. Im Raum stand erneut die Frage, wie zu verfahren sei, wenn die Verlustzuweisung die Einlage überschreite. Beteiligt wurde sich an einer GmbH & Co. KG. Rechnerisch betrug die Verlustzuweisung 158 % der Eigenleistung (Verlustzuweisung von 92 % des Nominalwerts des Kommanditanteils und tatsächliche Einlageleistung von 55 % zuzüglich 3 % Agio). Anders als in den bisherigen Urteilen nahm der BGH aber trotz Überschreitens der 100 %-Grenze keine außergewöhnlichen steuerlichen Vorteile an, die eine Anrechnung billigerweise erforderlich machen würden. Zur Begründung führte er aus, dass nicht isoliert auf einen Vergleich der Verlustzuweisung und der tatsächlichen Einlageleistung abgestellt werden dürfe. Vielmehr sei eine „Gesamtbetrachtung sämtlicher steuer- und schadensrechtlich relevanter Zahlungsströme vorzunehmen." Wurden vom Anleger Verlustzuweisungen steuermindernd geltend gemacht, so sollen, unabhängig von deren Höhe, außergewöhnliche Steuervorteile zu verneinen sein, wenn dieser in Folge der Rückabwicklung dieselben Beträge zu versteuern habe, auf deren Grundlage er zuvor Steuervorteile erlangt hatte. Zu berücksichtigen seien über die erstmalige Verlustzuweisung einerseits und der Besteuerung der Rückabwicklung andererseits hinaus auch sämtliche weiteren steuerwirksamen Gewinn- und Verlustanteile des Anlegers während der Dauer seiner Beteiligung. In Betracht zu ziehen seien somit auch die steuerlichen Auswirkungen der Rückabwicklung, also die Versteuerung der Schadensersatzleistung und der Übernahme des negativen Kapitalkontos.[598] Die noch im Urteil v. 27.6.1984[599] genannten Grundsätze seien nicht einschlägig, da sich der BGH dort nicht damit befasst habe, ob und inwieweit ein negatives Kapitalkonto zu berücksichtigen sei.[600] Ähnlich stellt sich der Sachverhalt im Urteil des XI. Zivilsenats des BGH v. 23.9.2014 dar. Dort betrug

---

von 152,8 % für 1972 und 51,31 % für 1973 wurden ihm diese aber nur in Höhe von 84,5 % für den Zeitraum von 1972–1982 gewährt.

598 BGH, Urt. v. 28.1.2014, XI ZR 495/12, BGHZ 200, 110 (117 ff.); Urt. v. 28.1.2014, XI ZR 42/13, BKR 2014, 247 (249 f.); Urt. v. 28.1.2014, XI ZR 49/13, BeckRS 2014, 04364; ebenso Urt. v. 23.9.2014, XI ZR 215/13, BKR 2015, 339 (341 f.); zustimmend *Meyer*, WuB 2014, 240 (241); *ders.*, BKR 2016, 309 (312).

599 BGH, Urt. v. 27.6.1984, IVa ZR 231/82, NJW 1984, 2524, siehe Dritter Teil, § 4, A, I.

600 BGH, Urt. v. 28.1.2014, XI ZR 495/12, BGHZ 200, 110 (120 f.); Urt. v. 28.1.2014, XI ZR 42/13, BKR 2014, 247 (250); Urt. v. 28.1.2014, XI ZR 49/13, BeckRS 2014, 04364.

die Verlustzuweisung 162 % der Eigenleistung (Verlustzuweisung von 92 % des Nominalwerts des Kommanditanteils und tatsächliche Einlageleistung von 55 % zuzüglich 1,5 % Agio).[601] Anrechenbare Steuervorteile wurden auch hier verneint.

III. Aufgabe dieser Fallgruppe?

Die Überlegungen des XI. Zivilsenats des BGH führen zu dem Schluss, dass er diese Fallgruppe wohl zumindest für gewerbliche Einkünfte verworfen hat.[602] Übersteigt die Verlustzuweisung die Einlage, entsteht ein negatives Kapitalkonto. Ein negatives Kapitalkonto kann, wie oben ausgeführt, aber gerade nicht zu einer Anrechnung von steuerlichen Vorteilen führen, da wiederum eine Versteuerung stattfindet.[603] Indem der BGH eine Gesamtbetrachtung sämtlicher steuer- und schadensrechtlicher Zahlungsströme fordert und daher unabhängig von der Höhe der Verlustzuweisungen außergewöhnliche Steuervorteile verneint, ist der Fallgruppe der Verlustzuweisungen der Boden entzogen worden, auch wenn der BGH dies nicht eindeutig ausspricht. Denn durch eine Gegenüberstellung der Vor- und Nachteile können relevante anrechenbare Vorteile so nur noch entstehen bzw. bestehen bleiben, wenn keine Versteuerung entgegensteht. Dann aber bedarf es erst gar nicht der Gruppe der außergewöhnlichen Vorteile.

Darüber hinaus kommt hinzu, dass es für solche Konstellationen heute praktisch kaum noch einen Anwendungsfall gibt. Dies beruht auf der Tatsache, dass der Gesetzgeber durch die §§ 15a und 15b[604] EStG die Möglichkeiten der Nutzung von steuerlichen Verlustzuweisungen erheblich eingeschränkt hat.[605] Diese

---

601 BGH, Urt. v. 23.9.2014, XI ZR 215/13, BKR 2015, 339, (342).

602 *Meyer*, WuB 2014, 240 (242); *ders.*, BKR 2016, 309 (312); *Einsiedler*, WM 2015, 958 (963).

603 *Einsiedler*, WM 2015, 958 (961).

604 § 15b EStG, der § 2b EStG ersetzte, wurde durch das Gesetz zur Beschränkung der Verlustverrechnung im Zusammenhang mit Steuerstundungsmodellen v. 22.12.2005 (BGBl. I 05, 3683) eingefügt. Den zeitlichen Anwendungsbereich der Vorschrift regelt § 52 Abs. 25 EStG. Er ist anwendbar auf Verluste der Steuerstundungsmodelle, denen der Steuerpflichtige nach dem 10.11.2005 beigetreten ist oder für die nach dem 10.11.2005 mit dem Außenvertrieb begonnen wurde. § 15b EStG ist gem. § 15b Abs. 1 Satz 3 EStG vorrangig zu § 15a EStG. Bedeutung hat § 15a EStG nur noch in den Fällen, in denen es sich um eine gewöhnliche KG handelt, bei der es nicht um ein Steuerstundungsmodell geht, vgl. *Fehrenbacher/Tavakoli*, § 4, Rn. 108.

605 Vgl. auch BGH, Teilurt. v. 15.7.2010, III ZR 336/08, BGHZ 186, 205 (222); *Brendle-Weith*, ImmoStR 2011, 106 (109); *Knops*, WM 2015, 993 (998); *Adam/Schuhknecht*,

Grundsätze gelten gem. § 21 Abs. 1 Satz 2 EStG auch bei Einkünften aus Vermietung und Verpachtung.[606] Somit sind entsprechende Konstellationen nur noch in Altfällen[607] oder beispielsweise Fällen von § 15a Abs. 1 Satz 2 EStG[608] denkbar. Letztlich wäre aber auch hier wieder die Übernahme des negativen Kapitalkontos bei der Rückabwicklung im Wege des Schadensersatzes zu beachten.

B. Steuertarif und persönliche Einkommenssituation

Mangels eines relevanten Anwendungsbereichs der die Einlage übersteigenden Verlustzuweisungen ist als Nächstes eine Absenkung des Steuersatzes daraufhin zu untersuchen, ob sie zur Begründung von außergewöhnlichen Steuervorteilen geeignet ist. Im Rahmen der schadensersatzrechtlichen Rückabwicklung kann es passieren, dass die Schadensersatzzahlung nicht in dem Jahr vorgenommen wird, in dem die Werbungskosten oder Betriebsausgaben angesetzt worden sind. Wie bereits ausgeführt, finden steuerliche Anpassungen nicht rückwirkend, sondern in dem Veranlagungszeitraum statt, in dem sich der Sachverhalt ändert.[609] Ändert sich in diesem Zeitraum der Steuersatz, wird er also insbesondere abgesenkt (was für die Fälle der Vorteilsausgleichung relevant ist), so können dem Geschädigten durch den Progressionseffekt steuerliche Vorteile verbleiben, wenn die Versteuerung der Schadensersatzleistung bzw. der Zug-um-Zug-Rückabwicklung die zuvor erlangten steuerlichen Vorteile unterkompensiert.[610] Der BGH hat jedoch entschieden, dass eine sukzessive Absenkung des Einkommensteuerspitzensatzes von 53 % auf 45 % für sich genommen nicht dazu führe, dass die mit der Anlage verbundenen Steuervorteile erheblich höher seien als der durch die Besteuerung der Ersatzleistung entstehende Steuernachteil. Diese Absenkung führe nicht dazu, dass ein Anhaltspunkt für außergewöhnliche, dem Geschädigten verbleibende Steuervorteile gegeben sei. Denn dies sei mit der pauschalierenden Betrachtungsweise, gestützt auf § 287 ZPO, nicht zu vereinen. Sie nehme es gerade hin, dass sich einzelne Umstände der konkreten Besteuerung in der Zeit zwischen der Zeichnung der Anlage und der Geltendmachung der Schadensersatzleistung ändern und Steuervor- und Nachteil im Einzelfall nicht

GWR 2014, 103 (103); *Schick*, GWR 2010, 456 (456); *Witt*, LMK 2010, 308392; *Stützel*, NJW 2014, 2070 (2071).

606 Vertiefend dazu *Kurth/Grass*, S. 131 ff.

607 *Podewils*, DStR 2011, 33 (36 f.).

608 Vgl. *Meyer*, WuB 2014, 240 (240).

609 Vgl. *Podewils*, DStR 2011, 33 (33); siehe Dritter Teil, § 1.

610 Vgl. *Podewils*, DStR 2009, 752 (755); *ders.*, DStR 2011, 33 (34).

deckungsgleich seien. Der von der Rechtsprechung damit verfolgte Zweck sei es gerade, den mit der konkreten Berechnung verbundenen unverhältnismäßigen Aufwand zu vermeiden. Dies gelte auch dann, wenn eine Änderung der konkreten Besteuerung wegen der Absenkung des Spitzensteuersatzes in Betracht komme.[611]

In späteren Urteilen ergänzte der BGH seine Begründung dahingehend, dass es nicht einzusehen sei, warum solche Vorteile, die nach dem Willen des Gesetzgebers allen Steuerpflichtigen zugutekommen sollen, dem Geschädigten zugunsten des Schädigers wieder genommen werden sollen.[612] Überwiegend wird hierzu vertreten, dass dies auch den allgemeinen Grundsätzen der Vorteilsausgleichung entspreche, nach denen es sich bei der Senkung des Spitzensteuersatzes um eine Leistung des Gesetzgebers (und damit eines Dritten) an den Anleger handele, die nicht dem Fondsinitiator zustehe.[613] Ohne Änderung im Ergebnis kann man aber auch hier die Vermögenssituation des Geschädigten zugrunde legen. Sie ist verantwortlich dafür, ob der Spitzensteuersatz überhaupt erreicht wird, weshalb die steuerlichen Vorteile letztlich auf Maßnahmen des Geschädigten zurückzuführen sind.[614]

In Bezug auf die Vermögenssituation führte der BGH aus, dass eine Verschlechterung der Einkommenssituation nicht zu außergewöhnlichen Vorteilen führe, weil es am inneren Bezug der Steuervorteile zu der in Rede stehenden Schädigungshandlung fehle. Ebenso werden von ihm außergewöhnliche Vorteile verneint, wenn der Geschädigte mittlerweile eine Rente bezieht oder durch Heirat das Ehegatten-Splitting wählt.[615] Daraus kann sich nämlich ein niedrigeres zu versteuerndes Einkommen ergeben.[616] Letztlich handelt es sich auch hierbei um

---

611 BGH, Urt. v. 31.5.2010, II ZR 30/09, NJW 2010, 2506 (2508 f.); Teilurt. v. 15.7.2010, III ZR 336/08, BGHZ 186, 205 (221); Beschluss v. 16.9.2010, III ZR 334/09, BeckRS 2010, 23612; Urt. v. 18.12.2012, II ZR 259/11, DStR 2013, 317 (318); a.A. *Kullmann*, VersR 1993, 385 (388).

612 BGH, Teilurt. v. 15.7.2010, III ZR 336/08, BGHZ 186, 205 (222); Urt. v. 28.1.2014, XI ZR 495/12, BGHZ 200, 110 (115 f.); Urt. v. 17.7.2014, III ZR 218/13, NJW 2014, 3436 (3438); zustimmend *Podewils*, jurisPR-BKR 11/2010 Anm. 2, nach dem es nicht ersichtlich sei, warum Progressionseffekte dem Schädiger zugutekommen sollten.

613 *Koch/Harnos*, WuB 2010, 607 (608).

614 Siehe dazu bereits Zweiter Teil, § 3, C.

615 BGH, Teilurt. v. 15.7.2010, III ZR 336/08, BGHZ 186, 205 (222); Urt. v. 28.1.2014, XI ZR 495/12, BGHZ 200, 110 (116); Urt. v. 17.7.2014, III ZR 218/13, NJW 2014, 3436 (3438).

616 *Podewils*, DStR 2011, 33 (34).

eigene Maßnahmen des Geschädigten, die einer Anrechnung entgegenstehen.[617] Insofern ist auch diese Fallgruppe nicht geeignet, außergewöhnliche Steuervorteile zu begründen.

C. Einführung von Schwellenwerten

In der Literatur wurde von *Podewils* vorgeschlagen, man könne den Begriff der außergewöhnlichen Steuervorteile durch die Festlegung von absoluten oder relativen Schwellenwerten ausfüllen. Anbieten würde sich eine prozentuale Betrachtung, wie es beim auffälligen Missverhältnis im Sinne des § 138 Abs. 2 BGB oder bei der Verweigerung der Nacherfüllung wegen unverhältnismäßig hoher Kosten nach § 439 Abs. 3 BGB praktiziert werde. Er nennt dabei in Anlehnung an § 439 Abs. 3 BGB einen Schwellenwert von 20–30 %. Werde dieser Wert, gemessen am Schadensersatzbetrag, überschritten, so wären verbleibende steuerliche Vorteile in außergewöhnlicher Höhe anzunehmen. Zusätzlich wäre eine absolute Schwelle von 600 Euro, die stets überschritten werden müsse, denkbar. Diese sei an die Mindestbeschwer nach § 511 Abs. 2 Nr. 1 ZPO angelehnt. Möglich wäre auch ein absoluter Betrag, ab dem generell von außergewöhnlich hohen Steuervorteilen auszugehen wäre.[618] Das OLG Celle nennt in seinem Urteil vom 1.7.2009 ebenfalls einen prozentualen Schwellenwert. Es beziffert diesen bei etwa 50 %, bezieht ihn allerdings nicht auf die Schadensersatzleistung. Nach ihm lägen außergewöhnliche Steuervorteile vor, wenn der Geschädigte durch die Anlage Steuervorteile von nahezu 50 % des Anlagebetrages erzielt habe. Dies sei dann bei der Schadensberechnung zu berücksichtigen. Dahinstehen könne, ob der Geschädigte verpflichtet sei, die Schadensersatzleistung zu versteuern.[619]

Podewils gesteht sich bei seinem Vorschlag aber selbst ein, dass eine Festlegung von absoluten oder relativen Schwellenwerten regelmäßig willkürlich sei. Zudem müssten die steuerlichen Verhältnisse des Geschädigten offengelegt werden und es hätte eine genauere steuerliche Prüfung stattzufinden.[620] Diese Punkte sind es, weshalb sein Lösungsvorschlag abzulehnen ist. Die Willkür dürfte der wesentliche Kritikpunkt an diesem Vorschlag sein. Es würde sich erneut um eine reine Frage der Abwägung handeln, wann eine Anrechnung steuerlicher Vorteile noch angemessen bzw. zumutbar ist. Ungeachtet dieser Problematik stellt sich zudem die Frage, welcher Mehrwert aus solchen Schwellenwerten gezogen

617 Vgl. Zweiter Teil, § 3, C.
618 *Podewils*, DStR 2011, 33 (35); a.A. *Ekkenga/Kuntz*, in: Soergel, Vor § 249, Rn. 378.
619 OLG Celle, Urt. v. 1.7.2009, 3 U 257/08, BeckRS 2009, 22525.
620 *Podewils*, DStR 2011, 33 (35).

werden kann. Anhand einer zweistufigen Prüfung müsste auf erster Stufe zunächst ein Grenzwert überschritten werden, bevor auf zweiter Stufe aufgrund einer Einzelbetrachtung wertungsmäßige Überlegungen anzustellen wären. Es müsste also als Erstes eine Fallkonstellation ersichtlich sein, in der nach der Versteuerung des Schadensersatzes bzw. der Zug-um-Zug-Rückabwicklung steuerliche Vorteile übrig bleiben, die mindestens 20 % des Schadensersatzbetrags ausmachen. Sodann wäre in einem zweiten Schritt eine wertende Betrachtung im Einzelfall vorzunehmen.

Zunächst erschweren die §§ 15a und 15b EStG eine solche Konstellation. Unterfällt die Schadensersatzleistung einem ermäßigten Steuersatz, etwa nach § 34 EStG, so könnte sich hierdurch zwar eine Differenz ergeben. Allerdings wurde bereits gezeigt, dass entgegen der Ansicht des BGH solche Vorteile anzurechnen sind. Es bedarf hier keiner außergewöhnlichen Vorteile. Folgt man der Sicht des BGH, der insoweit davon ausgeht, dass der Schädiger sich nicht auf diese Tatsache berufen dürfe, wäre es nun nicht konsequent, wenn eine Differenz, die beispielsweise aus einem ermäßigten Steuertarif resultiert, über einen Schwellenwert zu außergewöhnlichen Steuervorteilen führen würde. Ferner sind dem BGH zufolge z.B. Änderungen des Spitzensteuersatzes ihrem Sinn und Zweck nach nicht zu berücksichtigen. Eine Einführung von Schwellenwerten ist daher nicht geeignet, den Begriff der außergewöhnlichen Steuervorteile zu konkretisieren. Trotz des Überschreitens einer Grenze wären auf zweiter Stufe immer noch einzelfallbezogene Wertungen notwendig. Zudem wäre dann wieder eine steuerliche Prüfung im Prozess erforderlich, die der BGH gerade vermeiden will und § 287 ZPO so im Detail nicht fordert.[621]

D. Denkbare Fälle außergewöhnlicher Steuervorteile

Die bisherige Darstellung hat gezeigt, dass alle stets vom BGH erwähnten Fallgruppen nicht geeignet sind, außergewöhnliche Steuervorteile zu begründen. Denkbar sind hingegen spezielle Fälle im Rahmen des § 15a EStG, bei denen zugunsten des Steuerpflichtigen Verlustanteile doch ausgleichsfähig sein können, wenn durch Verlustzurechnung ein negatives Kapitalkonto entsteht oder sich erhöht. So geschehen in einem Fall, in dem die Vorschrift des § 15a Abs. 1 Satz 1 EStG teleologisch zu reduzieren war. Dies führte zu einer den Wortlaut korrigierenden Rechtsfortbildung, bei der ein Korrekturposten außerhalb der Bilanz gebildet wurde, wenn der Kommanditist weitere Einlagen über die Pflichteinlage

621 *Ekkenga/Kuntz*, in: Soergel, Vor § 249, Rn. 378.

hinaus leistete.[622] Dies galt zumindest für Einlagen bis zum 24.12.2008. Nun gilt jedoch § 15a Abs. 1a Satz 1 EStG, wonach insoweit keine Ausgleichsfähigkeit mehr gegeben ist.[623] So ist auch hier lediglich in Altfällen eine solche Konstellation denkbar, was alles in allem künftig aber eher unwahrscheinlich ist und an Bedeutung verlieren wird.

Letztlich können außergewöhnliche Steuervorteile aber bei Sachverhalten mit grenzüberschreitendem Bezug auftreten.[624] Man könnte den Begriff der außergewöhnlichen Steuervorteile daher in der Hinsicht konkretisieren, dass solche dann vorliegen, wenn die Steuervorteile aus Einkünften resultieren, die in keinem Staat besteuert werden (doppelte Nichtversteuerung). Diese sog. weißen Einkünfte[625] sind bei einem grenzüberschreitenden Sachverhalt Einkünfte eines unbeschränkt Steuerpflichtigen, die nach einem Abkommen zur Vermeidung der Doppelbesteuerung von der Bemessungsgrundlage der deutschen Steuer ausgenommen sind, ebenso aber auch in dem anderen Staat nicht besteuert werden. Dieser Situation will § 50d Abs. 9 EStG entgegenwirken. Denn diese doppelte Nichtversteuerung widerspricht dem Sinn und Zweck der Freistellungsmethode.[626] Insoweit ist auch hier ein außergewöhnlicher Steuervorteil nur in sehr ungewöhnlichen Sachverhalten denkbar.

E. Ergebnis

Die Gruppe der außergewöhnlichen Vorteile hat, abgesehen von den Altfällen, nur noch einen sehr eingeschränkten Anwendungsbereich, nämlich den der eher unwahrscheinlichen weißen Einkünfte.[627] Der BGH hat eine genaue Konkretisierung bis heute vermieden und beschränkt sich auf die Wiedergabe früherer Einzelfälle. Zum Teil wird daher ein Verzicht dieses unbestimmten Begriffes befürwortet.[628] Faktisch würden unter dem geltenden Steuerrecht so gut wie nie außergewöhnliche Steuervorteile vorliegen.[629] Letztlich könnte man

---

622 Vgl. näher BFH, Urt. v. 14.10.2003, VIII R 32/01, BFHE 203, 462 (465 ff.).

623 Vgl. *Heuermann*, in: Blümich, § 15a EStG, Rn. 53 ff.

624 Vgl. BGH, Urt. v. 27.6.1984, IVa ZR 231/82, NJW 1984, 2524 (2525); *Rusch*, GWR 2010, 352 (352).

625 *Seer*, in: Tipke/Lang, § 1, Rn. 87; *Wagner*, in: Blümich, § 50d EStG, Rn. 108.

626 *Wagner*, in: Blümich, § 50d EStG, Rn. 108.

627 Vgl. *Zoller*, § 11, Rn. 113, der das Fazit zieht, der BGH lasse „kaum Raum für die Erzielung außergewöhnlicher Steuervorteile".

628 *Meindl/Schmid/Kemmetter*, Rn. 229; *Meyer*, BKR 2016, 309 (315).

629 *Grüneberg*, in: Palandt, Vorb v § 249, Rn. 95; *Knops*, WM 2015, 993 (998); *Meyer*, BKR 2016, 309 (315).

diese außergewöhnlichen Vorteile deshalb als eine Art Leerformel bezeichnen, mit der die Rechtsprechung versucht, im Einzelfall eine Anrechnung begründen zu können.[630]

Zwar ist die Tatsache, dass es bisher nur einen einzigen Fall gab, der zur Annahme außergewöhnlicher Steuervorteile geführt hat, nicht zu leugnen.[631] Auch wurde die zu diesem Ergebnis führende Begründung wohlgemerkt in späteren Ausführungen durch den BGH selbst in Frage gestellt. Dennoch sollte die Fallgruppe der außergewöhnlichen Steuervorteile nicht gänzlich aufgegeben werden. Sollte es dazu kommen, dass im Einzelfall die Besteuerung der Ersatzleistung wesentlich hinter dem Steuervorteil zurückbleibt, so kann mit ihr eine Anrechnung begründet werden.

§ 5: Zeichnungsnachlass

Als Nächstes sind steuerliche Vorteile zu betrachten, die beim Geschädigten durch Zeichnungsnachlässe entstehen können. Diese Fallgruppe hat eher wenig Aufmerksamkeit gefunden, dennoch wurde vom III. Zivilsenat des BGH im Urteil v. 15.7.2010 die Möglichkeit diskutiert, ob erhaltene Zeichnungsnachlässe das Vorliegen von Steuervorteilen begründen können, denen kein zu versteuernder Nachteil gegenübersteht. Er entschied einen Fall, bei dem – vereinfacht dargestellt – der Kläger in den Jahren 1999 und 2000 Beteiligungen an zwei geschlossenen Medienfonds für je 150.000 DM (= 76.693,80 Euro) erwarb, die als GmbH & Co. KG ausgestaltet waren. Ausgezahlt wurde ihm für diese Beteiligungen ein Zeichnungsnachlass von 6 %. Der Kläger verlangte Rückzahlung der eingezahlten Beträge Zug um Zug gegen Abtretung aller Ansprüche aus den Beteiligungen.[632] Zu klären war die Frage, wie sich der Zeichnungsnachlass von 6 % (9.203,26 Euro) auf die Verlustzuweisung ausgewirkt hatte. Dabei unterscheidet der BGH danach, ob der Zeichnungsnachlass die Höhe der Verlustzuweisungen beeinflusst habe oder nicht. Sei der Zeichnungsnachlass versteuert worden, so sei der Betrag der Einlageleistungen Grundlage sowohl der steuerlichen Vorteile als auch der aus der Beteiligung resultierenden Nachteile. Wäre hingegen die Höhe der Verlustzuweisungen durch den Zeichnungsnachlass nicht beeinflusst worden und wäre dieser steuerrechtlich unerheblich, so könnte der Kläger wegen der Berücksichtigung einer Verlustzuweisung in Höhe dieses Nachlasses

630 So auch *Podewils*, DStR 2011, 33 (37).

631 Vgl. *Witt*, LMK 2010, 308392.

632 BGH, Teilurt. v. 15.7.2010, III ZR 336/08, BGHZ 186, 205 (206 f.); vgl. dazu *Staudenmayer*, VuR 2011, 43 (45).

Steuervorteile erzielt haben, denen keine Nachteile gegenüberstünden. Diese wären dann auf einen möglichen Schadensersatzanspruch anzurechnen.[633]

Auch hier zeigen sich letztlich wieder Differenzierungen, die in steuerrechtlicher Hinsicht von den Gerichten vorgenommen werden müssten. Gerade dies wollte der BGH jedoch eigentlich vermeiden.

§ 6: Steuervorteil durch Verjährung

Zuletzt ist auf Steuervorteile einzugehen, die dem Geschädigten dadurch endgültig verbleiben können, dass ein Nachzahlungsanspruch des Finanzamtes verjährt ist. Die Festsetzungsfrist nach § 169 Abs. 2 Satz 1 Nr. 2 AO beträgt dabei vier Jahre, nach deren Ablauf eine Steuerfestsetzung sowie ihre Aufhebung oder Änderung nicht mehr zulässig ist. Im Urteil des VII. Zivilsenats des BGH v. 18.12.1969 ging es um einen Steuervorteil, der quasi „versehentlich" entstanden ist. Durch die schuldhafte Verletzung eines Geschäftsbesorgungsvertrages zahlte der Geschädigte einem Dritten einen zu hohen Gewinnanteil aus. Dadurch ersparte der geschädigte Kläger 19.178,70 DM (= 9.805,91 Euro) an Steuern. Diesem an sich anzurechnenden Vorteil stand allerdings als Nachteil der öffentlich-rechtliche Anspruch des Finanzamts auf Nachzahlung gem. § 222 Abs. 1 Nr. 1, § 223 AO a.F. gegenüber (womit eine Anrechnung ausscheiden würde). Eine Anrechnung käme als Rückausnahme allerdings dann wieder in Betracht, wenn der Nachzahlungsbescheid verjährt wäre.

Der BGH verneint jedoch letztlich eine Anrechnung. Er stellt hierzu fest, dass selbst bei einer Verjährung der Schädiger daraus nichts für sich herleiten könne. Selbst wenn der Nachteil einer Nachforderung, der dem Steuervorteil entgegenstehe, entfallen sollte, so wäre diese nachträgliche Schadensentwicklung von dem schädigenden Ereignis und seinen Folgen so weit entfernt, dass sie nicht mehr als Vorteil angerechnet werden könne. Es wäre unbillig, würde der erst durch die Verjährung neu entstehende Vorteil dem Schädiger zugutekommen. Der Grund einer Anrechnung sei, dass aus dem Schadensereignis kein Gewinn gezogen werden dürfe. Entfalle aber ein Steueranspruch infolge Verjährung (oder auch aus anderen Gründen), so ginge dieser Vorteil zulasten des Steuerfiskus. Sowohl Schädiger als auch Geschädigter würden hieraus einen unberechtigten Gewinn ziehen, weshalb es angemessen erscheine, dem Geschädigten den Vorteil zu gewähren.[634] Der BGH führt hier insoweit zusätzlich ein zeitliches Moment ein.

---

633 BGH, Teilurt. v. 15.7.2010, III ZR 336/08, BGHZ 186, 205 (219 f.).

634 BGH, Urt. v. 18.12.1969, VII ZR 121/67, BGHZ 53, 132 (133 ff.); im Ergebnis zustimmend *Thiele*, JZ 1970, 581 (582), nach dem es aber mehr auf eine rechtliche

In der Literatur wird teilweise darauf abgestellt, dass es an einem inneren Zusammenhang[635] bzw. sachlich qualifizierten Zusammenhang[636] fehle, weshalb eine Anrechnung nicht in Betracht komme. *Knobbe-Keuk* hält dem BGH entgegen, dass jeder Steuervorteil eines Steuerpflichtigen naturgemäß zu Lasten des Steuerfiskus gehe, womit sich die Frage der Vorteilsanrechnung mit dieser Begründung bei jedem ertragsteuerlichen Vorteil erledigen würde. Es sei die Frage zu stellen, wem Steuergeschenke zugutekommen sollen. Dies sei vergleichbar mit der Situation, wenn ein Dritter dem Geschädigten anlässlich des Schadensfalles etwas schenke.[637] *Schneider* ist hingegen der Ansicht, der Geschädigte müsse sich die Vorteile anrechnen lassen, da der Geschädigte hier nicht anders stehe, als gäbe es keine Steueransprüche des Finanzamtes.[638] Liegen solche nicht vor, fehlt es an einem kompensierenden Nachteil, sodass eine Anrechnung konsequent wäre.

Legt man die Voraussetzungen des BGH zur Vorteilsausgleichung zugrunde, muss man sich die Frage stellen, ob es für den Geschädigten unzumutbar wäre, müsste er die Folgen aus der Verjährung, konkret die Anrechnung, tragen. Zunächst liegt der Gedanke nahe, dem Schädiger die Risiken und Folgen der Verjährung aufzuerlegen, weil er fremde Rechtsgüter geschädigt hat. Insoweit kann man sich auch an den Wertungen, die der BGH im Schadensrecht zum sog. Werkstattrisiko entwickelt hat, orientieren. Danach trägt zunächst der Schädiger das Risiko, dass er bei der Instandsetzung eines Kfz auch die Mehrkosten zu tragen hat, die ohne eigene Schuld des Geschädigten durch die von diesem beauftragte Werkstatt infolge unwirtschaftlicher oder unsachgemäßer Maßnahmen

---

Wertung ankomme. Zustimmend auch *Martini*, DStR 2014, 2160 (2164), nach dem ohne Berücksichtigung des Zeitmoments abgabenrechtliche Hindernisse wie die Festsetzungsverjährung aber dem Schädiger zugutekommen müssten; kritisch auch *Dabitz*, zfs 2016, 364 (372 f.), da durch den Ersatz abzüglich der darauf entfallenden Einkommensteuer lediglich die ursprüngliche Situation hergestellt werde. Im Ergebnis stimmt er dem BGH jedoch zu, da eine Entschädigung im Sinne des § 24 Nr. 1 Buchst. a EStG vorliege, womit ein noch durchsetzbarer Anspruch des Finanzamtes bestünde.

635 *Kullmann*, VersR 1993, 385 (389).

636 *Steinle*, S. 197 f., nach dem es entgegen dem BGH nicht allein auf einen Zeitfaktor ankomme. Der Umstand der Verjährung der Steuerforderung sei von dem schädigenden Ereignis aus sachlichen Gründen so losgelöst, dass von keinem Vorteil mehr gesprochen werden könne, der zum Nachteil in einem inneren, sachlich qualifizierten Zusammenhang stehe.

637 *Knobbe-Keuk*, Karlsruher Forum 1983, 134 (135 ff.).

638 *Schneider*, S. 405.

verursacht wurden. Es würde dem Zweck des § 249 Abs. 2 BGB widersprechen, wäre der Geschädigte mit Mehraufwendungen der Schadensbeseitigung belastet, deren Entstehung seinem Einflussbereich entzogen seien und ihren Grund darin hätten, dass die Schadensbeseitigung in einer fremden, vom Geschädigten, wohl auch nicht vom Schädiger kontrollierbaren Einflusssphäre stattfinden müsse. Insofern bestehe kein Sachgrund, dem Schädiger das „Werkstattrisiko" abzunehmen. Der Geschädigte könne nicht darauf verwiesen werden, zunächst gegen die Werkstatt vorzugehen und Einwände entgegenzusetzen, da er die Kostengestaltung kaum beurteilen oder beeinflussen könne. Darüber hinaus solle er nicht mit den Mühen und Risiken einer Auseinandersetzung, die der Schädiger zu verantworten habe, belastet werden.[639]

Letzten Endes ist an dieser Stelle doch eine Anrechnung zu befürworten. Denn trotz der Tragung dieses Risikos soll dem BGH zufolge dem Schädiger nach den Grundsätzen der Vorteilsausgleichung die Abtretung der Ansprüche des Geschädigten gegen die Werkstatt zustehen.[640] Damit trägt der Schädiger zwar das Risiko, für nicht erforderliche Mehraufwendungen haften zu müssen, jedoch soll er letztlich durch eine Geltendmachung der abgetretenen Ansprüche gegenüber der Werkstatt, sofern solche denn bestehen, nicht zusätzlich belastet sein. Dem Geschädigten sollen die Vorteile also grundsätzlich nicht verbleiben. Überträgt man dies auf die Verjährung, so handelt es sich auch bei ihr um einen Umstand, den weder der Schädiger noch der Geschädigte zu verantworten haben. Das Risiko hieraus resultierender Nachteile soll der Schädiger tragen, doch soll der Geschädigte darüber hinaus nicht von den Vorteilen profitieren. Unterbleibt also aufgrund von Verjährung ein Nachzahlungsanspruch, was keine der Parteien beeinflussen kann, soll der Geschädigte zwar von allen Nachteilen entlastet werden, nicht aber von den Vorteilen profitieren. Dieses Ergebnis deckt sich auch mit dem in der Literatur vorgebrachten Vergleich zur Situation ohne bestehenden Steueranspruch. Durch die Verjährung steht der Geschädigte so, wie er stünde, wenn es erst gar keinen Nachzahlungsanspruch gegeben hätte. Dann käme es ebenso zu einer Anrechnung. Diese Verteilung der Vor- und Nachteile gilt jedoch nicht exemplarisch für die gesamte Vorteilsausgleichung. Es betrifft nur die Konstellation, in der ein Anspruch des Finanzamtes dem Grunde nach bestanden hat, aber weder Schädiger noch Geschädigter Einfluss auf die Verjährung hatten, also keiner von beiden diesen Umstand zu verantworten hatte.

639 BGH, Urt. v. 29.10.1974, VI ZR 42/73, BGHZ 63, 182 (185 ff.).
640 BGH, Urt. v. 29.10.1974, VI ZR 42/73, BGHZ 63, 182 (185 ff.).

§ 7: Zusammenfassung

Der dritte Teil hat sich mit der konkreten Behandlung der steuerlichen Vorteile im Rahmen der Vorteilsausgleichung durch die Rechtsprechung des BGH beschäftigt. Grundlegend wurde dabei untersucht, ob entstandenen Vorteilen ein entsprechender Nachteil gegenübersteht. Genau wurde also die Schadensersatzleistung auf ihre Steuerbarkeit untersucht. Dabei stellte sich heraus, dass im Bereich der Gewinneinkünfte eine Steuerbarkeit der Schadensersatzleistung nach § 15 Abs. 1 Satz 1 Nr. 2 EStG anzunehmen ist, wenn es um einen Ersatz von Sonderbetriebsausgaben geht. Eine Steuerbarkeit nach § 16 Abs. 1 Satz 1 Nr. 2 i.V.m. Abs. 3 EStG kommt hingegen in Betracht, wenn es um den Ersatz des Anteils am Gesamthandsvermögen geht. Es zeigte sich auch, dass beim Vorliegen eines negativen Kapitalkontos letztlich eine Kompensation von Vor- und Nachteilen stattfindet, was nach der Rechtsprechung des BGH zur Konsequenz hat, dass eine Anrechnung im Wege der Vorteilsausgleichung ausscheidet.

Bei den Überschusseinkünften hingegen fiel das Ergebnis etwas differenzierter aus, was bedeutet, dass hier im Einzelfall eine Anrechnung zumindest möglich erscheint. So ist bei den Einkünften aus Vermietung und Verpachtung nach § 21 EStG ein Rückfluss von Werbungskosten möglich, der zu einer Steuerbarkeit nach § 21 Abs. 1 Nr. 1 EStG führt. Der subsidiäre § 23 Abs. 1 Satz 1 Nr. 1 i.V.m. Satz 4 EStG scheidet zudem im Falle eines gesetzlich angeordneten Schadensersatzes mangels Marktoffenheit aus. Liegt dagegen eine rechtsgeschäftliche Übertragung vor, kann dies im Einzelfall anders zu beurteilen sein. Ebenso ist bei Einkünften aus Kapitalvermögen, § 20 Abs. 1 und 2 i.V.m. Abs. 3 EStG eine Differenzierung hinsichtlich der Schadensersatzleistung vorzunehmen. Lediglich beim Ersatz des entgangenen Gewinns ist der Tatbestand erfüllt.

Im Anschluss daran waren diejenigen Steuervorteile zu untersuchen, die sich durch die Rückabwicklung hinsichtlich der Schadensersatzleistung ergeben, also ermäßigte Steuertarife, §§ 34 Abs. 1, 3 EStG oder Freibeträge, § 16 Abs. 4 EStG. Bei ihnen fiel auf, dass zum einen bereits die Entstehung der Vorteile im Rahmen der Rückabwicklung von gescheiterten Anlagemodellen im Hinblick auf das Vorliegen außerordentlicher Einkünfte nach § 34 Abs. 2 Nr. 2 EStG umstritten ist, zum anderen aber auch deren Anrechnung im Wege der Vorteilsausgleichung. Letztlich sind diese Vorteile entgegen der Ansicht des BGH aber schadensmindernd zu berücksichtigen, weil der Anleger im Vorfeld durch die Verluste eine Progressionssenkung erfahren hat. Dies gilt auch, wenn wie bei § 34 Abs. 3 EStG oder § 16 Abs. 4 EStG ein einmaliges Wahlrecht aufgegeben wird, da der Geschädigte insoweit nicht schützenswert ist.

Bei der vom BGH stets besonders hervorgehobenen Gruppe der außergewöhnlichen Vorteile hat sich gezeigt, dass ihr nur noch ein minimaler Anwendungsbereich verbleibt, sie faktisch eigentlich nie zum Zuge kommt.

Insgesamt führt der BGH konsequent seine Rechtsprechung fort, indem er den erlangten steuerlichen Vorteilen die sich aus der Rückabwicklung ergebenden Nachteile gegenüberstellt. Faktisch führt dies dazu, dass keine Anrechnung vorgenommen wird.[641] Damit wird die Ausnahme, nämlich eine Nichtanrechnung, zur Regel. Denn es ist in der überwiegenden Anzahl aller Konstellationen der Fall, dass den erlangten steuerlichen Vorteilen eine Versteuerung der Ersatzleistung gegenübersteht. Unter Umständen können im Einzelfall dennoch unterschiedliche Ergebnisse erzielt werden, wenn bei den Überschusseinkünften keine Versteuerung der Schadensersatzleistung in Betracht kommt. An dieser Stelle zeigte sich allerdings auch, dass die steuerrechtliche Beurteilung der Schadensersatzleistung im Detail nicht unkompliziert und zum Teil umstritten ist. Diese Vorgehensweise mag zwar in ihrer Anwendung konsequent sein, bedarf aber einer Auseinandersetzung mit dem Steuerrecht, womit manche Instanzgerichte ihre Probleme[642] hatten. Das Kriterium der außergewöhnlichen Steuervorteile hingegen ist letztlich nichts anderes als ein Einfallstor, das sich der BGH für eine Einzelfallentscheidung offenhält. Ein taugliches Mittel mit festen Kriterien ist es jedenfalls nicht. Der BGH könnte das Hin und Her zwischen Regel und Ausnahme vermeiden und sich schwierige Ausführungen zum Steuerrecht ersparen, wenn er von seiner bisherigen Praxis abweichen würde.

Es wird daher Aufgabe der nächsten Teile sein, eine Methode zu entwickeln, die die steuerlichen Vor- und Nachteile von vornherein insgesamt aus der Betrachtung herausnimmt, faktisch aber das gleiche Ergebnis wie der BGH erzielt. Welche faktischen Auswirkungen die Vorgehensweise des BGH nach sich zieht, wird anhand einer Analyse der Rechtsprechung im fünften Teil der Arbeit erläutert. Der sechste Teil widmet sich sodann steuerlichen Vorteilen, während sich der siebente Teil mit steuerlichen Nachteilen auseinandersetzt. Zunächst soll im vierten Teil aber dargelegt werden, wie sich Alternativanlagen auf die Anrechnung von Vorteilen auswirken können.

641 Aus diesem Grund lehnt *Steinle*, S. 217, die h.M. mit ihrer grundsätzlichen Anrechenbarkeit im Bereich der Einkommensteuer ab.

642 Vgl. *Meyer*, BKR 2016, 309 (311).

Vierter Teil: Ausschluss der Anrechnung durch Alternativanlagen

Im Zusammenhang mit sog. Alternativanlagen findet sich im Schrifttum der erste Ansatz eines einheitlichen Umgangs mit steuerlichen Vorteilen. Der Aspekt der Alternativanlagen ist regelmäßig bei der Beteiligung an Fondsgesellschaften als steueroptimierte Kapitalanlage von Relevanz. Ein Bedarf an gerichtlicher Klärung besteht nämlich grundsätzlich nur in solchen Fällen, in denen sich die Erwartungen der Anleger nicht erfüllt haben. Es gibt aber auch eine Reihe von Fonds, die bislang noch nicht in den Blick genommen wurden, weil ein Schadensersatzverlangen bei ihnen gar nicht erst in Betracht kommen würde. Dies sind diejenigen, bei denen die im Prospekt angegebenen Ergebnisse erreicht oder übertroffen wurden.[643] Hätte sich der geschädigte Anleger an solchen funktionierenden Fonds beteiligt, wenn er nicht falsch beraten worden wäre, so hätte er die steuerlichen Vorteile auf diese Art und Weise erlangt, weshalb jene nicht spezifische Folge des schädigenden Ereignisses wären und eine Anrechnung folgerichtig ausscheiden müsste.[644]

§ 1: Meinungsstand

Ob solche Alternativanlagen eine Anrechnung steuerlicher Vorteile von vornherein ausschließen, wird rege diskutiert. Dabei stehen sich im Wesentlichen die Literatur und die Rechtsprechung gegenüber.

A. Literatur

Hinsichtlich (Abschreibungs- bzw.) Verlustzuweisungsgesellschaften hat sich in der Literatur die Ansicht gebildet, dass Steuervorteile generell nicht anrechenbar seien, weil der Geschädigte sich im Regelfall ohne das schädigende Ereignis, also eine fehlerhafte Anlageberatung, eine andere steuerbegünstigte Anlage gesucht hätte.[645] Diese wäre im Unterschied zu den Fällen fehlerhafter Beratung aber werthaltig gewesen. Entscheide sich der Anleger für eine steuersparende

643 *Schirp/Kondert*, ImmoStR IV ESt 2005, 183 (194).

644 *Knops*, WM 2015, 993 (997); *Ekkenga/Kuntz*, in: Soergel, Vor § 249, Rn. 386.

645 So z.B. *Oetker*, in: MüKo BGB, § 249, Rn. 247; *Knobbe-Keuk*, Karlsruher Forum 1983, 134 (135); *Ackmann*, EWiR 1991, 765 (766) zur Konstellation mit einem Hausgrundstück; a.A. *Ekkenga/Kuntz*, in: Soergel, Vor § 249, Rn. 394.

Kapitalanlage, so strebe dieser neben der Erwirtschaftung von Gewinnen gerade auch die Realisierung von Steuervorteilen an.[646] Zu erstatten sei daher der entgangene Gewinn, der durch die Zeichnung einer anderen, funktionierenden Anlage entstanden wäre, einschließlich der entgangenen Steuervorteile.[647] Dies soll nicht nur beim Ersatz des negativen, sondern auch des positiven Interesses gelten.[648]

B. Sichtweise des BGH

In seinem Urteil vom 17.11.2005 vermag der BGH den eben skizzierten Gedanken der Nichtanrechnung in dieser Verallgemeinerung noch nicht zu folgen. Seiner Ansicht nach gebe es keinen Erfahrungssatz in dieser Richtung, was aber nicht ausschließe, dass es im Einzelfall je nach dem konkreten Parteivorbringen Auswirkungen auf die Schadensberechnung haben könne. Die Darlegungs- und Beweislast läge insoweit beim Geschädigten, wobei ihm die Erleichterungen des § 287 ZPO zugutekämen.[649] Im Urteil vom 6.2.2006 führte eine solche Prüfung im Einzelfall sodann zu dem Ergebnis, dass sich der Kläger bei ordnungsgemäßer Unterrichtung von dem Beklagten an einem anderen steuerbegünstigten Projekt beteiligt hätte. Grund für diese Annahme war, dass sich der Kläger bzw. der Geschädigte zunächst an einem ebenfalls von der Beklagten initiierten Immobilienfonds beteiligt hatte, dieser aber mangels ausreichender Interessenten nicht geschlossen werden konnte. Dieses Verhalten zwingt den BGH zu dem Schluss, dass der Kläger eine andere Beteiligung gezeichnet hätte, die ihm dieselben Steuervorteile verschafft hätte.[650] Er erkennt damit also an, dass der Kläger eine Alternativanlage vortragen kann, die eine Anrechnung der Vorteile ausschließt, macht dies aber vom Einzelfall abhängig.

Am 31.5.2010 äußerte der BGH sodann ausdrückliche Bedenken gegen eine Anrechnung der Steuervorteile, weil sich der Kläger bzw. Geschädigte in Kenntnis des Prospektfehlers an einem anderen Steuersparmodell beteiligt hätte. Dies

---

646 *Staudenmayer*, VuR 2011, 43 (49).

647 *Schirp/Kondert*, ImmoStR IV ESt 2005, 183 (194).

648 *Schiemann*, NJW 2011, 3660 (3661), wonach es für die Vorteilsausgleichung bereits an der Kongruenz der Steuervorteile mit dem Äquivalenzschaden fehle.

649 BGH, Urt. v. 17.11.2005, III ZR 350/04, NJW 2006, 499 (499 f.); Versäumnisurt. v. 6.2.2006, II ZR 329/04, DStR 2006, 956 (958); anklingend bereits im Urt. v. 27.6.1984, IVa ZR 231/82, NJW 1984, 2524 (2525); *Ekkenga/Kuntz*, in: Soergel, Vor § 249, Rn. 394; *Schneider*, S. 406; a.A. *Staudenmayer*, VuR 2011, 43 (44); kritisch auch damals bereits *Grüter*, NZG 2006, 853 (854 f.).

650 BGH, Versäumnisurt. v. 6.2.2006, II ZR 329/04, DStR 2006, 956 (958).

hätte, wie nach der Lebenserfahrung anzunehmen sei, zu vergleichbaren steuerlichen Folgen geführt.[651] Dies setzt aber voraus, dass der Geschädigte darlegen und beweisen kann, dass er sich für eine Alternativanlage entschieden hätte. Sowohl der BGH als auch die Literatur kommen in den Konstellationen der Steuersparmodelle folglich zu dem Ergebnis, dass eine Alternativanlage geeignet sein kann, eine Anrechnung von Steuervorteilen auszuschließen. Während sich die Literatur aber zum Teil eher allgemein auf den entgangenen Gewinn bezieht und der Sache nach genereller ist, ist nach Ansicht des BGH eine Einzelfallprüfung erforderlich.[652]

§ 2: Voraussetzungen an den Vortrag des Geschädigten

Zu klären ist daher, unter welchen Voraussetzungen eine Alternativanlage vorliegt und welche Anforderungen an das Vorbringen der Parteien diesbezüglich zu stellen sind. Unwahrscheinlich ist es insoweit bereits, dass eine andere, gleichzeitig am Markt angebotene Kapitalanlage absolut identisch ist. Die Forderung nach einer solchen identischen Beteiligungsmöglichkeit würde bereits dazu führen, dass es praktisch unmöglich wäre, eine anzuerkennende Alternativanlage vorzutragen. Denkbar wäre es hingegen, dass der Anleger darlegen müsse, welche Alternativanlagen wann, wie und durch wen bekannt gemacht wurden und darüber hinaus, wie sie sich tatsächlich entwickelt hätten.[653] Dies dürfte dem Anleger in aller Regel aber kaum gelingen, geschweige denn beweisbar sein, wenn er die verschiedenen, ihm angebotenen Beteiligungen nicht archiviert hat, nicht in schriftlicher Form vorlegen kann oder sein subjektives Empfinden entscheidend war. Vergleichsdaten anderer geschlossener Fonds sind wiederum öffentlich nicht zugänglich. Bei mutmaßlichen Einnahmen aus mitunternehmerischen Beteiligungen stellt sich das Problem, dass diese unvorhersehbar schwanken und somit zu keiner konkreten Aussage führen können.[654]

Deshalb sind zunächst keine zu hohen Anforderungen an die Eigenschaften der verschiedenen Anlagemöglichkeiten zu stellen. Es muss nicht zwingend ein geschlossener Immobilienfonds mit einem seinesgleichen verglichen werden; ferner kann es sich auch einerseits um eine GbR und andererseits um eine

---

651 BGH, Urt. v. 31.5.2010, II ZR 30/09, NJW 2010, 2506 (2508); Urt. v. 23.4.2012, II ZR 211/09, DStR 2012, 1517 (1520); *Grüneberg*, in: Palandt, Vorb v § 249, Rn. 95; a.A. *Meyer*, BKR 2016, 309 (311).

652 *Frisch/Münscher*, Rn. 1652.

653 Vgl. *Lampe*, BB 2008, 2599 (2605 f.) m.w.N.

654 *Staudenmayer*, VuR 2011, 43 (43); vgl. *Lampe*, BB 2008, 2599 (2605 f.).

GmbH & Co. KG handeln.[655] Insbesondere der BGH ist der Auffassung, man könne vom Kläger Jahre nach der Zeichnung einer Anlage nicht erwarten, im Einzelnen darzulegen, welche anderweitigen Anlagemöglichkeiten zum damaligen Zeitpunkt bestanden und welche steuerlichen Auswirkungen sich für ihn ergeben hätten. Hätte sich der Kläger in Kenntnis des Prospektfehlers an einem anderen Steuersparmodell beteiligt, so spreche alles dafür, dass er eine Anlage gewählt hätte, die ihm Steuervorteile in vergleichbarer Höhe gebracht hätte.[656] In der Literatur wird vorgeschlagen, es sei ausreichend, wenn der Anleger darlege, welche Kriterien seiner Anlageentscheidung zugrunde lagen. Dann komme jede damals am Markt befindliche Anlage in Betracht. Nicht erforderlich sei es demzufolge auch, eine konkrete Alternative zu benennen und konkrete Berechnungen zur Entwicklung vorzunehmen, da dies sonst zu einer nahezu unüberwindlichen Hürde führe.[657]

§ 3: Beweiserleichterungen

Um dem geschädigten Anleger einen zu berücksichtigenden Vortrag von Alternativanlagen zu ermöglichen, sollen im Folgenden Möglichkeiten untersucht werden, die ihm den Beweis hinsichtlich der Zeichnung einer Alternativanlage erleichtern. Dabei wird neben der tatsächlichen Vermutung, dem Anscheinsbeweis und einer Beweislastumkehr auch auf § 252 Satz 2 Alt. 1 BGB[658] einzugehen sein.

A. Behandlung typischer Geschehensabläufe

Immer wenn der Fall eines Beratungsfehlers im Zusammenhang mit dem Erwerb einer steuerorientierten Kapitalanlage vorliegt, spricht nach dem Gesagten in der Regel doch einiges dafür, dass der geschädigte Anleger sein Geld in eine anderweitige, am Markt verfügbare Anlage investiert hätte. Neben der Beweiserleichterung des § 252 Satz 2 BGB finden sich aber auch andere Institute, die auf

655 *Kondert/Schirp*, BKR 2007, 357 (360 f.).

656 BGH, Urt. v. 31.5.2010, II ZR 30/09, NJW 2010, 2506 (2508); vgl. auch *Lange/Schiemann*, S. 373 f.; *Assmann*, in: Assmann/Schütze, § 5, Rn. 108.

657 *Kondert/Schirp*, BKR 2007, 357 (361 f.); *Lampe*, BB 2008, 2599 (2606); strenger wohl *Martin*, NZG 2006, 175 (176); *Meindl/Schmid/Kemmetter*, Rn. 227; a.A. *Frisch/Münscher*, Rn. 1653; *Schneider*, S. 406. Nach *Grüter*, NZG 2006, 853 (855), sei es dagegen unbillig, die Darlegungslast dem Geschädigten aufzuerlegen.

658 *Schirp/Kondert*, ImmoStR IV ESt 2005, 183 (194); *Martin*, NZG 2006, 175 (176); *Lampe*, BB 2008, 2599 (2606); a.A. *Crezelius*, BB 1985, 209 (217).

„typische Geschehensabläufe" oder „Erfahrungssätze" abstellen. Angesprochen sind damit insbesondere die tatsächliche Vermutung bzw. der Anscheinsbeweis und die typisierende Betrachtungsweise. Gerade wenn es um die Feststellung innerer Tatsachen geht, kann es im Einzelfall zu Nachweisschwierigkeiten kommen. In den gerichtlich entschiedenen Fällen, in denen es im Ergebnis nicht zu einer Nichtanrechnung wegen Alternativanlagen kam, mangelte es lediglich an einem substantiierten Vortrag der Geschädigten.[659] Diesem Problem soll hier entgegengewirkt werden. Daher bedient man sich der genannten Hilfsmittel, um in abstrakter Art und Weise von einem Normalfall auszugehen und den konkreten Fall unbeachtet zu lassen. In Rede steht daher insbesondere die Absicht, eine andere Anlage getätigt zu haben.

I. Tatsächliche Vermutungen

Als Erstes sind dabei die sog. tatsächlichen Vermutungen in den Blick zu nehmen. Sie beruhen auf Sätzen der Lebenserfahrung und sind von § 292 ZPO zu unterscheiden, der auf sie keine Anwendung findet.[660] Tatsächliche Vermutungen dienen dazu, von feststehenden Tatsachen mittels der allgemeinen Lebenserfahrung auf andere, rechtlich erhebliche Tatsachen zu schließen.[661] Umstritten ist jedoch, welche Rechtsfolgen eine solche tatsächliche Vermutung auslöst. Ein Vergleich diverser Urteile des BGH zeigt,[662] dass prinzipiell entweder eine bloße Beweiserleichterung als ein Anwendungsfall des Anscheinsbeweises[663] oder eine Beweislastregel,[664] also eine Umkehr der objektiven Beweislast, angenommen wird; zum Teil wird die Frage sogar offen gelassen.[665] Die h.M. in der Literatur geht derweil davon aus, dass die tatsächliche Vermutung lediglich im Bereich

---

659 Nach *Frisch/Münscher*, Rn. 1652, werde dies in den meisten Fällen trotz § 252 BGB nicht möglich sein.

660 *Bacher*, in: BeckOK ZPO, § 292, Rn. 8; *Prütting*, in: MüKo ZPO, § 292, Rn. 27; *Laumen*, MDR 2015, 1 (3); *Musielak*, JA 2010, 561 (562).

661 Vgl. *Seer*, in: Tipke/Kruse, § 96 FGO, Rn. 48.

662 Siehe dazu die ausführliche Darstellung bei *Doukoff*, SVR 2015, 245 (249 f.); *Laumen*, MDR 2015, 1 (1 f.).

663 BGH, Urt. v. 7.5.1951, IV ZR 69/50, BGHZ 2, 82 (85); Urt. v. 30.9.1993, IX ZR 73/93, BGHZ 123, 311 (315); Urt. v. 14.6.2012, IX ZR 145/11, NJW 2012, 3165 (3170).

664 BGH, Urt. v. 5.7.2002, V ZR 143/01, NJW 2002, 3164 (3165); Urt. v. 8.5.2012, XI ZR 262/10, BGHZ 193, 159 (168).

665 BGH, Urt. v. 11.2.2014, II ZR 273/12, NZG 2014, 432 (433).

der Beweiswürdigung Bedeutung erlangt.[666] Je nach Stärke des zugrundeliegenden Erfahrungssatzes können diese einen Anscheins- oder einen Indizienbeweis begründen.[667] Während beim Anscheinsbeweis auf einen einzigen Erfahrungsgrundsatz, der sich auf einen ganzen Sachverhaltskomplex bezieht, abgestellt wird, ohne die Umstände des Einzelfalls näher zu würdigen, findet beim Indizienbeweis eine Gesamtwürdigung aller Umstände des Einzelfalles statt, weil die einzelnen Erfahrungssätze für sich genommen nicht den erforderlichen Grad an Wahrscheinlichkeit aufweisen.[668] Teilweise wird auch davon ausgegangen, es bestehe vielmehr ein Stufenverhältnis zwischen dem Anscheinsbeweis und der tatsächlichen Vermutung, je nach Beweisstärke der jeweiligen Erfahrungssätze.[669] Ebenso wird vertreten, die tatsächliche Vermutung könne in Gestalt des Anscheinsbeweises auftreten.[670] Alles in allem wird eine einheitliche Linie aber vermisst, sodass insbesondere die Abgrenzung zum Anscheinsbeweis nicht ganz klar ist. Denn das Wesen der tatsächlichen Vermutung, nämlich das Schließen aus dem Vorliegen bestimmter Tatsachen mittels der allgemeinen Lebenserfahrung auf das Vorliegen anderer Tatsachen, unterscheidet sich nicht vom Indizien- und Anscheinsbeweis.[671] Vielfach wird deshalb zu Recht befürwortet, den missverständlichen Begriff der tatsächlichen Vermutung gänzlich zu vermeiden.[672] Sie sei nämlich auch kein „Mittelweg" zwischen Indizien- und Anscheinsbeweis.[673] Es wäre an dieser Stelle überflüssig, neben Anscheins- und Indizienbeweis (abhängig vom Grad der Stärke des Erfahrungssatzes) einen weiteren Begriff aufrechtzuerhalten, der keinen darüber hinausgehenden Zweck verfolgt. Man kann die tatsächliche Vermutung, will man den Begriff dennoch

666 *Bacher*, in: BeckOK ZPO, § 292, Rn. 8; *Greger*, in: Zöller, Vor § 284, Rn. 33; *Huber*, in: Musielak/Voit, § 292 ZPO, Rn. 1; *Laumen*, MDR 2015, 1 (4); *Musielak*, JA 2010, 561 (564); *Prütting*, in: MüKo ZPO, § 292, Rn. 27 f.

667 *Anzinger*, S. 141; *Laumen*, MDR 2015, 1 (5 f.); *Völzmann-Stickelbrock*, in: FS Schilken, 539 (546).

668 *Anzinger*, S. 73 f.; *Seer*, in: Tipke/Kruse, § 96 FGO, Rn. 49.

669 *Schmidt*, S. 316 f.; a.A. wohl *Völlmeke*, DStR 1996, 1070 (1075).

670 *Jachmann*, S. 154; *Baumgärtel*, Rn. 367.

671 *Seer*, in: Tipke/Kruse, § 96 FGO, Rn. 48; *Völzmann-Stickelbrock*, in: FS Schilken, 539 (546).

672 *Laumen*, MDR 2015, 1 (6); *Greger*, in: Zöller, Vor § 284, Rn. 33; *Oberheim*, Rn. 1329b; *Prütting*, in: MüKo ZPO, § 292, Rn. 28; *ders.*, S. 58; *Völzmann-Stickelbrock*, in: FS Schilken, 539 (546); *Musielak*, JA 2010, 561 (566); aus der steuerrechtlichen Literatur *Seer*, in: Tipke/Kruse, § 96 FGO, Rn. 49.

673 *Völzmann-Stickelbrock*, in: FS Schilken, 539 (546).

nicht streichen, allenfalls als Ober- bzw. Sammelbegriff auffassen.[674] Dann wäre es aber angebracht, dass der Richter verdeutlicht, welche Bedeutung gemeint ist.[675]

II. Anscheinsbeweis

Da es der tatsächlichen Vermutung somit eigentlich nicht bedarf, ist direkt auf den Anscheinsbeweis abzustellen. Historisch wurde der Anscheinsbeweis aus der tatsächlichen Vermutung entwickelt.[676] Charakteristisch für den Anscheinsbeweis ist, dass ein bestimmter Sachverhalt feststeht, der nach der allgemeinen Lebenserfahrung auf einen bestimmten Ablauf als maßgeblich für den Eintritt eines bestimmten (zu beweisenden) Erfolgs hinweist.[677] Er erlaubt es, von bewiesenen auf zu beweisende Tatsachen zu schließen.[678] Maßgebend ist also der typische Geschehensablauf.[679] So findet die allgemeine Lebenserfahrung durch den Richter Berücksichtigung.[680] Eine Umkehrung der Beweislast ist damit allerdings nicht verbunden.[681] Der Anscheinsbeweis soll nämlich gerade dazu dienen, die Situation des non liquet zu verhindern.[682] Der Anscheinsbeweis stellt dabei nach h.M. ein Mittel der Beweiserleichterung im Rahmen der Beweiswürdigung dar.[683] Wohl überwiegend wird auch davon ausgegangen, dass mit dem Anscheinsbeweis keine Beweismaßabsenkung einhergeht.[684] Er muss also

---

674 Vgl. *Anzinger*, S. 143; a.A. *Völzmann-Stickelbrock*, in: FS Schilken, 539 (546).

675 *Baumgärtel*, Rn. 376.

676 *Doukoff*, SVR 2015, 245 (250); vgl. *Greger*, S. 169; andeutend auch *Anzinger*, S. 18.

677 BGH, Urt. v. 5.2.1987, I ZR 210/84, BGHZ 100, 31 (33); Urt. v. 5.4.2006, VIII ZR 283/05, NJW 2006, 2262 (2263).

678 *Ahrens*, § 58, Rn. 22; *Anzinger*, S. 9; *Doukoff*, SVR 2015, 245 (249).

679 Vgl. *Lepa*, in: FS Merz, 387 (389); *Meyer*, S. 68.

680 *Prütting*, in: MüKo ZPO, § 286, Rn. 48.

681 BGH, Urt. v. 5.2.1987, I ZR 210/84, BGHZ 100, 31 (34); *Ahrens*, § 58, Rn. 9 f.; *Birkenfeld*, S. 64; *Doukoff*, SVR 2015, 245 (251); *Oberheim*, Rn. 1346; *Prütting*, in: MüKo ZPO, § 286, Rn. 51; *Saenger*, in: Saenger, § 286, Rn. 39.

682 *Anzinger*, S. 44; *Greger*, VersR 1980, 1091 (1102); *Prütting*, S. 97; *Schmidt*, S. 304 f.

683 *Dieckmann*, WM 2011, 1153 (1155); *Doukoff*, SVR 2015, 245 (250); *Lepa*, in: FS Merz, 387 (393 f.); *Oberheim*, Rn. 1347; *Prütting*, in: MüKo ZPO, § 286, Rn. 55; *Rosenberg/Schwab/Gottwald*, § 113, Rn. 16; *Schellhammer*, Rn. 404; a.A. etwa *Greger*, VersR 1980, 1091 (1102); *ders.*, in: Zöller, Vor § 284, Rn. 29a, der die Erklärung und Rechtfertigung des Anscheinsbeweises im materiellen Recht sieht.

684 BGH, Urt. v. 10.1.1951, II ZR 27/50, NJW 1951, 360 (360); *Ahrens*, § 58, Rn. 12 ff.; *Brinkmann*, S. 56 f.; *Geibel*, S. 170 f.; *Greger*, S. 179; *ders.*, VersR 1980, 1091 (1102); *Lepa*, in: FS Merz, 387 (395); *Prütting*, S. 111; a.A. etwa *Bender*, in: FS Baur, 247

zur vollen Überzeugung des Gerichts führen (sog. Vollbeweis); dieses darf sich nicht mit Wahrscheinlichkeiten für das Vorliegen der zu beweisenden Tatsache begnügen.[685]

Die Voraussetzungen für den Anscheinsbeweis, also den typischen Sachverhalt, hat, sofern nicht unstreitig oder bewiesen, derjenige zu beweisen, der sich auf den Anscheinsbeweis beruft.[686] Insoweit reicht aber der Vortrag der Vermutungsbasis, als der Teil des Sachverhalts, der das Eingreifen eines Erfahrungssatzes rechtfertigt. Die Darlegungslast ist insoweit verkürzt.[687] Dem Gegner reicht wiederum die Darlegung der ernstlichen Möglichkeit eines atypischen Geschehensablaufs. Das Führen des Gegenbeweises genügt hierbei, es ist nicht der Beweis des Gegenteils erforderlich.[688] Es muss also nicht voller Beweis für die Unrichtigkeit der Vermutung erbracht werden, die Erschütterung der Vermutung genügt.[689] Der Beklagte muss aber hinsichtlich derjenigen Tatsachen, aus denen sich der atypische Verlauf ergeben soll, den Vollbeweis führen.[690] Gelingt dies, so muss der Beweisführer die Haupttatsache mit regulären Beweismitteln beweisen.[691]

---

(259); *Reinelt*, jurisPR-BGHZivilR 2/2014 Anm. 1; *Saenger*, in: Saenger: § 286, Rn. 39. Vgl. zum Streitstand beispielsweise die Ausführungen von *Ahrens*, § 58, Rn. 12 ff.; *Anzinger*, S. 60 ff.; *Doukoff*, SVR 2015, 245 (251); *Greger*, VersR 1980, 1091 (1098 f.), jeweils m.w.N.

685 BGH, Urt. v. 17.6.1997, X ZR 119/94, NJW 1998, 79 (81); *Ahrens*, § 58, Rn. 13; *Greger*, VersR 1980, 1091 (1102); *Lepa*, in: FS Merz, 387 (395); *Prütting*, in: MüKo ZPO, § 286, Rn. 50.

686 *Ahrens*, § 58, Rn. 22; *Greger*, in: Zöller, Vor § 284, Rn. 29; *Saenger*, in: Saenger, § 286, Rn. 40.

687 BGH, Urt. v. 2.6.2005, III ZR 358/04, NJW 2005, 2454 (2454); *Doukoff*, SVR 2015, 245 (251); *Dieckmann*, WM 2011, 1153 (1156); *Hansen*, JuS 1991, 588 (590); *Saenger*, in: Saenger: § 286, Rn. 40, 91.

688 *Ahrens*, § 58, Rn. 36 f.; *Anzinger*, S. 114; *Deutsch/Ahrens*, Rn. 751; *Foerste*, in: Musielak/Voit, § 286 ZPO, Rn. 23; *Prütting*, in: MüKo ZPO, § 286, Rn. 65; *Rosenberg/Schwab/Gottwald*, § 113, Rn. 36; *Seer*, in: Tipke/Lang, § 22, Rn. 194; *Völlmeke*, DStR 1996, 1070 (1075).

689 *Oberheim*, Rn. 1345.

690 BGH, Urt. v. 23.5.1952, I ZR 163/51, BGHZ 6, 169 (171); *Dieckmann*, WM 2011, 1153 (1155); *Doukoff*, SVR 2015, 245 (252); *Greger*, in: Zöller, Vor § 284, Rn. 29; *Prütting*, in: MüKo ZPO, § 286, Rn. 65; *Rosenberg/Schwab/Gottwald*, § 113, Rn. 36.

691 *Oberheim*, Rn. 1345.

1. Anwendung auf innere Tatsachen

Entwickelt wurde der Anscheinsbeweis für die Feststellung von Kausalität und Verschulden. Ob er aber darüber hinaus auch auf andere Tatsachen anwendbar ist, ist umstritten. Angesprochen ist damit die im vorliegenden Fall relevante Willensentscheidung des geschädigten Kapitalanlegers, sich an einer alternativen Anlage beteiligt zu haben, wäre er ordnungsgemäß aufgeklärt worden. So wird in der Literatur insofern teilweise vertreten, der Anscheinsbeweis solle auch für andere Tatsachen in Betracht kommen, also überall dort, wo Erfahrungssätze mit ausreichender Wahrscheinlichkeit die Schlussfolgerung des Richters auf die Verwirklichung rechtserheblicher Tatsachen stützen würden.[692] Dem BGH zufolge ist eine Anwendung auf individuelle Willensentschlüsse hingegen grundsätzlich ausgeschlossen.[693] Dabei führt er an, dass individuelle menschliche Willensentschlüsse so stark von der Persönlichkeit eines Menschen, seinen besonderen Lebensumständen und seinen Wert- und Moralvorstellungen abhängen, dass die Annahme einer Typizität nicht in Betracht komme.[694]

Von dieser allgemeinen Aussage gibt es jedoch Ausnahmen. So wurde in einem Urteil des IX. Senats vom 30.9.1993 ein Anscheinsbeweis für einen persönlichen Willensmoment angenommen. Danach müsse dies nämlich dann möglich sein, wenn es darum gehe, wie ein Mandant bei sachgerechter Aufklärung gehandelt hätte. Wer sich an einen Rechtsanwalt oder Steuerberater wende, handle, so der BGH, gewöhnlich in der Absicht, die für sich günstigste Lösung zu finden. Es sei die typische Aufgabe des Beraters, durch eine Empfehlung eine Grundlage für die persönliche Entscheidung des Auftraggebers zu liefern. Im Falle einer zutreffenden Information werde für den Beratenen nur eine Entscheidung sinnvoll sein. „Hätte dies für den Mandanten nach einer fehlerfrei erteilten Beratung zweifelsfrei zutage gelegen, so hätte er nach der Lebenserfahrung den für ihn eindeutig vorteilhaftesten Weg gewählt."[695]

---

692 *Rosenberg/Schwab/Gottwald*, § 113, Rn. 19; *Musielak/Voit*, Grundkurs, § 6, Rn. 840.

693 BGH, Urt. v. 19.1.1967, II ZR 138/64, VersR 1967, 269 (269); Urt. v. 4.5.1988, IVa ZR 278/86, BGHZ 104, 256 (259); Urt. v. 19.7.2004, II ZR 218/03, BGHZ 160, 134 (144); *Greger*, in: Zöller, Vor § 284, Rn. 31; *Piekenbrock*, WM 2012, 429 (433); *Schmidt*, S. 314; a.A. *Anzinger*, S. 4 f.; *Laumen*, MDR 2015, 1 (5); *Lepa*, in: FS Merz, 387 (399); *Walter*, ZZP 1977, 270 (278).

694 BGH, Urt. v. 4.5.1988, IVa ZR 278/86, BGHZ 104, 256 (261); Urt. v. 5.3.2002, VI ZR 398/00, NJW 2002, 1643 (1645).

695 BGH, Urt. v. 30.9.1993, IX ZR 73/93, BGHZ 123, 311 (316 f.); vgl. auch BGH, Urt. v. 18.12.2008, IX ZR 12/05, NJW 2009, 1141 (1143); *Ahrens*, § 58, Rn. 69; *Baumgärtel*,

Somit wäre diese Fallkonstellation zur Vermutung aufklärungsrichtigen Verhaltens im Grunde mit derjenigen der fehlerhaften Beratung bei Kapitalanlagen und eventueller Alternativanlage vergleichbar. Zwar war der Ausgangspunkt der Entscheidung die Kausalität zwischen Pflichtverletzung und Schaden und damit inbegriffen auch der Anlageentscheidung,[696] während in den Fällen der steueroptimierten Kapitalanlagen die steuerlichen Vorteile im Fokus stehen. Allerdings wendet sich der Anleger an den Berater, um für ihn das wirtschaftlich günstigste Modell zu zeichnen. Bei zutreffender Beratung hätte sich für den Anleger nur eine sinnvolle Option ergeben, nämlich die Beteiligung an einer anderen, vergleichbaren Anlage, was für ihn den vorteilhaftesten Weg dargestellt und die gleichen steuerlichen Vorteile gebracht hätte. So könnte folglich die Alternativanlage, deren Darlegungs- und Beweislast beim Geschädigten liegt, vorgetragen werden, wobei die Grundsätze des Anscheinsbeweises auf diese Willensentscheidung anzuwenden wären. Dann ist es Sache des Schädigers, den Anscheinsschluss zu erschüttern. Gelingt ihm dies nicht, käme es im Rahmen der Vorteilsausgleichung nicht zu einer Anrechnung der zuvor erlangten steuerlichen Vorteile.

2. *Erfahrungssatz*

Zu klären bleibt indes aber, „ob" überhaupt eine solche alternative Anlage getätigt worden wäre. An dieser Stelle muss also untersucht werden, ob es einen Erfahrungssatz gibt, der auf die Frage nach dem „ob" der alternativen Anlageentscheidung eine Antwort gibt. Diese Erfahrungssätze sind es, auf denen die für den Anscheinsbeweis notwendige Lebenserfahrung beruht. Insoweit ist man sich jedoch uneins, welche Anforderungen an einen solchen Erfahrungssatz zu stellen sind.[697] Dabei wird begrifflich zum Teil davon ausgegangen, dass es neben sog. Erfahrungsgesetzen die Erfahrungsgrundsätze und die einfachen Erfahrungssätze gibt. Erstere seien zwingend und mangels Ausnahmen nicht für den Anscheinsbeweis geeignet. Letztere würden dagegen eine zu schwache Wahrscheinlichkeit aufweisen, die nicht ausreiche, um die volle richterliche Überzeugung zu begründen. Sie könnten nur im Rahmen des Indizienbeweises Anwendung finden. Relevant wären daher nur die sog. Erfahrungsgrundsätze.[698]

Rn. 259 f., 540; *Rosenberg/Schwab/Gottwald*, § 113, Rn. 24; *Stackmann*, NJW 2009, 3265 (3268).

696 Vgl. dazu *Dieckmann*, WM 2011, 1153 (1153).

697 Siehe dazu die eingehende Darstellung bei *Doukoff*, SVR 2015, 245 (246 ff.).

698 *Prütting*, in: MüKo ZPO, § 286, Rn. 56 ff.; vgl. auch *Anzinger*, S. 89 ff.; *Osterloh*, S. 81.

Umstritten ist weiter, ob es zur Ermittlung eines Wahrscheinlichkeitsurteils eines empirischen Befundes bedarf oder nicht.[699] Gegen das Fordern eines solchen spricht laut *Anzinger* zu Recht, dass es Situationen gibt, die einem statistischen Nachweis nicht zugänglich sind, aber von niemandem ernstlich bezweifelt werden können. Genannt sei an dieser Stelle nur der Fall einer eingestürzten Betondecke eines Neubaus elf Wochen nach Fertigstellung. Hierbei müsse davon ausgegangen werden, dass es sich um einen Konstruktionsfehler handle, jedoch könne man keinen empirisch begründeten Anscheinsschluss ziehen.[700] Letztlich muss der Erfahrungsgrundsatz geeignet sein, eine Wahrscheinlichkeitsaussage zu treffen, die zur vollen Überzeugung des Gerichts führt.

Der nächste Schritt ist die Untersuchung, ob ein individueller Willensentschluss, also vorliegend der Entschluss, sich bei aufklärungsrichtigem Verhalten des Beraters an einer anderen Kapitalanlage beteiligt zu haben, um die gleichen steuerlichen Vorteile zu erzielen, auf einen Erfahrungsgrundsatz zurückgeführt werden kann. Sicherlich ist der Rechtsprechung des BGH und Teilen der Literatur darin zuzustimmen, dass es schwierig ist, bei Individuen ein typisches Verhalten festzustellen. Jedoch ist es nicht ausgeschlossen, dass sich trotz individueller Unterschiede Menschen in gewissen Situationen gleich entscheiden. Dies wurde selbst vom BGH in seinen Ausnahmen bereits gezeigt. Laut *Anzinger* geht diese Denkweise dabei auf das Modell des sog. homo oeconomicus zurück.[701] Darunter ist ein ökonomisches Modell zur Erklärung menschlichen Verhaltens zu verstehen, wonach der Mensch rational handle und in einer Entscheidungssituation diejenige Alternative wähle, die ihm die bestmögliche Verwirklichung seiner Präferenzen verspreche.[702] Dabei sind allerdings zunächst seine Präferenzen festzulegen.[703] So kommen neben wirtschaftlichem Wohlstand auch altruistische Motive in Betracht.[704] Diese dürften aber eher eine untergeordnete Rolle spielen, sodass vom Durchschnittsfall auszugehen ist. Angesprochen ist damit das sog. „Eigennutzaxiom“, wonach die eigenen Interessen im Vordergrund stehen. Das menschliche Handeln lässt sich damit als Nutzenmaximierung charakterisieren. Unter dessen Zuhilfenahme kann man davon ausgehen, dass der Mensch zunächst im Eigeninteresse handelt, was sodann als durchschnittliches

---

699 Für das Vorliegen beispielsweise *Dörr*, MDR 2010, 1163 (1164); a.A. BGH, Urt. v. 5.10.2004, XI ZR 210/03, BGHZ 160, 308 (316).

700 *Anzinger*, S. 95 ff.

701 *Anzinger*, S. 104.

702 *Engländer*, JuS 2002, 535 (536 f.); *Kirchgässner*, JZ 1991, 104 (106).

703 *Eidenmüller*, S. 31 ff.

704 *Anzinger*, S. 106 f.; *Eidenmüller*, S. 32.

Verhalten zu werten ist. Er wählt folglich diejenige Alternative, die ihm am vorteilhaftesten erscheint. Dies ist dann die Rationalität menschlichen Verhaltens.[705]

Die Anwendbarkeit eines solchen Verhaltensmodells in der Rechtswissenschaft ist nicht unumstritten. Ihm wird unter anderem vorgeworfen, realitätsfern zu sein. Der Mensch als schierer Nutzenmaximierer sei zudem „nicht der Mensch eines verfassungsgestalteten (Privat)Rechts einer offenen Gesellschaft der Grundrechtsdemokratie."[706] Dennoch ist richtigerweise von einer Anwendbarkeit auszugehen.[707] Es wäre nämlich realitätsferner, in Sachverhalten mit wirtschaftlichem Hintergrund ökonomische Gesichtspunkte bei der Bewertung eines typischen menschlichen Verhaltens außer Acht zu lassen.[708] Insoweit spricht das Gesagte dafür, dass ein geschädigter Anleger sein Geld in eine Anlage investiert hätte, die ihm die gleichen steuerlichen Vorteile eingebracht hätte. Oftmals geht es ihnen gerade darum, Steuern um jeden Preis zu sparen.[709] Es ist kein Grund ersichtlich, warum der Anleger, wenn er ordnungsgemäß aufgeklärt wird, sein Geld freiwillig in eine Anlage investieren sollte, die schlechtere Aussichten bietet, oder gar von einer Investition absehen sollte. Die Lebenserfahrung wird demzufolge auf eine Handlungsweise des Menschen gestützt, die ökonomisch betrachtet als rational zu werten ist, insbesondere, wenn steueroptimierte Modelle vorliegen.

Letztlich ist daher von einer Lebenserfahrung auszugehen, nach der ein geschädigter Anleger sein Geld in eine andere Beteiligung investiert hätte, wäre er ordnungsgemäß aufgeklärt worden. Diese Lebenserfahrung ist dann dem Anscheinsbeweis zugrunde zu legen. Sie liefert als Erfahrungsgrundsatz eine ausreichende Wahrscheinlichkeit für die volle Überzeugung des Gerichts. Insofern hilft dieses Modell in zweierlei Hinsicht. Einerseits beantwortet es die Frage nach

---

705 *Engländer*, JuS 2002, 535 (536 f.); *Kirchgässner*, JZ 1991, 104 (106).

706 *Fezer*, JZ 1988, 223 (227 f.); a.A. *Wieland*, in: FS Lampe, 371 (381); *Steinmetzler*, JA 1998, 335 (342).

707 So z.B. *Kirchgässner*, JZ 1991, 104 (107); *Wieland*, in: FS Lampe, 371 (381 f.); *Anzinger*, S. 107 f., der wegen anderen z.B. altruistischen oder unsinnigen Präferenzen grundsätzlich aber noch einen zusätzlichen Anhaltspunkt fordert, der darauf schließen lasse, dass sich der Mensch im konkreten Falle wie ein homo oeconomicus verhalte. Es sei ein zweiter Erfahrungssatz nötig, der auf ein typisches Verhalten schließen lasse. Ein solcher sei aber z.B. in den Fällen der Beraterhaftung gegeben.

708 *Anzinger*, S. 105 f.; vgl. auch *Wieland*, in: FS Lampe, 371 (381 f.).

709 Vgl. BGH, Beschluss v. 3.6.2014, XI ZR 435/12, BKR 2014, 430 (432); dazu, dass Menschen möglicherweise wirtschaftlich unvernünftig handeln, wenn sie von der Möglichkeit, Steuern zu sparen, geblendet sind, *Wernsmann*, S. 51; nach *Wegmann*, DStR 1994, 941 (941), beschränke sich das Interesse meist auf die Erzielung von Steuervorteilen, weshalb damit verbundene Risiken ausgeblendet werden.

dem „ob“, andererseits kann es unterstützend bei der Frage wirken, „wie“ die Anlage hätte beschaffen sein müssen, nämlich so, dass sie vergleichbare steuerliche Wirkungen erzielt hätte, da allein dies nutzenmaximierend gewesen wäre. Zusätzlich hilft auf dieser zweiten Stufe die vom BGH angenommene Lebenserfahrung der gleichen steuerlichen Folgen. Insofern ist es unschädlich, dass zum Teil die Einschränkung gemacht wird, dass es nur eine bestimmte Möglichkeit aufklärungsrichtigen Verhaltens gegeben haben müsse, es also nicht zu einem Entscheidungskonflikt gekommen sei.[710] Auch im Falle mehrerer Entscheidungsmöglichkeiten zeigt die Anwendung des homo oeconomicus, dass von einem Erfahrungsgrundsatz ausgegangen werden kann.

3. *Zwischenergebnis*

Der Geschädigte kann sich beim Vortrag einer Alternativanlage der Beweiserleichterung des Anscheinsbeweises, der ein Hilfsmittel der Sachverhaltsfeststellung ist, bedienen. Dabei reicht dem Geschädigten der Vortrag der Vermutungsbasis. Im Falle der Alternativanlage bedeutet dies, der Geschädigte müsste lediglich das Vorliegen eines Beratungsfehlers im Rahmen einer steueroptimierten Kapitalanlage vortragen.[711] Eine Absenkung des Beweismaßes ist damit jedoch genauso wenig verbunden wie eine Umkehrung der Beweislast. Der für die allgemeine Lebenserfahrung erforderliche Erfahrungsgrundsatz lässt sich dabei anhand des ökonomischen Modells des homo oeconomicus ermitteln. Jener ist dann geeignet, die volle Überzeugung des Gerichts im Sinne des § 286 ZPO zu begründen. Dem Schädiger reichen zur Erschütterung jedoch die Darlegung und der Beweis der ernstlichen Möglichkeit eines atypischen Geschehensablaufs, also der Tatsache, dass der Geschädigte von der Zeichnung einer anderen Beteiligung abgesehen hätte.

4. *Nähe zur sog. typisierenden Betrachtungsweise*

Die obigen Ausführungen sind nicht mit der sog. Typisierung zu verwechseln. Diese findet sich insbesondere im Steuerrecht wieder. Sie ist der Oberbegriff für die typisierende Betrachtungsweise und den typischen Willen.[712] Bei der

---

710 So aber z.B. BGH, Urt. v. 6.12.2001, IX ZR 124/00, NJW 2002, 593 (594); *Baumgärtel*, Rn. 541.

711 Zum Vergleich: In den Fällen der Auffahrunfälle beispielsweise kann sich der Beweisführer auf den Vortrag des Auffahrunfalls als solchen beschränken, *Doukoff*, SVR 2015, 245 (251).

712 *Falkner*, S. 127.

Typisierung werden gleich geartete Sachverhalte zu Sachverhaltstypen zusammengefasst und beispielsweise bei der Besteuerung gleich behandelt.[713] Die Besonderheiten des Einzelfalles treten so zurück.[714] Das Augenmerk liegt dabei auf der sog. formellen Typisierung. Bei ihr wird der Gegenbeweis zugelassen, der typische, vermutete Fall kann also vom Schädiger widerlegt werden.[715] Solch eine Typisierung findet sich auf allen drei Ebenen staatlicher Gewalt wieder.[716] Neben jener durch den Gesetzgeber findet eine typisierende Betrachtungsweise insbesondere durch die Verwaltung statt, indem z.B. AfA-Tabellen oder Pauschsätze verwendet werden, was dem chronischen Vollzugsnotstand der Verwaltung entgegenwirken soll.[717] Ferner existiert eine Typisierung durch die Rechtsprechung, die dazu dienen kann, von der Pflicht zur Sachaufklärung zu entbinden, zu einem Gewinn an Praktikabilität zu führen und der Beweisnot entgegenzuwirken, in die die Parteien geraten können.[718] Die richterliche Typisierung des BFH zeigte sich unter anderem in der Drei-Objekte-Grenze im Rahmen der Abgrenzung der privaten Vermögensverwaltung zum gewerblichen Grundstückshandel. Würden danach mehr als drei Objekte innerhalb eines engen zeitlichen Zusammenhangs veräußert, spreche dies in der Regel für eine Gewerblichkeit und die erforderliche Veräußerungsabsicht.[719] Insbesondere bei dieser inneren Tatsache, auf deren Vorliegen durch äußere Merkmale geschlossen wird, zeigt sich der Nutzen der Typisierung.[720]

---

713 *Burchardi*, StuW 1981, 304 (315).

714 Siehe dazu bereits RFH, Urt. v. 16.2.1927, VI A 504/26, RFHE 20, 317 (319); BVerfG, Urt. v. 24.1.1962, 1 BvR 845/58, BVerfGE 13, 331 (341); Beschluss v. 12.10.2010, 1 BvL 12/07, BVerfGE 127, 224 (246); *Drüen*, StuW 1997, 261 (271); *Falkner*, S. 125; *Pahlke*, DStR-Beih 2011, 66 (66); *Wernsmann*, DStR-Beih 2011, 72 (73). Eine Übersicht der in der Literatur vertretenen Definitionsansätze findet sich bei *Strahl*, S. 49 f.

715 *Burchardi*, StuW 1981, 304 (315); *Jachmann*, StuW 1994, 347 (349); *Pahlke*, DStR-Beih 2011, 66 (71); *Wernsmann*, DStR-Beih 2011, 72 (73); *Strahl*, S. 51 f.

716 Zur Verfassungsmäßigkeit siehe etwa BVerfG, Urt. v. 24.7.1963, 1 BvL 30/57, 11/61, BVerfGE 17, 1 (23); Beschluss v. 12.10.2010, 1 BvL 12/07, BVerfGE 127, 224 (245 f.).

717 Vgl. *Schenke*, S. 131; *Brockmeyer*, in: FS Offerhaus, 13 (20); *Isensee*, StuW 1994, 3 (10); *Hey*, in: Tipke/Lang, § 3, Rn. 147.

718 *Burchardi*, StuW 1981, 304 (314); *Isensee*, StuW 1994, 3 (10 f.).

719 BFH, Urt. v. 9.12.1986, VIII R 317/82, BFHE 148, 480 (483); Urt. v. 5.5.2011, IV R 34/08, BFHE 234, 1 (6 f.).

720 BFH, Urt. v. 23.10.1987, III R 275/83, BFHE 151, 399 (401); *Brockmeyer*, in: FS Offerhaus, 13 (29).

Ähnlichkeiten zwischen der Typisierung und dem Anscheinsbeweis sind also nicht zu verkennen.[721] In der Tat handelt es sich dabei um verwandte Themenkomplexe.[722] Dogmatisch wird die typisierende Betrachtungsweise auch häufig in die Nähe des Anscheinsbeweises gerückt.[723] Der Anscheinsbeweis und die typisierende Betrachtungsweise haben dabei gemein, dass der tatsächliche Wille nicht erforscht, sondern ersetzt wird. Eine genaue Differenzierung ist hierbei jedoch schwierig.[724] Zwar wurde eingangs dargelegt, dass der Anscheinsbeweis aus der tatsächlichen Vermutung vorgegangen ist und letztere begrifflich zu vermeiden sei; dennoch tauchen in diesem Zusammenhang häufig Abgrenzungen der Typisierung auch zur tatsächlichen Vermutung auf, weshalb hierauf aus Klarstellungsgründen hingewiesen werden soll. Insofern wird vertreten, dass es sich aufgrund der Ähnlichkeiten bei der Typisierung, dies betrifft insbesondere Fiktionen, lediglich um einen speziellen steuerrechtlichen Begriff für die tatsächliche Vermutung handle.[725] Allerdings wird hinsichtlich des Anscheinsbeweises trotz der Ähnlichkeiten der Unterschied zur Typisierung überwiegend darin gesehen, dass es sich beim Anscheinsbeweis um ein Hilfsmittel der richterlichen Überzeugung handle, bei der Typisierung hingegen um ein Surrogat.[726] Auch sei der Ausgangspunkt ein anderer, nämlich ein feststehender, immer gleichbleibender Sachverhalt. Der Anscheinsbeweis beziehe sich nur auf ein bestimmtes Merkmal, die Typisierung biete hingegen einen kompletten Sachverhalt.[727] Letztlich handelt es sich um zwei verschiedene Rechtsinstitute.[728]

Die Gedanken zur Typisierung können hier nicht angewendet werden. Bei ihr handelt es sich zum einen um Rechtsanwendung, nicht um Sachverhaltsfeststellung.[729] Sie ist vielmehr eine vereinfachte Form der Gesetzesanwendung.[730] Zum anderen geht es in den vorliegenden Fällen der Darlegung von Alternativanlagen nicht um eine Typisierung durch die staatliche Gewalt, wo sich diese üblicherweise wiederfindet, sondern um die Führung des Beweises durch den

---

721 Vgl. auch *Birkenfeld*, S. 83.

722 *Anzinger*, S. 13.

723 *Drüen*, StuW 1997, 261 (262); *Gersch*, in: Klein, § 4 AO, Rn. 39 („gewisse Parallelen"); *Isensee*, S. 109; vgl. auch *Witte*, S. 161.

724 *Falkner*, S. 127.

725 *Meyer*, S. 67; *Hartz*, DB 1957, 828 (829).

726 *Meyer*, S. 68; *Anzinger*, S. 204 f.; *Isensee*, S. 110; *Wennrich*, S. 40; *Jachmann*, S. 154.

727 *Isensee*, S. 110; kritisch *Anzinger*, S. 203.

728 Vgl. im Ergebnis *Meyer*, S. 67.

729 *Anzinger*, S. 205; *Osterloh*, S. 80 ff.

730 *Schenke*, S. 131.

Geschädigten. Damit hat die Typisierung aber nichts zu tun.[731] Es geht hier auch nicht um die Auslegung einer Norm.[732] Die Typisierung ist damit auf die Bildung generalisierender Entscheidungskriterien bei der Besteuerung gerichtet, die Beweiswürdigung hingegen, worunter der Anscheinsbeweis fällt, möchte dem Rechtsanwender eine hinreichende Überzeugung vom tatsächlichen Vorliegen eines entscheidungserheblichen Sachverhalts verschaffen.[733]

B. Beweislastumkehr

Die bisherigen Ausführungen beruhten auf der Annahme, dass die Vermutung aufklärungsrichtigen Verhaltens einen Anscheinsbeweis zur Folge hat. Neben Stimmen aus dem Schrifttum vertritt aber insbesondere der XI. Zivilsenat des BGH die Ansicht, die Vermutung aufklärungsrichtigen Verhaltens müsse eigentlich vielmehr zu einer Beweislastumkehr führen.[734] Im Falle eines non liquet käme dies der darlegungs- und beweisbelasteten Partei zugute. Das Gericht würde davon ausgehen, dass sich ein entsprechendes Geschehen tatsächlich ereignet habe. Die Gegenpartei müsste jenes nun vom Gegenteil überzeugen.[735] Für den Beweis des Gegenteils ist dann erforderlich, dass die Unwahrheit der Tatsache sicher feststeht, eine Erschütterung genügt nicht.[736] Diese Stimmen gehen also davon aus, dass nicht der Anscheinsbeweis, sondern die Beweislastumkehr die passende Schlussfolgerung wäre. Nur so werde der Zweck der Aufklärungspflichten, dem Partner eine sachgerechte Entscheidung über den Abschluss bestimmter Geschäfte zu ermöglichen, erreicht. Unklarheiten, die durch eine Aufklärungspflichtverletzung bedingt seien, müssten zu Lasten des Aufklärungspflichtigen gehen.[737]

Insoweit widersprechen sich der IX.[738] und XI. Senat[739] des BGH. Während der IX. Zivilsenat auf den typischen Geschehensablauf abstellt, steht für den XI.

---

731 Vgl. *Osterloh*, S. 220.

732 Vgl. *Jachmann*, S. 222.

733 *Osterloh*, S. 211.

734 BGH, Urt. v. 5.7.1973, VII ZR 12/73, BGHZ 61, 118 (120 ff.); Urt. v. 16.11.1993, XI ZR 214/92, BGHZ 124, 151 (159 f.); Urt. v. 7.5.2002, XI ZR 197/01, BGHZ 151, 5 (12); *Herresthal*, in: BeckOGK BGB, § 311, Rn. 461; a.A. *Andres*, BKR 2011, 277 (279); *Baumgärtel*, Rn. 535; *Grün*, NJW 1994, 1330 (1332).

735 *Dieckmann*, WM 2011, 1153 (1154).

736 *Oberheim*, Rn. 1328, 1385.

737 BGH, Urt. v. 16.11.1993, XI ZR 214/92, BGHZ 124, 151 (160).

738 BGH, Urt. v. 30.9.1993, IX ZR 73/93, BGHZ 123, 311 (315.).

739 BGH, Urt. v. 16.11.1993, XI ZR 214/92, BGHZ 124, 151 (159 f.); Urt. v. 7.5.2002, XI ZR 197/01, BGHZ 151, 5 (12).

Zivilsenat der Schutzzweck der Aufklärungspflicht im Vordergrund. In der Praxis können sich hieraus Unterschiede ergeben. Sind die Voraussetzungen eines Anscheinsbeweises nicht erfüllt, wird zugunsten des Schädigers entschieden. Bei Umkehr der Beweislast trägt der Aufklärungspflichtige den Schaden, sollte der Beweis des Gegenteils nicht geführt werden können.[740]

Allerdings galt die Beweislastumkehr zum Teil lediglich unter der Einschränkung, dass es nur eine bestimmte Möglichkeit aufklärungsrichtigen Verhaltens gab, es also nicht zu einem Entscheidungskonflikt gekommen war.[741] Daraus schlossen manche, der XI. Zivilsenat habe sich einem Anscheinsbeweis angenähert.[742] Denn auch bei diesem wird vom IX. Zivilsenat verlangt, dass nur ein bestimmter Rat geschuldet war und es unvernünftig gewesen wäre, diesen nicht zu befolgen.[743] Gebe es bei korrekter Aufklärung eigentlich nur eine Möglichkeit, sich anders zu verhalten, könne von einem Erfahrungssatz ausgegangen werden, nämlich dass sich der Aufzuklärende auch genau so verhalten hätte.[744] Insofern wäre ein Anscheinsbeweis möglicherweise ausreichend. Der XI. Zivilsenat hat jedoch vom Erfordernis des Entscheidungskonflikts mangels Vereinbarkeit mit dem Schutzzweck der Beweislastumkehr wieder Abstand genommen.[745]

Gegen eine Beweislastumkehr wird in der Literatur insbesondere eine fehlende besondere Legitimation vorgebracht. Es sei auch nicht einzusehen, warum die Beweisnot des Anlegers „einseitig auf den Aufklärungspflichtigen verschoben werden soll."[746] Der Geschädigte sei zwar schutzwürdig, habe aber kein Recht darauf, von der ihn grundsätzlich treffenden Beweislast freigestellt zu werden, sollten „ernstliche Zweifel an einem aufklärungskonformen Verhalten bestehen."[747] Im Arzthaftungsrecht sei eine Beweislastumkehr sachgerecht, weil „eine Streitpartei aufgrund unterlegenen Wissens systematisch in Beweisnot" gerate.[748] Ansonsten bedeute sie aber „eine kaum überwindbare Hürde", da es um innere Einstellungen und Vorgänge des Anlegers gehe.[749]

---

740 Vgl. *Canaris*, in: FS Hadding, 3 (9 f.).

741 BGH, Urt. v. 16.11.1993, XI ZR 214/92, BGHZ 124, 151 (161); anders aber nun BGH, Urt. 8.5.2012, XI Z R 262/10, BGHZ 193, 159 (171).

742 *Canaris*, in: FS Hadding, 3 (11); *Dieckmann*, WM 2011, 1153 (1158).

743 BGH, Urt. v. 6.12.2001, IX ZR 124/00, NJW 2002, 593 (594).

744 *Canaris*, in: FS Hadding, 3 (11 f.).

745 BGH, Urt. 8.5.2012, XI Z R 262/10, BGHZ 193, 159 (170).

746 *Heusel*, ZBB 2012, 461 (468).

747 *Vollkommer*, in: FS Baumgärtel, 585 (594).

748 *Bassler*, WM 2013, 544 (547).

749 *Andres*, BKR 2011, 277 (279).

Entscheidend gegen eine Beweislastumkehr spricht aber, dass es bereits einen Anscheinsbeweis für den Geschädigten gibt. Sicherlich kann sich der Geschädigte in einer Beweisschwierigkeit befinden, wenn Aufklärungspflichtverletzungen vorliegen. Dennoch muss nicht ohne Not von der aus dem materiellen Recht hergeleiteten Beweislastverteilung abgewichen werden, wenn dem Geschädigten bereits eine Beweiserleichterung zur Verfügung steht. Eine richterrechtliche Beweislastumkehr ist nur dann zulässig, wenn eine andere, „gesetzesnähere Möglichkeit", eine „prozessuale Waffengleichheit" herzustellen, nicht in Betracht kommt.[750] Zwar genügt dem Schädiger nun lediglich der Gegenbeweis, während der Beweis des Gegenteils nicht erforderlich ist; aber auch jener muss zunächst einmal geführt werden. *Medicus* bezeichnet eine Umkehr der Beweislast insoweit unter dem Hinweis auf Beweisschwierigkeiten als paradox, weil der Schädiger das hypothetische Verhalten des Geschädigten noch weniger beweisen könne.[751] Zum Teil wird diese Verlagerung daher insgesamt als gerechter empfunden.[752]

C. § 252 BGB

Mit § 252 BGB steht dem Geschädigten eine weitere Möglichkeit der Beweiserleichterung im Rahmen der Alternativanlagen offen. § 252 BGB ergänzt § 287 ZPO und enthält eine Beweiserleichterung hinsichtlich Eintritt und Umfang des entgangenen Gewinns.[753] Der entgangene Gewinn definiert sich als jeder Vermögensvorteil, der im Zeitpunkt des schädigenden Ereignisses noch nicht zum Vermögen des Verletzten gehörte, ihm aber ohne dieses zugeflossen wäre.[754] Nach § 252 Satz 2 Alt. 1 BGB gilt der Gewinn als entgangen, welcher nach dem gewöhnlichen Lauf der Dinge mit Wahrscheinlichkeit erwartet werden konnte. Kann der Geschädigte somit nachweisen, dass ihm ein Gewinn durch eine Alternativanlage entgangen ist, führen die entgangenen Steuervorteile im Ergebnis zu einer Nichtanrechnung im Rahmen der Vorteilsausgleichung.

---

750 *Bassler*, WM 2013, 544 (547).

751 *Medicus*, in: FS Picker, 619 (620).

752 So auch *Baumgärtel*, Rn. 535.

753 *Schubert*, in: Bamberger/Roth, § 252, Rn. 32; *Grüneberg*, in: Palandt, § 252, Rn. 4; *Oetker*, in: MüKo BGB, § 252, Rn. 30 f.; *Geibel*, S. 218 ff.; *Keuk*, S. 167; siehe zum Verhältnis der beiden Normen auch *v. Hoyningen-Huene/Boemke*, NJW 1994, 1757 (1760 f.), nach denen § 287 Abs. 1 ZPO beim Vorliegen bewiesener Ausgangs- und Anknüpfungstatsachen partiell subsidiär sei. Nach *Greger*, S. 135, habe § 252 BGB lediglich in materiell-rechtlicher Hinsicht Bedeutung.

754 BGH, Urt. v. 11.5.1989, VII ZR 39/88, NJW-RR 1989, 980 (981); *Grüneberg*, in: Palandt, § 252, Rn. 1.

Für die Schadensberechnung wird sowohl von § 287 ZPO als auch von § 252 BGB die schlüssige Darlegung von Ausgangs- bzw. Anknüpfungstatsachen verlangt.[755] Hierbei kann ein Anscheinsbeweis hilfreich sein.[756] Die Anknüpfungstatsachen bilden die Grundlage für die Wahrscheinlichkeitsprüfung nach § 252 Satz 2 BGB.[757] Dem Schädiger, der den Gegenbeweis[758] führen muss, um die Vermutung zu widerlegen, bleibt hingegen nur die Möglichkeit, nachzuweisen, dass es zum Zeitpunkt des Beitritts keine gleichwertigen alternativen Anlagen am Markt gab, sie wegen Geringfügigkeit keinen Einfluss auf die Entscheidung haben konnten oder diese Alternativen im Hinblick auf die steuerlichen Vorteile nicht gleichwertig waren, also geringere Steuervorteile entstanden wären.[759] Dieser Nachweis dürfte ihm in der Regel aber nicht möglich sein, was dann zu einem ungeminderten Schadensersatzanspruch führt.[760] Insoweit ist im Vergleich zum Anscheinsbeweis darauf hinzuweisen, dass bei der Führung des Gegenbeweises durch den Schädiger im Rahmen des § 252 BGB zwar § 287 ZPO eingreift, jedoch nicht lediglich der Nachweis der ernsthaften Möglichkeit, der Gewinn könne nicht entstanden sein, ausreicht.[761] Der Anscheinsbeweis trägt folglich im Rahmen der Alternativanlagen verglichen zu § 252 BGB nicht zu einer wesentlichen Besserstellung des Geschädigten bei, denn er ist für den Schädiger insoweit leichter zu erschüttern.[762]

---

755 BGH, Urt. v. 15.3.1988, VI ZR 81/87, NJW 1988, 3016 (3017); Urt. v. 23.2.2010, VI ZR 331/08, NJW 2010, 1532 (1533); *Oetker*, in: MüKo BGB, § 252, Rn. 37; *Flume*, in: BeckOK BGB, § 252, Rn. 27; *Schirp/Kondert*, ImmoStR IV ESt 2005, 183 (195); *Martin*, NZG 2006, 175 (176); *v. Hoyningen-Huene/Boemke*, NJW 1994, 1757 (1760).

756 *Oetker*, in: MüKo BGB, § 252, Rn. 37.

757 *V. Hoyningen-Huene/Boemke*, NJW 1994, 1757 (1758).

758 *Oetker*, in: MüKo BGB, § 252, Rn. 40; *v. Hoyningen-Huene/Boemke*, NJW 1994, 1757 (1757).

759 BGH, Urt. v. 31.5.2010, II ZR 30/09, NJW 2010, 2506 (2508); *Kessen*, jurisPR-BKR 11/2010 Anm. 3; *Knops*, WM 2015, 993 (997).

760 *Staudenmayer*, VuR 2011, 43 (49); *Koch/Harnos*, WuB 2010, 607 (608).

761 *Baumgärtel*, Rn. 407; *Ekkenga/Kuntz*, in: Soergel, § 252, Rn. 42; *Oetker*, in: MüKo BGB, § 252, Rn. 40; *Schiemann*, in: Staudinger, § 252, Rn. 18.

762 Nach *Geibel*, S. 217, trete der Anscheinsbeweis in seiner Bedeutung hinter § 287 Abs. 1 Satz 1 ZPO zurück. Nach *Schiemann*, in: Staudinger, § 252, Rn. 18, gehe die Beweiserleichterung des § 252 BGB über die des Anscheinsbeweises hinaus.

§ 4: Zusammenfassung

Der vierte Teil beschäftigte sich mit dem Vorbringen des Geschädigten hinsichtlich einer Alternativanlage im Rahmen steueroptimierter Kapitalanlagen. Hätte er eine solche bei ordnungsgemäßer Aufklärung gezeichnet und hätte diese ihm die gleichen steuerlichen Vorteile eingebracht, so kann eine Anrechnung von Vorteilen im Wege der Vorteilsausgleichung ausscheiden. Es wurde dargelegt, dass dem Geschädigten dabei Beweiserleichterungen in Form eines Anscheinsbeweises oder § 252 Satz 2 BGB[763] zugutekommen können.

Typische Geschehensabläufe ermöglichen es dem Geschädigten, sich diese im Rahmen der Beweisführung als Beweiserleichterung zu Nutze zu machen. Die allgemeine Lebenserfahrung kann dazu dienen, von feststehenden Tatsachen auf andere, rechtserhebliche Tatsachen zu schließen. Dies ist an sich charakteristisch für die sog. tatsächlichen Vermutungen. Aufgrund der Gemeinsamkeiten mit dem Anscheins- und Indizienbeweis sollte der Begriff der tatsächlichen Vermutung jedoch vermieden, allenfalls als Sammelbegriff verwendet werden. Liegen Erfahrungsgrundsätze vor, die zur vollen Überzeugung des Gerichts führen können, ist es Sache des Schädigers, den Anscheinsbeweis durch einen Gegenbeweis zu erschüttern. Für die steuerlichen Vorteile existiert ein Erfahrungsgrundsatz dergestalt, dass sich der geschädigte Anleger an einem alternativen Anlagemodell beteiligt hätte, wäre er ordnungsgemäß aufgeklärt worden. Dieses hätte ihm dann dieselben steuerlichen Vorteile erbracht. Begründen lässt sich dies mit dem ökonomischen Modell des sog. homo oeconomicus, wonach der Mensch letztlich diejenige Alternative wählt, die ihm am vorteilhaftesten erscheint. Darüber hinaus bietet § 252 BGB dem Geschädigten die Möglichkeit, steuerliche Vorteile im Rahmen des entgangenen Gewinns vorzutragen. Dies ist für ihn insoweit begünstigend, als dass hier an die Führung des Gegenbeweises höhere Anforderungen gestellt werden als beim Anscheinsbeweis. Eine Beweislastumkehr als Folge der Vermutung aufklärungsrichtigen Verhaltens ist dagegen abzulehnen, da nicht ohne Not von der aus dem materiellen Recht hergeleiteten Beweislastverteilung abgewichen werden soll, wenn dem Geschädigten bereits eine Beweiserleichterung, hier z.B. in Form des Anscheinsbeweises, zur Verfügung steht.

Nachdem nun im dritten und vierten Teil dargelegt wurde, wie insbesondere die Rechtsprechung mit steuerlichen Vorteilen im Rahmen der Vorteilsausgleichung umgeht, wird im nun folgenden fünften Teil analysiert, welche Auswirkungen sich dabei für die Parteien, gerade aus wirtschaftlicher Sicht, ergeben.

---

763 Kritisch *Frisch/Münscher*, Rn. 1652.

Fünfter Teil: Analyse der Rechtsprechung

Während bisher vor allem im dritten Teil der Arbeit erörtert wurde, wie der BGH konkret mit steuerlichen Vorteilen im Rahmen der Vorteilsausgleichung umgeht, soll im fünften Teil eine Analyse und kritische Würdigung dieser Vorgehensweise insgesamt vorgenommen werden. Zunächst soll dabei auf die Kritik aus dem Schrifttum eingegangen werden, die sich zum einen gegen die Vorgehensweise im Rahmen des § 287 ZPO, aber auch gegen das faktische Ergebnis einer Nichtanrechnung der steuerlichen Vorteile richtet. Im Kern soll danach herausgearbeitet werden, dass aus systematischer Hinsicht eine isolierte Betrachtung von steuerlichen Vor- und Nachteilen stattfinden muss. Diese führt in den überwiegenden Fällen zum gleichen Ergebnis wie die Vorgehensweise des BGH.

§ 1: Kritik an der Vorgehensweise des BGH

Zunächst ist auf die Kritik aus dem Schrifttum an der Vorgehensweise des BGH einzugehen. Sie ist einerseits auf die Ermittlung des Schadens gerichtet, andererseits werden diverse Gründe aufgeführt, die bei einer wertenden Betrachtung entgegen dem BGH zu einer Anrechnung führen müssten.

A. Vorgehen über § 287 ZPO

Steht fest, dass dem Kläger ein Anspruch gegen den Beklagten zusteht, bereitet aber der Beweis der Schadenshöhe Schwierigkeiten, ermöglicht § 287 ZPO eine Schadensschätzung. Dabei werden auch die Anforderungen an das Beweismaß gegenüber § 286 ZPO erleichtert.[764] Es handelt sich insoweit um eine Ausnahme einerseits vom Grundsatz des Strengbeweises und andererseits vom Grundsatz des Vollbeweises. Ausreichend ist nämlich bereits eine erhebliche Wahrscheinlichkeit hinsichtlich der Überzeugungsbildung des Gerichts.[765]

I. Literatur

Dieses Vorgehen ist im Rahmen der Vorteilsausgleichung häufig der Kritik ausgesetzt.[766] So etwa, dass § 287 ZPO zwar eine Schadensschätzung erlaube, es dem

764 *Pohlmann*, Rn. 361 f.; *Prütting*, in: MüKo ZPO, § 287, Rn. 3.
765 *Baumgärtel*, Rn. 379; *Oberheim*, Rn. 1352, 1361.
766 Zustimmend, soweit ersichtlich, *Assmann*, in: FS Lange, 345 (364); *Baumgärtel*, Rn. 395; *Geibel*, S. 426; *Meyer*, BKR 2016, 309 (311); *Podewils*, DStR 2011, 33 (37),

Richter aber trotzdem nicht erspart bleibe, sich mit der Vorteilsausgleichung zu beschäftigen. Hinsichtlich des unverhältnismäßigen Aufwandes wird auf die Möglichkeit der Hinzuziehung von Sachverständigen, etwa Steuerberatern oder Wirtschaftsprüfern, hingewiesen.[767] Auch wird eingewandt, es handle sich bei der Schadensschätzung des BGH um eine unzulässige Vereinfachung, die nichts mehr mit einer Schätzung zu tun habe. Dies sei wegen der „Bindung des Richters (...) an das Gesetz eine nicht hinnehmbare Rechtsverweigerung, die zu einer (...) Billigkeitsjustiz“ führe.[768] Ferner führe die Entsprechensvermutung, dass sich Vor- und Nachteile decken, zu realitätsfernen Ergebnissen, wenn verschiedene Veranlagungszeiträume in Bezug auf Abschreibung und Rückabwicklung ins Spiel kämen.[769] Aus Sicht des BGH sei dies aber unschädlich, weil Progressionsvorteile ohnehin nicht zugunsten des Schädigers berücksichtigt werden könnten.[770] Auffallend kritisch äußert sich *Yildirim*, wonach das Vorgehen über § 287 ZPO ohne Auseinandersetzung mit den Steuertatbeständen zu „grundrechtlich nicht haltbaren Ergebnissen“ führe.[771]

Vorgeschlagen werden in der Literatur derweil auch andere mögliche Vorgehensweisen, wobei jedoch eine Verfahrensaussetzung bis zur Entscheidung des Finanzamtes wegen der ohnehin langen Verfahrensdauer letztlich nicht in Betracht kommt.[772] Bei den alternativen Ansätzen muss zwischen verschiedenen Sachverhaltskonstellationen im Zeitpunkt der letzten mündlichen Verhandlung differenziert werden. Stehen sowohl der zuvor erlangte Vorteil als auch der Nachteil aus der Versteuerung der Ersatzleistung fest, so wird nach der Rechtsprechung des BGH der Vorteil durch den Nachteil in etwa aufgewogen, sofern keine Anhaltspunkte für das Vorliegen außergewöhnlicher Vorteile bestehen. Ein weiterer Schaden durch die Versteuerung entsteht ihm zufolge gar

---

aus Gründen der Unzumutbarkeit für den Geschädigten zwecks Offenlegung seiner steuerlichen Verhältnisse für eine konkrete Berechnung.

767 *Loritz/Wagner*, ZfIR 2003, 753 (762 f.); *Wagner*, NZG 2010, 857 (858); *Loritz*, WuB 2011, 598 (598); *Edelmann/Glemser*, WuB 2008, 728 (728 f.); kritisch zum unverhältnismäßigen Aufwand auch *Müller*, EWiR 1990, 871 (872); *Schneider*, S. 406 f.; *Otto*, S. 151.

768 *Ekkenga/Kuntz*, in: Soergel, Vor § 249, Rn. 385.

769 *Langheim/Stenzel*, BB 2008, 2373 (2373), die deshalb eine vertragliche Vereinbarung empfehlen, nach der eine konkrete Berechnung vorgeschrieben sei, oder nach der der Schädiger einen Informationsanspruch gegen den Geschädigten habe, um die Vermutung zu erschüttern.

770 Dritter Teil, § 4, B.

771 *Yildirim*, BKR 2014, 188 (193).

772 *Staudenmayer*, VuR 2011, 43 (49).

nicht erst, weil die Nachteile durch die Vorteile kompensiert werden.[773] In der Literatur wird dagegen auf die Möglichkeit eines Feststellungsantrags durch den Geschädigten hinsichtlich Schäden durch zukünftige steuerliche Nachteile hingewiesen.[774] Gebe es die Möglichkeit, sicherzustellen, dass ein künftiger, als neuer Schadensposten anzusehender Steuernachteil vom Schädiger ersetzt werde, dann spreche nichts dagegen, bereits erlangte Vorteile im Rahmen des Schadensersatzanspruchs zu berücksichtigen.[775] Diese Möglichkeit bietet sich nicht nur dann an, wenn sowohl der konkrete Vor- als auch Nachteil bereits feststeht, sondern ebenso dann, wenn nur der Vorteil feststeht, der Nachteil aber noch offen ist. Dies lehnt allerdings insbesondere der BGH mit der Begründung ab, der Geschädigte trage so das Insolvenzrisiko des Schädigers.[776] Es wäre außerdem nicht zumutbar, dass der Geschädigte beispielsweise den Fondsanteil aus der Hand geben müsse, obwohl feststehe, dass ihm wegen der Besteuerung der Ersatzleistung weitere Ansprüche zustünden.[777] Nicht zuletzt, so wird eingewandt, würde dies auch zu einer verzögerten Zahlung des Schadensersatzes an den Geschädigten führen.[778] Steht der anzurechnende Vorteil (und gegebenenfalls auch der Nachteil) hingegen noch nicht fest, bleibt nur die Möglichkeit eines Zwischenurteils über den Grund, § 304 ZPO. Dadurch würde die genaue Höhe des Vorteilsausgleichs dem Nachverfahren vorbehalten bleiben.[779]

II. Stellungnahme

Zum einen wird zu Recht die Entsprechensvermutung kritisiert. Der BGH nimmt an, es sei der Regelfall, dass erlangten steuerlichen Vorteilen durch die Versteuerung der Rückabwicklung, also der Schadensersatzleistung, in etwa sich deckende Nachteile gegenüberstünden, wobei es auf eine genaue Ermittlung nicht ankomme.[780] Betrachtet man aber die verschiedenen Veranlagungszeiträume, so können sich erheblich unterschiedliche Auswirkungen beim geschädigten

---

773 BGH, Urt. v. 13.1.2004, XI ZR 355/02, NJW 2004, 1868 (1870).

774 *Staudenmayer*, VuR 2011, 43 (49); *Jäger*, DStR 2011, 155 (157 f.).

775 *Edelmann/Glemser*, WuB 2008, 728 (729 f.).

776 BGH, Urt. v. 1.3.2011, XI ZR 96/09, DStR 2011, 872 (874); *Witt*, LMK 2010, 308392; *Einsiedler*, WM 2015, 958 (959); a.A. *Loritz*, WuB 2011, 598 (598).

777 BGH, Urt. v. 31.5.2010, II ZR 30/09, NJW 2010, 2506 (2509); *Kessen*, jurisPR-BKR 11/2010 Anm. 3.

778 *Meindl/Schmid/Kemmetter*, Rn. 218.

779 *Loritz/Wagner*, ZfIR 2003, 753 (763); *Schneider*, S. 408; a.A. *Meindl/Schmid/Kemmetter*, Rn. 218.

780 Zweiter Teil, § 3, D, II.

Anleger ergeben. Wirken sich im Jahr 01 die zugewiesenen Verlusten in hohem Maße aus, ist im Jahr 02, in dem die Ersatzleistung zu versteuern ist, hingegen nur ein geringes zu versteuerndes Einkommen vorhanden, so kann schwerlich von einem „Entsprechen" ausgegangen werden, wenn hohe steuerliche Vorteile einer geringen steuerlichen Belastung gegenüberstehen. Auch wenn es sich dabei um Maßnahmen des Geschädigten handelt, die letztlich im Ergebnis ebenso zu einer Versagung der Anrechnung führen, ist dennoch der Begründungsansatz des BGH verfehlt.

Zum anderen darf bezweifelt werden, ob die Möglichkeit des Feststellungsantrags, wie der BGH meint, wirklich eine unzumutbare Belastung des Geschädigten darstellt. Zwar kann es für den Geschädigten ungünstig sein, beispielsweise den Fondsanteil aus der Hand geben zu müssen und nur den um die erlangten Vorteile gekürzten Schadensersatz zu erhalten, obwohl er weiß, dass später noch Ersatzzahlungen hinsichtlich steuerlicher Nachteile zu erwarten sind, jedoch tritt eine ähnliche Wertung ebenso in anderen Bereichen auf. Sobald ein Geschädigter, losgelöst von den Fällen der steueroptimierten Kapitalanlagen, wegen Nichtleistung einen Schadensersatzanspruch statt der Leistung verlangt, §§ 280 Abs. 1, Abs. 3, 281 Alt. 1 BGB, erlischt gem. § 281 Abs. 4 BGB sein Erfüllungsanspruch. Zwar ist grundsätzlich Voraussetzung, dass der Schadensersatzanspruch entstanden sein muss, bevor die Erklärung wirksam abgegeben werden kann;[781] dennoch wird auch hier, bevor der Schadensersatz bewirkt wird, der Erfüllungsanspruch aus der Hand gegeben, und zwar von Gesetzes wegen. Zudem ist dieses Verlangen unwiderruflich, also nicht mehr rückgängig zu machen. Das gilt auch dann, wenn der Schuldner die Leistung nicht erbringt oder erbringen kann.[782] Der Erhalt der Schadensersatzleistung ist für den Wegfall des Leistungsanspruchs also irrelevant. Dies wurde zwar ursprünglich durch die Schuldrechtskommission vorgeschlagen, letztlich aber nicht übernommen.[783] Im Falle der Nichtleistung, wenn also nichts empfangen wurde, ändern daran auch § 281 Abs. 5 i.V.m. § 348 BGB nichts.

Überträgt man diesen Gedanken auf den Fall der schadensersatzrechtlichen Rückabwicklung nach §§ 311 Abs. 2, 280 Abs. 1 BGB, so verhält es sich dort im Hinblick auf die Zumutbarkeit bei einer Feststellungsklage prinzipiell nicht

---

781 *Unberath*, in: BeckOK BGB, § 281, Rn. 51; *Ernst*, in: MüKo BGB, § 281, Rn. 109; *Stadler*, in: Jauernig, § 281, Rn. 14.

782 *Ernst*, in: MüKo BGB, § 281, Rn. 110; *Faust*, in: FS Huber, 239 (242 f.); im Grundsatz auch *Westermann*, in: Erman, § 281, Rn. 22, für den die Unwiderruflichkeit jedoch nicht ganz unzweifelhaft sei.

783 BT-Drucks. 14/6040, S. 141; *Schwarze*, in: Staudinger, § 281, Rn. D 18.

anders. Hier kann der spätere Erhalt der Schadensersatzleistung hinsichtlich der zu ersetzenden steuerlichen Nachteile auch fraglich sein, obwohl der Fondsanteil bereits übertragen wurde, §§ 413, 398 BGB. Daher ist eine Unzumutbarkeit des Geschädigten zu verneinen, zumal auch nicht der Erhalt der summenmäßig höheren Rückzahlung der Einlage in Rede steht.

Neben den steuerlichen Vorteilen, die der Geschädigte aus seiner Kapitalanlage erzielt, rückt in der Literatur im Rahmen der Schadensberechnung noch ein weiterer Aspekt in den Fokus. Es handelt sich dabei um zusätzliche Liquidität, die der Geschädigte in dem Zeitraum, in dem er Steuern ersparte, erlangt haben soll. Lege er dieses Geld an, ziehe er daraus einen zinsmäßigen Vorteil. Daran ändere auch die Versteuerung der Schadensersatzleistung nichts. Der Anleger werde einer pauschalierenden Berechnung unter Berücksichtigung eines marktüblichen Zinses aber entgegen halten, er habe das Geld zum privaten Konsum verwendet. Auch fehle es in der Regel bereits an einem entsprechenden Vortrag des Schädigers.[784]

Betrachtet man allerdings die Konstellation, in der der Schadensersatz auf das negative Interesse gerichtet ist, so wäre das Kapital des Geschädigten – wäre keine Alternativanlage gezeichnet worden – erfahrungsgemäß nicht ungenutzt geblieben. Geltend gemacht werden kann also der entgangene Gewinn in Höhe eines allgemein üblichen Zinssatzes, § 252 BGB.[785] Ist beim Geschädigten ein Liquiditätsvorteil feststellbar, so besteht in dieser Höhe aber bereits kein Schaden in Form entgangenen Gewinns, weil ein zinsmäßiger Vorteil erlangt wurde. Problematisch wäre es nur dann, wenn der Liquiditätsvorteil größer als der entgangene Gewinn wäre.

B. Faktische Nichtanrechnung

Ungeachtet der Diskussion über die Schadensermittlung, wie sie vom BGH vorgenommen wird, wird seit jeher in der Literatur über das gefundene Ergebnis an sich diskutiert. Es geht letztlich um die wertende Frage, ob eine Anrechnung der erlangten steuerlichen Vorteile stattzufinden habe oder nicht. Eine einheitliche Linie ist auch hier nicht zu erkennen, zumal sich die vertretenen Ansichten dabei noch in ihrer Begründung unterscheiden.

---

784 *Loritz*, ZfIR 2006, 586 (587); *Martini*, DStR 2014, 2160 (2164).

785 BGH, Urt. v. 23.4.2012, II ZR 211/09, DStR 2012, 1517 (1520); *Kondert/Schirp*, BKR 2007, 357 (362).

I. Meinungsstand

1. Notwendigkeit einer Anrechnung

In der Literatur findet sich nicht selten die Ansicht, eine Anrechnung der erlangten steuerlichen Vorteile im Wege der Vorteilsausgleichung habe stattzufinden. Dabei ist die Rechtsprechung des BGH diverser Kritik ausgesetzt.[786] So setzen sich insbesondere *Loritz/Wagner* umfassender mit den Argumenten des BGH auseinander und werfen ihm vor, seine Vorgehensweise bei der Ablehnung einer Anrechnung beruhe auf nicht tragfähigen Praktikabilitätsgründen. Zudem sei eine Anrechnung für den Geschädigten nicht unzumutbar, denn sein Ziel, die Trennung von der Anlage, sei erreicht worden. Er brauche nun nicht bessergestellt werden als es ohne die Zeichnung einer solchen der Fall wäre. Schließlich stehe auch der Zweck des Schadensersatzes einer Anrechnung nicht entgegen. Seien die Vorteile nur durch die Vermittlung zustande gekommen, so könne der Anleger nicht erwarten, dass ihm die Vorteile ersatzlos verblieben, wolle er seine Leistung zurück.[787] Ähnlich argumentieren *Knebel/Schmidt*, wenn sie ausführen, dass der Verbleib der Steuervorteile zusätzlich zur Rückabwicklung eine unbillige Besserstellung des Geschädigten bedeute, wenn die Vorteile, wie bei den Steuerstundungsmodellen, primärer Bestandteil der Renditeerwartung waren.[788] Letztlich führe ein versagter Vorteilsausgleich zu einer doppelten Begünstigung des Anlegers, da er den Steuervorteil mitgenommen, die Risiken aus der Kapitalanlage aber auf den Vermittler bzw. Initiator abgewälzt habe.[789] In diese Richtung gehen auch die Ausführungen von *Schneider*, wonach gegen eine Anrechnung

---

786 Siehe bzgl. des eher früher oft angeführten Arguments der Unpraktikabilität z.B. *Späth*, VersR 1976, 1073 (1074); *ders.*, VersR 1978, 1004 (1005); *Ekkenga/Kuntz*, in: Soergel, Vor § 249, Rn. 379, die den Schwierigkeiten mittels § 287 ZPO begegnen wollen; vgl. auch *Steinle*, DStR 1981, 366 (368). Ferner für eine Anrechnung *Otto*, S. 149 f.; *Naujok*, ZfIR 2008, 803 (803); *Loritz*, ZfIR 2006, 586 (588), der allerdings von einer Festigung der Rechtsprechung bzgl. der Anrechnung ausgeht. Vom jetzigen Zeitpunkt kann aber nur davon ausgegangen werden, dass eine Anrechnung der absolute Ausnahmefall ist.

787 *Loritz/Wagner*, ZfIR 2003, 753 (761 f.). Das Argument des unverhältnismäßigen Aufwands einer exakten Errechnung der Steuervorteile ebenfalls ablehnend *Müller*, EWiR 1990, 871 (872). Die Praktikabilitätsgründe ablehnend und somit eine konkrete Berechnung fordernd *Schneider*, S. 406 f.

788 *Knebel/Schmidt*, BB 2010, 1316 (1317).

789 *Loritz*, WuB 2011, 598 (598); ähnlich *Edelmann/Glemser*, WuB 2008, 728 (729), nach denen dieses Ergebnis nicht mit den Grundsätzen von Treu und Glauben vereinbar sei.

wertungsmäßig keine Bedenken bestünden. Dem Anleger sei bewusst, dass er die steuerlichen Vorteile nur mit Hilfe der Kapitalanlage erreichen könne und dies wiederum mit einem Risiko verbunden sei. Entschließe er sich nun für eine Rückabwicklung und wälze er das Risiko dabei auf den Ersatzpflichtigen ab, sei es ihm zumutbar, die erzielten Vorteile schadensmindernd anrechnen zu lassen. Damit sei auch keine unbillige Entlastung des Schädigers verbunden, denn er habe den Anleger nur so zu stellen, als hätte dieser sich nicht beteiligt.[790] Andere bezeichnen es wiederum als befremdlich bzw. als ein Störgefühl, wenn der Anleger vollen Ersatz erhalte, also so gestellt werde, wie er ohne die Anlage stünde, die steuerlichen Vorteile aber behalten dürfe.[791] Dieses letzte Argument führt aber wieder zu der eigentlichen Problematik der Vorteilsausgleichung zurück. Wollte man dieses „Störgefühl" beseitigen, so müsste man stets eine Anrechnung vornehmen, was aber gerade nicht vertreten wird.

Für eine Anrechnung wird ferner vorgebracht, dass es mit dem Feststellungsantrag eine einfache und rechtlich vorgesehene prozessuale Möglichkeit gebe, den Ersatz künftig eintretender steuerlicher Nachteile sicherzustellen. Dadurch würde auch keine unbillige Entlastung des Schädigers eintreten und der Zweck des Schadensersatzes wäre auch gewahrt.[792] Gehe es nach *Meindl/Schmid/Kemmetter*, sollte im Bereich der steuerlichen Vorteile einheitlich vorgegangen und nicht auf den Zweck einzelner steuerlicher Regelungen abgestellt werden. Steuervorteile seien anzurechnen, Steuernachteile erhalte der Geschädigte ausgeglichen. Nur im Falle einer unbilligen Entlastung des Schädigers müsse ein Vorteilsausgleich unterbleiben. So sollten bei deliktischen Handlungen ohne Vorsatz die Steuervorteile konsequent dem Schädiger zugutekommen. Liege bei diesem aber insbesondere ein vorsätzliches betrügerisches Handeln vor, so sei dies der einzige Fall, in dem es hinzunehmen sei, dass der Geschädigte besser stehe als ohne die getätigte Kapitalanlage.[793] Ferner verweisen die Autoren auf zwei Urteile des OLG Celle vom 15.8.2002, denen sie sich anschließen. Dieses bringt ein Argument vor, das auf eine generelle Anrechnung abzielt. Der Anleger habe es nämlich in der Hand, durch einen späten Zeitpunkt innerhalb der Verjährungsfrist des Schadensersatzbegehrens möglichst viele Steuervorteile zu realisieren und danach das gesamte eingesetzte Kapital vom Berater erstattet

790 *Schneider*, S. 402.
791 *Zoller*, § 11, Rn. 114; *Müller*, EWiR 1990, 871 (872).
792 *Edelmann/Glemser*, WuB 2008, 728 (730).
793 *Meindl/Schmid/Kemmetter*, Rn. 222, 229.

zu bekommen.[794] Ferner schlagen die Autoren vor, eine Unterscheidung nach Einkunftsarten zu vermeiden und stattdessen eine erforderliche konkrete Berechnung vorzunehmen. So könne man auf ein Regel-Ausnahmeverhältnis, insbesondere auf den Begriff der „außergewöhnlichen Steuervorteile" verzichten.[795]

2. *Ablehnung einer Anrechnung*

Auch auf Seiten derer, die sich gegen eine Anrechnung der Steuervorteile aussprechen, finden sich die unterschiedlichsten Begründungen. So wird vorgebracht, die Vorgehensweise des BGH, eine Anrechnung nur dann vorzunehmen, sollte es an einer zu versteuernden Schadensersatzleistung fehlen, sei zu billigen, da so die Schwierigkeiten der Schadensberechnung denen angelastet werden, die sie verursacht haben.[796] Zudem solle ein effektiver Vertrauensschutz gewährt werden, der eine endgültige Zuweisung erlangter Vorteile beinhalte. Dieser werde durch eine Vorteilsausgleichung unterlaufen.[797] Ferner wird darauf verwiesen, eine stets vorzunehmende Prüfung, ob steuerliche Vorteile beim Geschädigten verblieben, führe zu einer ungeheuren Ausweitung der Prozesse.[798] Auch die damit verbundene Offenlegung der steuerlichen Verhältnisse des Geschädigten, die eine exakte Berechnung der steuerlichen Vorteile erforderlich mache, spreche für das Vorgehen des BGH.[799] Für einen ungeschmälerten Schadensersatzanspruch tritt auch *Kaligin* ein. Er trägt allerdings einen eigenen Lösungsvorschlag vor. Er möchte die Vermögenssituation für alle Beteiligten ex ante wiederherstellen. Der Geschädigte würde die Schadensersatzleistung in Höhe seiner Einlage entgegennehmen, die Steuervorteile gingen zurück an den Fiskus und den Schädiger treffe die volle (nicht mehr besteuerbare) Schadensersatzpflicht.[800] Zunächst mag diese Idee etwas für sich haben, da so alle Zustände quasi „auf null" gesetzt werden, wie es für den Vertrauensschaden charakteristisch ist.[801] Diese Ansicht muss dann aber erklären, warum die Schadensersatzleistung nicht mehr zu versteuern ist. *Knobbe-Keuk* hält diesem Vorschlag zweierlei entgegen: Erstens stehe aus steuerrechtlicher Sicht im Wege, dass keine Grundlage

---

794 OLG Celle, Urt. v. 15.8.2002, 11 U 341/01, BKR 2002, 841 (846); Urt. v. 15.8.2002, 11 U 291/01, VersR 2003, 61 (66); zustimmend *Meindl/Schmid/Kemmetter*, Rn. 226.

795 *Meindl/Schmid/Kemmetter*, Rn. 229.

796 *Assmann*, in: Assmann/Schütze, 3. Auflage, § 6, Rn. 201.

797 *Assmann*, in: FS Lange, 345 (365).

798 *Rosenberger*, ZfBR 1981, 253 (256).

799 *Podewils*, ZfIR 2008, 461 (461); *ders.*, DStR 2011, 33 (37).

800 *Kaligin*, GmbHR 1982, 41 (43).

801 So auch *Knobbe-Keuk*, Karlsruher Forum 1983, 134 (135).

für eine Neutralisierung von Verlustzuweisungen bestehe, denn der Geschädigte sei schließlich für einige Zeit Gesellschafter gewesen. Zweitens sei bei einer ex ante-Betrachtung zu berücksichtigen, dass sich der Geschädigte wegen der erwarteten Verlustzuweisungen unter Umständen an einer anderen Gesellschaft beteiligt hätte.[802] Im Ergebnis befürwortet sie allerdings auch eine Nichtberücksichtigung der steuerlichen Vorteile.[803]

II. Untersuchung

Im Folgenden soll untersucht werden, ob der Geschädigte durch die Rückabwicklung und deren Folgen überhaupt bereichert ist. Dabei soll die Vermögenslage des Geschädigten untersucht werden, wie sie sich nach dem Zufluss der Ersatzleistung und einer möglichen Versteuerung derselben darstellt. Erst dann kann eine Aussage über die Notwendigkeit einer Anrechnung getroffen werden. Im Vordergrund steht dabei eine Analyse der Auswirkungen, die sich aus der Vorgehensweise des BGH ergeben.

1. Keine Versteuerung der Schadensersatzleistung

Den zunächst einfacheren Fall stellt die Situation dar, in der die Schadensersatzleistung nicht zu versteuern ist. Dann sind beim Geschädigten auf der einen Seite die in der Vergangenheit erlangten Vorteile, z.B. in Form von ersparten Steuern, zu verbuchen, auf der anderen Seite steht ihnen allerdings kein Nachteil gegenüber. Folglich wäre der Geschädigte bessergestellt, würden ihm neben der ungeschmälerten Schadensersatzsumme zusätzlich die Vorteile verbleiben. Insofern ist das Ergebnis des BGH, eine Anrechnung in Betracht zu ziehen, wenn die Schadensersatzleistung nicht zu versteuern ist, aus rein wirtschaftlicher Perspektive zunächst nicht zu bemängeln. An dieser Stelle ist dann aber aus Sicht des BGH die wertende Betrachtung bzgl. der Anrechnung vorzunehmen. Er muss danach fragen, ob die Anrechnung dem Zweck des Schadensersatzanspruchs entgegensteht, der Geschädigte unzumutbar belastet oder der Schädiger unbillig entlastet wird.

2. Zu versteuernde Schadensersatzleistung

Schwieriger zu durchdringen ist die Konstellation, in der die Schadensersatzleistung zu versteuern ist. Auf der einen Seite wurden zuvor die steuerlichen

---

802 *Knobbe-Keuk*, Karlsruher Forum 1983, 134 (135). Siehe dazu Vierter Teil.

803 *Knobbe-Keuk*, Karlsruher Forum 1983, 134 (137); ebenso *Boelsen*, DB 1988, 2187 (2193).

Vorteile erlangt. Betrachtet man auf der anderen Seite die Schadensersatzleistung, so wird deren Versteuerung als Nachteil angesehen. Dieser kann grundsätzlich wiederum zu einem ersatzfähigen Schaden führen, zu dessen Ausgleich der Schädiger dann verpflichtet wäre.[804] Ob im konkreten Fall tatsächlich ein zu ersetzender Schadensposten vorliegt, wird noch Gegenstand der weiteren Untersuchung sein;[805] dies soll an dieser Stelle aber noch unterstellt werden. Sollte somit von einem zu ersetzenden Schadensposten ausgegangen werden, so kann daraus unter Umständen die bereits oben angesprochene „Endlosschleife" resultieren, sofern diese geschuldete Ersatzleistung ihrerseits wieder zu versteuern sein sollte und die Behörden die Versteuerung auch vornehmen, was zum Teil jedoch auch angezweifelt wird.[806]

Geht man zunächst nüchtern von diesen Faktoren aus, ist neben der Schadensersatzleistung also zum einen ein erlangter Vorteil gegeben. Unterstellt man – vorbehaltlich einer weiteren Untersuchung, ob wirklich ein relevanter Schadensposten vorliegt – zum anderen, dass der Nachteil aus der Versteuerung seinerseits wiederum als Schaden ersatzfähig ist, wäre der Geschädigte an sich tatsächlich bereichert, da der Geschädigte jenen erneut als Schaden ersetzt verlangen könnte.

a) Vorgehensweise des BGH

Die Vorgehensweise des BGH führt allerdings nicht zu einer Besserstellung des Geschädigten. Er verneint bereits das Vorliegen eines weiteren, nachträglichen Schadens durch die Versteuerung der Ersatzleistung, da dieser Nachteil durch den Vorteil kompensiert werde.[807] Somit bleibt zumindest bei wirtschaftlicher Betrachtung auch kein Vorteil mehr übrig, der eine Besserstellung darstellen könnte. Mangels verbleibenden Vorteils scheidet damit auch eine Anrechnung im Wege der Vorteilsausgleichung aus. Im Ergebnis bedeutet dies, dass der Geschädigte die ungeschmälerte Ersatzsumme erhält, ein erlangter Vorteil aber durch die Versteuerung der Ersatzleistung kompensiert wird und deshalb auch kein weiterer Schaden mehr entsteht. Es verbleibt also letztlich, vereinfacht gesagt, kein Vorteil, weshalb ungeschmälerter Schadensersatz gezahlt wird.

---

804 *Magnus*, in: Nomos Kommentar, Vor §§ 249–255, Rn. 170.

805 Siehe siebenter Teil.

806 Vgl. *Edelmann/Glemser*, WuB 2008, 728 (729); *Ruhkopf/Book*, VersR 1973, 781 (786); vgl. Zweiter Teil, § 3, D, IV.

807 BGH, Urt. v. 13.1.2004, XI ZR 355/02, NJW 2004, 1868 (1870).

Damit ist das Ergebnis des BGH, keine Anrechnung vorzunehmen, unter diesen von ihm angewandten Voraussetzungen im Ergebnis folgerichtig, weil bereits kein anzurechnender Vorteil vorliegt. Diesen Aspekt muss man sich vor Augen halten, möchte man die versagte Anrechnung des BGH pauschal kritisieren. Die Argumente der Literatur für oder wider eine Anrechnung müssen also vor dem Hintergrund, welche Vorgehensweise zugrunde liegt, betrachtet werden. So kann zumindest einem Teil der Kritik an der Rechtsprechung der Wind aus den Segeln genommen werden, wenn es um die vorgebrachte Besserstellung des Geschädigten geht.

b) Literatur

In der Literatur wird die Problematik hinsichtlich eines Schadens aus der zu erwartenden Versteuerung der Schadensersatzleistung ebenfalls thematisiert. Es wird ein Vergleich zu der Situation angestellt, in der keine Steuervorteile erzielt wurden, mit denen ein Nachteil zu verrechnen gewesen wäre. Der Anleger müsse in diesem Fall auf Freistellung von dem staatlichen Steueranspruch klagen bzw. Feststellungsklage auf Ersatz des künftigen Steuernachteils erheben. Genau genommen handle es sich gar nicht um eine Frage der Vorteilsausgleichung, sondern um die Frage, ob und in welcher Höhe dem Anleger ein Schaden aus der zu erwartenden Versteuerung der Ersatzleistung entstehe. Es bedürfe keiner wertenden Betrachtung, sondern der Anspruch der Finanzverwaltung sei im Rahmen der Gesamtsaldierung zu berücksichtigen.[808] Auf den Aspekt der Schadensentstehung wird im siebenten Teil noch genauer einzugehen sein.

III. Zwischenergebnis

Die Vorgehensweise des BGH ist in sich konsequent. Unter der Prämisse, dass der Nachteil aus der Versteuerung den zuvor erlangten Vorteil kompensiert, ist es insoweit zunächst nachvollziehbar, dass nach Ansicht des BGH kein weiterer Schaden entsteht. Mangels eines verbleibenden Vorteils scheidet dann eine Anrechnung aus. Wirtschaftlich betrachtet ist der Geschädigte dadurch nämlich gar nicht bereichert. Liegt aber mangels Versteuerung der Schadensersatzleistung kein Nachteil vor, muss anhand der vom BGH entwickelten Kriterien im Einzelfall entschieden werden, ob eine Anrechnung dem Zweck des Ersatzanspruchs entspricht, sie den Geschädigten nicht unzumutbar belastet und den Schädiger nicht unbillig entlastet.

---

808 *Geibel*, S. 437; *Schneider*, S. 401 ff.

Im Folgenden setzt sich die Arbeit zum einen kritisch mit dieser kompensierenden Gegenüberstellung von Vor- und Nachteilen auseinander und knüpft zum anderen an die Überlegungen der Literaturstimmen an. Es ist zu fragen, ob dem Geschädigten aus der Versteuerung der Schadensersatzleistung überhaupt ein relevanter zu ersetzender Schadensposten entsteht.

C. Isolierte Betrachtung

Der BGH untersucht, ob überhaupt ein Vorteil vorhanden ist, der zur Frage der Vorteilsausgleichung führen kann. Dies ist insoweit noch nicht zu beanstanden. Er verneint das Vorhandensein aber, wenn ein in etwa deckungsgleicher Nachteil vorliegt, der den Vorteil kompensieren soll. Richtigerweise müssen der entstandene Vorteil und ein möglicherweise aus der Rückabwicklung entstehender Nachteil aber jeweils isoliert betrachtet werden. Ob Nachteile bzw. deren Ersatz mit Vorteilen verrechnet werden können, und nichts anderes passiert bei einer Kompensation, stellt nämlich gerade eine Frage der Vorteilsausgleichung dar. Die Entwicklung der Vorteilsausgleichung war maßgeblich von dem Gedanken geprägt, dass neben den Nachteilen eben nicht alle Vorteile zu berücksichtigen sind, wie es die konsequente Anwendung der Differenzhypothese nahelegen würde. Wann Vorteile gegenüber Nachteilen zu berücksichtigen sind, soll erst anhand einer wertenden Betrachtung zu entscheiden sein.[809] Durch die Gegenüberstellung der steuerlichen Vor- und Nachteile umgeht der BGH die eigentliche Anwendung der Vorteilsausgleichung.

Die entstandenen Vorteile sind folglich isoliert zu betrachten. Anhand wertender Kriterien ist zuerst zu entscheiden, ob sie überhaupt mit Nachteilen bzw. deren Ersatz verrechnet werden können. Eine isolierte Betrachtung der erlangten Vorteile führt also dazu, dass beim Vorliegen eines steuerlichen Vorteils zunächst die Voraussetzungen der Vorteilsausgleichung zu prüfen sind. Es ist zu fragen, ob der Höhe des Schadens, der z.B. durch eine fehlerhafte Anlageberatung entstanden ist, Vorteile mindernd entgegengehalten werden können. Abhängig von der wertenden Betrachtung ist dann eine Anrechnung vorzunehmen oder nicht. Welche Kriterien man (anstelle derjenigen, die vom BGH entwickelt wurden) einer solchen Beurteilung zugrunde legen kann und ob steuerliche Vorteile anzurechnen sind, wird im sechsten Teil der Arbeit ausführlich zu klären sein.

Auf der anderen Seite sind ebenso die Nachteile aus der Rückabwicklung isoliert zu betrachten. Damit geht dieser Weg in eine ähnliche Richtung wie der

809 Siehe Zweiter Teil, § 1, A.

Vorschlag von Teilen der Literatur, die eine Feststellungsklage des Geschädigten hinsichtlich künftiger Steuernachteile befürworten.[810] Dabei muss man sich aber zunächst die Frage stellen, ob die Versteuerung der Schadensersatzleistung tatsächlich einen relevanten Schadensposten darstellt. Dies wird Gegenstand der Untersuchung im siebenten Teil der Arbeit sein.

D. Ergebnis zur Kritik am BGH

Letztendlich zeigt sich, dass das Vorgehen des BGH keinesfalls unumstritten ist. Dies betrifft sowohl die typisierende Ermittlung des Schadens, bei der im absoluten Regelfall keine konkrete Berechnung vorgenommen wird, als auch das Ergebnis, welches daraus resultiert, nämlich die faktische Nichtanrechnung. Diese Nichtanrechnung steht somit im Gegensatz zu dem vom BGH aufgestellten Grundsatz, dass Steuervorteile anzurechnende Vorteile seien. Bei den Kritikpunkten, die gegenüber der Rechtsprechung des BGH bestehen, wurde aber auch gezeigt, dass diese nicht pauschal und unreflektiert betrachtet werden dürfen. So ist stets zu beachten, dass der BGH in den Fällen einer Steuerbarkeit der Ersatzleistung eine Anrechnung nur deshalb verneint, weil wirtschaftlich gesehen kein Vorteil vorhanden ist.

Jedoch ist seiner Vorgehensweise insoweit der Vorwurf zu machen, dass er durch die Kompensation von Vor- und Nachteil die Vorteilsausgleichung an dieser Stelle umgeht. Die Frage, ob überhaupt Vorteile vorliegen, die in die Vorteilsausgleichung einzustellen sind, darf nicht anhand einer Gegenüberstellung von Nachteilen beantwortet werden. Vielmehr ist die wertende Betrachtung hinsichtlich der Vorteile isoliert vorzunehmen. Das bedeutet, dass die Vorteile zunächst unabhängig und isoliert von den Nachteilen im Rahmen der Vorteilsausgleichung zu betrachten sind. Ob Steuervorteile im Rahmen der Vorteilsausgleichung letztlich anzurechnende Vorteile darstellen oder nicht, wird im sechsten Teil der Arbeit zu klären sein. Die Nachteile, die aus der Versteuerung der Schadensersatzleistung entstehen, sind ebenso wie die Vorteile isoliert zu betrachten.

§ 2: Zusammenfassung

Der fünfte Teil analysierte die Auswirkungen der Vorgehensweise der Rechtsprechung des BGH in Bezug auf steuerliche Vorteile im Rahmen der Vorteilsausgleichung. Dargestellt wurden insbesondere die Kritik an der Schadensermittlung,

810 Siehe Fünfter Teil, § 1, A, II.

§ 287 ZPO, sowie an der faktischen Nichtanrechnung von steuerlichen Vorteilen. Insoweit wurde festgestellt, dass der BGH den erlangten steuerlichen Vorteilen einen Nachteil gegenüberstellt, sofern er sich aus der Steuerbarkeit der Ersatzleistung ergibt. Ihm zufolge entfällt damit ein weiterer Schaden aus der Versteuerung. Weil der Geschädigte aus wirtschaftlicher Sicht dadurch nicht bereichert ist, muss dies bei der Kritik an der Nichtanrechnung berücksichtigt werden. Letztlich ist die Vorgehensweise des BGH, eine Anrechnung abzulehnen, wenn sich Vor- und Nachteil in etwa decken, daher aus wirtschaftlicher Perspektive konsequent, da dadurch beim Geschädigten kein wirtschaftlicher Vorteil mehr vorhanden ist. Richtigerweise sind Vor- und Nachteil aber jeweils isoliert einer wertenden Betrachtung zu unterziehen. Es zeigte sich ferner, dass der Einwand, mit dem der BGH dieses Vorgehen rechtfertigt, zweifelhaft ist. Zum einen ist schon der Annahme einer Entsprechensvermutung von Vor- und Nachteilen nicht zu folgen, weil sich aus den verschiedenen Veranlagungszeiträumen erhebliche Differenzen ergeben können. Zum anderen ist ein Vorgehen, wie etwa der Verweis auf einen Feststellungsantrag, dem Geschädigten nicht unzumutbar. Dies zeigte ein Vergleich mit § 281 Abs. 4 BGB im Rahmen des Schadensersatzes statt der Leistung wegen Nichtleistung, §§ 280 Abs. 1, Abs. 3, 281 Alt. 1 BGB.

Nachdem nun geklärt ist, dass die Vor- und Nachteile jeweils isoliert zu betrachten sind, müssen im weiteren Verlauf die Voraussetzungen erörtert werden, unter denen eine solche Betrachtung stattzufinden hat. Wann Vorteile, insbesondere steuerlicher Art, im Wege der Vorteilsausgleichung anzurechnen sind, soll im sechsten Teil der Arbeit geklärt werden. Der siebte Teil widmet sich sodann den steuerlichen Nachteilen aus der schadensersatzrechtlichen Rückabwicklung.

Sechster Teil: Steuervorteile als anrechenbare Vorteile?

Wie in den vorherigen Teilen aufgezeigt wurde, geht der BGH in ständiger Rechtsprechung davon aus, dass ersparte Steuern grundsätzlich anzurechnende Vorteile im Wege der Vorteilsausgleichung darstellen können. Es wurde aber auch deutlich, dass aufgrund einer Gegenüberstellung von Vor- und Nachteilen, wie es der BGH im Rahmen der Vorteilsausgleichung praktiziert, faktisch die Nichtanrechnung zur Regel geworden ist. Das Ergebnis mag aus wirtschaftlicher Sicht zu billigen sein, die Herangehensweise ist es aus systematischer Sicht jedoch nicht. Zu betrachten sind also zunächst nur die Vorteile, und zwar isoliert. Dies geschieht ohnehin, wenn ihnen mangels Versteuerung der Schadensersatzleistung kein Nachteil gegenübersteht. Aber auch wenn eine zu versteuernde Schadensersatzleistung gegeben sein sollte, ist der daraus resultierende Nachteil außen vor zu lassen. Der Vorteil ist davon losgelöst zu betrachten.

Zu klären ist nun, ob Steuervorteile tatsächlich anzurechnende Vorteile im Sinne der Vorteilsausgleichung sind. Möglicherweise sind diese „zu weit vom schädigenden Ereignis entfernt", um als anrechenbar zu gelten. Im Folgenden soll deshalb untersucht werden, wann ein Vorteil (insbesondere steuerlicher Art) anzurechnen ist und wann nicht. Die Aufgabe des sechsten Teils der Arbeit soll es sein, anhand methodischer Ansätze ein geeignetes Abgrenzungskriterium zu finden, das greifbarer als die bisher vorgeschlagenen Formeln bzw. Kriterien in Rechtsprechung und Literatur ist, insbesondere als das Kriterium eines unlösbaren inneren Zusammenhangs. Bereits *Knobbe-Keuk* erwähnte einst, dass der BGH „nicht den Mut hat, dem Vorschlag näherzutreten, etwaige ertragsteuerliche, insbesondere einkommensteuerliche Vorteile bei der Schadensberechnung von vornherein außer Betracht zu lassen."[811] Andererseits wird auch vorgebracht, dass dies dazu führe, dass so ein Steuervorteil niemals schadensmindernd angerechnet werde.[812] Dies kann jedoch keine ausreichende Begründung sein, um steuerliche Vorteile möglicherweise nicht zu berücksichtigen. Schließlich wurde

---

811 *Knobbe-Keuk*, Karlsruher Forum 1983, 134 (137); so wohl anklingend aus Gründen der Vereinfachung für die Schadensberechnung auch *Schick*, GWR 2010, 456 (456); a.A. BGH, Urt. v. 26.2.1980, VI ZR 2/79, NJW 1980, 1788 (1788), wonach die Außerachtlassung mit der Aufgabe des Schadensersatzes (keine Besserstellung des Geschädigten) in Konflikt geraten würde.

812 *Huber*, NJW 2005, 950 (951).

bereits gezeigt, dass es Arten von Vorteilen gibt, die nicht schadensmindernd anzurechnen sind, wie beispielsweise Vorteile durch eigene Leistungen oder Leistungen Dritter.

§ 1: Methodisches Vorgehen

Die h.M. hat für die Vorteilsausgleichung zwar Kriterien entwickelt, anhand derer eine Anrechnung von Vorteilen beurteilt wird. Dennoch bergen jene das überwiegende Problem, relativ unbestimmt zu sein.[813] Dadurch besteht auf der einen Seite eine gewisse Flexibilität, auf der anderen Seite gehen so aber Konturen verloren. Um geeignetere Abgrenzungskriterien zu finden, soll der Vorteilsausgleichung ein methodischer Ansatz einer bereits bekannten, anerkannten Rechtsfigur zugrunde gelegt werden. Auf diese Weise können Maßstäbe, die sich anderweitig bewährt haben, in die Vorteilsausgleichung transferiert werden. Zwar sind damit bisweilen erforderliche Einzelfallentscheidungen nicht vollends zu vermeiden. Gleichwohl können die Ergebnisse aufgrund bekannter und bewährter Konturen besser vorhergesagt werden.[814] Dabei handelt es sich aber nicht um eine analoge Anwendung von Kriterien. Ein solcher Gedanke liegt zunächst nahe, weil durch die Analogie bei Fehlen einer Rechtsnorm nach Vorschriften gesucht wird, die ähnliche Rechtsfragen regeln.[815] Sie würde aber eine planwidrige Regelungslücke voraussetzen.[816] Daran fehlt es im Rahmen der Vorteilsausgleichung, denn der Gesetzgeber hat die Entwicklung der Anrechnungsvoraussetzungen bewusst der Praxis überlassen.[817] Eine Einschränkung einer ausnahmslosen Anrechnung von Vorteilen ist unstreitig. Vielmehr stellt sich lediglich die Frage, anhand welcher Kriterien eine solche stattzufinden hat. Daher sollen diese Kriterien aus anderen Normzusammenhängen in die Vorteilsausgleichung transferiert werden. In den Fokus rücken somit bestehende methodische Hilfsmittel, Zusammenhänge zu begründen bzw. abzulehnen. Gründe, die zur Unterscheidung in einem anderen Normzusammenhang herangezogen werden, sollen nun im Normzusammenhang der Vorteilsausgleichung angewendet werden. Die Rechtfertigung, einen solchen Transfer von Wertungen

---

813 Vgl. Zweiter Teil, § 2, D, III.

814 Vgl. zu dieser Methode *Brommer*, S. 264 f., der einen Wertungstransfer der Grundsätze der Haftungsbeschränkung nach arbeitsrechtlichen Grundsätzen auf die Vorstandshaftung untersucht.

815 *Larenz/Canaris*, S. 202; *Rüthers/Fischer/Birk*, Rn. 889.

816 *Larenz/Canaris*, S. 194.

817 Siehe Zweiter Teil, § 2.

vorzunehmen, liegt im Auftrag des Gesetzgebers an die Praxis, die Einzelheiten der Vorteilsausgleichung zu entwickeln.

Das erste methodische Hilfsmittel stellt das sog. Kriterium der Unmittelbarkeit dar, das anhand unmittelbarer und mittelbarer Vorteile unterscheidet. Ein zweites, flexibleres Modell nimmt einen Transfer von Wertungen der strafrechtlichen objektiven Zurechnung auf die Vorteilsausgleichung vor. Es entwickelt dabei eine Abgrenzungsformel, die sich an die strafrechtliche anlehnt.

§ 2: Kriterium der Unmittelbarkeit

A. Vorüberlegung

Der nachfolgende Ansatz eines geeigneteren Abgrenzungskriteriums charakterisiert sich dadurch, dass er aus gesetzlichen Kriterien, vornehmlich aus dem BGB, abgeleitet wird. Auch *Büdenbender* hat bereits den Ansatz verfolgt, Kriterien der Vorteilsausgleichung auf gesetzliche Merkmale zu stützen.[818] Doch wird hier eine andere Vorgehensweise an den Tag gelegt. Während er versuchte, in gesetzlichen Vorschriften Vorgaben, Hinweise und Wertentscheidungen zur Problemlösung hinsichtlich der Vorteilsausgleichung zu finden, wird hier zunächst untersucht, wo und weshalb das Steuerrecht innerhalb des BGB zwar erwähnt, letztlich aber im Rahmen der Rechtsfolgen nicht speziell berücksichtigt wird. Der sich hieraus ergebende Gedanke, der wie noch zu zeigen sein wird, die „Unmittelbarkeit" ist, soll dann im Rahmen der Anrechnung steuerlicher Vorteile im Wege der Vorteilsausgleichung angewendet werden. Der Gedankenschluss ist hier also induktiver Art. Das gefundene Kriterium in Bezug auf steuerliche Vorteile wird schließlich auf Vorteile insgesamt übertragen und auf seine Tauglichkeit anhand bekannter Fallgruppen und Fallbeispiele bei der Abgrenzung überprüft.

I. Erwähnung, aber Nichtberücksichtigung des Steuerrechts im BGB

Im BGB finden sich nur selten explizite Ausführungen hinsichtlich steuerrechtlicher Vorgänge. Als Beispiel sei zunächst § 249 Abs. 2 Satz 1 BGB genannt. Danach schließt der bei der Beschädigung einer Sache nach § 249 Abs. 2 Satz 1 BGB erforderliche Geldbetrag die Umsatzsteuer nur mit ein, wenn und soweit sie tatsächlich angefallen ist. Aber selbst wenn der erforderliche Geldbetrag die Umsatzsteuer umfassen sollte, soll der Geschädigte diese nicht geltend machen können, wenn er zum Vorsteuerabzug berechtigt ist. Dann soll ein Fall der

---

818 Zweiter Teil, § 2, C, IV.

Vorteilsausgleichung gegeben sein.[819] Die Vorteile werden so dem Schädiger zugewiesen. Eine allgemeingültige Aussage über die Behandlung von steuerlichen Vorteilen kann hieraus aber noch nicht abgeleitet werden, da es hier um eine spezielle umsatzsteuerrechtliche Konstellation geht.[820]

1. §§ 434 ff. BGB

Ein weiteres Feld, in dem das Steuerrecht im BGB Erwähnung findet, stellt das Sach- und Rechtsmängelgewährleistungsrecht dar, §§ 434 ff. BGB. Auch öffentlich-rechtliche Rechtspositionen können hiernach einen Rechtsmangel darstellen.[821] Gem. § 436 Abs. 2 BGB haftet der Verkäufer eines Grundstücks aber nicht für die Freiheit des Grundstücks von öffentlichen Abgaben oder Lasten, die nicht ins Grundbuch eingetragen werden können. Unter die öffentlichen Abgaben fallen dabei Steuern, wie etwa die Grundsteuer, Gebühren und Beiträge.[822] Hintergrund dieser Einschränkung ist, dass es sich bei dieser Art von Belastungen nicht um die individuell bestimmten Rechtsverhältnisse des jeweiligen Grundstücks handelt, sondern um die Auswirkungen allgemeiner Regelungen. Der Käufer müsse daher mit ihnen rechnen.[823] Ferner sollen erzielbare Steuervorteile beim Ersterwerbermodell keine zusicherungsfähigen Eigenschaften der Kaufsache sein.[824]

2. § 107 BGB

Hauptsächlich ist jedoch das Minderjährigenrecht, namentlich § 107 BGB, in den Blick zu nehmen, aus dem das Kriterium der Unmittelbarkeit schlussendlich herrührt. Das Steuerrecht wird hier nicht ausdrücklich im Gesetzestext genannt, findet aber über § 107 BGB Berücksichtigung. Zu betrachten ist der Fall, dass ein Minderjähriger und somit gem. §§ 106, 2 BGB beschränkt Geschäftsfähiger

---

819 *Ekkenga/Kuntz*, in: Soergel, § 249, Rn. 266; *Grüneberg*, in: Palandt, § 249, Rn. 27; *Oetker*, in: MüKo BGB, § 249, Rn. 249; *Schiemann*, in: Staudinger, § 249, Rn. 236 f. Nach a.A. handelt es sich hingegen nicht um eine Frage der Vorteilsausgleichung, der Schaden entstehe vielmehr von vornherein nur in Höhe des Nettopreises, *Flume*, in: BeckOK BGB, § 249, Rn. 206; *Knobbe-Keuk*, StuW 1976, 43 (46).

820 Siehe auch Sechster Teil, § 3, E, II.

821 BGH, Urt. v. 4.6.1982, V ZR 81/81, NJW 1983, 275 (275).

822 *Faust*, in: BeckOK BGB, § 436, Rn. 9; *Matusche-Beckmann*, in: Staudinger, § 436, Rn. 11 ff.

823 BT-Drucks. 14/6040, S. 218; *Grunewald*, in: Erman, § 436, Rn. 7.

824 BGH, Urt. v. 30.10.1987, V ZR 144/86, NJW-RR 1988, 348 (350); *Grunewald*, in: Erman, § 434, Rn. 8.

ein Grundstück erwerben soll. Bei § 107 BGB geht es um die Frage, wann der Minderjährige durch eine Willenserklärung einen lediglich rechtlichen Vorteil erlangt und somit nicht der Einwilligung seines gesetzlichen Vertreters bedarf. In den Blick zu nehmen ist dabei die dingliche Erklärung des Minderjährigen zum Erwerb des Eigentums, §§ 873, 925 BGB. Diese ist für ihn an sich lediglich rechtlich vorteilhaft, schließlich wird er Eigentümer. Rechtliche Nachteile können für den Minderjährigen aber auch dadurch entstehen, dass das Gesetz solche als Folge des Rechtsgeschäfts anordnet, obwohl sie von den Parteien gar nicht gewollt sind.[825] An dieser Stelle kommt nun das Steuerrecht ins Spiel. Man muss sich die Frage stellen, ob eine Steuerpflicht geeignet ist, einen rechtlichen Nachteil für den Minderjährigen zu begründen. Der Erwerb von Grundeigentum ist nämlich mit öffentlichen Lasten wie etwa der Zahlung von Steuern, insbesondere der Grundsteuer, vgl. § 2 Nr. 2, § 10 GrStG, verbunden. Dennoch wird ganz allgemein davon ausgegangen, dass dies einem lediglich rechtlichen Vorteil nicht entgegensteht.[826] Ganz deutlich zeigt sich die Nichtberücksichtigung auch bei anderen Kaufgegenständen, etwa einem Hund. Ein beschränkt Geschäftsfähiger kann Eigentümer eines Hundes (§§ 90a, 929 ff. BGB) werden, obwohl er dadurch zur Zahlung von Hundesteuer an die Gemeinde verpflichtet ist.[827]

Während unter anderem der BGH bei der Frage, ob öffentliche Lasten (und somit letztlich das Steuerrecht) einem lediglich rechtlichen Vorteil entgegenstehen, auf den Schutzzweck der Vorschrift abstellt,[828] wird von Teilen der Literatur

825 *Boecken*, Rn. 339.

826 *Hefermehl*, in: Soergel, § 107, Rn. 4; *Stürner*, AcP 173 (1973), 402 (427); *Dörner*, in: Schulze Hk-BGB, § 107, Rn. 5; *Wendtland*, in: BeckOK BGB, § 107, Rn. 8; *Stadler*, § 23, Rn. 13; kritisch *v. Lübtow*, S. 102.

827 Vgl. *Stadler*, § 23, Rn. 13.

828 Insbesondere der BGH ist der Ansicht, es komme auf den Schutzzweck, nämlich den Schutz des Vermögens des Minderjährigen, an. Zwar setze § 107 BGB dem Wortlaut zufolge bei der Beurteilung einen rechtlichen Vorteil voraus, was eine wirtschaftliche Betrachtung verbiete. Dennoch könne man aber bestimmte Rechtsnachteile aufgrund einer Typisierung vom Anwendungsbereich der Vorschrift ausnehmen, nämlich dann, wenn sie ein ganz unerhebliches Gefährdungspotenzial aufweisen. Entscheidend sei danach also, ob der Rechtsnachteil seiner abstrakten Natur nach typischerweise keine Gefährdung des Minderjährigen mit sich bringe. Bezogen auf die Belastung mit Grundsteuern, für die der Eigentümer persönlich haftet, gelte, dass sie unerheblich seien, da sie ihrem Umfang nach begrenzt seien, in der Regel aus den laufenden Erträgen des Grundstücks abgedeckt werden könnten und typischerweise zu keiner Vermögensgefährdung führten, vgl. BGH, Beschluss v. 25.11.2004, V ZB

vorgebracht, es sei anhand des besagten Kriteriums der Unmittelbarkeit zu entscheiden, wobei zwischen unmittelbaren und mittelbaren Nachteilen zu differenzieren sei.[829] Das Merkmal der Mittelbarkeit kann sich beispielsweise dadurch auszeichnen, dass die Folgen kraft Gesetzes und nicht durch das Rechtsgeschäft selbst entstehen, wodurch diese jedermann betreffen würden.[830] Eine Mittelbarkeit ist aber jedenfalls dann anzunehmen, wenn die nachteiligen Rechtsfolgen erst durch das Hinzutreten weitere Umstände verursacht werden.[831] Dies kann mit sog. Zwischenschritten umschrieben werden.

II. Zwischenergebnis

Somit bleibt festzuhalten, dass vor allem im Rahmen des Minderjährigenrechts bei der Frage eines lediglich rechtlichen Vorteils, § 107 BGB, das Steuerrecht erwähnt wird, letztlich aber keine Berücksichtigung findet. Das Kriterium der Unmittelbarkeit gibt dabei einen ersten Einblick, wie Belastungen, die kraft Gesetzes entstehen und wegen ihrer öffentlich-rechtlichen Natur für jedermann bestehen, unberücksichtigt bleiben können. Aber auch § 436 Abs. 2 BGB lässt sich entnehmen, dass eine Berücksichtigung des Steuerrechts dann ausscheiden soll, wenn es um Auswirkungen geht, von denen jedermann gleichermaßen betroffen ist und mit denen zu rechnen war. Übertragen auf die Vorteilsausgleichung bedeutet dies, dass der Schädiger im Falle von Steuersparmodellen in der Regel Kenntnis von den steuerlichen Vorteilen hat und damit rechnen muss, dass solche erzielt werden bzw. die Absicht einer solchen Erzielung besteht. Auch dies kann für eine Nichtberücksichtigung sprechen. Ferner muss allgemein damit gerechnet werden, dass zivilrechtliche Geschäfte zur Erfüllung steuerrechtlicher Tatbestände führen können, sodass auch dieser Gedanke bei der Vorteilsausgleichung zu berücksichtigen sein könnte.

13/04, BGHZ 161, 170 (178 f.); *Köhler*, § 10, Rn. 16; *ders.*, JZ 1983, 225 (227); *Bork*, Rn. 1001; *Koch*, in: MüKo BGB, § 516, Rn. 19; im Ergebnis auch *Schmitt*, NJW 2005, 1090 (1093); kritisch *Müßig*, JZ 2006, 150 (152); ablehnend *Stadler*, § 23, Rn. 13. Dieser Ansicht kann entgegengehalten werden, dass es auch ertraglose Grundstücke gibt, bei denen eine Gefährdung gegeben sein kann. Teilweise wird auch vertreten, die Belastung sei nur eine Einschränkung des erlangten Vorteils, *Wendtland*, in: BeckOK BGB, § 107, Rn. 8.

829 *Dörner*, in: Schulze Hk-BGB, § 107, Rn. 3; *Völzmann-Stickelbrock*, in: Prütting/Wegen/Weinreich, § 107, Rn. 6; *Hefermehl*, in: Soergel, § 107, Rn. 1; *Klumpp*, in: Staudinger (2017), § 107, Rn. 20; kritisch allerdings *Bitter/Röder*, § 9, Rn. 35.

830 Vgl. *Boecken*, Rn. 339.

831 *Knothe*, in: Staudinger (2012), § 107, Rn. 6.

B. Kriterium der Unmittelbarkeit

An dieser Stelle soll nun der Versuch unternommen werden, das Kriterium der Unmittelbarkeit für die Vorteilsausgleichung handhabbar zu machen, es also entsprechend auszugestalten, und einer Rechtfertigung zu unterziehen. Dabei soll dargestellt werden, wie die Unmittelbarkeit auch in anderen Rechtsbereichen als Abgrenzungskriterium dient und wie sie letztlich auf die Vorteilsausgleichung übertragen werden kann. Ferner soll dieses Kriterium den Kritikpunkten aus der Literatur ausgesetzt werden, die gegen die bereits bestehenden Lösungsansätze vorgebracht werden.

I. Ausgestaltung

Aus dem bisher Gesagten lässt sich ableiten, dass einer Anrechnung lediglich unmittelbare Vorteile zugänglich sein könnten, also solche, die sich unmittelbar aus dem Rechtsgeschäft bzw., übertragen auf die Vorteilsausgleichung, dem schädigenden Ereignis ergeben. Dagegen wären mittelbare Vorteile nicht anzurechnen.[832] Bereits 1899 hatte *Dernburg* geschrieben, dass Vorteile, die dem Geschädigten nur mittelbar infolge der schadenbringenden Handlung zufielen, nicht in Anschlag gebracht werden könnten, also nicht zu berücksichtigen seien.[833] Wo genau diese Grenzziehung verläuft, ist jedoch zu klären. Liegt der Fokus auf den Vorteilen, ist an dieser Stelle zunächst genau festzustellen, was die Unmittelbarkeit von der Mittelbarkeit unterscheidet. Bei § 107 BGB zeigte sich, dass sich die Mittelbarkeit dort durch das Hinzutreten weiterer Umstände auszeichnet. Ähnlich grenzt *Medicus* die Begriffe unmittelbar und mittelbar voneinander ab. In seinem Werk zum unmittelbaren und mittelbaren Schaden taucht die Unmittelbarkeit im Rahmen der „Vorteilsanrechnung" auf.[834] Im Gegensatz zur vorliegenden Arbeit stellt er aber nicht auf die Unmittelbarkeit von Vorteilen ab, sondern erwähnt, dass der mittelbare Schaden einer solchen Anrechnung eher zugänglich sei als der unmittelbare. Mittelbar meine danach technisch betrachtet „auf dem Umweg über einen anderen" und unmittelbar das Fehlen eines solchen Umwegs. Er untermauert dies beispielhaft durch Verweise auf die Stellvertretung, den Besitz, die Anfechtung und das Erbrecht. Neben

832 Zur Anrechnung auch mittelbarer Vorteile bei Vorliegen eines adäquaten Kausalzusammenhangs aber RG, Urt. v. 17.4.1914, III 536/13, RGZ 84, 386 (388 f.); Urt. v. 21.3.1931, IX 336/30, RGZ 133, 221 (223).

833 *Dernburg*, S. 74; vgl. zur Unterscheidung unmittelbarer und mittelbarer Vorteile auch *Oertmann*, S. 32 f.

834 *Medicus*, S. 42.

dieser technischen Abgrenzung gebe es aber noch eine andere, die den Begriff „unmittelbar" als einen Zusammenhang bezeichne, „der so eng ist, dass er für den Eintritt einer bestimmten Rechtsfolge noch genügen soll, und ‚mittelbar' meint das Gegenteil."[835] Im Gegensatz zur technischen Bedeutung zeigt sich hier aber, wie *Medicus* ebenfalls anmerkt, das Problem, dass nicht klar wird, wo genau diese Grenze zu ziehen ist, wann also der Zusammenhang noch eng genug ist und wann nicht mehr.[836] Genau diese Grenze, die für die Anrechnung von Vorteilen relevant ist, soll aber durch die Unmittelbarkeit gerade festgelegt werden, sodass eine Unterscheidung nach Zwischenschritten hilfreicher und greifbarer wäre. Die Enge eines Zusammenhangs ist dann eine Eigenschaft, die die Unmittelbarkeit treffend beschreibt; darüber hinaus ist sie aber nicht geeignet, als Abgrenzungskriterium zu dienen.

Daher ist auf die eingangs gefundenen und durch das technische Verständnis bestätigten Merkmale zurückzugreifen. Unter mittelbare Vorteile würden folglich solche fallen, die erst durch weitere Zwischenschritte, also auf dem Umweg über einen anderen, entstehen, wie es z.B. bei Leistungen Dritter aufgrund des Schadensfalles oder bei Vorteilen durch eigene Anstrengungen der Fall ist. Ebenso wären öffentliche Lasten von der Mittelbarkeit erfasst, da sie nicht eine unmittelbare Folge des Rechtsgeschäfts sind, sondern kraft öffentlich-rechtlicher Gesetze für jedermann bestehen.[837] Unterstützend kann der Vorschlag von *Esser/Schmidt* herangezogen werden. Sie halten eine Differenzierung anhand des Vorteils für weiterbringend. Habe er sich direkt, also ohne weiteres menschliches Zutun eingestellt, so wirke er sich entlastend aus.[838] Damit dieses Kriterium der Unmittelbarkeit aber Bestand hat, müsste es auf die Vorteilsausgleichung übertragbar sein und bei bereits in Fallgruppen eingeordneten Vorteilen zu vergleichbaren bzw. vertretbaren Ergebnissen gelangen. Steuervorteile würde man dementsprechend als mittelbare Vorteile qualifizieren. Wie gezeigt wurde, sind sie letztlich als Vorteile durch eigene Maßnahmen des Geschädigten zu qualifizieren, weil der konkrete Vorteil maßgeblich von seiner Bemessungsgrundlage abhängt.[839]

---

835 *Medicus*, S. 17 f.

836 Vgl. *Medicus*, S. 18.

837 Vgl. *Boecken*, Rn. 339; *Stadler*, § 23, Rn. 13.

838 *Esser/Schmidt*, S. 252.

839 Zweiter Teil, § 3, C.

II. Rechtfertigung

Im Folgenden soll eine Rechtfertigung für das Kriterium der Unmittelbarkeit als methodisches Hilfsmittel im Rahmen der Vorteilsausgleichung gefunden werden. Es wird aufgezeigt, warum gerade die Unmittelbarkeit geeignet sein soll, eine Entscheidung über die Abgrenzung anrechenbarer Vorteile zu treffen. Dabei ist ein Vergleich zu anderen Bereichen zu ziehen, in denen eine Abgrenzung anhand der Unmittelbarkeit stattfindet sowie eine dogmatische Begründung zu suchen, anhand derer der aus § 107 BGB entnommene Gedanke auf die Vorteilsausgleichung übertragen werden kann. Ferner soll sich mit möglichen Kritikpunkten auseinandergesetzt werden.

1. Die Unmittelbarkeit in anderen Bereichen

Die Unmittelbarkeit findet sich auch über die bisher genannten Fälle hinaus als Abgrenzungskriterium wieder. Zunächst ist auf die Unterscheidung zwischen Unmittelbarkeit und Mittelbarkeit im Deliktsrecht hinzuweisen. Anspruchsberechtigt ist dort lediglich der unmittelbar Geschädigte.[840] Dabei versteht man unter dem unmittelbar Geschädigten denjenigen, der Gläubiger der verletzten Pflicht ist oder bei dem eine Rechtsgutsverletzung eingetreten ist. Hingegen fehlt es an einer solchen beim mittelbar Geschädigten. Ein Anspruch besteht für ihn nur in Ausnahmefällen, wie z.B. bei §§ 618 Abs. 3, 844 f. BGB. Hintergrund dessen ist die Eingrenzung des Risikos des Handelnden und einer ansonsten drohenden uferlosen Haftung.[841] So wie hier also nur beim unmittelbar Geschädigten ein Anspruch besteht, soll bei der Vorteilsausgleichung nur bei unmittelbaren Vorteilen eine Anrechnung stattfinden. Ansonsten käme es auch hier zu einer ausnahmslosen, „uferlosen" Anrechnung, die nach einhelliger Meinung gerade vermieden werden soll. Denn wie gezeigt wurde, würde es mangels wertender Einschränkung der Differenzhypothese zu einer generellen Anrechenbarkeit aller Vorteile kommen.[842]

Dagegen wird neben dem unmittelbaren Schaden grundsätzlich auch der mittelbare Schaden ersetzt. Während unmittelbare Schäden am verletzten Rechtsgut entstehen, handelt es sich bei mittelbaren Schäden um Folgeschäden.[843] Es geht hierbei letztlich um die Frage, an welchem Rechtsgut der Schaden eingetreten

---

840 *Förster*, in: BeckOK BGB, § 823, Rn. 4.

841 *Wandt*, § 23, Rn. 53; *Lange/Schiemann*, S. 456.

842 Zweiter Teil, § 1, A.

843 *Fikentscher/Heinemann*, Rn. 603; *Wandt*, § 23, Rn. 54.

ist.[844] Dass neben dem unmittelbaren in der Regel auch der mittelbare Schaden ersatzfähig ist, wie beispielsweise § 252 BGB zeigt, ist für die Tauglichkeit des Kriteriums der Unmittelbarkeit aber unschädlich. Zum einen kann ein mittelbarer Schaden in Einzelfällen auch nicht ersatzfähig sein.[845] Zum anderen wird bei der Einteilung des Schadens teilweise vertreten, eine Differenzierung anhand der Unmittelbarkeit habe hier nur geringen Wert.[846] Zudem geht es dabei auch nicht um eine Unterscheidung zwischen „näheren" und „ferneren" Schäden.[847] Gerade auf eine solche kommt es bei der Vorteilsausgleichung aber an. So stellt die grundsätzliche Ersatzfähigkeit mittelbarer Schäden keinen Hinderungsgrund für das Kriterium der Unmittelbarkeit im Rahmen der Vorteilsausgleichung dar.

Entscheidungserheblich ist das Kriterium der Unmittelbarkeit auch beim Recht am eingerichteten und ausgeübten Gewerbebetrieb, § 823 Abs. 1 BGB. Ein hierauf gestützter Schadensersatzanspruch setzt voraus, dass ein unmittelbarer Eingriff vorliegt, wohingegen eine lediglich mittelbare Betroffenheit nicht ausreicht.[848] Allerdings wird die Unmittelbarkeit hier wertend verstanden, weshalb es nicht auf die Zwischenglieder ankommen soll.[849]

Wirft man einen Blick in das öffentliche Recht, genauer gesagt in das Staatshaftungsrecht, so sieht man, dass auch hier das Kriterium der Unmittelbarkeit thematisiert wurde. Beim enteignungsgleichen Eingriff wird gefordert, dass es sich um einen unmittelbaren Eingriff handelt, bei dem das Handeln den schädigenden Erfolg ohne jede weitere Zwischenursache herbeiführt. Beim Merkmal der Unmittelbarkeit handle es sich insoweit um ein Kriterium für die wertende Zurechnung der Schadensfolgen nach Verantwortungsbereichen und Risikosphären.[850] Die Unmittelbarkeit wurde also auch hier dergestalt definiert, dass keine weiteren Zwischenschritte vorliegen dürfen. Da das Staatshaftungsrecht eine Nähe zum Zivilrecht aufweist,[851] vgl. zum Rechtsweg § 40 Abs. 2 Satz 1

---

844 *Oetker*, in: MüKo BGB, § 249, Rn. 101.

845 Vgl. *Oetker*, in: MüKo BGB, § 252, Rn. 2.

846 *Oetker*, in: MüKo BGB, § 249, Rn. 100.

847 *Esser/Schmidt*, S. 261.

848 BGH, Urt. v. 9.12.1958, VI ZR 199/57, BGHZ 29, 65 (69 f.); Urt. v. 6.2.2014, I ZR 75/13, NJW-RR 2014, 1508 (1509); *Wagner*, in: MüKo BGB, § 823, Rn. 323; *Wandt*, § 16, Rn. 88; vgl. auch *Deutsch/Ahrens*, Rn. 260; *Medicus*, S. 19 f.; kritisch wegen Unbestimmtheit des Kriteriums BAG, Urt. v. 21.6.1988, 1 AZR 653/86, BAGE 59, 48 (55).

849 *Wandt*, § 16, Rn. 90; vgl. auch BAG, Urt. v. 21.6.1988, 1 AZR 653/86, BAGE 59, 48 (55 f.); BGH, Urt. v. 9.12.1958, VI ZR 199/57, BGHZ 29, 65 (71).

850 BGH, Urt. v. 27.1.1994, III ZR 158/91, BGHZ 125, 19 (21); *Ossenbühl/Cornils*, S. 301 f.

851 *Rönnau/Faust/Fehling*, JuS 2004, 113 (117 f.).

VwGO, ist diese Gegenüberstellung für die hier vorliegende Fragestellung interessant. Zwar geht es bei der Betrachtung der Vorteile nicht um eine Frage der Zurechnung einer Haftung, dennoch kann der innewohnende Grundgedanke übertragen werden, da es auch bei der Vorteilsausgleichung darum geht, Vorteile dem Schädiger oder dem Geschädigten gewissermaßen zuzurechnen, indem sie angerechnet werden oder nicht. Ferner wird sich noch zeigen, dass auch der Gedanke der Zurechnung nach Verantwortungsbereichen eine tragende Rolle spielt.[852] Das Fehlen weiterer Umstände für das Vorliegen einer Unmittelbarkeit wurde vom BGH ferner in einem Fall als relevant angesehen, in dem es um einen Schadensersatzanspruch aus § 22 WHG a.F. (§ 89 WHG n.F.) ging.[853]

Zusammenfassend wurde deutlich, dass sich in der Rechtsordnung an vielerlei Stellen der Unmittelbarkeit bedient wird, wenn es um Abgrenzungsfragen geht. Dass sich der Inhalt und die Definition der Unmittelbarkeit dabei in den jeweiligen Bereichen voneinander unterscheiden können, ist der Natur der Sache geschuldet, da es um fachspezifische Konstellationen geht, seien es Fragen nach der Anspruchsberechtigung oder die Voraussetzungen eines Eingriffs. Die insbesondere beim enteignungsgleichen Eingriff, bei § 22 WHG a.F. (§ 89 WHG n.F.) und § 107 BGB entscheidenden Zwischenschritte sollen aber ebenfalls bei der Vorteilsausgleichung das prägende Element darstellen. Der Erkenntnisgewinn liegt in der Tatsache, dass es sich um ein Kriterium handelt, dass sich in der Rechtsanwendung gewissermaßen bewährt hat. Insoweit könnte man im Rahmen der Vorteilsausgleichung bei der Abgrenzung anrechenbarer und nicht anrechenbarer Vorteile auf eine Formulierung zurückgreifen, die dem Recht nicht unbekannt ist.

2. *Übertragbarkeit*

Bevor letztlich überprüft wird, ob das Kriterium der Unmittelbarkeit zu entsprechenden Ergebnissen wie die bisherige überwiegende Auffassung in Rechtsprechung und Literatur gelangt, muss noch geklärt werden, ob die Unmittelbarkeit, die primär der Bestimmung eines lediglich rechtlichen Vorteils in § 107 BGB entnommen wurde, auf die Vorteilsausgleichung übertragen werden kann. Zu suchen ist also nach einem „gemeinsamen Nenner". Bereits *Büdenbender* versuchte in seiner Arbeit, die Vorteilsausgleichung auf Wertungen in gesetzlichen Regelungen zu stützen, damit sie nicht lediglich zu einer Billigkeitsentscheidung

852 Sechster Teil, § 3, C.
853 BGH, Urt. v. 8.1.1981, III ZR 125/79, NJW 1981, 2416 (2417).

verkomme.[854] Diese Arbeit möchte einen ähnlichen Weg verfolgen. Indem die Nichtberücksichtigung des Steuerrechts mangels Unmittelbarkeit in einem Fall festgestellt wurde und diese auch in anderen Fällen als Abgrenzungskriterium dient, soll dies zu einem allgemeinen Schluss, nämlich der Außerachtlassung mittelbarer Vorteile bei der Vorteilsausgleichung führen.

a) Vergleichbarkeit der Interessenlage

Es ist zu beachten, dass Unterschiede im jeweiligen Zweck der Vorschrift bzw. dem Institut der Vorteilsausgleichung bestehen. § 107 BGB dient dem Schutz des Minderjährigen vor den nachteiligen Folgen rechtsgeschäftlichen Handelns.[855] Dies hat mit der Vorteilsausgleichung zunächst nichts gemein. Jedoch sollen beim Minderjährigen nicht alle Nachteile einen lediglich rechtlichen Vorteil ausschließen. Die Abgrenzung von unmittelbaren und mittelbaren Nachteilen im Rahmen von § 107 BGB dient dazu, nicht jedes Geschäft dem Erfordernis einer Einwilligung auszusetzen, da kaum ein Geschäft denkbar wäre, mit dem nicht irgendwelche rechtlichen Belastungen verbunden wären.[856] Letztlich werden so die Auswirkungen mittelbarer nachteiliger Folgen gemildert bzw. verhindert. Der Grundsatz der Unmittelbarkeit stellt somit einen Weg dar, eigentlich zu berücksichtigende Nachteile von dem Erfordernis einer Einwilligung auszunehmen. Bei der Vorteilsausgleichung stellt sich hingegen die Frage, welche Vorteile, die durch ein schädigendes Ereignis neben Nachteilen entstanden sind, schadensmindernd zu berücksichtigen sind. Die Vorteilsausgleichung soll verhindern, dass die konsequente Anwendung der Differenzhypothese zu einer Anrechnung aller mit dem schädigenden Ereignis entstandenen Vorteile führt. Es geht also darum, grundsätzlich anzurechnende Vorteile von der Anrechnung auszunehmen. Eine Gemeinsamkeit ist daher in der faktischen Vorgehensweise zu sehen. Beide Male geht es darum, eigentlich per definitionem vorliegende Vor- bzw. Nachteile, die zu berücksichtigen wären, nicht zu berücksichtigen. Aufgrund dieser vergleichbaren Interessenlage ist die Unmittelbarkeit geeignet, auf die Vorteilsausgleichung übertragen zu werden.

b) Vergleichbarkeit mit der Formel des BGH

Des Weiteren soll das Kriterium der Unmittelbarkeit mit den Wertungen der Formel des BGH verglichen werden. Sollten sich hierbei in abstrakter Weise die

---

854 *Büdenbender*, S. 30 f.; siehe Zweiter Teil, § 2, C, IV.

855 *Wendtland*, in: BeckOK BGB, § 107, Rn. 1.

856 Vgl. *Boecken*, Rn. 339.

gleichen Ergebnisse erzielen lassen, spräche dies für eine Rechtfertigung. Da eine generelle Anrechnung nach strenger Anwendung der Differenzhypothese nicht mehr vertreten wird, ist der Ausgangspunkt die hier vertretene Ansicht, dass eine Anrechnung von Vorteilen im Wege der Vorteilsausgleichung der Regelfall, eine Nichtanrechnung die Ausnahme darstellt. Gefordert wird für die Vorteilsausgleichung vom BGH eine wertende Betrachtung, bei der die Anrechnung dem Geschädigten zumutbar sei und der Schädiger nicht unbillig entlastet werde. Auch dürfe der Zweck des Schadensersatzanspruchs nicht entgegenstehen.[857]

Grundsätzlich soll dem Geschädigten nur sein erlittener Schaden ersetzt werden. Gleichzeitig soll er darüber hinaus nicht bereichert werden. Kommt es zu einer Bereicherung, so ist eine Anrechnung doch zumindest dann gerechtfertigt, wenn der Vorteil unmittelbar auf der Schädigung beruht und nicht erst durch weitere Zwischenschritte entstanden ist. Ob der Zweck des Schadensersatzanspruchs entgegensteht, kann pauschal nicht beantwortet werden. Dies hängt vom jeweiligen Einzelfall ab, bei dem die Norm zudem überhaupt eine Aussage über die Behandlung von Vorteilen treffen muss. Eine für den Geschädigten unzumutbare Anrechnung ist auch nicht zu erkennen, wenn der Vorteil einzig und allein durch den Nachteil zu Tage getreten ist. Der Geschädigte steht nach dem Ausgleich so, wie er zuvor gestanden hat. Andererseits ist damit auch keine unbillige Entlastung des Schädigers verbunden. Er kommt für den Schaden auf und profitiert nun lediglich von dem „Glücksfall", dass er dem Geschädigten einen von niemandem sonst vorhergesehenen und durch Zwischenschritte verursachten Vorteil verschafft hat. Dass hierbei der Schädiger „gut wegkommt", steht nicht im Widerspruch zu einer billigen Entlastung. Eine Entschädigung hat stattgefunden und so ist es vertretbar, hier die Haftungsfolgen des Schädigers abzumildern.

Relevanter, weil häufiger vorkommend, sind jedoch die Folgen bei bloß mittelbar verursachten Vorteilen. Dies sind solche, die erst durch weitere Zwischenschritte, also über den Umweg eines anderen, entstanden sind. Hier ist, um mit den Worten des BGH zu sprechen, eine Unzumutbarkeit seitens des Geschädigten denkbar, nämlich dann, wenn Zwischenschritte in Gestalt von Eigenleistungen des Geschädigten vorliegen, mit denen er sich den Vorteil selbst erst erschaffen hat. Das schädigende Ereignis ist somit nicht unmittelbar für die Entstehung des Vorteils verantwortlich, sondern nur Auslöser im Sinne der condicio sine qua non-Formel. Unmittelbar verantwortlich ist vielmehr der Geschädigte, der z.B. einen Versicherungsvertrag abgeschlossen hat. Im Gegenzug

857 Siehe dazu Zweiter Teil, § 2, D, I.

ist dann automatisch eine unbillige Entlastung des Schädigers gegeben, da er hier nicht von den Bemühungen des Geschädigten in Form der Beitragszahlung profitieren soll. Gleiches gilt für die Fälle, in denen der Vorteil auf Leistungen Dritter anlässlich des Schadensfalles beruht. Auch hier ist das schadensstiftende Ereignis lediglich ursächlich im Sinne der äquivalenten Kausalität, aber eben nicht unmittelbar, sondern nur mittelbar für den Vorteil verantwortlich. Unmittelbar herbeigeführt wird der Vorteil durch die Entscheidung des Dritten, der dem Geschädigten eine Leistung zukommen lässt.

Zuletzt bleiben die Fälle, in denen der Vorteil auf einer gesetzlichen Grundlage beruht. Solche Vorteile gelten für alle (betroffenen) Bürger gleichermaßen, weshalb hier eine Mittelbarkeit gegeben ist. Die Auswirkungen allgemeiner Regeln sollen unberücksichtigt bleiben, weil der Bürger mit ihnen rechnen könne, was sich bereits bei § 436 Abs. 2 BGB gezeigt hat. Es handelt sich um eine Art allgemeines Lebensrisiko. Führt nun die schädigende Handlung als Auslöser zum Entstehen des Vorteils, weil der gesetzliche Tatbestand erfüllt ist, so wäre es, verglichen mit der Argumentation des BGH, hier unzumutbar für den Geschädigten, wenn eine gesetzlich angeordnete Folge bzw. Begünstigung des Geschädigten zu einer Anrechnung führen würde. Ebenso würde es eine unbillige Entlastung des Schädigers bedeuten, wenn eine Anrechnung die gesetzliche Wertung unterlaufen würde. Der Vorteil entsteht hier nur durch den Umweg über das Gesetz, nicht aber ausschließlich, also nicht unmittelbar durch die schädigende Handlung.

So bleibt festzuhalten, dass das entscheidende Kriterium bei der Abgrenzung die Unmittelbarkeit ist, die neben der äquivalenten Kausalität im Sinne der condicio sine qua non-Formel vielmehr voraussetzt, dass der Vorteil ohne weitere Zwischenschritte und ohne Umwege ausschließlich durch die schädigende Handlung entstanden ist. Sobald zusätzlich ein weiterer Aspekt für die Entstehung des Vorteils verantwortlich ist, kann von einer Unmittelbarkeit nicht mehr ausgegangen werden. Insofern ergibt sich aber, dass in abstrakter Weise die Unmittelbarkeit bei den drei großen Fallgruppen der Vorteilsausgleichung zu vergleichbaren Ergebnissen gelangt wie die Rechtsprechung des BGH. Eine Übertragbarkeit scheint nach diesen Erkenntnissen gerechtfertigt zu sein.

3. *Kritikpunkte*

Dennoch muss das Kriterium der Unmittelbarkeit auch kritisch hinterfragt werden. Der bisher erarbeitete Ansatz weist eine Ähnlichkeit zum häufig in der Literatur und letztlich vom BGH aufgegriffenen Vorschlag *Thieles* auf, der auf einen unlösbaren inneren Zusammenhang zwischen Vor- und Nachteil abstellt. Beide müssten danach eine „Rechnungseinheit“ bilden.[858] Diesem Vorschlag wurde insbesondere vorgeworfen, den Argumenten fehle eine Wertungsgrundlage und eine gemeinsame Struktur. Vor allem aber gebe *Thiele* keine Begründung dafür, warum gerade der innere Zusammenhang ein geeignetes Kriterium sei. Das Erfordernis des unlösbaren inneren Zusammenhangs sei mehr „ein induktiv aus den Fallgruppen hergeleiteter Gesamtbegriff“ ohne argumentativen Wert.[859] Darüber hinaus berge es „nur neue Wertungserfordernisse“ und sei „ohne die von ihm nicht mitgelieferten Orientierungspunkte kaum hilfreich.“[860] Für den inneren Zusammenhang gebe es zudem keine gesetzliche Stütze und keine belastbaren Abgrenzungskriterien.[861] Anderen Vorschlägen in der Literatur wurde entgegengehalten, es seien weitere Konkretisierungen nötig, sie seien sprachlich wenig griffig und abgrenzbar oder sie seien nur für einzelne Fallgruppen anwendbar.

Damit dem Kriterium der Unmittelbarkeit nicht dieselben Vorwürfe gemacht werden können, soll dieser Kritik begegnet werden. Das Kriterium der Unmittelbarkeit geht, wie aufgezeigt wurde, insbesondere auf § 107 BGB zurück, findet sich aber auch in anderen rechtlichen Gebieten, wo es Tatbestandsvoraussetzung ist oder der Abgrenzung dient. Es entbehrt damit nicht jeglicher rechtlichen Grundlage. Dass letztlich auch die Unmittelbarkeit anhand eines induktiven Schlusses gefunden wurde, schließt deren Tauglichkeit nicht aus. Der Vorteilsausgleichung ist immanent, dass sie eine Einzelfallbetrachtung erfordert. Wenn einer der Hauptkritikpunkte im Rahmen der Vorteilsausgleichung stets die Untauglichkeit einer einheitlichen Formel ist, so scheint es angebrachter, Einzelfälle zu betrachten und von ihnen auf einen gemeinsamen Nenner zu schließen, als es bei einer deduktiven Betrachtungsweise zu belassen oder eine solche zu fordern. Führen zudem die verschiedenen Einzelfälle – in Fallgruppen eingeteilt – zu den gleichen Ergebnissen, so ist die gemeinsame Struktur nicht relevant. Wenn selbst im Bereich der Schadensschätzung nach § 287 ZPO der exakte Schaden nicht ermittelt werden muss, so kann auch im Bereich der Vorteilsausgleichung ein pauschales Kriterium wie die Unmittelbarkeit Anwendung finden. Dem Vorwurf der mangelnden sprachlichen Griffigkeit wird dadurch begegnet, dass die Unmittelbarkeit sich über Zwischenschritte definiert und bereits in anderen

---

858 *Thiele*, AcP 167 (1967), 193 (201). Teilweise wird diese Rechnungseinheit mit einer engen, unmittelbaren Kausalverbindung gleichgesetzt, vgl. *Magnus*, in: Nomos Kommentar, Vor §§ 249–255, Rn. 122.; siehe bereits Zweiter Teil, § 2, C, III.

859 *Thüsing*, S. 51 f.

860 *Esser/Schmidt*, S. 252, dort Fn. 246.

861 *Büdenbender*, S. 25.

Rechtsbereichen bekannt ist. Unzumutbare neue Wertungserfordernisse gehen mit der Unmittelbarkeit letztlich nicht einher, da ein Vergleich mit der Formel des BGH gezeigt hat, dass abstrakt grundsätzlich vergleichbare Ergebnisse zu erwarten sind. Ob im Einzelfall jedoch Konkretisierungen notwendig sein werden, wird eine Analyse von Fallbeispielen zeigen. Trotz der Ähnlichkeit der Unmittelbarkeit zum inneren, unlösbaren Zusammenhang, wie ihn *Thiele* vertritt, bestehen hier schlussendlich Unterschiede. Während bei *Thiele* unklar bleibt, wann ein solcher gegeben sein soll, besitzt die Unmittelbarkeit griffigere Konturen. Man könnte insoweit sagen, dass der innere, unlösbare Zusammenhang eine Eigenschaft der Unmittelbarkeit ist.

III. Zwischenergebnis

Das Kriterium der Unmittelbarkeit führt dazu, dass mittelbare Vorteile von den unmittelbaren zu unterscheiden sind. Letztere beruhen ausschließlich auf dem schädigenden Ereignis. Es liegen keine weiteren Zwischenschritte vor, das heißt, es bedarf keines Umwegs über einen anderen. Dieser Umweg kann in eigenen Anstrengungen des Geschädigten zu sehen sein, aber ebenso auf Leistungen Dritter beruhen. Einen solchen Umweg stellen auch gesetzliche Rechtsfolgen dar. Hier ist das schädigende Ereignis lediglich kausaler Auslöser. Der unmittelbare Zusammenhang geht aber darüber hinaus, indem er eine Ausschließlichkeit verlangt. Durch das Vorhandensein der Unmittelbarkeit als Abgrenzungskriterium in anderen Rechtsbereichen kann auf bereits bekannte Konturen zurückgegriffen werden. Dies führt neben den vergleichbaren abstrakten Ergebnissen mit der Abgrenzungsformel des BGH zunächst zu einer ausreichenden Rechtfertigung dieses Kriteriums. Der Kritik hinsichtlich der anderen in der Literatur vorhandenen Lösungsvorschläge wurde versucht zu begegnen. Ob jedoch Konkretisierungen im Einzelfall nötig sind, wird die folgende Analyse von Fallbeispielen zeigen.

C. Fallgruppen und Überprüfung anhand von Fällen

Während bislang im Rahmen der Rechtfertigung die Unmittelbarkeit abstrakt mit der allgemeinen Formel des BGH verglichen wurde, findet nun eine konkretere Untersuchung statt. Das Kriterium der Unmittelbarkeit muss in einem ersten Schritt daraufhin überprüft werden, ob durch deren Anwendung in den größtenteils gleichlautenden und im Ergebnis gleich behandelten Fallgruppen der Vorteilsausgleichung ähnliche, vertretbare Ergebnisse wie die der h.M. in Rechtsprechung und Literatur zu erwarten sind. In einem zweiten Schritt sind sodann die steuerlichen Vorteile anhand der Unmittelbarkeit einzuordnen, bevor im Detail einzelne ausgewählte Fallbeispiele geprüft werden.

I. Allgemeine Fallgruppen

Der Vorteilsausgleichung liegen verschiedenste Rechtsgedanken bzw. Prinzipien zugrunde. Neben dem bereits bekannten Bereicherungsverbot gibt es auch Prinzipien, die in den typischen Fallgruppen Niederschlag gefunden haben. So sollen beispielsweise Leistungen eines Unterhaltspflichtigen ihrem Zweck nach den Schädiger nicht entlasten, vgl. § 843 Abs. 4 BGB.[862] Der Anspruch auf eine Geldrente nach § 843 Abs. 1 BGB wird nicht dadurch ausgeschlossen, dass ein anderer dem Verletzten Unterhalt zu gewähren hat. Diese Vorschrift enthält damit eine Versagung der Vorteilsausgleichung. Während es sich zum einen um eine gesetzlich angeordnete Folge handelt, weist die Vorschrift zum anderen auf die Gruppe der Leistungen Dritter hin.

Bei der Gruppe der „Leistungen Dritter" wird eine Anrechnung nach h.M. verneint. Da es sich nach hiesigem Verständnis bei derartigen Leistungen um mittelbare Vorteile handelt, weil diese nur über Umwege durch die Zwischenschritte des Dritten eintreten, scheidet eine Anrechnung ebenfalls aus, was damit dem allgemeinen Konsens entspricht. Als Zwischenschritt kann beispielsweise der Entschluss des Dritten angesehen werden, der Geschädigte sei bedürftig. Auch kann der Dritte Schuldner einer vertraglichen Verpflichtung sein. Diese darf jedoch nicht gegenüber dem Schädiger bestanden haben. Insofern kann zudem der Gedanke der Relativität der Schuldverhältnisse[863] herangezogen werden, der einer Unmittelbarkeit zwischen schädigendem Ereignis und Vorteilsentstehung zuwiderläuft. Unmittelbare Auswirkungen sind nur im Verhältnis zwischen Schädiger und Geschädigtem zu betrachten. Das, was durch Rechtsbeziehungen des Geschädigten mit Dritten entsteht, ist als relevanter Zwischenschritt, als Umweg, zu bewerten, was sodann zu einer Mittelbarkeit führt. Letztlich reihen sich hier auch die Fälle der Legalzessionen ein. Geht ein Anspruch gegen einen Dritten beispielsweise nach § 86 Abs. 1 Satz 1 VVG auf den Versicherer über, wenn dieser den Schaden ersetzt, so ist eine Anrechnung ausgeschlossen. Der Schwerpunkt liegt dabei in der Leistung des Dritten, nicht in der gesetzlichen Anordnung, was am Ergebnis der Einordnung jedoch nichts ändern würde. Der „Vorteil" der Zahlung durch den Versicherer (eigentlich kommt es ja nicht zu

---

862 Vgl. BGH, Beschluss v. 30.3.1953, GSZ 1-3/53, BGHZ 9, 179 (191); *Wagner*, in: MüKo BGB, § 843, Rn. 94.

863 Vgl. dazu *Büdenbender*, S. 42 ff.

einer doppelten Leistung)[864] beruht letztlich nicht unmittelbar auf dem schädigenden Ereignis, sondern auf dem Versicherungsvertrag. Das schädigende Ereignis ist lediglich Auslöser. Insofern ist eine Mittelbarkeit gegeben.

Bei der Gruppe derjenigen „Vorteile, die auf eigenen Anstrengungen des Geschädigten beruhen", handelt es sich ebenfalls um nur mittelbare Vorteile. Sie werden nicht einzig und allein durch das schädigende Ereignis hervorgerufen, sondern bedürfen eines Zwischenschritts, nämlich der Initiative des Geschädigten selbst, wenn auch bereits im Vorfeld durch eigene Beiträge. Zwar löst die Schädigung den Vorteil faktisch aus, aber hervorgerufen im rechtlichen Sinne wird der Vorteil beispielsweise allein durch die Vertragsbedingungen des Geschädigten mit einem Dritten. Insofern besteht auch eine gewisse Deckung mit der Gruppe der „Leistungen Dritter", so z.B. in den Versicherungsfällen. Ein über die reine Kausalität bestehender Zusammenhang liegt hierbei nicht vor. Letztlich besteht in dieser Fallgruppe ebenso Einigkeit, dass eine Anrechnung ausscheidet. Eine Unterscheidung wird lediglich im Bereich derjenigen Vorteile getroffen, zu denen der Geschädigte nach § 254 Abs. 2 BGB angehalten war.[865]

Dagegen kommt nach allgemeiner Ansicht bei „Vorteile(n), die ohne Zutun des Geschädigten oder eines Dritten entstehen", also quasi zufällig oder automatisch,[866] eine Anrechnung in Betracht. Dabei erscheint es zunächst logisch, dass eine Unmittelbarkeit vorliegt, wenn – ins Negative gewendet – weder ein Dritter anlässlich des schädigenden Ereignisses geleistet noch der Geschädigte selbst Handlungen vorgenommen hat, schließlich fehlt es an den bereits genannten weiteren Zwischenschritten. Dabei gibt es jedoch Fälle, die nur auf den ersten Blick so aussehen, als fielen sie unter diese Gruppe, wie z.B. Vorteile, die auf Gesetz beruhen und automatisch mit der Verwirklichung eines Tatbestandes eintreten. Deshalb muss an dieser Stelle differenziert werden. Gemeint sind bei der Abgrenzung anhand der Unmittelbarkeit nur solche Vorteile, die einzig und allein und ausschließlich, ohne Umwege auf dem schädigenden Ereignis beruhen. Dies wären unter anderem solche Vorteile wie der im Schrifttum erwähnte Fall eines Bergbauern, dessen eingeklemmter Bruch durch Fallenlassen der Bahre gelöst wird[867] oder ersparte häusliche Aufwendungen.[868]

Vorteile, die durch die Anwendung des Gesetzes entstehen, gelten hingegen für jedermann, weshalb sie keine unmittelbare Folge einer spezifischen Handlung

864 *Büdenbender*, S. 31; *Erdmann*, S. 5.
865 Siehe dazu noch näher Sechster Teil, § 2, C, III, 5.
866 *Ackmann*, EWiR 1991, 765 (766).
867 Siehe Sechster Teil, § 2, C, III, 1.
868 Siehe Sechster Teil, § 2, C, III, 6.

oder eines Rechtsgeschäfts sind. Sie sind durch die Gesetzesanwendung quasi vorbestimmt und bedürfen lediglich eines Auslösers. Daher ist in den Fällen, in denen Vorteile direkt oder indirekt durch eine gesetzliche Regelung entstehen, die Unmittelbarkeit zu verneinen. Vor diesem Hintergrund ist der in der Literatur häufig genannte Fall eines Schatzfundes durch das widerrechtliche Fällen eines Baumes[869] vor dem Hintergrund des § 984 BGB zu betrachten, der hierzu eine gesetzliche Regelung enthält.

Zusammenfassend ist also festzustellen, dass als taugliches Abgrenzungskriterium die Frage zu stellen ist, ob es relevante Schritte zwischen dem schädigenden Ereignis und dem Eintritt des Vorteils bedurfte oder nicht. Zwischenschritte stellen dabei eigenständige Leistungen Dritter, Handlungen des Geschädigten oder auch Vertragsgestaltungen zwischen dem Geschädigtem und Dritten sowie Vorteile durch Regelungen, die für jedermann Geltung beanspruchen, dar.

II. Einordnung steuerrechtlicher Vorteile

Aufgrund dieser Vorgaben sind nun die steuerrechtlichen Vorteile zu qualifizieren. Es stehen dabei besonders ersparte Steuern im Fokus, die durch steueroptimierte Kapitalanlagen erreicht werden. Zum einen wurde bereits festgestellt, dass steuerliche Vorteile in die Fallgruppe derjenigen Vorteile einzuordnen sind, die durch eigene Maßnahmen des Geschädigten entstehen.[870] Entscheidend war der Gedanke, dass für das Entstehen des konkreten steuerlichen Vorteils die Bemessungsgrundlage des Anlegers maßgeblich ist. Insofern handelt es sich um mittelbare Vorteile. Zum anderen bedarf noch des Zwischenschritts durch den Geschädigten, der sich erst für das Geschäft entscheiden muss, bevor die steuerlichen Vorteile in Form von ersparten Steuern entstehen.[871] Zuletzt steht einer Unmittelbarkeit, wie bei der Argumentation im Rahmen des § 107 BGB,[872] entgegen, dass die steuerlichen Vorteile erst durch die Vorschriften des Steuerrechts entstehen, welche im Grundsatz für alle Bürger gelten.

All das führt zu der Erkenntnis, dass der Vorteil in Form der ersparten Steuern gar nicht unmittelbar auf dem schädigenden Verhalten beruht. Es sind vielmehr erst Zwischenschritte bzw. ein Umweg nötig, um den Vorteil zur Entstehung gelangen zu lassen. Ebenso verhält es sich mit steuerlichen Vorteilen,

---

869 Vgl. statt vieler *Thüsing*, S. 63 m.w.N.

870 Zweiter Teil, § 3, C.

871 Dafür, dass ein selbständiger Entschluss einen „inneren Zusammenhang" verneinen kann, *Larenz*, Schuldrecht, S. 533.

872 Siehe Sechster Teil, § 2, A, I, 2.

die erst durch die Rückabwicklung entstehen.[873] Man könnte ferner einwenden, der Vorteil entstamme dem Steuerrecht und somit dem öffentlichen Recht,[874] der Nachteil dagegen dem Zivilrecht, weshalb keine Anrechnung erfolgen solle; dies wird jedoch, soweit ersichtlich, nicht vertreten und soll irrelevant sein.[875]

Letztlich beruhen Steuervorteile auf eigenen Leistungen des Geschädigten, sie entstammen seiner Sphäre.[876] Schlussendlich scheiden steuerliche Vorteile damit als anrechenbare Vorteile im Rahmen der Vorteilsausgleichung aus. Unberücksichtigt bleibt dabei freilich der Zweck einer Vorschrift; alle steuerlichen Vorteile werden durch diese Vorgehensweise „über einen Kamm geschert".

III. Fallbeispiele

Nachdem die allgemeinen Fallgruppen der Vorteilsausgleichung untersucht wurden, widmen sich die folgenden Ausführungen einzelnen konkreten Fallbeispielen. In der Literatur zur Vorteilsausgleichung finden sich dabei ein paar immer wiederkehrende Fälle, anhand derer die verschiedensten Lösungsvorschläge für die Bewältigung der Vorteilsausgleichung veranschaulicht werden.

1. Der „Bergbauern-Fall"

Häufig wird folgender Fall genannt:

> *Ein Bergbauer erleidet einen eingeklemmten Bruch und muss auf einer Bahre ins Krankenhaus gebracht werden. Einer der Träger ist betrunken und lässt daraufhin die Bahre fallen. Durch den Sturz verstaucht sich der Bauer zusätzlich die Hand, allerdings wird zugleich auch die Einklemmung des Bruches gelöst, sodass die vorgesehene Operation wegfällt.*[877]

Bei der Frage, ob die ersparten Kosten durch den Wegfall der Operation auf die Heilungskosten und das Schmerzensgeld hinsichtlich der Verstauchung der Hand im Wege der Vorteilsausgleichung anzurechnen sind, ist nach der hier vorgeschlagenen Lösung die Unmittelbarkeit der Vorteile in den Blick zu nehmen. Das schädigende Ereignis stellt dabei das Fallenlassen der Bahre dar. Dies führt einerseits zu einer Verstauchung der Hand, hat andererseits aber auch unmittelbar die Lösung des Bruches zur Folge. Zwischen der Verstauchung der Hand und der Lösung des Bruches liegen keine Zwischenschritte. Negativ abgegrenzt liegt

---

873 Siehe dazu Dritter Teil, § 3, A.

874 Vgl. *Fehrenbacher*, § 1, Rn. 4; *Tipke*, Band I, S. 34; *Seer*, in: Tipke/Lang, § 1, Rn. 31.

875 *Huber*, NJW 2005, 950 (951).

876 Siehe Zweiter Teil, § 3, C.

877 *Drachner*, S. 10; *Rudloff*, in: FS Hippel, 423 (433); *Cantzler*, AcP 156 (1957), 29 (55); *Heck*, S. 49.

zudem auch kein Handeln des Geschädigten selbst oder eines Dritten vor. Aufgrund der Unmittelbarkeit kommt es folglich zu einer Anrechnung der Vorteile. Zu diesem Ergebnis kommen auch Teile in der Literatur.[878] Nach *Cantzler* habe der Träger zwar die Gesundheit verletzt und sei daher zum Ersatz verpflichtet, dieselbe Verletzung habe aber dasselbe Rechtsgut gefördert.[879] In gewisser Weise ist auch hier eine Nähe zwischen dem Maßstab der Unmittelbarkeit und der Förderung desselben Rechtsguts zu erkennen. *Thiele* hingegen hat Zweifel an einer Anrechnung. Wäre der Bauer durch den Sturz nicht verletzt worden, hätte sich der Bruch aber dennoch gelöst, so hätte er die ersparten Kosten voll für sich behalten dürfen. Komme es aber zu einer Verletzung, dürfe sich am Ergebnis nichts ändern.[880] Argumentiert man jedoch in der Weise, dass man sich die Schädigung wegdenkt und die Ergebnisse mit und ohne Schädigung vergleicht, entfernt man sich grundlegend von dem eigentlichen Problem, nämlich der Anrechnung von Vorteilen im Wege der Vorteilsausgleichung bei einem schädigenden Verhalten. Letztlich müsste der Vorteil dann immer dem Geschädigten verbleiben, was aber gerade nicht sein soll. Ferner weist er darauf hin, dass die Befreiung eine selbständige Folge des Sturzes gewesen sei, die unabhängig von der gleichzeitig verursachten Körperverletzung eingetreten sei.[881] *Medicus/Petersen* folgern hieraus, dass es *Thiele* daher am notwendigen Zusammenhang fehle.[882]

Letztlich ist das vorzugswürdige Ergebnis der Anrechnung aber auch gerecht. Betrachtet man es aus Sphärengesichtspunkten bzw. anhand von Verantwortungsbereichen, so entstammt der Vorteil weder der Sphäre des Geschädigten durch eigene Anstrengungen noch durch Leistungen Dritter und somit deren Sphäre. Der Schädiger hat hier lediglich zufällig Glück, dass seine Schädigung einen Vorteil herbeiführt. Dann spricht aber nichts entscheidend gegen eine Anrechnung.

2. *Der „Jockey“*

Ein weiteres Beispiel, welches in der Literatur unter der Bezeichnung „Jockey“ bekannt ist, soll dazu dienen, den vorgeschlagenen Lösungsweg zu bestärken:

878 *Heck*, S. 50; *Cantzler*, AcP 156 (1957), 29 (55).

879 *Cantzler*, AcP 156 (1957), 29 (55).

880 *Thiele*, AcP 167 (1967), 193 (198 f.); skeptisch ebenso *Zeuner*, AcP 163 (1964), 380 (386).

881 *Thiele*, AcP 167 (1967), 193 (199).

882 *Medicus/Petersen*, Rn. 860.

Ein Jockey überanstrengt bei einem Pferderennen das Tier entgegen den Weisungen des Rennstallbesitzers und allen Regeln der Kunst derart, dass es zwar gewinnt, danach aber verstirbt.[883]

Ist hier der Sieg als relevanter Vorteil auf den Schadensersatzanspruch des Eigentümers wegen einer Eigentumsverletzung im Wege der Vorteilsausgleichung schadensmindernd anzurechnen? Nach der Theorie der Unmittelbarkeit ist dies zu bejahen, denn das schädigende Ereignis, die Überanstrengung des Tieres, hat unmittelbar zum Sieg, dem relevanten Vorteil, geführt. Die Anrechnung ausschließende Zwischenschritte oder Umwege sind nicht vorhanden. *Würthwein* nimmt ebenfalls eine Vorteilsausgleichung an, weil der Vorteil aus einem risikoreichen Einsatz des Tieres, also seiner „Verwertung" resultiere. Sie bestätigt damit die Idee eines Unmittelbarkeitskriteriums, denn rufe ein Rechtsverlust keinen unmittelbar mit dem Verlust verbundenen Vorteil hervor, beispielsweise zukünftig ersparte Fütterungskosten beim Tod eines Hundes, so scheide eine Vorteilsausgleichung aus.[884] *Cantzler* bejaht eine Anrechnung, wenn der Vorteil innerhalb der zu schützenden Rechte, deren Verletzung die Schadensersatzpflicht begründete, liege. Anders sei dies einzelfallbedingt aber dann, wenn die Pflicht des Jockeys primär darin bestanden habe, das Pferd vor Schaden zu bewahren. Dann bedeute die Verletzung keine Förderung des Schutzzwecks. Relevant ist hier also stets die Auslegung und Konkretisierung der Vertragspflichten oder Rechtsgüter, die verletzt werden.[885] *Rudloff*, bei dem es bekanntlich um die Umsorgtheit des Vorteils ging, fragt danach, ob der Jockey lediglich leicht fahrlässig handelte oder nicht und macht die Anrechnung davon abhängig.[886]

Eine Abgrenzung nach der Unmittelbarkeit verzichtet insoweit auf eine Unterscheidung der Vertragspflichten oder dem Grad des Verschuldens. Gegen die Berücksichtigung des Verschuldens spricht erneut die bereits erwähnte Pönalisierung.[887] Gegen die Unterscheidung nach Vertragspflichten spricht die Erwägung, dass es nicht darauf ankommen kann, ob der Vertragszweck in der Erzielung eines Gewinns oder dem Schutz des Pferdes liegt. Eine Verletzung des Rechtsgutes Eigentum liegt in beiden Fällen vor. Dies wird durch eine primäre vertragliche Pflicht, das Pferd zu beschützen, nur wiederholt. In der Sache bleibt es aber bei der Rechtsgutsverletzung. Wurde vertraglich primär ein hoher Gewinn vereinbart, ändert dies wiederum nichts an der Verletzung. Man könnte

---

883 *Drachner*, S. 10; *Rudloff*, in: FS Hippel, 423 (434); *Cantzler*, AcP 156 (1957), 29 (50).
884 *Würthwein*, S. 431.
885 *Cantzler*, AcP 156 (1957), 29 (55 f.).
886 *Rudloff*, in: FS Hippel, 423 (435).
887 Zweiter Teil, § 2, C, II.

höchstens von einer Einwilligung bzw. einem Mitverschulden des Eigentümers ausgehen, sollte der Gewinn um jeden Preis erzielt worden sein. Dann wäre der Umfang des Schadensersatzes in dieser Hinsicht zu kürzen. Die Anrechnung der Vorteile bliebe davon aber unberührt.

3. *Konkurrenzklausel*

Ebenfalls häufige Erwähnung finden die Beispiele einer Konkurrenzklausel. Bei ihnen handelt es sich um einen Unterfall derjenigen Vorteile, bei denen Dritte involviert sind:

> *A und B schlossen einen Liefervertrag mit Konkurrenzklausel ab. Vertragswidrig schließt A daraufhin mit C einen weiteren Liefervertrag ab. C kommt jedoch schuldhaft seiner Verpflichtung nicht nach, weshalb A von ihm Schadensersatz wegen Nichterfüllung verlangt. Die Vertragsstrafe gegenüber B blieb A so letztlich erspart.*[888]

Hier geht es um die Frage, ob auf den Schadensersatzanspruch des A gegen den C die ersparte Vertragsstrafe zugunsten des C schadensmindernd anzurechnen ist. Zu prüfen ist die Unmittelbarkeit zwischen dem schädigenden Ereignis (Nichtleistung) und dem Vorteil (ersparte Vertragsstrafe). Hier ist zu beachten, dass die Vertragsstrafe auf einer Klausel zwischen A und B, also einem Dritten, beruht und somit einen Zwischenschritt darstellt, weshalb lediglich von einer Mittelbarkeit auszugehen ist. Eine Anrechnung käme folglich nicht in Betracht.[889] In der Literatur wird dagegen teilweise eine Anrechnung befürwortet. Einerseits wird vorgetragen, dass die verletzte Vertragspflicht zwar nicht gefördert worden, der wirtschaftliche Erfolg aber von vornherein mit der Ersatzpflicht gegenüber einem Dritten belastet gewesen sei. Deshalb sei der Anspruch des Käufers zu begrenzen, denn man solle ihm nicht mehr zusprechen, als er hätte erreichen können.[890] Andererseits stelle die Konkurrenzklausel eine enge sachliche Verbindung zwischen den Rechtsbeziehungen der Parteien her, womit der notwendige innere Zusammenhang zwischen Vor- und Nachteil gegeben sei.[891] Dies ist im Ergebnis aber nicht sachgerecht, denn Absprachen des Vertragspartners mit Dritten haben den Schädiger nicht zu interessieren.[892] Offenkundiger wäre wohl der Fall zu beurteilen, in dem der B dem A eine angefallene Vertragsstrafe (aus altruistischen Gründen) zum Teil erlässt. Hier würde wohl Einigkeit bestehen,

888 *Drachner*, S. 28; *Cantzler*, AcP 156 (1957), 29 (49).
889 Im Ergebnis auch *Cantzler*, AcP 156 (1957), 29 (49).
890 *Lange/Schiemann*, S. 503.
891 *Thiele*, AcP 167 (1967), 193 (211); *Larenz*, Schuldrecht, S. 533.
892 So auch RG, Urt. v. 2.10.1908, 105/08 II, JW 713 (713).

dass sich C nicht auf diese Großzügigkeit berufen könnte. Letztlich erhält A somit den vollen Schadensersatz, muss aber keine Vertragsstrafe zahlen. Zuzugeben ist, dass er dadurch mehr erhält, als es bei der vertragsgerechten Erfüllung durch C der Fall wäre. Der C hätte sich aber im Falle der vertragsgemäßen Erfüllung auch nicht auf die zu beachtende Konkurrenzklausel und die damit verbundene Strafe berufen können.[893] Ferner wurde bereits im Bergbauern-Fall festgestellt, dass eine Sichtweise, die sich an einem Geschehensablauf ohne Schädigung orientiert, abzulehnen ist. Vor dem Bestreben einer klareren Zuordnung durch die Unmittelbarkeit ist davon auszugehen, die entstandenen Vorteile nicht schadensmindernd zu berücksichtigen.

4. *Unterlassene Schönheitsreparatur*

Ein anderer Fall, der eine vertragliche Abrede mit einem Dritten beinhaltet, beschäftigt sich mit nicht durchgeführten Schönheitsreparaturen eines Mieters.

> *Der Mieter M war vertraglich verpflichtet, Schönheitsreparaturen an der Mietwohnung durchzuführen. Diese waren nach seinem Auszug auch erforderlich, jedoch kam er seiner Verpflichtung nicht nach. Der Vermieter V verlangt nun von M Schadensersatz, obwohl er den Nachmieter N dazu verpflichten konnte, die Wohnung zu renovieren.*[894]

Es stellt sich die Frage, ob dem Schadensersatzanspruch des V gegen den M gem. §§ 280 Abs. 1, Abs. 3, 283 BGB der Vorteil entgegensteht, dass N die Wohnung bereits renoviert hat. Eine Anrechnung wird hierbei in Rechtsprechung und Literatur verneint, da die vertragliche Vereinbarung des V mit N den M nichts angehe. Es käme ansonsten zu einer unbilligen Entlastung des Schädigers.[895] Betrachtet man diese Situation unter dem Gesichtspunkt der Unmittelbarkeit, so muss man feststellen, dass der Vorteil, nämlich die Vornahme der Schönheitsreparaturen durch N, erst durch den Zwischenschritt der Verpflichtung entstanden ist. Es handelt sich somit nicht um anrechenbare unmittelbare, sondern lediglich um mittelbare Vorteile, die nicht zu berücksichtigen sind. Dieses Ergebnis deckt sich insoweit mit dem in Literatur und Rechtsprechung gefundenen.

---

893 *Keuk*, S. 125.

894 Fall nach BGH, Urt. v. 15.11.1967, VIII ZR 150/65, BGHZ 49, 56.

895 BGH, Urt. v. 15.11.1967, VIII ZR 150/65, BGHZ 49, 56 (62); *Mohr*, JURA 2010, 645 (648); zustimmend *Medicus/Petersen*, Rn. 858; im Ergebnis eine Anrechnung mit Hinweis auf § 249 S. 2 BGB a.F. und § 250 BGB ebenfalls ablehnend *Hadding*, JuS 1969, 407 (412).

5. *Arbeitsverdienst des Geschädigten*

Das nächste Beispiel behandelt Vorteile, die auf einem Arbeitsverdienst des Geschädigten beruhen. Für die Frage der Anrechnung ist dabei entscheidend, ob es sich um einen Arbeitsverdienst des Geschädigten handelt, der ihm nach § 254 Abs. 2 BGB oblag. Das Beispiel lässt sich mithin in die allgemeine Fallgruppe der eigenen Leistungen einordnen.

> *Der Fahrlehrer F konnte keine Fahrstunden mehr geben, da sein Auto bei einem fremdverschuldeten Unfall beschädigt wurde. F verlangt vom Schädiger den entgangenen Gewinn, § 252 BGB. Die ausgefallenen Stunden holt F nach der Reparatur außerhalb der regulären Unterrichtszeit nach.*[896]

In denjenigen Fällen, in denen eine Handlung des Geschädigten nach § 254 Abs. 2 Satz 1 BGB geboten ist, wird ganz überwiegend eine Anrechnung befürwortet.[897] Begründet wird dies z.B. von *Looschelders* damit, dass dem Geschädigten das Verhaltensgebot im Interesse des Schädigers auferlegt worden sei, weshalb auch die aus der Erfüllung des Verhaltensgebotes resultierenden Vorteile dem Schädiger zugutekommen müssten.[898] Führe eine unterlassene Schadensminderungspflicht zu einem mitwirkenden Verschulden des Geschädigten und damit zu einem gekürzten Schadensersatzanspruch, könne nach *Büdenbender* eine Erbringung dieser Maßnahme im wirtschaftlichen Ergebnis nicht anders behandelt werden. So müssten folglich die erzielten Vorteile, um deren Bemühung der Geschädigte nach § 254 Abs. 2 BGB verpflichtet war, anzurechnen sein.[899]

Anders verhält es sich aber mit Vorteilen, die auf einer Handlung beruhen, die nach § 254 Abs. 2 Satz 1 BGB nicht geboten war. In den Fällen, in denen überobligatorische Anstrengungen des Geschädigten vorliegen, wird von der h.M. vertreten, dass es nicht zu einer Anrechnung der Vorteile kommt.[900] Den Grund dafür bringt *Büdenbender* durch einen Umkehrschluss aus § 254 Abs. 2

---

896 Fall nach BGH, Urt. v. 16.2.1971, VI ZR 147/69, BGHZ 55, 329.

897 BGH, Urt. v. 19.6.1984, VI ZR 301/82, BGHZ 91, 357 (362 f.); *Büdenbender*, S. 32 ff.; *ders.*, JZ 1995, 920 (922); *Ebert*, in: Erman, Vor §§ 249–253, Rn. 97; *Ekkenga/Kuntz*, in: Soergel, Vor § 249, Rn. 314; *Fikentscher/Heinemann*, Rn. 707; *Grüneberg*, in: Palandt, Vorb v § 249, Rn. 70; *Magnus*, in: Nomos Kommentar, Vor §§ 249–255, Rn. 133; *Rudloff*, in: FS Hippel, 423 (440).

898 *Looschelders*, Mitverantwortlichkeit, S. 499.

899 *Büdenbender*, S. 32 f.; *ders.*, JZ 1995, 920 (922).

900 BGH, Urt. v. 16.2.1971, VI ZR 147/69, BGHZ 55, 329 (332); *Ebert*, in: Erman, Vor §§ 249–253, Rn. 97; *Esser/Schmidt*, S. 254; *Magnus*, in: Nomos Kommentar, Vor §§ 249–255, Rn. 133; *Mohr*, JURA 2010, 645 (649); *Oetker*, in: MüKo BGB, § 249,

BGB auf den Punkt, wenn er sagt: „Wer mehr unternimmt als er muß, soll auch die daraus resultierenden Ergebnisse behalten."[901] Für *Looschelders* folgt jedoch allein aus § 254 Abs. 2 Satz 1 BGB und der Tatsache der fehlenden Obliegenheit nicht, dass hieraus resultierende Vorteile nicht dem Schädiger zugutekommen dürften. Für ihn stehen (als Kehrseite des casum sentit dominus-Grundsatzes) Früchte eigener Arbeit grundsätzlich nur dem Betreffenden selbst zu. Sollen diese nun dem Schädiger zugutekommen, bedürfe es einer rechtlichen Grundlage. In § 254 Abs. 2 Satz 1 BGB sei diese aber nur insoweit gegeben, wie die Obliegenheit reiche; darüber hinaus bleibe es beim allgemeinen Grundsatz.[902]

Im Beispielsfall ist davon auszugehen, dass eine Unterlassung der Nachholung außerhalb der regulären Arbeitszeit durch den Fahrlehrer nicht zu einem Mitverschulden, also einer Verletzung der Obliegenheit aus § 254 Abs. 2 Satz 1 BGB, geführt hätte.[903] Somit wäre aufgrund überobligatorischer Maßnahmen von einer Anrechnung abzusehen. Dennoch finden sich Stimmen, die im vorliegenden Fall eine Anrechnung befürworten.[904] Vorgebracht wird beispielsweise, der Fahrlehrer habe insgesamt keine zusätzliche Arbeit geleistet.[905] Dagegen spricht nach *Looschelders* aber zu Recht, dass dem Geschädigten im Falle der Nichtnachholung der volle entgangene Gewinn zu ersetzen gewesen wäre. Kann der Schädiger dem Geschädigten die Untätigkeit also nicht entgegenhalten, so müssen diesem die entsprechenden Vorteile zukommen. Ein etwaiger Gewinn an Freizeit kann ferner keinen anrechenbaren Vermögensvorteil darstellen.[906] Die Berücksichtigung dieses hypothetischen Moments ist hier (anders als im Bergbauern- und Konkurrenzklausel-Fall) deshalb möglich, weil es nicht um das Hinwegdenken der Schädigung geht, sondern um die Verhaltensweise des Geschädigten.

Nach der hier vorgeschlagenen Lösung der Unmittelbarkeit wäre eine Anrechnung im vorliegenden Fall zu verneinen, da es sich bei den Vorteilen um

---

Rn. 273; *Rudloff*, in: FS Hippel, 423 (440); *Schubert*, in: Bamberger/Roth, § 249, Rn. 117.

901 *Büdenbender*, S. 35.

902 *Looschelders*, Mitverantwortlichkeit, S. 500.

903 *Lieb*, JR 1971, 371 (373); *Looschelders*, Mitverantwortlichkeit, S. 501; *Medicus/Petersen*, Rn. 859.

904 *Schiemann*, in: Staudinger, § 249, Rn. 146; *Würthwein*, S. 361, dort Fn. 250, die bereits den Schaden verneint, weshalb die Grundlage für eine unmittelbare Anwendung der Vorteilsausgleichung fehle.

905 *Medicus/Petersen*, Rn. 859; vgl. auch *Lieb*, JR 1971, 371 (373).

906 *Looschelders*, Mitverantwortlichkeit, S. 501.

solche handelt, die mittelbar, nämlich durch den Zwischenschritt der Nachholung entstehen. In der Folge können aber Bedenken aufkommen. Im Rahmen der Unmittelbarkeit wird keine Differenzierung danach vorgenommen, ob eine Obliegenheit, § 254 Abs. 2 Satz 1 BGB, vorlag oder nicht. Es wird lediglich auf die Zwischenschritte abgestellt. Diese liegen aber unabhängig vom Bestehen einer Obliegenheit durch die Maßnahmen des Geschädigten vor. Dabei wäre eine Anrechnung im Falle der Obliegenheit zur Nachholung aber aus oben genannten Gründen vorzunehmen. Sobald also eine Wertung im Einzelfall erforderlich wird, stößt das Kriterium der Unmittelbarkeit an seine Grenzen. Dies liegt daran, dass das Kriterium der Unmittelbarkeit starr ist. Zumindest in Teilaspekten kann es also zu unbilligen Ergebnissen führen.

6. *Ersparte Aufwendungen*

Ersparten Aufwendungen des Geschädigten wird nachgesagt, dass ein so enger Zusammenhang mit dem Schaden bestehe, dass eine Anrechnung vorzunehmen sei.[907] Betrachtet man beispielsweise die Verpflegungskosten, die während eines Krankenhausaufenthaltes erspart werden, so mindern diese nach überwiegender Ansicht den Schadensersatzanspruch.[908] Überlegt man sich, ob zwischen der schädigenden Handlung und dem Vorteil der ersparten Verpflegungskosten ein unmittelbarer oder mittelbarer Zusammenhang besteht, so kommt man zu dem Ergebnis, dass es keiner Zwischenschritte bedurfte, um den Vorteil zu erlangen. Die schädigende Handlung führte zum Krankenhausaufenthalt, wodurch unmittelbar, ohne Zwischenschritte oder Umwege, die häuslichen Aufwendungen entfielen. Durch diesen unmittelbaren Zusammenhang kommt es zu einem übereinstimmenden Ergebnis der Anrechnung. Beruhen die ersparten Aufwendungen hingegen darauf, dass der Geschädigte die Vorteile durch eigene Einschränkungen erzielte, etwa durch den Verzicht auf einen Mietwagen, so soll hierbei eine Anrechnung ausscheiden.[909] In diesem Fall führt das Kriterium der Unmittelbarkeit ebenfalls zu einem konformen Ergebnis, da letztlich

---

907 Vgl. *Mohr*, JURA 2010, 645 (650).

908 Vgl. *Oetker*, in: MüKo BGB, § 249, Rn. 242; *Magnus*, in: Nomos Kommentar, Vor §§ 249–255, Rn. 159; *Ebert*, in: Erman, Vor §§ 249–253, Rn. 98; a.A. *Larenz*, Schuldrecht, S. 530, der die ersparten Kosten lediglich als Abzugsposten in der Schadensrechnung und nicht als Problem der Vorteilsausgleichung sieht.

909 *Magnus*, in: Nomos Kommentar, Vor §§ 249–255, Rn. 161; *Ekkenga/Kuntz*, in: Soergel, Vor § 249, Rn. 310; *Schiemann*, in: Staudinger, § 249, Rn. 169; *Ebert*, in: Erman, Vor §§ 249–253, Rn. 100; *Lange/Schiemann*, S. 504.

der Entschluss des Geschädigten ausschlaggebend war, weshalb von mittelbaren Vorteilen auszugehen wäre.

7. Erbe und Ersatzansprüche Dritter bei Tötung

Zuletzt soll noch ein Beispiel mit Bezügen zum Delikts- und Erbrecht untersucht werden.

> *Der unterhaltspflichtige Vater eines Kindes wird bei einem Unfall getötet, wodurch das Kind erbt. Wegen des Entzugs des Unterhaltsanspruchs für die mutmaßliche Lebensdauer des Vaters hat es einen Schaden erlitten. Es stellt sich nun die Frage, ob eine Anrechnung der Erbschaft auf den Schadensersatzanspruch zu erfolgen hat.*[910]

Dem Kind steht ein Schadensersatzanspruch nach § 844 Abs. 2 BGB zu. Dieser resultiert aus der schädigenden Handlung, hier also der Tötung des Vaters. Bevor man sich fragt, ob zwischen der schädigenden Handlung und dem Vorteil eine Unmittelbarkeit besteht oder ob die Anrechnung ausschließende Zwischenschritte vorliegen, ist zu klären, worin der Vorteil eigentlich genau zu sehen ist. Grundsätzlich hätte der Geschädigte das Vermögen früher oder später ohnehin durch Erbschaft erlangt, sodass nicht der Vermögensstamm, sondern nur seine Erträge anzurechnen wären.[911] Ob der geerbte Vermögensstamm aber evtl. doch angerechnet werden muss, hängt davon ab, ob er zum Unterhalt herangezogen worden wäre oder nicht, hätte der Getötete weitergelebt. Eine Anrechnung findet folglich dann statt, wenn die ererbten Vermögenswerte auch vor dem Todesfall des Unterhaltspflichtigen zur Bestreitung des Unterhalts gedient haben. Blieb die Vermögensmasse hingegen unangetastet, so liegt der Vorteil lediglich im verfrühten Anfall der Erbschaft.[912] Dann sind nur die Erträge des Vermögensstammes anzurechnen, also beispielsweise Zinsen, Dividenden, Mieteinnahmen, etc., sofern sie für den Familienunterhalt verbraucht und nicht zur weiteren Vermögensbildung eingesetzt worden wären.[913] Zusammenfassend heißt dies, der Vorteil besteht entweder darin, dass das Erbe, das neben dem Schadensersatzanspruch erlangt wird,

910 Fall nach BGH, Urt. v. 15.1.1953, VI ZR 46/52, NJW 1953, 618.

911 *Wagner*, in: MüKo BGB, § 844, Rn. 82.

912 BGH, Urt. v. 15.1.1953, VI ZR 46/52, NJW 1953, 618 (619); Urt. v. 19.3.1974, VI ZR 19/73, NJW 1974, 1236 (1237); Urt. v. 1.10.1991, VI ZR 334/90, BGHZ 115, 228 (233); *Schiemann*, in: Staudinger, § 249, Rn. 164 ff.; *Oetker*, in: MüKo BGB, § 249, Rn. 270.

913 BGH, Urt. v. 19.12.1978, VI ZR 218/76, NJW 1979, 760 (761); *Grüneberg*, in: Palandt, Vorb v § 249, Rn. 91 f.; *Oetker*, in: MüKo BGB, § 249, Rn. 272; *Wagner*, in: MüKo BGB, § 844, Rn. 82; a.A. *Ebert*, in: Erman, Vor §§ 249–253, Rn. 115; *Ekkenga/Kuntz*, in: Soergel, Vor § 249, Rn. 312; *Luckey*, in: Prütting/Wegen/Weinreich, § 249, Rn. 83;

höher ausfällt, weil dieses wegen des früheren Todes des Unterhaltspflichtigen nicht weiter gemindert wurde; oder er besteht darin, dass durch den verfrühten Anfall der Erbschaft unter Umständen Erträge aus dem Vermögensstamm erwirtschaftet werden können. Keine Anrechnung findet damit statt bei allem, was der Geschädigte ohnehin durch die Erbschaft erhalten hätte.[914]

Legt man das Kriterium der Unmittelbarkeit an, so erfolgt der Eigentumserwerb mittels Universalsukzession, § 1922 BGB, was für einen mittelbaren Vorteil spricht, wenn man der bisherigen Linie treu bleibt, dass die gesetzlichen Vorschriften für alle Bürger gelten. Liegt eine letztwillige Verfügung vor, § 1937 BGB, wird die Mittelbarkeit noch deutlicher. Eine Unterscheidung danach, ob der Vorteil lediglich in der verfrühten Erbschaft oder darin zu sehen ist, dass das geerbte Vermögen höher ausfällt, führt somit nicht zu unterschiedlichen Ergebnissen. Eine Anrechnung wäre in beiden Fällen ausgeschlossen. Damit entsteht hier zunächst ein Widerspruch zur Rechtsprechung des BGH in den Fällen, in denen das Erbe schon zu Lebzeiten gemindert worden wäre. In der Tat würde somit der Vorteil in Höhe des Unterhaltsanspruchs bestehen bleiben. Allerdings ist dieses Ergebnis nicht unumstritten. So wird auch in der Literatur die Nichtanrechnung des Vermögensstammes vertreten.[915] Danach müsse der Gedanke des § 843 Abs. 4 BGB gelten. Der Nachlass habe auch die Funktion, den Unterhalt des Erben zu sichern, weshalb Sinn und Zweck der vererbten Vermögenswerte gegen eine Entlastung des Schädigers sprächen.[916] Damit wäre das Ergebnis anhand der Unmittelbarkeit zumindest vertretbar.

D. Zwischenergebnis

Festzuhalten bleibt somit Folgendes: Unter Unmittelbarkeit ist nicht der ursächlich-kausale Zusammenhang zwischen Vorteil und dem schadensstiftenden Ereignis gemeint, sondern ein Entstehen des Vorteils ohne weitere Zwischenschritte bzw. Umwege über einen anderen. Dabei fallen unter mittelbare Vorteile Leistungen Dritter, eigene Anstrengungen des Geschädigten und gesetzliche Vorschriften bzw. Begünstigungen, da hiervon potentiell jeder Bürger betroffen

---

Magnus, in: Nomos Kommentar, Vor §§ 249–255, Rn. 155; *Medicus/Lorenz*, Rn. 743; vgl. dazu auch *Schiemann*, in: Staudinger, § 249, Rn. 167.

914 *Mohr*, JURA 2010, 645 (650).

915 *Ekkenga/Kuntz*, in: Soergel, Vor § 249, Rn. 312; *Medicus/Lorenz*, Rn. 743; *Luckey*, in: Prütting/Wegen/Weinreich, § 249, Rn. 83.

916 *Magnus*, in: Nomos Kommentar, Vor §§ 249–255, Rn. 155.

sein kann. Das Begriffspaar Unmittelbarkeit/Mittelbarkeit erscheint dabei handfester als die Frage, ob ein unlösbarer innerer Zusammenhang besteht.

Es wurde deutlich, dass in der überwiegenden Anzahl der Fälle die Unmittelbarkeit zum gleichen Ergebnis führt, das auch überwiegend in Rechtsprechung und Literatur vertreten wird. Obwohl die vorliegende Arbeit im Grundsatz davon ausgeht, dass die Anrechnung der vorgesehene Regelfall, die Nichtanrechnung die zu begründende Ausnahme ist, kommt es faktisch dazu, dass die überwiegende Anzahl der Sachverhalte zu einer Nichtanrechnung führen wird.

Trotz der überwiegend richtigen Ergebnisse hat sich aber auch gezeigt, dass das Kriterium starr ist, was Wertungen im Einzelfall unmöglich macht, wenn man nicht auf nachträgliche Korrekturen angewiesen sein möchte. Dies zeigte sich dort, wo eine Obliegenheit zur Schadensminderung nach § 254 Abs. 2 BGB im Raum steht. Das starre Abgrenzungskriterium der Unmittelbarkeit eignet sich schlussendlich nicht vollumfänglich für die Frage der Anrechnung von Vorteilen auf den Schadensersatzanspruch. Deshalb soll im Folgenden ein Weg gefunden werden, ein griffiges, aber dennoch im Einzelfall wertendes Kriterium zu finden, das keiner nachträglichen Korrektur bedarf. Dies birgt nämlich Unsicherheiten, weil auf diesem Wege ein gefundenes Ergebnis möglicherweise erneut ins Gegenteil gewendet werden müsste.

§ 3: Objektive Zurechnung

A. Vorüberlegung

Das Kriterium der Unmittelbarkeit gab einen ersten Einblick, wie eine griffige Abgrenzung möglich sein kann. Jedoch liegt ihr der Gedanke „entweder oder" zugrunde, da sie ein starres Kriterium verkörpert. Aufgrund der Erkenntnis, dass im Einzelfall Wertungen aber unumgänglich sein können, soll in einem zweiten Schritt ein Kriterium gefunden werden, welches bereits Wertungen beinhaltet und dadurch zu einem Ergebnis gelangt, das keiner nachträglichen Korrektur mehr bedarf. Nur so kann ein gewisses Maß an Rechtssicherheit geschaffen werden. Die vom BGH verwendete Formel ist als Generalklausel zwar für solche Wertungen zugänglich, aber gleichzeitig liegt hierin auch das bekannte Problem: Auf den ersten Blick lässt sich wegen der oben bereits kritisierten Unbestimmtheit ein Ergebnis kaum ausmachen und kann letztlich durch entsprechende Argumentation nahezu beliebig ausgetauscht werden.

I. Konkretisierungsversuch des inneren Zusammenhangs

Im Fokus steht der von der h.M. verlangte unlösbare innere Zusammenhang zwischen Vor- und Nachteil. Wann ein solcher gegeben ist, wird jedoch nicht klar geäußert. Der damit in Verbindung gebrachte Begriff der Rechnungseinheit ist ebenfalls nicht zielführender. Eine Idee, diesen inneren Zusammenhang näher zu konkretisieren, könnte *Larenz* geliefert haben. Im Kern wird es dabei um die objektive Zurechnung gehen. In einem Festschriftsbeitrag nimmt er Stellung zu einem Urteil des BGH v. 2.7.1957, in dem es um die Haftung aus § 823 BGB und die Frage des adäquaten Kausalzusammenhanges ging. In der Urteilsbegründung wird zwar eigentlich die Adäquanz verneint, er legt aber dar, warum insgeheim andere Gründe für einen Ausschluss der Zurechnung verantwortlich sind. Der BGH führt aus, dass es für eine Zurechnung im Rechtssinne nicht an einem inneren Zusammenhang zwischen der Verletzung und dem Erfolg fehlen dürfe.[917] Für *Larenz* bedeutet dies, dass ein Ausschluss der objektiven Zurechnung dann vorliege, wenn ein nicht herausgeforderter Entschluss eines anderen den Verantwortungsbereich des Erstschädigers abbreche.[918] Dieses Urteil und die damit verbundene Analyse durch *Larenz* verdienen deshalb Beachtung, weil auch bei der Frage der Vorteilsausgleichung ein innerer Zusammenhang, diesmal aber bekanntermaßen zwischen Schädigung und Vorteil, verlangt wird. Es stellt sich somit die Frage, ob hieraus Erkenntnisse für die Vorteilsausgleichung und die vom BGH verwendete Formel gezogen werden können. Allerdings zeigt sich, dass speziell in den Fällen der Leistungen Dritter, die zu Vorteilen führen, sich diese Dritten gerade durch das schädigende Verhalten herausgefordert fühlen durften, was insbesondere die Spendenfälle zeigen. Während eine Herausforderung im Falle der Nachteile eine Zurechnung begründet, müsste sie aber im Falle der Vorteile gerade verneint werden. Somit kann der Gedanke der Herausforderungsfälle als Konkretisierung nicht übertragen werden. *Larenz* versuchte zudem bereits 1957 in einer Urteilsanmerkung eine Konkretisierung des inneren Zusammenhangs anhand einer Zweckbestimmung. Eine Anrechnung sei dann auszuschließen, „wenn der Erfolg durch die freie Handlung eines Dritten herbeigeführt ist und dessen Verantwortlichkeit in solchem Maße überwiegt, dass demgegenüber die bloße Verursachung durch den ersten bedeutungslos ist.“ Die für den Erfolg ursächliche Handlung des Dritten dürfe mit dem die Verantwortlichkeit des ersten begründenden Ereignis in keinem durch ihren Zweck gegebenen Zusammenhang stehen.[919]

917 BGH, Urt. v. 2.7.1957, VI ZR 205/56, BGHZ 25, 86 (90).
918 *Larenz*, in: FS Honig, 79 (85).
919 *Larenz*, NJW 1958, 627 (627).

Viel konkreter ist dies ebenfalls nicht. Aber die angesprochenen Gedanken der Zurechnung und der Verantwortungsbereiche eröffnen neue Möglichkeiten und könnten für die Vorteilsausgleichung fruchtbar gemacht werden. Die Zurechnung spielt eine tragende Rolle in der Konstellation eines schädigenden Verhaltens und eines Erfolges. Sie könnte daher im übertragenen Sinne auch bei der Konstellation Schädigung und Vorteil anwendbar sein. Die Frage, in wessen Verantwortungsbereich ein Vorteil fällt, klang zudem bereits bei der Unmittelbarkeit an, konnte sich aber aufgrund der dort dominierenden Zwischenschritte nicht entfalten. Nun soll sie mehr in den Mittelpunkt rücken und so die Starrheit der Unmittelbarkeit überwinden.

II. Zurechnung im Zivil- und Strafrecht

Unter dem Begriff der Zurechnung ist nach *Larenz* die Frage zu verstehen, wofür ein Subjekt verantwortlich gemacht werden kann, was ihm als seine Handlung zuzuschreiben ist. Bei der objektiven Zurechnung seien Eigenschaften des Täters nicht zu berücksichtigen, es gehe nur um den objektiven Zusammenhang, daher der Begriff „objektiv".[920] Dieser Begriff der objektiven Zurechnung wird heutzutage zwar in erster Linie mit dem Strafrecht in Verbindung gebracht, er taucht aber ebenso im Zivilrecht auf.[921] Nach dem Prinzip „casum sentit dominus" hat im Zivilrecht zunächst der Inhaber eines Rechtsguts den Schaden zu tragen. Der Grund, warum nun jemand anderes, nämlich der Schädiger, den Schaden zu tragen hat, ist die Zurechnung.[922] Diese besteht aus einer faktischen und einer normativen Kausalität. Während Erstere anhand der Äquivalenztheorie beurteilt wird, ist bei Letzterer anhand der Adäquanz und dem Schutzzweck der Norm (Schutzzwecklehre) zu entscheiden.[923] Beim Schutzzweck wird dabei

---

920 *Larenz*, Zurechnungslehre, S. 51.

921 Vgl. BGH, Urt. v. 13.7.1971, VI ZR 125/70, BGHZ 57, 25 (28); *Brox/Walker*, § 45, Rn. 29; *Förster*, in: BeckOK BGB, § 823, Rn. 257; *Larenz*, in: FS Honig, 79 ff.; *ders.*, NJW 1958, 627 (627); *Staudinger*, in: Schulze Hk-BGB, § 823, Rn. 45. *Deutsch/Ahrens*, Rn. 4, verstehen unter objektiver Zurechnung einer Tat, dass ein Geschehen oder ein Erfolg irgendwie auf den Willen einer Person zurückgeführt werden könne. Es genüge die allgemeine Verbindung mit dem Willen einer Person. Unter subjektiver Zurechnung sei hingegen zu verstehen, dass dem Handelnden Tat und Tatfolgen persönlich angelastet werden können.

922 *Deutsch/Ahrens*, Rn. 1; *Wandt*, § 16, Rn. 124.

923 *Wandt*, § 16, Rn. 125; *Rönnau/Faust/Fehling*, JuS 2004, 113 (116); *Looschelders*, Schuldrecht, Rn. 982, spricht insoweit von Kausalität im naturwissenschaftlichen

auf den Vertragszweck oder den Zweck der Haftungsnorm abgestellt.[924] Gelegentlich wird dies dann auch unter dem Begriff „objektive Zurechnung“ zusammengefasst.[925]

Während es sich bei der zivilrechtlichen objektiven Zurechnung aber um Gedanken im Rahmen der (haftungsbegründenden oder haftungsausfüllenden) Kausalität handelt,[926] ist die Frage nach der Kausalität bei der Anrechnung von Vorteilen bereits geklärt worden. Die Äquivalenz war dabei notwendige Voraussetzung, während die Adäquanz überwiegend abgelehnt wurde und ohnehin nur noch als Negativabgrenzung dient. Offen ist lediglich noch die einzelfallbezogene Wertung. Der Klärung bedarf also, wann im Einzelfall aufgrund wertender Gesichtspunkte kausale Vorteile von der Anrechnung auszunehmen sind. Würde man sich nun dieser Kriterien der zivilrechtlichen objektiven Zurechnung bei der Anrechnung von Vorteilen bedienen, bliebe nur noch die Schutzzwecklehre übrig, letztlich also das, wonach auch der BGH fragt. Bedenken hiergegen wurden aber bereits geäußert.[927]

An dieser Stelle können Überlegungen zur strafrechtlichen objektiven Zurechnung anknüpfen, mag dies auch auf den ersten Blick abwegig erscheinen. Während es im Zivilrecht bei der Zurechnung um die Schadenstragung geht, wird im Strafrecht bei der objektiven Zurechnung ein tatbestandlicher Erfolg dem Täterverhalten zugerechnet. Der objektive Tatbestand eines Erfolgsdelikts setzt nämlich voraus, dass ein Erfolg dem Täter objektiv zurechenbar ist, das heißt, dass zwischen einer Handlung des Täters und einem eingetretenen Erfolg ein ausreichender Zusammenhang bestehen muss, damit der objektive Tatbestand erfüllt ist.[928] Eine rein kausale Verknüpfung im Sinne der condicio sine qua non-Formel zwischen dem Täterverhalten und dem eingetretenen Erfolg genügt hierbei nicht. Exemplarisch wird oft gefragt, ob einem Messerstecher der Tod des Opfers angelastet werden kann, wenn dieses eine lebensrettende Operation verweigert oder dem operierenden Arzt ein schwerwiegender Fehler unterläuft. Entscheidend sind bei der objektiven Zurechnung dann letztlich wertungsmäßige Überlegungen.[929] Die weite Äquivalenztheorie wird normativ

---

Sinne (Äquivalenztheorie) und dem Bedarf einer normativen Einschränkung, die sich insbesondere bei der haftungsausfüllenden Kausalität zeige.

924 *Rönnau/Faust/Fehling*, JuS 2004, 113 (116).

925 Vgl. *Brox/Walker*, § 45, Rn. 29; *Looschelders*, Schuldrecht, Rn. 983 ff.

926 Vgl. *Brox/Walker*, § 45, Rn. 28; *Staudinger*, in: Schulze Hk-BGB, § 823, Rn. 45.

927 Zweiter Teil, § 2, D, II.

928 Vgl. *Frisch*, JuS 2011, 19 (19 f.).

929 Vgl. *Kühl*, § 4, Rn. 2 ff.

eingeschränkt.[930] Allerdings erfolgt die Prüfung der objektiven Zurechnung hier nach der Feststellung der Kausalität, quasi als Bewertung auf zweiter Stufe.[931] Die Kausalität selbst ist wertungsfrei und eine notwendige Bedingung, jedoch letztlich nicht hinreichend genug.[932] Deshalb soll sich für die Konstruktion eines Abgrenzungskriteriums im Rahmen der Vorteilsausgleichung vorzugsweise an den Gedankengang, der hinter der strafrechtlichen objektiven Zurechnung steht, insbesondere ihre Abgrenzungsformel, angelehnt werden. Ihre wertenden Gesichtspunkte ähneln zwar denen der zivilrechtlichen Zurechnung; ebenso finden sich oftmals sogar dieselben Fallgruppen. Jedoch kann das strafrechtliche Konstrukt, da es erst nach der Kausalität zum Tragen kommt, in sich geschlossen betrachtet und als methodisches Hilfsmittel transferiert werden. Wie noch zu sehen sein wird, vereint die strafrechtliche objektive Zurechnung mehrere Kriterien unter einem Dach, weshalb die Wertungsgrundlage umfangreicher ist als bei der Schutzzwecklehre.

Der Gedanke, strafrechtliche Erkenntnisse in das Zivilrecht (und umgekehrt) zu übertragen, ist dabei nicht neu. So wurde aus dem Zivilrecht der Schutzbereich der Norm übernommen, aus dem Strafrecht hingegen das verkehrsrichtige Verhalten.[933] Jedoch darf dies nicht unreflektiert geschehen. Die Zielrichtung des Zivil- bzw. Schadensersatzrechts ist schließlich eine andere als die des Strafrechts, selbst wenn es beide Male doch unter anderem um „unerlaubte Handlungen“ gehen kann. Auf der einen Seite ist es zunächst die Aufgabe des Strafrechts, die Rechtsgüter der Bürger zu schützen.[934] Das Schadensersatzrecht auf der anderen Seite verfolgt primär einen Ausgleichsgedanken und keine Bestrafung.[935] Verdeutlicht werden soll dies an den Ausführungen von *Roxin* zum Schutzbereich der Norm. Dieser sei im Zivilrecht entwickelt worden, könne aber in beiden Rechtsbereichen verwendet und somit übertragen werden.[936] Allerdings müssten seine jeweiligen Inhalte der Natur der Sache nach dort verschieden sein, wo die divergierenden Ziele (gerechter Schadensausgleich gegenüber kriminalpolitisch

930 *Freund*, in: MüKo StGB, Vorb. § 13, Rn. 350; *Walter*, in: LK, Vor § 13, Rn. 89.

931 *Frisch*, S. 17 f.; *Honig*, in: FS v. Frank, 174 (179 f.).

932 *Rönnau/Faust/Fehling*, JuS 2004, 113 (115).

933 Vgl. *Roxin*, in: FS Honig, 133 (145); *Niese*, JZ 1956, 457 (457).

934 *Rengier*, § 3, Rn. 2; *Roxin*, AT I, § 2, Rn. 7; vgl. *Joecks*, in: MüKo StGB, Einleitung, Rn. 31.

935 *Ekkenga/Kuntz*, in: Soergel, Vor § 249, Rn. 26 ff.; *Magnus*, in: Nomos Kommentar, Vor §§ 249–255, Rn. 9; *Oetker*, in: MüKo BGB, § 249, Rn. 8.

936 *Roxin*, in: FS Honig, 133 (140 ff.).

sachgemäßer Reaktion) abweichende Lösungen fordern.[937] Bisweilen führt ein Sachverhalt unter strafrechtlicher Betrachtung zu einem anderen Ergebnis als zivilrechtlich. So könne beispielsweise zivilrechtlich ein finanzieller Ausgleich durch die Verursachung eines Schockschadens angebracht sein, während eine strafrechtliche Bestrafung ausscheide. In der Folge wären zivilrechtlich mittelbare Schäden zu ersetzen, während der Schutzbereich der Norm kriminalpolitisch auf unmittelbare Schäden zu beschränken sei.[938] Die Unterschiede werden auch dahingehend beschrieben, dass es sich beim Strafrecht um die Eingliederung des Einzelnen in das Ganze handle, also der Unterwerfung des Einzelnen der Macht der Gemeinschaft, im Privatrecht hingegen um die Beziehungen der Einzelnen untereinander.[939] Besinnt man sich aber noch einmal auf den Ausgangspunkt der Fragestellung, nämlich wann ein Vorteil, der durch das schädigende Verhalten einer Person neben einem Schaden entstanden ist, auf den Schadensersatz anzurechnen ist, so kann man von der grundsätzlichen Problematik her durchaus die Parallele zum Strafrecht ziehen. Letztlich geht es auch nicht darum, die objektive Zurechnung eins zu eins ins Zivilrecht zu übertragen. Es soll vielmehr darum gehen, das methodische Hilfsmittel für die Vorteilsausgleichung fruchtbar zu machen. Überträgt man jenes nun auf die Vorteilsausgleichung, so kann man überlegen, ob ein Vorteil (der „Erfolg“) dem Schädiger (dem „Täter“) „anzulasten“ bzw. zuzurechnen ist. So wie der tatbestandliche Erfolg im Strafrecht als „Werk des Täters“[940] erscheinen muss, könnte der Vorteil als das „Werk“ des Schädigers zu betrachten sein. Es würde also nicht ausreichen, dass lediglich kausal ein Vorteil entstanden ist. Er müsste dem Schädiger vielmehr objektiv zuzurechnen sein.

Um dieses Ziel zu erreichen, soll zunächst auf die Grundlagen der strafrechtlichen objektiven Zurechnung eingegangen werden, bevor sie mit ihren zahlreichen Facetten auf ihre Tauglichkeit im Hinblick auf die Zurechnung von Vorteilen im Rahmen der Vorteilsausgleichung untersucht wird.

---

937 *Roxin*, in: FS Honig, 133 (145).

938 *Roxin*, in: FS Honig, 133 (141 f.).

939 *Larenz*, Zurechnungslehre, S. 98 f.

940 *Eisele*, in: Schönke/Schröder, Vorb. §§ 13 ff., Rn. 71; *Roxin*, AT I, § 11, Rn. 1; *Kühl*, § 17, Rn. 45; *Heinrich*, Rn. 242; *Rönnau/Faust/Fehling*, JuS 2004, 113 (115).

B. Grundlagen und Parallelen

Der Inhalt der objektiven Zurechnung ergibt sich aus einer Vielzahl von Fallgruppen bzw. Kriterien, bei denen jene verneint wird.[941] Zusammenfassend wird die Zurechnungsregel in etwa wie folgt definiert:

> *„Objektiv zurechenbar ist ein durch menschliches Verhalten verursachter Erfolg nur dann, wenn dieses Verhalten eine rechtlich missbilligte Gefahr des Erfolgseintritts geschaffen und diese Gefahr sich auch tatsächlich in dem konkreten erfolgsverursachenden Geschehen realisiert hat."*[942]

Entweder wurde also bereits kein solches Risiko geschaffen oder es hat sich nicht im konkreten Erfolg realisiert.[943] Im Mittelpunkt steht damit insbesondere der sog. Risiko- oder Realisierungszusammenhang. Dabei handelt es sich um einen normativen Begriff.[944] Es geht mithin um einen Zusammenhang zwischen der geschaffenen Gefahr und dem kausal herbeigeführten Erfolg. Der Zusammenhang entfällt dann, wenn sich im Erfolg nicht das Ausgangsrisiko des Täters, sondern ein anderes Risiko realisiert hat, beispielsweise das allgemeine Lebensrisiko.[945] Für eine Zurechnung muss der Erfolg die Auswirkung dessen darstellen, weswegen die Handlung missbilligt ist. Ansonsten ist der eingetretene Erfolg ungeeignet, die missbilligte Gefahrschaffung und die Unwertigkeit der Handlung zu belegen.[946]

Besonders hervorgehoben werden sollen im Folgenden die Fälle der Risikoverringerung und des erlaubten Risikos, in denen schon keine rechtlich missbilligte Gefahr geschaffen werde und im Bereich der realisierten Gefahr die Fälle des Schutzzweckzusammenhangs und die Abgrenzung nach Verantwortungsbereichen. Mangels Verwertbarkeit für die Vorteilsausgleichung bleibt die objektive Voraussehbarkeit[947] unberücksichtigt. Die Voraussehbarkeit war in gewisser Weise bereits im Zusammenhang mit der Anwendbarkeit der Adäquanz

941 Vgl. *Heinrich*, Rn. 244; *Rönnau/Faust/Fehling*, JuS 2004, 113 (115); näher zu den Fallgruppen auch *Frisch*, JuS 2011, 116 (122), der eine Einteilung in drei Grundkonstellationen vornimmt. Diese ähneln den Gruppen bei der Vorteilsausgleichung (unter anderem eigenes Verhalten und Verhalten Dritter).

942 Statt vieler *Freund*, in: MüKo StGB, Vorb. § 13, Rn. 350.

943 Vgl. *Heinrich*, Rn. 244; *Rengier*, § 13, Rn. 49; zur fehlenden Gefahrschaffung *Roxin*, AT I, § 11, Rn. 55 ff.

944 *Frisch*, S. 529 f.

945 *Frisch*, S. 55; *Kühl*, § 4, Rn. 61; *Rengier*, § 13, Rn. 60.

946 *Frisch*, S. 525.

947 Siehe dazu beispielsweise *Rengier*, § 13, Rn. 62 ff.

im Rahmen der Vorteilsausgleichung angesprochen und verworfen worden.[948] Ergänzend soll noch auf die Tatsache hingewiesen werden, dass die Lehre von der objektiven Zurechnung von der Rechtsprechung eher vermieden wird. Sie bedient sich stattdessen der Lehre von der wesentlichen Abweichung des Kausalverlaufs oder lässt die entsprechenden Fälle an der objektiven Vorhersehbarkeit scheitern.[949]

Obwohl sich der inhaltliche Aussagegehalt der objektiven Zurechnung im Strafrecht letztendlich nicht sonderlich von Wertungen im Zivilrecht unterscheiden wird, da auf beiden Seiten ähnliche Gesichtspunkte eine Rolle spielen, wie etwa der Schutzzweck der Norm oder ein eigenmächtiges Handeln des Geschädigten bzw. Dritter, wurde gezeigt, dass sie diese Kriterien einheitlich verwaltet und so als „Ganzes" geprüft werden kann.

I. Risikoverringerung

Zunächst soll keine Zurechnung bei einer sog. Risikoverringerung stattfinden. Im Unterschied zu den nachfolgenden Fallgruppen schafft der Täter hier schon keine rechtlich missbilligte Gefahr. Wenn eine Handlung zu einer teilweisen Erhaltung von bereits bedrohten Rechtsgütern führt, soll dies nicht sanktioniert werden. So z.B., wenn ein Schlag auf den Kopf durch ein Eingreifen lediglich auf die Schulter abgelenkt wird. Aber nicht jede mindernde Handlung ist dabei zu berücksichtigen. Es darf keine neue Ursachenreihe eröffnet werden, vielmehr muss die bereits in Gang gesetzte Ursachenreihe abgebremst werden.[950] Versucht man nun eine Parallele zur Vorteilsausgleichung zu ziehen, so scheint es auf den ersten Blick an einer vergleichbaren Interessenlage zu fehlen. Schließlich geht es dort um die Frage der Anrechnung von Vorteilen und nicht um eine Verringerung des Risikos einer schädigenden Handlung. Aber in der Risikoverringerung steckt ein Grundgedanke, der sich übertragen lässt. Zum einen kann eine Verringerung eines Risikos auch so interpretiert werden, dass ein Schaden durch einen Vorteil gemindert wird. Wenn zum anderen bei der Risikoverringerung eine Zurechnung nur dann ausscheidet, solange keine neue Ursachenreihe in Gang gesetzt wurde, kann bei der Frage der Vorteilsausgleichung eine neue „Ursachenreihe" darin gesehen werden, dass durch ein schädigendes Verhalten beim

---

948 Zweiter Teil, § 2, II, B.

949 *Rengier*, § 13, Rn. 42; *Walter*, in: LK, Vor § 13, Rn. 89 m.w.N.

950 *Kühl*, § 4, Rn. 54 f.; *Eisele*, in: Schönke/Schröder, Vorb. §§ 13 ff., Rn. 94; *Roxin*, AT I, § 11, Rn. 53 f.; *Heinrich*, Rn. 248; *Frisch*, JuS 2011, 116 (117); für eine Lösung nach den Regeln der (mutmaßlichen) Einwilligung hingegen *Rengier*, § 13, Rn. 58.

Geschädigten beispielsweise ein Anspruch gegen eine Versicherung ausgelöst wird, der zu einem Vorteil führt. Damit wird nicht ein bereits in Gang gesetztes Geschehen (schädigende Handlung) in seiner Schwere abgemildert, sondern ein davon unabhängiges führt zu Vorteilen, welche dann nicht anzurechnen wären. Dies deckt sich auch mit den allgemeinen Ergebnissen, die bei den Vorteilen durch Leistungen Dritter bzw. durch eigene Bemühungen des Geschädigten entstandene Vorteile gefunden wurden. Letztlich wird also ein Grundgedanke der objektiven Zurechnung im Strafrecht auf die Vorteilsausgleichung transferiert. Dabei geht es aber eben nicht um eine Eins-zu-Eins-Übertragung, da keine Verringerung eines missbilligten Risikos im Raum steht, sondern lediglich um die Wertungen, die dahinterstehen. In beiden Fällen liegt eine Abmilderung vor; sie wird aber nur in speziellen Fällen berücksichtigt. *Heinrich* drückt es so aus, dass sich „nicht lediglich ‚per Saldo' eine weniger gravierende Rechtsgutsverletzung" ergeben dürfe.[951] Auch bei der Ermittlung des Schadens ging es darum, nicht lediglich Vor- mit Nachteilen zu saldieren, sondern eine wertende Entscheidung über die Berücksichtigung zu finden.

II. Erlaubtes Risiko

Ferner gibt es Verhaltensweisen, die auf das allgemeine Lebensrisiko zurückzuführen, legal oder toleriert sind. Sie schaffen kein rechtlich relevantes Risiko. Angesprochen sind damit sozialadäquate Verhaltensweisen.[952] Das Gesetz könne nämlich nicht einerseits das allgemeine Lebensrisiko als missbilligte Risikoschaffung qualifizieren, auf der anderen Seite den Schutz des Einzelnen aber in bestimmten Lebensbereichen begrenzen.[953] Die Nichtberücksichtigung des allgemeinen Lebensrisikos deckt sich mit Wertungen im Zivilrecht, wonach für die Verwirklichung des allgemeinen Lebensrisikos nicht gehaftet werden muss.[954] Zur Veranschaulichung seien an dieser Stelle nur die Herausforderungs- bzw. Verfolgerfälle genannt. Eine Haftung nach § 823 Abs. 1 BGB im Zusammenhang mit den Herausforderungsfällen scheidet dann aus, wenn sich lediglich das allgemeine Lebensrisiko und kein gesteigertes, verfolgungstypisches Risiko verwirklicht.[955]

---

951 *Heinrich*, Rn. 248.
952 *Heinrich*, Rn. 245; *Rengier*, § 13, Rn. 51.
953 *Frisch*, S. 390.
954 *Oetker*, in: MüKo BGB, § 249, Rn. 194; *Roxin*, in: FS Honig, 133 (144 f.).
955 *Oetker*, in: MüKo BGB, § 249, Rn. 173; *Flume*, in: BeckOK BGB, § 249, Rn. 323.

Für die Vorteilsausgleichung würde dies bedeuten, dass Vorteile, die auf das allgemeine Lebensrisiko zurückzuführen sind, nicht anrechenbar wären und damit dem Geschädigten zugutekommen würden. Dies erscheint vor dem Hintergrund, dass für das allgemeine Lebensrisiko nicht gehaftet werden soll, auch sachgerecht. Ein solcher Ansatz findet sich bereits im Rahmen der Adäquanz, die bei der Vorteilsausgleichung lebhaft diskutiert wird. Hier wurde ebenfalls angemerkt, dass das allgemeine Lebensrisiko nicht zu berücksichtigen, also dem Geschädigten gutzubringen sei.[956] Unerheblich ist in diesem Zusammenhang, dass in strafrechtlicher Hinsicht das allgemeine Lebensrisiko dem Täter zugutekommt, im Rahmen der Vorteilsausgleichung letztlich aber dem Geschädigten. Im Vordergrund steht allein der Gedanke der Zurechnung, insbesondere von Vorteilen. Hinsichtlich etwaiger Nachteile hat der Schädiger auch im Rahmen des § 823 Abs. 1 BGB nicht für das allgemeine Lebensrisiko einzustehen, wäre also ebenso wie der Täter „begünstigt".

III. Freiverantwortliche Selbstschädigung und Dazwischentreten Dritter

Eine weitere Fallgruppe der objektiven Zurechnung ergibt sich aus der freiverantwortlichen Selbstschädigung bzw. Selbstgefährdung des Opfers oder einem Dazwischentreten Dritter. Hinter diesen Begriffen verbirgt sich eine Abgrenzung nach Verantwortungsbereichen.[957] Liegt eine freiverantwortliche Selbstschädigung des Opfers vor, scheidet eine objektive Zurechnung der Verhaltensweise des Täters zum tatbestandlichen Erfolg aus, denn die Risiken, die das Opfer selbst zu verantworten hat, können einem anderen nicht zugerechnet werden.[958] Eine Freiverantwortlichkeit ist (je nach vertretener Ansicht) dann abzulehnen, wenn der Selbstschädigungsakt entsprechend der §§ 19, 20, 35 StGB, 3 JGG entschuldigt[959] oder aufgrund Willensmängeln nach den Einwilligungsregeln unwirksam[960] wäre.[961] Zwar kann auch dies nicht direkt auf die Vorteilsausgleichung übertragen werden, da dort die Schädigung schließlich vom Schädiger und nicht vom Geschädigten selbst ausgeht. Aber zieht man die grundlegende

---

956 *Grüneberg*, in: Palandt, Vorb v § 249, Rn. 69.

957 Vgl. *Eisele*, in: Schönke/Schröder, Vorb. §§ 13 ff., Rn. 100.

958 *Eisele*, in: Schönke/Schröder, Vorb. §§ 13 ff., Rn. 101d; *Heinrich*, Rn. 252; *Frisch*, JuS 2011, 116 (119 f.), nach dem es aber im Kern eigentlich nicht um eine Zurechnung, sondern bereits um die Frage der Tatbestandsmäßigkeit des Handelns gehe.

959 *Roxin*, AT II, § 25, Rn. 144 ff.

960 *Freund*, in: MüKo StGB, Vorb. § 13, Rn. 421; *Frisch*, S. 166; *Lenckner/Sternberg-Lieben*, in: Schönke/Schröder, Vorb. §§ 32 ff., Rn. 52a.

961 Siehe zum Streitstand *Walter*, in: LK, Vor § 13, Rn. 113 m.w.N.

Überlegung in die Betrachtung der Vorteile mit ein, so kann eine Zurechnung der Vorteile zum Schädiger dann nicht erfolgen, wenn sie auf einem eigenständigen Verhalten des Geschädigten beruhen. Insofern deckt sich dies mit der allgemeinen Meinung, dass Vorteile, die auf eigenen Anstrengungen beruhen, nicht angerechnet werden.

Des Weiteren scheidet nach überwiegender Ansicht eine objektive Zurechnung grundsätzlich dann aus, wenn der Erfolg erst dadurch eintritt, dass ein Dritter vollverantwortlich eine neue Gefahr begründet, die an die ursprüngliche Handlung anknüpft, selbständig auf den Erfolg hinwirkt und sich dann allein im konkreten Erfolg realisiert. Wie bei der Selbstschädigung geht es hierbei letztlich um Verantwortungsbereiche.[962] Es muss sich aber um ein Verhalten handeln, welches freiwillig und aus selbst gesetzten Motiven vorgenommen wird.[963] Ausnahmen von der fehlenden Zurechnung sind z.B. in denjenigen Fällen vorgesehen, in denen der Ersthandelnde Sicherheitsvorschriften verletzt, die gerade entsprechende Vorsatz- oder Fahrlässigkeitstaten Dritter verhindern sollen.[964] Die Lehre von der objektiven Zurechnung soll hier dazu beitragen, sachgerechte bzw. differenzierte Ergebnisse ohne Heranziehung pauschaler Lösungskriterien (z.B. Lehre vom Regressverbot)[965] zu finden, indem nach Verantwortungsbereichen gefragt wird.[966] Übertragen auf die Vorteilsausgleichung bedeutet diese Trennung der Verantwortungsbereiche, dass Vorteile, die in den Verantwortungsbereich des Geschädigten bzw. Dritter fallen, nicht dem Schädiger zuzurechnen sind. So fallen neben den Vorteilen durch eigene Anstrengungen auch diejenigen Vorteile aus der Anrechnung heraus, die durch Leistungen Dritter entstanden sind. Insofern ergibt sich ebenfalls keine Abweichung zu den üblichen Annahmen hinsichtlich der Anrechnung. Dass der Schädiger an sich gar keine Vorteile herbeiführen wollte oder es ohne das Eingreifen des Dritten gar nicht zum Entstehen von Vorteilen gekommen wäre, spielt dabei keine Rolle.

---

962 *Eisele*, in: Schönke/Schröder, Vorb. §§ 13 ff., Rn. 100; *Heinrich*, Rn. 1053; *Kühl*, § 4, Rn. 83 ff.; *Rengier*, § 13, Rn. 88.

963 *Heinrich*, Rn. 253.

964 *Heinrich*, Rn. 254; zur Bejahung einer Nebentäterschaft nach § 222 StGB trotz vorsätzlichen Dazwischentretens bei fahrlässiger Verletzung von Sicherheitsvorschriften und Garantenpflichten beispielsweise *Rengier*, § 52, Rn. 58 ff.

965 Siehe dazu beispielsweise die Darstellung bei *Frisch*, S. 233 ff.

966 *Eisele*, in: Schönke/Schröder, Vorb §§ 13 ff., Rn. 100; *Rengier*, § 13, Rn. 88; kritisch *Frisch*, S. 238 ff., nach dem die Verantwortungsbereiche erst anhand normativer Kriterien geformt werden müssten, weshalb man dann aber eigentlich direkt auf diese zurückgreifen könnte, ohne Leerformeln verwenden zu müssen.

Relevant ist lediglich der Gedanke der Verantwortungsbereiche. So ist an dieser Stelle auch eine differenzierte Ergebnisfindung möglich, die bei der Abgrenzung anhand der Unmittelbarkeit nicht möglich war.

IV. Schutzzweckzusammenhang

Zuletzt ist noch der sog. Schutzzweckzusammenhang zu erwähnen. Hiernach findet keine objektive Zurechnung statt, wenn der Erfolg nicht im Schutzbereich der verletzten Norm liegt, obwohl die Verhaltensweise an sich pflichtwidrig ist.[967] Dabei ist durch Auslegung zu ermitteln, ob Sinn und Zweck der verletzten Sorgfaltsnorm ergeben, dass gerade der verwirklichte Erfolg vermieden werden soll.[968] So soll beispielsweise das Verbot des Fahrens mit überhöhter Geschwindigkeit davor schützen, dass auf dem limitierten Abschnitt keine Unfälle geschehen, nicht jedoch, dass der Fahrer später an einem bestimmten Ort ankommt und ein zwischenzeitlicher Unfall mit angepasster Geschwindigkeit hätte vermieden werden können.[969] Teilweise wird eingewandt, es müsse vielmehr auf eine Sanktions- oder Verhaltensnorm des Strafrechts abgestellt werden und nicht auf eine beispielsweise der StVO entstammenden Sorgfaltsnorm.[970] Gleichwohl ähnelt der Schutzzweckzusammenhang dem Ansatz der Rechtsprechung des BGH im Rahmen der Vorteilsausgleichung, wonach eine Anrechnung ausscheidet, wenn der Zweck des Schadensersatzanspruchs entgegensteht bzw. wenn sich ergibt, dass der Schädiger nicht begünstigt werden darf. Dennoch zeigt sich ein Unterschied darin, dass der Schutzzweck bei der objektiven Zurechnung nur ein Aspekt unter vielen ist, während er bei der Formel des BGH zur Vorteilsausgleichung deutlicher in den Vordergrund rückt und neben der Unzumutbarkeit bzw. Unangemessenheit steht.

V. Zwischenergebnis

Zusammenfassend ist festzuhalten, dass der Erfolg als „Werk des Täters" erscheinen muss. Für diese Beurteilung wird die objektive Zurechnung letztlich ebenso wie die Vorteilsausgleichung anhand verschiedener Fallgruppen mit Leben

967 *Roxin*, AT I, § 11, Rn. 87; *Walter*, in: LK, Vor § 13, Rn. 96; kritisch *Frisch*, S. 80 ff.

968 *Rengier*, § 52, Rn. 37.

969 BGH, Urt. v. 6.11.1984, 4 StR 72/84, BGHSt 33, 61 (65); *Heinrich*, Rn. 1046; *Walter*, in: LK, Vor § 13, Rn. 96.

970 *Frisch*, S. 82.

gefüllt. Beiden ist gemein, dass hier eine normative Entscheidung[971] über eine Zu- bzw. Anrechnung getroffen wird. Viele Eckpunkte der objektiven Zurechnung finden sich auch bei der Vorteilsausgleichung wieder. Dies betrifft gerade die Aspekte der Selbstschädigung bzw. Vorteile durch eigene Anstrengungen, das Dazwischentreten Dritter bzw. deren Leistungen an den Geschädigten und den Schutzzweckzusammenhang, der in beiden Bereichen in ähnlicher Art und Weise Anwendung findet. Der Vorteil der strafrechtlichen objektiven Zurechnung liegt aber in der Tatsache, dass sie alle genannten Aspekte sozusagen unter einem Dach vereint. Insofern erscheint es legitim, Rückschlüsse von der objektiven Zurechnung im Strafrecht auf die Frage der Vorteilsausgleichung zu ziehen. Ohnehin ist man sich sowohl im Straf- wie auch Zivil- und öffentlichen Recht einig, dass eine Eingrenzung der Verantwortlichkeit aufgrund wertender Zurechnungskriterien nötig ist. Der Unterschied der angewendeten Ansätze in der dogmatischen Verankerung sei dabei aber gering, da keiner ohne wertende Betrachtung im Einzelfall auskomme.[972] Dies spricht umso mehr dafür, Grundgedanken und Ansätze (und nur diese) der strafrechtlichen objektiven Zurechnung als methodisches Hilfsmittel zu übertragen.

Auf den Punkt gebracht bedeutet dies, dass es bei der objektiven Zurechnung um die Abgrenzung von Verantwortungsbereichen geht. Es wird gefragt, ob es sich um ein Werk des Täters, des Zufalls, des Opfers oder eines Dritten handelt. Es darf sich also im Erfolg nicht lediglich das allgemeine Lebensrisiko oder ein auf dem Zufall[973] beruhendes Risiko verwirklicht haben, sondern es muss sich gerade um das vom Täter gesetzte Ausgangsrisiko handeln. Ferner darf kein eigenständiges Verhalten einer anderen Person vorliegen, welches das Ausgangsrisiko verdrängt.[974] Für die Vorteilsausgleichung würde dies bedeuten, dass lediglich Vorteile, die auf das Ausgangsrisiko des Schädigers zurückzuführen sind, zu seinen Gunsten anzurechnen wären.

C. Ausgestaltung einer Formel

Aufgrund dieser Grundlagen und Gemeinsamkeiten stellt sich nun die Frage, wie man die objektive Zurechnung als methodisches Hilfsmittel im Rahmen

971 Vgl. *Heinrich*, Rn. 242, für die strafrechtliche objektive Zurechnung; ebenso *Rönnau/Faust/Fehling*, JuS 2004, 113 (115).

972 Eingehend dazu *Rönnau/Faust/Fehling*, JuS 2004, 113 (118).

973 Zur Abgrenzung der eigenen Tat vom zufälligen Geschehen bereits *Larenz*, Zurechnungslehre, S. 61.

974 *Rengier*, § 13, Rn. 48.

der Vorteilsausgleichung fruchtbar machen kann. Trotz der Gemeinsamkeiten kann die Zurechnungsformel nicht in ihrer ursprünglichen Form identisch übernommen werden. Stattzufinden hat vielmehr ein Wertungstransfer. Es geht also darum, eine Formel zu entwickeln, anhand derer sich anrechenbare von nicht anrechenbaren Vorteilen unterscheiden lassen. Dabei soll sich jedoch an die strafrechtliche Formel angelehnt werden. Wenn sich im konkreten Erfolg gerade die Gefahr verwirklicht haben muss, die der Täter geschaffen hat (sog. Ausgangsrisiko), so kann man sich überlegen, ob sich im konkreten Vorteil nicht gerade ein solches „Risiko" verwirklicht haben muss, das der Schädiger durch seine Pflichtverletzung geschaffen hat. Nur wenn ein solcher Zusammenhang bestünde, wäre eine Anrechnung gerechtfertigt. Bereits *Wendehorst* ließ anklingen, dass man über Verletzungshandlungen nachdenken könne, die geeignet seien, Vorteile zu bewirken und diese daher als „risikotypisch" gelten würden.[975] Ausgehend von dem hier vertretenen Standpunkt, nach dem eine Anrechnung der Regelfall, eine Nichtanrechnung die zu begründende Ausnahme darstellt, ist somit zu klären, wann ein Vorteil dem Schädiger nicht mehr zugerechnet werden kann und folglich nicht mehr anzurechnen ist. Während der Täter im Strafrecht eine rechtlich missbilligte Gefahr geschaffen haben muss, die sich im konkreten Erfolg realisiert hat, ist hier nach einem Risiko zu fragen, das der Schädiger durch seine Handlung geschaffen haben muss. Die Abgrenzung nach Verantwortungsbereichen stellt somit das entscheidende Hilfsmittel im Rahmen der Vorteilsausgleichung dar. Man kann eine Zurechnungsformel also wie folgt umschreiben:

> *„Eine objektive Zurechnung eines Vorteils zum schädigenden Verhalten einer Person ist dann gegeben, wenn der Schädiger durch seine Handlung ein Risiko geschaffen hat, das geeignet ist, einen Vorteil zur Entstehung zu bringen und sich dieses Risiko im konkreten Vorteil in typischer Weise realisiert hat, weshalb dieser daher als sein Werk zu betrachten ist."*

Zunächst ist also erforderlich, dass der Schädiger ein Risiko erschaffen hat, das geeignet ist, einen Vorteil zur Entstehung zu bringen. Damit ist an dieser Stelle letztlich nichts anderes angesprochen als die Kausalität zwischen Schädigungshandlung

---

975 *Wendehorst*, S. 136. Ihrer Meinung nach läge darin vielleicht ein taugliches Abgrenzungskriterium, jedoch keine Begründung, weshalb eine Anrechnung überhaupt zu erfolgen habe. Nach der hier vertretenen Ansicht soll die Begründung der Anrechnung jedoch im Grundsatz der Naturalrestitution liegen, da der herzustellende Zustand eigentlich keine Vorteile vorsieht und daher eine Nichtanrechnung der zu begründende Ausnahmefall ist, welcher anhand der objektiven Zurechnung gefunden werden soll.

und Vorteilsentstehung. Die erneute Erwähnung ist aber von Relevanz, da sie den Ausgangspunkt der Betrachtung setzt, nämlich die Entstehung eines Vorteils. Sodann ist zu prüfen, ob sich dieses Risiko im konkreten Vorteil in typischer Weise realisiert hat. Es muss ein Vorteil sein, der gerade der schädigenden Handlung innegewohnt hat und nicht ein Vorteil, der zwar verwirklicht wurde, aber eigentlich auf ein anderes Ereignis zurückgeht, also das allgemeine Lebensrisiko, den Zufall oder Handlungen des Geschädigten bzw. Dritter. Nur dann kann von einer risikotypischen Verletzungshandlung in Bezug auf Vorteile gesprochen werden. Es bedarf eines engeren Zusammenhangs als den der Kausalität im Sinne der condicio sine qua non-Formel oder der adäquaten Kausalität. Fehlt es an einem solchen, kann keine Anrechnung stattfinden. Ein lediglich kausaler Zusammenhang ist, um es vorwegzunehmen, beispielsweise bei Vorteilen, die auf eigenen Leistungen oder Leistungen Dritter beruhen, gegeben. Hier hat sich kein Vorteil entwickelt, der als „Werk des Schädigers" zu betrachten ist; es wurde lediglich ein Situationsablauf in Gang gesetzt, der zu einem Vorteil geführt hat. Ein Zusammenhang setzt daher voraus, dass der Schädiger den Vorteil erschaffen hat, er also auch als „sein Werk" betrachtet werden kann. Nur dann ist ein über die reine Kausalität hinausgehender Zusammenhang vorhanden. Um diesen Zusammenhang zu konkretisieren, sollen dabei die Wertungen der aus dem Strafrecht bekannten Fallgruppen helfen. Sie sollen entscheidungserheblich sein, allerdings kommt ihnen dabei keine abschließende Bedeutung zu. Daneben können auch andere Aspekte eine Rolle spielen, um eine Zurechnung auszuschließen, wie etwa gesetzliche Wertungen. Problematisch werden sich ohnehin nur die Fälle erweisen, bei denen Vorteile nicht durch Dritte oder den Geschädigten selbst entstehen. Prägend für die Abgrenzung ist letztlich der Gedanke der Verantwortungsbereiche.

D. Kritikpunkte

Erneut mag wiederum eine Ähnlichkeit zum unlösbaren inneren Zusammenhang, wie ihn *Thiele* vertritt, erkennbar sein. Schließlich geht es auch hier um einen „engeren Zusammenhang", allerdings nicht um einen inneren, unlösbaren Zusammenhang und eine Rechnungseinheit, die auf Gesetz, Rechtsgeschäft oder aufgrund natürlichen oder wirtschaftlichen Zusammenhangs beruhen kann, wie es bei ihm der Fall ist. Als relevantes Kriterium steht hier ein „Risiko", das sich im konkreten Vorteil realisiert, im Vordergrund, also die Zuordnung zu Verantwortungsbereichen.

Wie auch bereits beim Kriterium der Unmittelbarkeit geschehen, soll die objektive Zurechnung einer Konfrontation mit diversen Kritikpunkten ausgesetzt werden. So waren dies vornehmlich eine fehlende Stütze/Wertungsgrundlage im

Gesetz, eine mangelnde sprachliche Griffigkeit, notwendige Konkretisierungen, mangelnde gemeinsame Struktur und eine induktive Herleitung. Zur Stütze bzw. Wertungsgrundlage im Gesetz ist zu sagen, dass die objektive Zurechnung in dieser Form ihre Stütze und Grundlage in der strafrechtlichen Praxis findet. Ferner ist die Zurechnung an sich auch dem Zivilrecht nicht unbekannt. Dass sie im Zivilrecht in dieser konkreten Form keine Grundlage findet, ist nur logisch, da ihr Sinngehalt transferiert wurde. Durch die entwickelte Formel, die anhand der Fallgruppen und dem Gedanken der Verantwortungsbereiche konkretisiert wird, ist von einer ausreichenden sprachlichen Griffigkeit auszugehen. Eine gemeinsame Struktur ist ebenso zu erkennen, da aus dem Gesamtgefüge der einzelnen Fallgruppen die Frage der Verantwortungsbereiche überwiegt und damit alle zivilrechtlichen Konstellationen einheitlich betrachtet werden können. Hinsichtlich des induktiven Kriteriums ist zwar zu sagen, dass sich die objektive Zurechnung aus Fallgruppen ergibt, sich eine induktive Vorgehensweise aber bereits im Rahmen der Unmittelbarkeit als unschädlich erwiesen hat.

E. Fallgruppen und Überprüfung anhand von Fällen

Nachdem nun eine Abgrenzungsformel gefunden wurde, ist diese auf die allgemeinen Fallgruppen und konkrete Einzelfallbeispiele anzuwenden, um eine Legitimation der objektiven Zurechnung zu erzielen. Dabei soll sich insbesondere die Wertungsoffenheit des Kriteriums beweisen, wodurch nachträgliche Korrekturen überflüssig werden sollen.

I. Allgemeine Fallgruppen

1. Vorteile, die auf eigenen Anstrengungen beruhen

Zunächst ist die allgemeine Fallgruppe derjenigen Leistungen in den Blick zu nehmen, bei der die Vorteile auf eigenen Anstrengungen beruhen. Bei ihr kommt es nach h.M. nicht zu einer Anrechnung. Um eine Übereinstimmung zu erzielen, dürften die entstandenen Vorteile dem Verhalten des Schädigers also nicht zurechenbar sein. Der Schädiger dürfte demnach kein Risiko geschaffen haben, das sich in diesen Vorteilen in typischer Weise realisiert hat. Sie dürften somit nicht als sein Werk zu betrachten sein. Es ist danach zu fragen, in wessen Verantwortungsbereich diese Vorteile fallen. In Betracht kommt derjenige des Schädigers, des Zufalls, des allgemeinen Lebensrisikos, des Geschädigten oder Dritter. Letztlich ist der Schädiger hier nur der kausale Auslöser der Vorteile. Der Vorteil entsteht zwar, dies ist im engeren Sinne aber nicht auf die Schädigung, sondern auf die eigenen Anstrengungen des Geschädigten zurückzuführen. Entstehen also Vorteile, die sich in diese Fallgruppe einordnen lassen, so ist das Verhalten des Schädigers zwar geeignet, Vorteile zu erzeugen, es realisiert sich aber nicht dieses Ausgangsrisiko im konkreten Vorteil. Die Vorteile sind vielmehr dem Verantwortungsbereich des Geschädigten zuzuordnen. So können Vorteile, die auf den Anstrengungen des Geschädigten beruhen, nicht dem Schädiger als sein Werk zugerechnet werden.

2. *Vorteile durch Leistungen Dritter*

Ebenso verhält es sich bei erlangten Vorteilen durch Leistungen Dritter. Auch hier kann keine Zurechnung erfolgen, da diese nicht das Werk des Schädigers darstellen, sondern Dritte hier eigenständig dazwischentreten. Es wird durch die Schädigung ebenfalls nur ein Geschehen in Gang gesetzt, das letztlich Vorteile zur Folge hat; es realisiert sich aber nicht das vom Schädiger gesetzte Ausgangsrisiko in den Vorteilen. Hier besteht das typische Risiko darin, dass die Vorteile eigenständig durch den Dritten erzeugt wurden. Das Risiko des Entstehens eines Vorteils und das konkrete Risiko stimmen nicht überein. Es realisiert sich hier ein Risiko aus dem Verantwortungsbereich eines Dritten und nicht des Schädigers. So führt alleine das Risiko, durch seine Handlung einen geeigneten Vorteil hervorzurufen, nicht zu einer Zurechnung. Es ist erst die Realisierung im konkreten Vorteil, an der es hier fehlt. Für den Ausnahmefall, dass der Dritte die Leistung ersichtlich dem Schädiger zugutekommen lassen möchte, wurde eingangs bereits festgestellt, dass hierbei der Schadensersatzanspruch erlischt, §§ 267 Abs. 1, 362 BGB.

Betrachtet man den gesetzlich geregelten Fall des § 843 Abs. 4 BGB, bei dem Leistungen Dritter im Fokus stehen und der eine Vorteilsausgleichung ausschließt, so kommt auch die objektive Zurechnung zu keinem anderen Ergebnis. Der Vorteil ist hier nicht als Werk des Schädigers anzusehen. Zwar ist die Handlung des Schädigers geeignet, Vorteile zu erschaffen und trägt damit ein Risiko in sich; wiederum schlägt sich aber nicht dieses Ausgangsrisiko im konkreten Vorteil nieder, sondern dasjenige, dass ein Dritter zum Unterhalt verpflichtet ist. Dieses Risiko verwirklicht sich im entstandenen Vorteil. Es handelt sich um den Verantwortungsbereich des Unterhaltspflichtigen, nicht um den des Schädigers.

3. *Vorteile, die ohne Zutun des Geschädigten entstehen (künftig: zufällige Vorteile)*

Die letzte anerkannte, allgemeine Fallgruppe ist die derjenigen Vorteile, die ohne Zutun des Geschädigten entstehen. Während die beiden zuvor genannten Gruppen im Ergebnis eindeutig eine Anrechnung ablehnen, wird hier als einziger Gruppe davon ausgegangen, dass eine Anrechnung von Vorteilen in Betracht kommen kann.

Diese Fallgruppe wird häufig auch als Gruppe der „zufälligen Vorteile" beschrieben. Allerdings soll die objektive Zurechnung auch gerade dazu dienen, die eigene Tat vom zufälligen Geschehen abzugrenzen.[976] Erfolge, die als Werk des Zufalls anzusehen sind, sind dem Täter in Anlehnung an die strafrechtliche objektive Zurechnung nicht zuzurechnen.[977] Dies würde gleichzeitig bedeuten, eine Anrechnung von Vorteilen käme mangels objektiver Zurechnung nicht in Betracht. Es muss aber auch hier im Einzelfall differenziert werden, was der eigentliche Auslöser der Vorteile ist, was also genau unter dem Begriff „Zufall" zu verstehen ist. Aus strafrechtlicher Sicht der objektiven Zurechnung soll ein Werk des Zufalls, und nicht ein solches des Täters, vorliegen, wenn ein atypischer Geschehensablauf gegeben ist. Der Erfolg liegt dann völlig außerhalb jeglicher Lebenserfahrung.[978] An dieser Stelle sind jedoch die eingangs erwähnten erforderlichen Differenzierungen zwischen Zivil- und Strafrecht zu berücksichtigen.[979] Bei der Frage der Vorteilsausgleichung finden atypische Kausalverläufe bereits im Rahmen der Adäquanztheorie Berücksichtigung, die zumindest als Negativabgrenzung noch ihre Berechtigung hat. Diese Aussonderung würde dazu führen, dass es gar nicht mehr zu einer wertenden Betrachtung käme.

Unter wertenden Gesichtspunkten ist der Begriff des „Zufalls" bzw. der zufällig eingetretenen Vorteile im Rahmen der Vorteilsausgleichung anders zu verstehen. Das Problem soll anhand der auf gesetzlicher Grundlage beruhenden Vorteile verdeutlicht werden. Bei ihnen realisiert sich ein typisches Risiko, das die Erfüllung des gesetzlichen Tatbestandes mit sich bringt. Es handelt sich jedoch nicht um das Ausgangsrisiko, das der Schädiger durch seine Handlung hervorgerufen hat. Auch hier ist das Verhalten des Schädigers zwar geeignet, einen Vorteil zu erschaffen und enthält damit ein Risiko; es ist aber eben nicht jenes Risiko, dass sich im konkreten Vorteil realisiert, sondern dasjenige der gesetzlichen Regelung. Über die reine Kausalität hinaus besteht keine nähere Verbindung zwischen Handlung und Vorteil. Obwohl hier kein Zutun des Geschädigten im Sinne einer eigenen Leistung gegeben ist, kann nicht pauschal von einer Zurechnung ausgegangen werden, wie es diese Fallgruppe aber in der überwiegenden Literatur vorsieht. Eine differenzierende Betrachtung im Einzelfall ist mithin von Nöten.

---

976 *Larenz*, Zurechnungslehre, S. 76.
977 *Rengier*, § 13, Rn. 48.
978 *Heinrich*, Rn. 249.
979 Sechster Teil, § 3, A, II.

Das relevante Unterscheidungsmerkmal zwischen „rein zufälligen, ohne Zutun des Geschädigten" entstandenen und damit nicht anzurechnenden Vorteilen und solchen, die auf das Ausgangsrisiko des Schädigers zurückzuführen und folglich anrechenbar sind, ist die Frage nach den Verantwortungsbereichen. Sie kann nur anhand wertender Gesichtspunkte beantwortet werden.

Sollte der Vorteil zwar ohne das Zutun des Geschädigten entstanden sein, aber dennoch in den Verantwortungsbereich des Schädigers fallen, so ist eine Anrechnung vorzunehmen und es kann nicht mehr von „Zufälligkeit" gesprochen werden. Entspringt der Vorteil hingegen beispielsweise dem Verantwortungsbereich einer gesetzlichen Norm, so kann, obwohl kein Zutun des Geschädigten gegeben ist, eine Anrechnung abzulehnen sein. Eine „reine Zufälligkeit" ist also nur dann gegeben, wenn der Vorteil ohne Zutun des Geschädigten entstand und auch nicht in den Verantwortungsbereich des Schädigers fällt. Ferner verbietet es bereits die Begrifflichkeit „Zufall", Vorteile, die das Ausgangsrisiko des Schädigers verwirklichen, so zu bezeichnen. Liegen sie in dessen Verantwortungsbereich, kann von Zufall eigentlich nicht mehr die Rede sein. Es dürfen vielmehr weder Schädiger noch Geschädigter verantwortlich sein. Ebenso liegt Zufall im Sinne des § 276 Abs. 1 Satz 1 BGB vor, wenn keinen der Beteiligten ein Verschulden trifft.[980]

Eine nicht ausnahmslose Zurechnung der ohne Zutun des Geschädigten entstandenen Vorteile scheint auch vor dem Hintergrund angemessen, dass für Zufall in der Regel nicht gehaftet wird, es sei denn, eine schärfere Haftung sieht dies vor, § 276 Abs. 1 Satz 1 BGB. So sei hier etwa die Vorschrift des § 287 Satz 2 BGB erwähnt, wonach während des Verzugs auch für Zufall gehaftet wird. Ferner sieht § 848 BGB bei der Entziehung einer Sache eine Zufallshaftung vor. Somit besteht hier eine Parallele zum allgemeinen Lebensrisiko, wo eine Berücksichtigung aus ähnlichen Erwägungen verneint wurde.

Die bisherigen Begrifflichkeiten müssen daher künftig mit Bedacht verwendet werden. Während bislang die Gruppe, in der die Vorteile ohne Zutun des Geschädigten entstehen, auch mit den Begriffen „zufällige Vorteile" umschrieben und eine Anrechnung vorgenommen wurde, ist künftig zu differenzieren: Vorteile sind nur noch dann als zufällig anzusehen, wenn sie weder in den Verantwortungsbereich des Geschädigten (also ohne sein Zutun entstanden sind) noch des Schädigers fallen. Ferner ist die Rechtsfolge nun, dass keine Anrechnung vorzunehmen ist, wenn „Zufall" gegeben ist. Es sollte daher nur noch von

980 *Lorenz*, in: BeckOK BGB, § 276, Rn. 36.

„zufälligen Vorteilen“ gesprochen werden und nicht mehr von „Vorteilen ohne Zutun des Geschädigten“, da dies zu unpräzise ist.

4. Vorteile, die auf dem Ausgangsrisiko des Schädigers beruhen

Aus dem vorstehend Gesagten folgt aber auch, dass neben den drei bekannten Gruppen eine weitere Fallgruppe, nämlich die der „Vorteile, die auf dem Ausgangsrisiko des Schädigers beruhen“, einzuführen ist. Sie ist letztlich größtenteils das, was früher unter dem Begriff „ohne Zutun des Geschädigten entstandene Vorteile“ zu verstehen war und bei denen eine Anrechnung stattfand. Sie führt als Einzige zu einer Anrechnung. Damit hat sich auch gezeigt, dass der Kreis der zur Anrechnung berechtigenden Vorteile verschwindend gering sein kann. Neben den Vorteilen, die auf dem allgemeinen Lebensrisiko, auf Handlungen des Geschädigten oder Dritter beruhen, sind nach der objektiven Zurechnung auch rein zufällige Vorteile, die nicht in den Verantwortungsbereich des Schädigers fallen, nicht anzurechnen.

II. Einordnung steuerrechtlicher Vorteile

Unterzieht man die steuerlichen Vorteile einer Prüfung anhand der Verantwortungsbereiche, so ist die Frage zu stellen, ob sie dem Schädiger als sein Werk zuzurechnen sind. Diese Frage ist im Grundsatz zu verneinen. Steuerliche Vorteile wurden als eigene Leistungen des Geschädigten eingeordnet.[981] Im Vordergrund standen dabei die Bemessungsgrundlage des Geschädigten und damit seine Leistungsfähigkeit. Der konkrete steuerliche Vorteil ist immer von diesen Faktoren abhängig. Die steuerlichen Vorteile liegen damit im Verantwortungsbereich des Geschädigten. Steuervorteile sind folglich in ihrer Gesamtheit dem Schädiger grundsätzlich nicht objektiv zurechenbar, weshalb sie im Rahmen der Vorteilsausgleichung nicht schadensmindernd anzurechnen sind. Nichts anderes ergibt sich ohnehin aus dem überwiegenden Zweck des jeweiligen steuerlichen Vorteils, der aufgrund des Schutzzweckzusammenhangs Teil der objektiven Zurechnung ist. Er kommt zu gleichen Ergebnissen, da der Zweck in der Regel nur dem Geschädigten zugutekommen würde. Dies zeigen Vorschriften wie beispielsweise § 33b EStG. Sie wollen nicht den Schädiger begünstigen.

Auswirkungen hat eine solche, von der h.M. abweichende, generelle Nichtberücksichtigung der steuerlichen Vorteile zum einen ohnehin nur bei denjenigen Vorteilen, bei denen ein Zweck nicht auszumachen ist. Dies waren beispielsweise die ersparten Steuern durch Verluste, die grundsätzlich als anrechenbar gelten.

981 Zweiter Teil, § 3, C.

Zum anderen waren dies Vorteile, die nach überwiegender Ansicht gerade wegen des Zwecks einer Norm anzurechnen seien. Als anzurechnen gilt z.B. der Vorteil aus der Berechtigung zum Vorsteuerabzug gem. § 15 UStG, da der Geschädigte ansonsten ungerechtfertigt begünstigt wäre, erhielte er die Mehrwertsteuer praktisch zweimal.[982] Es könne nach dem BGH keinen Unterschied machen, ob die Steuerschuld des Geschädigten automatisch wegfalle oder ob es seiner Erklärung bedürfe.[983] Zwar realisiert sich hier lediglich das typische Risiko einer Lieferung bzw. sonstigen Leistung und nicht dasjenige des Schädigers. Gleichwohl kann ein im Einzelfall ausdrücklich oder indirekt entgegenstehender Zweck wie bei § 15 UStG nicht unberücksichtigt bleiben. Der Unternehmer soll „von der im Rahmen seiner gesamten wirtschaftlichen Tätigkeit geschuldeten oder entrichteten Mehrwertsteuer entlastet werden."[984] Eine darüber hinausgehende Entlastung ist dagegen nicht erforderlich.

Der Schutzzweck ist nur eines von mehreren Kriterien innerhalb der objektiven Zurechnung, sodass eine Gesamtwürdigung aller Umstände erforderlich ist. Dies kann folglich eine Anpassung im Rahmen der Verantwortungsbereiche bedeuten, weshalb eine Anrechnung im Einzelfall geboten sein kann.

Auf den konkreten Fall der ersparten Steuern bei der schadensersatzrechtlichen Rückabwicklung von z.B. geschlossenen Immobilienfonds angewendet, führt die objektive Zurechnung dazu, dass der Schädiger das Risiko geschaffen hat, dass solche Vorteile entstehen. Dass er selbst möglichweise damit geworben hat, führt aber nicht dazu, dass sie in seinen Verantwortungsbereich fallen. Maßgebend ist immer noch die Leistungsfähigkeit des Geschädigten. Die Steuervorteile in ihrer konkreten Gestalt sind abhängig von der jeweiligen Bemessungsgrundlage des geschädigten Anlegers. Der Schädiger löst lediglich die Kette der steuerlichen Vorteile aus, es realisiert sich aber nicht dessen ursprünglich gesetztes Risiko, sondern das des Geschädigten. Eine zwingende Abweichung von der Nichtanrechnung ergibt sich hinsichtlich der ersparten Steuern mangels eines entgegenstehenden Willens der (Steuer-)Rechtsordnung nicht.

Damit sind steuerliche Vorteile im Grundsatz dem Schädiger nicht zurechenbar und folglich auch nicht im Wege der Vorteilsausgleichung anzurechnen.

---

982 Vgl. dazu *Grüneberg*, in: Palandt, § 249, Rn. 27; *Oetker*, in: MüKo BGB, § 249, Rn. 249; *Schiemann*, in: Staudinger, § 249, Rn. 236 f.

983 BGH, Urt. v. 6.6.1972, VI ZR 49/71, NJW 1972, 1460 (1461).

984 *Heidner*, in: Bunjes, § 15 UStG, Rn. 11.

III. *Fallbeispiele*

Anhand der nachfolgenden, bereits bei der Unmittelbarkeit aufgeführten Beispiele soll im Einzelfall gezeigt werden, dass die objektive Zurechnung zu sachgerechten Ergebnissen führen kann.

1. *Der „Bergbauern-Fall"*

Im Falle des bereits bekannten verunglückten Bergbauern,[985] dessen eingeklemmter Bruch durch einen vom betrunkenen Träger verursachten Sturz gelöst wird, welcher aber gleichzeitig zu einer Verstauchung der Hand führt, kam es bei der Anwendung des Kriteriums der Unmittelbarkeit zu einer Anrechnung. Im Rahmen der objektiven Zurechnung ist nun zu fragen, welches Risiko sich hier verwirklicht hat. Zunächst ist das Verhalten des Schädigers, nämlich das Fallenlassen, geeignet, ein Risiko in Form des gelösten Bruches herbeizuführen. Es ist aber fraglich, ob sich in diesem Vorteil sodann genau das Ausgangsrisiko, das durch den Sturz hervorgerufen wurde, realisiert hat. Typischerweise entstammt das realisierte Risiko zwar aus der Sphäre des Schädigers und nicht aus der des Geschädigten oder eines Dritten. Beachtet man aber die Fallgruppen, die für die strafrechtliche objektive Zurechnung als Abgrenzungskriterium maßgeblich sind, so ist auch das allgemeine Lebensrisiko zu berücksichtigen, was gegen eine Anrechnung sprechen würde. Letztlich ist es eine Wertungsfrage, ob sich in dem realisierten Vorteil des gelösten Bruchs das allgemeine Lebensrisiko verwirklichte oder dieses bereits überstiegen wurde. Es spricht wohl einiges dafür, den gelösten Bruch auf das allgemeine Lebensrisiko, nämlich das Fallenlassen durch einen betrunkenen Sanitäter, zurückzuführen. Der Gedanke der objektiven Zurechnung führt letztlich zu einer Ablehnung einer Anrechnung in diesem Beispielsfall, was jedoch durchaus auch von Teilen der Literatur so gesehen wird.[986]

2. *Der „Jockey"*

Im Falle des schadensersatzpflichtigen Jockeys,[987] der zwar den Sieg holt, durch die Überanstrengung des Pferdes dieses letztlich aber tötet, ist danach zu fragen, ob der Vorteil, also der Sieg, dem Jockey objektiv zurechenbar ist. Wäre dies zu bejahen, wäre der Schadensersatzanspruch entsprechend zu kürzen. Durch die Überanstrengung hat er das Risiko geschaffen, dass das Pferd den Sieg holt. Genau dieses Risiko hat sich letzten Endes auch verwirklicht. Es lag einzig und

985 Sechster Teil, § 2, C, III, 1.

986 Vgl. *Thiele*, AcP 167 (1967), 193 (198 f.); *Zeuner*, AcP 163 (1964), 380 (386).

987 Sechster Teil, § 2, C, III, 2.

allein im Risiko- und Verantwortungsbereich des Jockeys. Insoweit deckt sich dieses Ergebnis mit der überwiegenden Ansicht in der Literatur. Lag hingegen eine Weisung des Eigentümers vor, den Sieg um jeden Preis zu erringen, verlagert sich das Risiko in dessen Verantwortungsbereich. Dann wäre eine Anrechnung abzulehnen, was zu einem ungeminderten Schadensersatzanspruch führen würde. Dies wäre aber unbillig. Allerdings liegt an dieser Stelle bereits ein erhebliches Mitverschulden, § 254 BGB, vor. Lautete die Anweisung hingegen, das Pferd vor Schaden zu bewahren, hat sich ein Risiko realisiert, vor dessen Eintritt der Geschädigte ausdrücklich gewarnt hatte. In diesem Fall ist sein Verantwortungsbereich tangiert, eine Anrechnung mithin abzulehnen. Der Schädiger soll hierbei nicht davon profitieren, dass er – zusätzlich zur Rechtsgutsverletzung – entgegen der Weisung gehandelt hat.

3. *Konkurrenzklausel*

Bei der Konkurrenzklausel[988] wurde durch die Frage nach der Unmittelbarkeit festgestellt, dass Vereinbarungen Dritter das Verhältnis zwischen Schädiger und Geschädigtem nicht beeinflussen. Dieses Ergebnis wird bestätigt, wenn man den Vorteil auf seine objektive Zurechenbarkeit zum schädigenden Verhalten untersucht. Ein Vorteil kann dann nicht als Werk des Schädigers betrachtet werden, wenn eine Abgrenzung nach den Verantwortungsbereichen ergibt, dass der Vorteil auf dem Verhalten Dritter oder auf Abreden mit diesen beruht. Zwar ist das Verhalten des Schädigers erneut geeignet, ein solches Risiko in Form von Vorteilen zu erschaffen; aber es realisiert sich ein Risiko aus der Sphäre eines Dritten. Eine objektive Zurechnung kann somit nicht erfolgen.

4. *Unterlassene Schönheitsreparatur*

Im Falle der durch den Nachmieter vorgenommenen, aber ursprünglich vom Vormieter geschuldeten Schönheitsreparaturen,[989] findet üblicherweise keine Anrechnung statt, da die vertragliche Vereinbarung des Nachmieters N mit dem Vermieter V den ursprünglichen Mieter M nichts angeht. Legt man hier den Maßstab der objektiven Zurechnung an, so kann eine Zurechnung des Vorteils

988 Sechster Teil, § 2, C, III, 3. A schloss mit B einen Liefervertrag mit Konkurrenzklausel ab. Vertragswidrig schließt A daraufhin mit C einen weiteren Liefervertrag ab, der jedoch schuldhaft seiner Verpflichtung nicht nachkommt, weshalb A von ihm Schadensersatz wegen Nichterfüllung verlangt. Die Vertragsstrafe gegenüber B blieb A so letztlich erspart.

989 Sechster Teil, § 2, C, III, 4.

durch die vorgenommene Schönheitsreparatur ebenso nicht stattfinden. Durch die Vereinbarung zwischen V und N entspringt der Vorteil dem Verantwortungsbereich Dritter, nämlich N und V. Der Vorteil entsteht erst dadurch, dass der Dritte vollverantwortlich ein neues Risiko begründet, das selbständig auf den Erfolg, also den Vorteil, hinwirkt und sich in diesem auch realisiert. Es realisiert sich damit nicht das Ausgangsrisiko, das M durch seine unterlassene Vornahme der Schönheitsreparaturen gesetzt hat. Die Ergebnisse decken sich insoweit.

5. *Arbeitsverdienst des Geschädigten*

Im Falle des bereits bekannten Fahrlehrers, bei dem es um den eigenen Arbeitsverdienst geht,[990] also letztlich Vorteile aus eigenen Anstrengungen, stand die Problematik um die Berücksichtigung des § 254 Abs. 2 BGB im Mittelpunkt. Das Kriterium der Unmittelbarkeit gelangte zur Versagung der Anrechnung, da es sich um mittelbare Vorteile handelte, unabhängig davon, ob eine Obliegenheit zur Vornahme der Handlung bestand. Beurteilt man Sachverhalte der vorliegenden Art anhand der objektiven Zurechnung, so steht die Frage der Verantwortungsbereiche im Vordergrund. Grundsätzlich handelt es sich bei Vorteilen, die auf eigenen Anstrengungen beruhen, um solche, die im Verantwortungsbereich des Geschädigten liegen und daher nicht zurechenbar und folglich nicht anzurechnen sind. Dies setzt aber voraus, dass ein freiverantwortliches Handeln des Geschädigten vorliegt. Handelt der Geschädigte nicht freiverantwortlich, kommt es zu einer Zurechnung zugunsten des Schädigers. Übertragen auf die Konstellation des § 254 Abs. 2 BGB bedeutet dies, dass eine Freiverantwortlichkeit dann ausscheidet, wenn eine Obliegenheit für den Geschädigten bestand. Zwar handelt es sich nicht um eine rechtliche Verpflichtung; dennoch ist der Geschädigte nicht frei in seiner Entscheidung, da er mit nachteiligen Konsequenzen, nämlich einer Anspruchskürzung, rechnen muss. Dass eine Verpflichtung zu einem unfreien Verhalten führen kann, zeigen im Strafrecht die Retterfälle.[991] Eine Zurechnung scheitert dort nur, wenn der Retter eine freiverantwortliche Selbstgefährdung eingeht. Somit führt die objektive Zurechnung hier ebenso zu dem Ergebnis der h.M., dass eine Anrechnung nur dann ausscheidet, wenn es sich um überobligatorische Maßnahmen handelt.

---

990 Sechster Teil, § 2, C, III, 5. Der Fahrlehrer F konnte keine Fahrstunden mehr geben, da sein Auto bei einem fremdverschuldeten Unfall beschädigt wurde. Er verlangt vom Schädiger den entgangenen Gewinn, § 252 BGB. Die ausgefallenen Stunden holt F nach der Reparatur außerhalb der regulären Unterrichtszeit nach.

991 *Eisele*, in: Schönke/Schröder, Vorb. §§ 13 ff., Rn. 101 f.; *Rengier*, § 52, Rn. 48 f.; *Walter*, in: LK, Vor § 13, Rn. 118.

An dieser Stelle zeigt sich der Vorteil der objektiven Zurechnung gegenüber der Frage nach der Unmittelbarkeit. Anstatt nur eine Entweder-oder-Lösung zu bieten, ermöglicht es die objektive Zurechnung, im Rahmen der Verantwortungsbereiche verschiedene Wertungen zu berücksichtigen, wodurch einzelfallgerechtere Entscheidungen getroffen werden können.

6. *Ersparte Aufwendungen*

Eine immer wieder auftretende Konstellation sind die ersparten Aufwendungen. Wie bereits erwähnt, sind ersparte Aufwendungen des Geschädigten grundsätzlich schadensmindernd anzurechnen.[992] Vergegenwärtigt man sich beispielsweise noch einmal die Verpflegungskosten, die während eines Krankenhausaufenthaltes erspart werden, so mindern diese den Schadensersatzanspruch.[993] Auch die objektive Zurechnung soll anhand des Beispiels der ersparten Verpflegungskosten überprüft werden. Diese müssten sich folglich als Werk des Täters darstellen, also in seinem Risiko- bzw. Verantwortungsbereich liegen, um dem Ergebnis der h.M. gerecht zu werden. Zunächst ist festzuhalten, dass der Vorteil nicht auf das Eingreifen Dritter oder eigene Anstrengungen des Geschädigten zurückzuführen ist. Vielmehr fallen sie in den Verantwortungsbereich des Schädigers. Es realisiert sich in typischerweise das Ausgangsrisiko, das dieser gesetzt hat, wenn eine von ihm geschädigte Person ins Krankenhaus eingeliefert werden muss und aufgrund dessen Verpflegungskosten erspart.

Anders sieht es aber in dem Fall aus, in dem die Ersparnis auf eigenen Einschränkungen des Geschädigten (z.B. einem Verzicht auf einen Mietwagen) beruht. Hier kann gewissermaßen von eigenen Anstrengungen des Geschädigten ausgegangen werden. Es realisiert sich ein Risiko, das im Verantwortungsbereich des Geschädigten liegt und somit eine Zurechnung des Vorteils zugunsten des Schädigers verhindert. Es ist allein die Entscheidung des Geschädigten, auf etwas zu verzichten. Damit führt die objektive Zurechnung in diesen Beispielsfällen zu übereinstimmenden Ergebnissen mit der h.M.

7. *Erbe und Ersatzansprüche Dritter bei Tötung*

Zuletzt ist das Fallbeispiel zum Erbe und den Ersatzansprüchen Dritter bei Tötung eines Unterhaltspflichtigen[994] aufzugreifen. Zu differenzieren ist zwischen den dort auftretenden Vorteilen. Zum einen der Vorteil, dass das Erbe, welches

---

992 Sechster Teil, § 2, C, III, 6.

993 Vgl. *Oetker*, in: MüKo BGB, § 249, Rn. 242.

994 Sechster Teil, § 2, C, III, 7.

neben dem Schadensersatzanspruch aus § 844 Abs. 2 BGB besteht, in der Summe höher ausfällt, weil jenes wegen des früheren Todes des Unterhaltspflichtigen nicht weiter gemindert wurde (das Vermögen wäre genutzt worden, um den Unterhalt zu bestreiten). Zum anderen der Vorteil, dass durch einen verfrühten Anfall des Erbes Erträge aus dem Vermögensstamm erwirtschaftet werden können, sollte das Vermögen nicht zur Bestreitung des Unterhalts gedient haben.

In ersterem Fall, in dem das Erbe höher ausfällt, weil der Vermögensstamm des Verstorbenen ursprünglich zur Bestreitung des Unterhalts verwendet worden wäre, findet nach wohl h.M. eine Anrechnung des Vermögensstammes statt. Es ist an dieser Stelle zu überlegen, ob dem Verhalten des Schädigers das Risiko innewohnte, einen Vorteil dergestalt zu erschaffen, dass das Erbe höher ausfällt und ob sich dieses Ausgangsrisiko auch im konkreten Vorteil realisiert hat. Die Tötung eines Unterhaltspflichtigen kann dazu führen, dass neben dem Schadensersatzanspruch aus § 844 Abs. 2 BGB auch das Erbe in einer Höhe zufällt, zu der es nach dem normalen Lauf der Dinge nicht gekommen wäre, weshalb das Verhalten geeignet ist, ein solches Risiko zu erschaffen. Zunächst sind auch weder Dritte noch der Geschädigte selbst für diesen Vorteil verantwortlich. Letztlich realisiert sich aber hier wieder ein Vorteil, der dem Gesetz entspringt, § 1922 BGB. Es ist somit von einem zufälligen Vorteil, welcher nicht alleine auf dem Ausgangsrisiko des Schädigers beruht,[995] auszugehen. Er ist folglich nicht anzurechnen. Man kann dies durch die Überlegung stützen, dass die ursprüngliche Verwendung des Vermögens im Verantwortungsbereich des Getöteten gelegen hätte, mithin einer Sphäre, die eher dem Unterhaltsberechtigten zuzuordnen ist. Es wird damit das gleiche Ergebnis erzielt, das auch durch das Kriterium der Unmittelbarkeit gefunden wurde. Aber auch dort wurde festgestellt, dass die Nichtanrechnung des Vermögensstammes durchaus Vertreter in der Literatur findet.[996] Danach müsse der Gedanke des § 843 Abs. 4 BGB gelten. Der Nachlass habe auch die Funktion, den Unterhalt des Erben zu sichern, weshalb Sinn und Zweck der vererbten Vermögenswerte gegen eine Entlastung des Schädigers sprächen.[997]

Entsprechendes gilt (in Übereinstimmung mit Teilen der Literatur) nach der objektiven Zurechnung auch für den Fall des verfrühten Anfalls der Erbschaft

995 Vgl. Sechster Teil, § 3, E, I, 3.

996 *Ekkenga/Kuntz*, in: Soergel, Vor § 249, Rn. 312; *Medicus/Lorenz*, Rn. 743; *Luckey*, in: Prütting/Wegen/Weinreich, § 249, Rn. 83.

997 *Magnus*, in: Nomos Kommentar, Vor §§ 249–255, Rn. 155.

und den erzielten Erträgnissen.[998] Damit zeigt sich letztlich, dass in den Fällen der Erbschaft und Ersatzansprüchen Dritter Vorteile generell nicht anzurechnen sind.

F. Ergebnis

Letztlich geht es bei der strafrechtlichen objektiven Zurechnung um eine Verbindung zwischen Handlung und Erfolg, welche enger als die reine Kausalität ist. Die Grundgedanken und Wertungen dieses methodischen Hilfsmittels sollen auf das Verhältnis von schädigender Handlung und Vorteilsentstehung im Zivil- bzw. Schadensersatzrecht übertragen werden. Eine Zurechnung erfolgt dabei, wenn der Schädiger durch seine Handlung ein Risiko geschaffen hat, das geeignet ist, einen Vorteil zur Entstehung zu bringen und sich dieses Ausgangsrisiko im konkreten Vorteil realisiert hat, weshalb dieser dann als sein Werk zu betrachten ist. Die objektive Zurechnung zur Beurteilung, ob ein Vorteil anzurechnen ist oder nicht, vermengt dabei diverse Ansätze miteinander. So findet sich zunächst die Normzwecklehre in ihr wieder.[999] Zwar fragt auch der BGH nach dem Sinn und Zweck der Schadensersatznorm, dies ist aber letztlich aus bereits genannten Gründen nicht sehr ergiebig. In erster Linie sei darauf verwiesen, dass Haftungsnormen über Vorteile kaum eine Aussage entnommen werden kann. Sie sind vielmehr auf den Ausgleich erlittener Schäden begrenzt. Dies ist innerhalb der objektiven Zurechnung aber nur ein Aspekt unter mehreren anderen. Daneben findet insbesondere eine Unterscheidung nach Risiko- bzw. Verantwortungsbereichen statt, wenn danach gefragt wird, welches Risiko sich im Vorteil konkret realisiert hat. Hierbei spielen die Gedanken der freiverantwortlichen Selbstschädigung und das eigenverantwortliche Dazwischentreten Dritter eine Rolle.

Für die Vorteilsausgleichung bedeutet dies konkret, dass nur solche Vorteile anzurechnen sind, in denen sich das Ausgangsrisiko des Schädigers in typischer Weise realisiert hat. Keiner Anrechnung zugänglich sind damit Vorteile, die auf das allgemeine Lebensrisiko zurückgehen, durch eigenständige Leistungen des Geschädigten oder Dritter entstanden sind oder „zufällige Vorteile", also solche, die ohne Zutun des Geschädigten entstanden sind, hierbei aber keinen Berührungspunkt mit dem Verantwortungsbereich des Schädigers aufweisen. Dies hat gleichzeitig zur Folge, dass aus der überwiegenden Dreiteilung der allgemeinen Fallgruppen nun vier Gruppen zu bilden sind. Die ehemalige Gruppe „ohne

---

998 Vgl. *Ebert*, in: Erman, Vor §§ 249–253, Rn. 115; *Luckey*, in: Prütting/Wegen/Weinreich, § 249, Rn. 83.

999 Vgl. dazu als Vertreter im Zivilrecht *Oetker*, in: MüKo BGB, § 249, Rn. 236.

Zutun des Geschädigten entstehende Vorteile" beinhaltet künftig nur noch solche Vorteile, die rein zufällig entstehen, also weder dem Verantwortungsbereich des Geschädigten noch dem des Schädigers zuzuordnen sind. Hierunter fallen insbesondere Vorteile, die auf Gesetz beruhen. Eine Anrechnung findet hierbei aber nicht statt. Eine Anrechnung wird nur noch in der „neuen" Fallgruppe vorgenommen, in der die Vorteile auf dem Ausgangsrisiko des Schädigers beruhen.

Was die steuerlichen Vorteile betrifft, so sind diese nicht als „Werk des Schädigers" zu qualifizieren, sondern sie beruhen vielmehr auf eigenen Leistungen des Geschädigten. Seine Leistungsfähigkeit bzw. seine Bemessungsgrundlage ist maßgebend dafür, dass die Vorteile in ihrer konkreten Gestalt entstehen. Sie fallen damit nicht in den Verantwortungsbereich des Schädigers. Folglich sind sie einer Anrechnung grundsätzlich nicht zugänglich, es sei denn, der gesetzliche Zweck steht explizit entgegen, was innerhalb der objektiven Zurechnung als ein Wertungsbestandteil aber berücksichtigt werden kann.

§ 4: Zusammenfassung

Es bleibt festzuhalten, dass die überwiegende Anzahl an Beispielen durch das Kriterium der Unmittelbarkeit gelöst werden konnte. Es ermöglicht für den ersten Moment eine griffige Abgrenzung hinsichtlich anzurechnender und nicht anzurechnender Vorteile. Sie gelangt aber an ihre Grenzen, sobald Wertungen im Einzelfall notwendig werden, z.B. bei § 254 Abs. 2 BGB. Mit der Unmittelbarkeit kann nämlich nur eine „Entweder-oder-Lösung" erreicht werden. Deshalb wurde in einem zweiten Schritt ein methodisches Hilfsmittel erarbeitet, das anhand der objektiven Zurechnung vorgeht. Ihre wesentlichen Grundgedanken wurden dabei aus dem Strafrecht transferiert und in die zivilrechtliche Betrachtung der Vorteile übertragen. Zwar findet sich auch im Zivilrecht der Begriff der objektiven Zurechnung, der im Grunde wie im Strafrecht auch der Gedanke einer wertenden Einschränkung innewohnt. Jedoch wird sie im Zivilrecht im Rahmen der Kausalität angewendet, welche bei der Vorteilsausgleichung nicht der problematische Punkt ist. Durch die der Kausalität nachgelagerten Prüfung im Strafrecht und einer dort vorhandenen Formel, anhand derer eine Zurechnung geprüft wird, wurde der strafrechtliche Grundgedanke übertragen. Durch die Frage, ob sich ein verwirklichtes Risiko im konkreten Vorteil niedergeschlagen hat, bleibt Spielraum für Wertungen. Relevant sind insbesondere Risiko- bzw. Verantwortungsbereiche und der Schutzzweck der Norm. Damit ist sie insgesamt auch breiter als die Frage nach dem Sinn und Zweck des Schadensersatzanspruchs, welche der BGH stellt. Zudem vereint sie somit die verschiedenen Wertungsgesichtspunkte unter einem zusammenfassenden Begriff. Sie ist ein

Zusammenspiel verschiedener Kriterien, wobei es nicht auf das starre Vorliegen einzelner Kriterien, sondern eine Abwägung ankommt. Insgesamt soll sie dazu dienen, die Frage nach der Abgrenzung zu erleichtern, indem bekannte Kriterien bzw. Fallgruppen aus der objektiven Zurechnung im Strafrecht herangezogen werden können. So muss nicht auf einen inneren, unlösbaren sachlichen Zusammenhang bzw. eine Rechnungseinheit von Vor- und Nachteil zurückgegriffen werden, was oftmals der Kritik der Unbestimmtheit ausgesetzt ist.

Die ursprüngliche Fragestellung, ob nämlich steuerliche Vorteile anzurechnende Vorteile im Wege der Vorteilsausgleichung sind, ist damit zu verneinen. Sowohl die Unmittelbarkeit als auch die objektive Zurechnung haben ergeben, dass steuerliche Vorteile grundsätzlich insgesamt aus der Anrechnung im Bereich der Vorteilsausgleichung ausgenommen werden können. Sie stellen entweder keine unmittelbaren Vorteile dar oder können dem Schädiger nicht als sein Werk objektiv zugerechnet werden.

Im siebenten Teil muss schließlich noch der Frage nachgegangen werden, ob eine isolierte Betrachtung steuerlicher Nachteile aus der Rückabwicklung zu einem zu ersetzenden Schadensposten führt.

Siebenter Teil: Steuernachteile als relevanter Schadensposten

Nachdem die vorstehenden Ausführungen zu dem Ergebnis geführt haben, dass steuerliche Vorteile grundsätzlich nicht schadensmindernd im Rahmen der Vorteilsausgleichung zu berücksichtigen sind, sind nun die Nachteile isoliert zu untersuchen, die dem Geschädigten aus der Rückabwicklung entstehen können. Es geht also um die Fälle, in denen die Rückabwicklung einen Steuertatbestand erfüllt. Bereits im vierten Teil der Arbeit wurde erwähnt, dass die Versteuerung der Schadensersatzleistung zum Teil wiederum als ersatzfähiger Schaden qualifiziert wird. Ob es sich bei den zu zahlenden Steuern aber wirklich um einen relevanten Schadensposten handelt, soll im Folgenden geklärt werden. Dies ist deshalb von Relevanz, weil der Geschädigte wirtschaftlich besser stünde, würden ihm die steuerlichen Vorteile bei vollem Ersatz des Schadens verbleiben, die Nachteile aus der Versteuerung aber gleichwohl ersetzt werden.

§ 1: Ersatzfähigkeit

Bei der Untersuchung, ob die Nachteile, die dem geschädigten Anleger aus der Versteuerung der Schadensersatzleistung entstehen, ist, wie auch bei den Vorteilen, eine isolierte Betrachtungsweise an den Tag zu legen.

A. Sicht des BGH

Zur Erinnerung soll noch einmal auf das Vorgehen des BGH hingewiesen werden. Er kommt zu dem Ergebnis, dass zum einen wegen der Gegenüberstellung von Vor- und Nachteil eine Anrechnung ausscheidet, zum anderen deshalb aber auch kein nachträglicher Schaden aus der Versteuerung entsteht. So kann der Geschädigte den vollen Schadensersatz verlangen. Aus systematischer Sicht war dieses Vorgehen allerdings abzulehnen, da nur eine isolierte Betrachtung der Vor- und Nachteile der Vorteilsausgleichung gerecht wird.[1000]

B. Zu ersetzender Schadensposten

Es wird aber auch die Ansicht vertreten, dass es sich bei der Besteuerung der Schadensersatzleistung wiederum um einen vom Schädiger zu ersetzenden

---

1000 Fünfter Teil, § 1, C.

Schaden handelt.[1001] Dann wäre es möglich, dies mittels der Feststellungsklage zu tenorieren. Dies hätte zur Folge, dass die Vorteile auf den Schadensersatzanspruch anzurechnen wären, sollten die Anrechnungskriterien erfüllt sein. Der Geschädigte würde im Falle einer Anrechnung den Schadensersatz gemindert um seine Steuervorteile erhalten. Im weiteren Verlauf wäre ihm der festgestellte Nachteil aus der Versteuerung aber zu ersetzen.

Sollte aufgrund wertender Betrachtung der Vorteile trotz Besteuerung der Ersatzleistung keine Anrechnung vorzunehmen sein, dann verbliebe neben den Vorteilen der ungeschmälerte Schadensersatz. Zusätzlich wäre aber auch der Schaden aus der Versteuerung zu ersetzen. Der Geschädigte wäre also um den Vorteil bereichert.

C. Kein relevanter Schadensposten

Vorzugswürdig erscheint es hingegen, hinsichtlich der Besteuerung der Schadensersatzleistung keinen vom Schädiger zu ersetzenden relevanten Schadensposten anzunehmen. Das bedeutet einerseits, der Geschädigte könnte den vollen Schadensersatz verlangen, weil er sich die erlangten steuerlichen Vorteile mangels Unmittelbarkeit bzw. mangels objektiver Zurechnung nicht anrechnen lassen müsste. Darüber hinaus stünde ihm aber andererseits kein Ersatzanspruch für die durch die Rückabwicklung entstandenen Steuern gegen den Schädiger zu.

Der Schädiger muss zwar den Zustand herstellen, der bestehen würde, wenn der zum Ersatz verpflichtende Umstand nicht eingetreten wäre, § 249 Abs. 1 BGB. Dabei müssen aber noch einmal die bereits angesprochen Alternativanlagen in den Blick genommen werden. Wie aufgezeigt wurde, hätte der Anleger, der sich beispielsweise an einem geschlossenen Immobilienfonds in Form einer KG beteiligte, eine Alternativanlage getätigt, wäre er ordnungsgemäß aufgeklärt worden. Er wäre also ohnehin Kommanditist geworden. Will sich der Anleger nun wieder von dieser Beteiligung lösen, so ist dies stets nur durch einen Realisationstatbestand möglich. Der Anleger kommt nur durch eine Veräußerung wieder aus der Beteiligung heraus. Je nach Ausgestaltung der Gesellschaft fällt dadurch beispielsweise ein zu versteuernder Veräußerungsgewinn nach § 16 Abs. 1 Satz 1 Nr. 2 (ggf. i.V.m. Abs. 3 Satz 1) EStG oder § 23 Abs. 1 Satz 1 Nr. 1 i.V.m. Satz 4 EStG (z.B. reine Vermögensverwaltung) an. Mit Ausnahme der seltenen Fälle, in denen die Frist des § 23 Abs. 1 Satz 1 Nr. 1 EStG abgelaufen ist, sind auf Seiten des Anlegers insofern immer Steuern zu zahlen.

1001 *Magnus*, in: Nomos Kommentar, Vor §§ 249–255, Rn. 170.

Damit zeigt sich, dass zwar Vermögensposten vorliegen, die durch die Schadensersatzleistung entstehen, davon losgelöst aber grundsätzlich ohnehin anfallen, wenn sich der Anleger von der Beteiligung trennt. Für die Beurteilung, ob ein relevanter Schadensposten vorliegt, ist diese Trennung der relevante Bezugspunkt. Vergleicht man also den Schadensersatz mit der Konstellation der Veräußerung der Alternativanlagen, so ist festzustellen, dass sich der Anleger nur durch einen Realisationstatbestand von der Beteiligung trennen kann, der einen Besteuerungserfolg und damit einen Nachteil zur Folge hat. Somit handelt es sich bei den gezahlten Steuern um Vermögensposten, die sowieso immer anfallen. Für den Schädiger bedeutet dies, dass er insoweit keinen Ersatz leisten muss.

Damit ist der BGH ein weiteres Mal zu kritisieren. Neben der von ihm nicht vorgenommenen isolierten Betrachtung der Vorteile nimmt er auch zu Unrecht einen zu berücksichtigenden Nachteil aus der Besteuerung der Rückabwicklung an, welchen er dann den Vorteilen gegenüberstellt. Dieser Sichtweise muss die Berücksichtigung einer Veräußerung der Alternativanlage entgegenstehen. Die Nachteile aus der Versteuerung sind bereits nicht relevant.

D. Ergebnis

Steuerliche Nachteile, die aus der Besteuerung der schadensersatzrechtlichen Rückabwicklung von Kapitalanlagen resultieren, sind aufgrund einer isolierten Betrachtungsweise vor dem Hintergrund der Alternativanlagen vom Schädiger nicht zu ersetzen. Sie stellen nach vorzugswürdiger Ansicht keinen relevanten Schadensposten dar, weil die Steuern auch bei einer Alternativanlage angefallen wären, hätte sich der Anleger von ihr getrennt.

§ 2: Folgerungen

Die Vorgehensweise des BGH führt dazu, dass steuerliche Vor- und Nachteile außer Betracht bleiben. Durch deren Gegenüberstellung fehlt es bereits an einem Vorteil, der im Rahmen der Vorteilsausgleichung anzurechnen wäre. Dies führt zum Ersatz des ungeschmälerten Schadensersatzes, ohne weitere Ersatzleistungen für zu zahlende Steuern.

Der von dieser Arbeit vorgeschlagene Weg fordert dagegen eine isolierte Betrachtung der Vor- und Nachteile. Steuervorteile sind danach dem Schädiger objektiv nicht zurechenbar bzw. stellen keine unmittelbaren Vorteile dar und sind damit auch nicht schadensmindernd anrechenbar. Die Nachteile, die sich aus der Versteuerung der Rückabwicklung ergeben, stellen vor dem Hintergrund der

Alternativanlagen bereits keinen zu berücksichtigen Schadensposten dar. Die steuerlichen Nachteile sind damit auch hier nicht zu berücksichtigen.

Das bedeutet, dass dieser Weg in den überwiegenden Fällen zum gleichen Ergebnis gelangt wie die Vorgehensweise des BGH, nämlich einer Nichtberücksichtigung sowohl steuerlicher Vorteile als auch steuerlicher Nachteile. Dass im Einzelfall ein anderes Ergebnis zu Tage treten kann, wie im Falle des Fristablaufs bei § 23 Abs. 1 Satz 1 Nr. 1 EStG, kann dabei kein anderes Ergebnis rechtfertigen. Die Fristenregelung alleine kann nicht dazu führen, dass ein ursprünglich nicht relevanter Schadensposten nun ersatzfähig wird. Es handelt sich bei einer Frist lediglich um eine mittelbare Auswirkung, die insofern nicht zu berücksichtigen ist. Dem Schädiger ist dennoch der ungeschmälerte Schadensersatz zu leisten. Allerdings wird dieses Ergebnis nun auf systematisch überzeugendere Art erreicht. Zum einen werden die entstandenen Vorteile im Rahmen der Vorteilsausgleichung uneingeschränkt auf ihre Anrechenbarkeit untersucht, zum anderen wird geprüft, ob die Nachteile aus der Versteuerung der Ersatzleistung überhaupt einen zu ersetzenden Schaden darstellen.

Damit erweist sich diese Vorgehensweise als zugänglicher für den Rechtsanwender. Zum einen muss sich nicht detailliert mit der möglichen Steuerbarkeit der Schadensersatzleistung auseinandergesetzt werden, weil mögliche Nachteile bereits keinen relevanten Schadensposten darstellen. Zum anderen kommt es auf die Versteuerung des Schadensersatzes nicht mehr an, weil durch die isolierte Betrachtungsweise keine Kompensation der Vor- und Nachteile stattfindet. Vielmehr sind steuerliche Vorteile grundsätzlich von vornherein außer Betracht zu lassen und nicht anzurechnen.

Achter Teil: Ergebnisse der Arbeit

Im achten Teil der Arbeit sollen die gefundenen Ergebnisse noch einmal in Thesen zusammengefasst werden, bevor ein Ausblick jene abrundet.

§ 1: Zusammenfassung

Der BGH hat seine Abgrenzungsformel für die Vorteilsausgleichung, insbesondere was steuerliche Vorteile anbelangt, über viele Jahre hinweg beibehalten und ergänzt. Er fragt stets danach, ob eine Anrechnung dem Zweck des Schadensersatzes bzw. Schadensersatzanspruchs entspricht, sie den Geschädigten nicht unzumutbar belastet und den Schädiger nicht unangemessen entlastet. Bezogen auf die steuerlichen Vorteile fragt er ferner, ob beim Geschädigten ein endgültiger Vorteil vorhanden ist. Dies wäre dann nicht der Fall, wenn dem Vorteil ein in etwa entsprechender Nachteil gegenüberstünde, es sei denn, es lägen Anhaltspunkte für sog. außergewöhnliche Steuervorteile vor. Dieser Nachteil kann aus einer Besteuerung der Schadensersatzleistung folgen.

Es hat sich gezeigt, dass seine Vorgehensweise in der Regel zu einem angemessenen Ergebnis, nämlich der Nichtanrechnung, gelangt. Sie ist jedoch von einer Komplexität geprägt, derer es nicht bedarf, die aber vor allen Dingen zu erheblichen Schwierigkeiten bei der Urteilsfindung führt. Erforderlich ist dabei nämlich eine steuerrechtliche Analyse der schadensersatzrechtlichen Rückabwicklung. Ob diese zu einer Versteuerung führt, kann im Detail schwieriger zu beantworten sein, als es auf den ersten Blick erscheint. Zwar bedarf es dem BGH zufolge keiner genauen Berechnung der vorliegenden Vor- und Nachteile, § 287 ZPO, dennoch führt bereits die Frage der Steuerbarkeit zu erheblichen Problemen. Des Weiteren hat die aufgeplusterte Formel des BGH hinsichtlich der außergewöhnlichen Steuervorteile einen nur beschränkten Anwendungsbereich. Im Kern beruht diese Vorgehensweise darauf, dass der BGH durch die Gegenüberstellung der Vor- und Nachteile eine Endlosschleife vermeiden will, die drohen kann, wenn der Schädiger auch die auf die Schadensersatzleistung angefallene Steuer zu ersetzen hätte. Ferner soll vermieden werden, dass andernfalls der Geschädigte das Insolvenzrisiko des Schädigers tragen müsste und aus Sicht des BGH unzumutbar belastet wäre, würde man eine Anrechnung vornehmen und ihn hinsichtlich etwaiger Nachteile auf einen Feststellungsantrag verweisen. Der Schadensersatz wäre damit in voller Höhe zu leisten, weil durch die Kompensation von Vor- und Nachteil faktisch weder zu berücksichtigende steuerliche Vorteile noch zu ersetzende steuerliche Nachteile vorliegen.

Der hier vorgeschlagene Weg hat gezeigt, dass es eine Methode gibt, mit der in den überwiegenden Fällen das gleiche Ergebnis erzielt werden kann, nämlich eine Nichtberücksichtigung sowohl steuerlicher Vor- als auch Nachteile. Der Schadensersatz wäre damit ebenfalls in voller Höhe zu leisten. Diese Methode ist aber zum einen einfacher, weil sie die Komplexitäten bei der Versteuerung der Schadensersatzleistung vermeidet. Zum anderen überzeugt sie in systematischer Hinsicht, weil durch eine isolierte Betrachtung der Vor- und Nachteile die Voraussetzungen der Vorteilsausgleichung gewahrt werden. Eine Gegenüberstellung von Vor- und Nachteilen, wie sie der BGH praktiziert, würde auf Seiten der Vorteile die Voraussetzungen der Vorteilsausgleichung umgehen, wonach Nachteile bzw. deren Ersatz nicht uneingeschränkt mit Vorteilen verrechnet werden sollen.

Eine isolierte Betrachtung der steuerlichen Vorteile hat ergeben, dass sie dem Schädiger nicht objektiv zurechenbar sind bzw. keine unmittelbaren Vorteile darstellen. Damit sind sie grundsätzlich nicht anrechenbar. Auf Seiten der Nachteile entsteht nach vorzugswürdiger Ansicht durch die Versteuerung der Ersatzleistung kein relevanter Schadensposten, den der Schädiger zu ersetzen hätte, da der Anleger im Falle einer Alternativanlage, die er im Falle ordnungsgemäßer Aufklärung gezeichnet hätte, ohnehin einen steuerlichen Nachteil erlitten hätte, hätte er sich von der Alternativanlage getrennt. Dies wäre nur durch einen Realisationstatbestand möglich gewesen. Ein Nachteil in Form eines Besteuerungserfolges wäre also in jedem Falle eingetreten.

§ 2: Thesen

Im Übrigen lassen sich die Ergebnisse in folgenden Thesen zusammenfassen:

A. Steuervorteile und Versteuerung der Schadensersatzleistung (Analyse der Rechtsprechung des BGH)

I. Die Ausnahme der Nichtanrechnung steuerlicher Vorteile im Rahmen der Vorteilsausgleichung ist faktisch zur Regel geworden.

II. Im Bereich der Gewinneinkünfte führt die schadensersatzrechtliche Rückabwicklung stets zu einer Besteuerung des Schadensersatzes. So ist § 15 Abs. 1 Satz 1 Nr. 2 EStG einschlägig bei Sonderbetriebseinnahmen, § 16 Abs. 1 Satz 1 Nr. 2 i.V.m. Abs. 3 Satz 1 EStG hingegen, wenn es um den Anteil am

Gesamthandsvermögen geht. Auch beim Vorliegen eines negativen Kapitalkontos entsteht ein steuerbarer Veräußerungsgewinn.

III. Im Bereich der Überschusseinkünfte ist eine derart pauschale Aussage wie im Bereich der Gewinneinkünfte nicht uneingeschränkt möglich. Allerdings liegt auch hier in den überwiegenden Fällen eine Steuerbarkeit des Schadensersatzes vor. Insgesamt ist diese Kategorie stark vom Einzelfall abhängig. Eine Steuerbarkeit der Rückabwicklung folgt im Rahmen des § 21 Abs. 1 Nr. 1 EStG aus einem Rückfluss von Werbungskosten. Ersatzleistungen sind im Rahmen des § 20 Abs. 3 EStG hingegen nicht steuerbar, sofern es sich nicht um das positive Interesse handelt. Sollte der subsidiäre § 23 Abs. 1 Satz 1 Nr. 1 (ggf. i.V.m. Satz 4) EStG einschlägig sein, fehlt es bei der gesetzlich angeordneten schadensersatzrechtlichen Rückabwicklung an einem marktoffenbaren Vorgang. Bei einer rechtsgeschäftlichen Rückabwicklung ist hingegen die Vereinbarung der Parteien auszulegen, sodass im Einzelfall ein steuerbares Veräußerungsgeschäft vorliegen kann.

IV. Steuerliche Vorteile, die sich aus der Rückabwicklung selbst ergeben, z.B. aufgrund der Tarifvorschriften des § 34 EStG oder durch Freibeträge nach § 16 Abs. 4 EStG, sind nach vorzugswürdiger Ansicht anzurechnen, weil der Geschädigte in der Vergangenheit von einer Progressionssenkung profitiert hat. Das einmalige Wahlrecht hinsichtlich § 34 Abs. 3 EStG oder § 16 Abs. 4 EStG steht dem nicht entgegen, da der Geschädigte insoweit nicht schützenswert ist. Vorteile beruhend auf einer Verjährung des Nachzahlungsanspruchs sind ebenso anzurechnen. Bei Zeichnungsnachlässen ist hingegen danach zu differenzieren, ob die Höhe der Verlustzuweisungen durch den Zeichnungsnachlass beeinflusst wurde.

V. Im Rahmen der sog. außergewöhnlichen Steuervorteile führt die Wiederholung der Grundsätze des BGH in Zukunft kaum weiter, da die genannten Konstellationen wegen §§ 15a und 15b EStG nicht mehr denkbar sind. Eine Einführung von Schwellenwerten wäre willkürlich und ungeeignet. Möglich wären theoretisch außergewöhnliche Steuervorteile durch sog. weiße Einkünfte.

VI. Wäre der Geschädigte ordnungsgemäß aufgeklärt worden, hätte er sich an einer Alternativanlage beteiligt. Diese hätte ihm die gleichen steuerlichen Vorteile erbracht. Die Lebenserfahrung, ermittelt durch das ökonomische Modell des homo oeconomicus, führt bei steueroptimierten Kapitalanlagen zu dem Schluss, dass sich der Anleger für ein ähnliches Modell entschieden hätte. Insoweit helfen dem Geschädigten die Beweiserleichterungen des § 252 BGB und des Anscheinsbeweises.

B. Steuervorteile sind grundsätzlich keine anrechenbaren Vorteile

I. Die Frage der Anrechenbarkeit steuerlicher Vorteile sollte letztlich in Abkehr von der Rechtsprechung des BGH isoliert anhand eines methodischen Ansatzes entschieden werden, der sich an die objektive Zurechnung anlehnt, wie sie aus dem Strafrecht bekannt ist. Dabei ist eine Abgrenzung anhand Verantwortungsbereichen vorzunehmen, mittels derer entschieden werden kann, welches Risiko sich in einem entstandenen Vorteil realisiert hat. Vorteile, die auf den Zufall, das allgemeine Lebensrisiko, Handlungen des Geschädigten oder Dritter zurückzuführen sind, sind dabei nicht objektiv zurechenbar und dementsprechend nicht anrechenbar im Wege der Vorteilsausgleichung.

II. Einzig Vorteile, die auf das Ausgangsrisiko des Geschädigten zurückzuführen sind, sind schadensmindernd zu berücksichtigen. Dabei ist die in der Literatur zu findende Dreiteilung der allgemeinen Fallgruppen aufzugeben und um die Gruppe „Ausgangsrisiko des Schädigers" zu ergänzen. Dies beruht auf einer differenzierteren Betrachtung der Gruppe der „Vorteile, die ohne Zutun des Geschädigten" entstehen. Ihr werden künftig nur noch solche Vorteile zugeordnet, die weder das Ausgangsrisiko des Schädigers verwirklichen noch dem Verantwortungsbereich des Geschädigten zuzuordnen sind. Diese Vorteile sind künftig als „zufällige Vorteile" zu bezeichnen und in der Folge nicht anzurechnen.

III. Steuerliche Vorteile sind unter Berücksichtigung der objektiven Zurechnung in ihrer Gesamtheit grundsätzlich nicht schadensmindernd im Wege der Vorteilsausgleichung anzurechnen. Sie sind dem Schädiger nicht objektiv zurechenbar, da sich nicht das Ausgangsrisiko des Schädigers, sondern dasjenige des Geschädigten in Form seiner Leistungsfähigkeit realisiert. Eine Ausnahme ist zu machen, sollte der Zweck einer Vorschrift explizit entgegenstehen. Dann ist eine Gesamtabwägung erforderlich.

IV. Das Kriterium der Unmittelbarkeit, wonach nur unmittelbare Vorteile schadensmindernd zu berücksichtigen waren, führt in den überwiegenden Fällen ebenfalls zu überzeugenden Ergebnissen. Es stößt aber dann an seine Grenzen, wenn im Einzelfall Wertungen erforderlich werden. Aufgrund seiner Starrheit ist es Abwägungen nicht zugänglich.

C. Nachteile aus der Rückabwicklung

I. Steuerliche Nachteile, die aus der Rückabwicklung im Wege des Schadensersatzes entstehen, sind ebenfalls isoliert zu betrachten.

II. Die gezahlten Steuern stellen keinen vom Schädiger zu ersetzenden Schadensposten dar, weil sie unter Berücksichtigung der Alternativanlagen und deren Veräußerung ohnehin angefallen wären.

D. Ergebnis der Ausgangsthese

Somit wurde die Ausgangsthese bestätigt. Das überwiegende Ergebnis des BGH, steuerliche Vor- und Nachteile unberücksichtigt zu lassen, wenn diese sich gegenüberstehen, ist aus wirtschaftlicher Sicht zwar zu begrüßen, beruht aber auf einer systematisch nicht überzeugenden Vorgehensweise. Vor- und Nachteile sind vielmehr isoliert zu betrachten, mit dem Ergebnis, dass sowohl steuerliche Vor- als auch Nachteile grundsätzlich nicht zu berücksichtigen sind. Damit bleiben steuerrechtliche Überlegungen außen vor, womit der ungeschmälerte Schadensersatz zu leisten ist.

§ 3: Ausblick

Der BGH hält trotz diverser Kritiken an seiner Formel zur Abgrenzung von anrechenbaren Vorteilen fest. Mittlerweile kann von einer gefestigten Rechtsprechung ausgegangen werden. Der Grundsatz, dass steuerliche Vorteile, auch in Form von ersparten Steuern, anzurechnen sind, ist aber ins Gegenteil verkehrt worden. In Zukunft kann also in nahezu allen Fällen davon ausgegangen werden, dass faktisch keine Anrechnung stattfinden wird. Gerade im Bereich der steuerrechtlichen Vorteile hat sich gezeigt, dass die außergewöhnlichen Steuervorteile nicht viel mehr als eine Leerformel sind. Bezeichnend hierfür ist die Tatsache, dass sie in nur einem einzigen Fall zu einer Anrechnung führten, die zugrundeliegende Argumentation jedoch zudem fehlerhaft war. Dies zeigt aber zugleich, dass der BGH sich nicht konkret festlegen möchte, sondern sich durch eine möglichst schwammige Formulierung eine Hintertür für den Einzelfall offenhalten möchte. Von daher ist nicht davon auszugehen, dass in nächster Zeit ein Umdenken stattfinden wird. Stattdessen wird es weiterhin diverse Urteile, insbesondere der Rechtsprechung der Instanzgerichte geben, welche erhebliche Probleme bei der Prüfung der Versteuerung der Schadensersatzleistung haben werden. Dies resultiert aus der aufgezeigten Schwierigkeit, die einzelnen Sachverhalte detailliert untersuchen zu müssen. Werden ferner nur allgemeine, pauschale Grundaussagen aus den Urteilen des BGH und BFH angewendet, werden Abweichungen im Einzelfall übersehen, was zu einer falschen steuerrechtlichen Beurteilung führen kann. Angesprochen sind damit insbesondere unterschiedliche Ausführungen zu den Gewinn- und Überschusseinkünften oder zur Behandlung des Rückflusses von Werbungskosten. Somit wird auch in Zukunft Vorsicht geboten sein, zieht man ältere Rechtsprechung oder Literatur heran.

Literaturverzeichnis

Ackmann, Hans-Peter: Anmerkung zum Urteil des BGH v. 9.4.1991, XI ZR 136/90, EWiR 1991, 765–766.

Adam, Sven/Schuhknecht, Christopher: Anrechnung von Steuervorteilen bei Schadensersatzansprüchen aus Kapitalanlagen, GWR 2014, 103.

Ahrens, Hans-Jürgen: Der Beweis im Zivilprozess, Köln 2015.

Andres, Ingrid: Die Kausalitätsvermutung im Kapitalanlagerecht – Eine kritische Würdigung der aktuellen Rechtsprechung, BKR 2011, 277–282.

Anzinger, Heribert M.: Anscheinsbeweis und tatsächliche Vermutung im Ertragsteuerrecht, Diss., Baden-Baden 2006.

Armbrüster, Christian: Anmerkung zum Urteil des BGH v. 11.2.2014, II ZR 276/12, EWiR 2014, 169–170.

Assmann, Heinz-Dieter: Der Inhalt des Schadensersatzanspruchs fehlerhaft informierter Kapitalanleger, Festschrift für Hermann Lange, Stuttgart 1992, 345–372.

Assmann, Heinz-Dieter/Schütze, Rolf A.: Handbuch des Kapitalanlagerechts, 3. Auflage, München 2007.

dies.: Handbuch des Kapitalanlagerechts, 4. Auflage, München 2015.

Balzer, Peter/Warlich, Anke: Anmerkung zum Urteil des BGH v. 15.7.2010, III ZR 336/08, EWiR 2011, 333–334.

Bamberger, Heinz Georg/Roth, Herbert: Kommentar zum Bürgerlichen Gesetzbuch, Band 1, 3. Auflage, München 2012.

Bassler, Moritz: Die Vermutung aufklärungsrichtigen Verhaltens – kritische Würdigung der richterrechtlichen Beweislastumkehr im Kapitalanlageberatungsrecht, WM 2013, 544–555.

Baumbach, Adolf/Hopt, Klaus J.: Handelsgesetzbuch, 38. Auflage, München 2018.

Baumgärtel, Gottfried: Beweislastpraxis im Privatrecht, Köln 1996.

Beck-online Grosskommentar BGB, Hrsg. Gsell, Beate/Krüger, Wolfgang/Lorenz, Stephan/Mayer, Jörg/Henssler, Martin, Stand 1.2.2018, München 2018.

Beck'scher Online-Kommentar BGB, Hrsg. Bamberger, Heinz Georg/Roth, Herbert, Stand: 1.3.2018, Edition 45, München 2018.

Beck'scher Online-Kommentar ZPO, Hrsg. Vorwerk, Volkert/Wolf, Christian, Stand: 1.12.2017, Edition 27, München 2017.

Beck'sches Steuer- und Bilanzrechtslexikon, Edition 42, München 2018.

Bender, Rolf: Das Beweismaß, Festschrift für Fritz Baur, Tübingen 1981, 247–271.

Berninghaus, Holger: Ertragsteuerliche Folgen der Rückabwicklung einer Beteiligung an einer vermögensverwaltenden KG – Zur Abgrenzung von erstatteten Werbungskosten und zurückgezahlten Anschaffungskosten, DStR 2014, 624–628.

Bippus, Birgit Elsa: Personengesellschaften und Strukturänderungen, Habil., Konstanz, 1998.

dies.: Raus aus der Mitunternehmerschaft, rein die die Körperschaftsteuer – Überlegungen zur steuerrechtlichen Konzeption der Personengesellschaften, DStR 1998, 749–759.

Birk, Dieter/Desens, Marc/Tappe, Henning: Steuerrecht, 19. Auflage, Heidelberg 2016.

Birkenfeld, Wolfram: Beweis und Beweiswürdigung im Steuerrecht, Diss., Köln 1973.

Bitter, Georg/Röder, Sebastian: BGB Allgemeiner Teil, 3. Auflage, München 2016.

Blümich, Werner: Einkommensteuergesetz – Kommentar, 140. Auflage, München 2018, Loseblatt, Stand: Januar 2018.

Bodden, Guido: Die einkommensteuerrechtliche Subjektfähigkeit der Personengesellschaft, DStZ 1996, 73–83.

Boecken, Winfried: BGB – Allgemeiner Teil, 2. Auflage, Stuttgart 2012.

Boelsen, Lothar: Schadensersatzleistungen und Vorteilsausgleich bei Schadensfällen mit einkommensteuerrechtlichem Hintergrund, DB 1988, 2187–2193.

Bork, Reinhard: Allgemeiner Teil des Bürgerlichen Gesetzbuchs, 4. Auflage, Tübingen 2016.

Brendle-Weith, Anne-Kathrin: Die Behandlung erhaltener Steuervorteile bei der Rückabwicklung geschlossener Immobilienfondsbeteiligungen, ImmoStR 2011, 106–110.

Brinkmann, Moritz: Das Beweismaß im Zivilprozess aus rechtsvergleichender Sicht, Köln 2005.

Brockmeyer, Hans Bernhard: Typisierungen im Einkommensteuerrecht durch die Rechtsprechung des Bundesfinanzhofs, Festschrift für Klaus Offerhaus, Köln 1999, 13–34.

Brommer, Andreas: Die Beschränkung der Rechtsfolgen der Vorstandsinnenhaftung, Diss., Berlin 2016.

Brox, Hans/Walker, Wolf-Dietrich: Besonderes Schuldrecht, 41. Auflage, München 2017.

Bruns, Jan: Schadensersatzverpflichtung und Steuerabzug vom Kapitalertrag in der Zwangsvollstreckung gegenüber Banken, DStR 2015, 482–486.

Büdenbender, Ulrich: Drittschadensliquidation bei obligatorischer Gefahrentlastung – eine notwendige oder überflüssige Rechtsfigur?, NJW 2000, 986–992.

ders.: Vorteilsausgleichung und Drittschadensliquidation bei obligatorischer Gefahrentlastung, Tübingen 1996.

ders.: Wechselwirkungen zwischen Vorteilsausgleichung und Drittschadensliquidation, JZ 1995, 920–928.

Bunjes, Johann: Umsatzsteuergesetz, Kommentar, 16. Auflage, München 2017.

Burchardi, Friedrich: Möglichkeiten der dritten Gewalt, zur Vereinfachung des Steuerrechts beizutragen, StuW 1981, 304–321.

Canaris, Claus-Wilhelm: Die Vermutung „aufklärungsrichtigen Verhaltens" und ihre Grundlagen, Festschrift für Walther Hadding, Berlin 2004, 3–24.

Cantzler, Klaus: Die Vorteilsausgleichung beim Schadensersatzanspruch, AcP 156 (1957), 29–59.

Crezelius, Georg: Grauer Kapitalmarkt und Rechtsordnung, BB 1985, 209–218.

Dabitz, Axel: Besteuerung von Erwerbsschadensersatz bei Personenschäden, zfs 2016, 364–375.

Dernburg, Heinrich: Das bürgerliche Recht des Deutschen Reiches und Preußens, Band II, Erste Abteilung, 1. und 2. Auflage, Halle 1899.

Deutsch, Erwin: Allgemeines Haftungsrecht, 2. Auflage, Köln, Berlin, Bonn, München 1996.

Deutsch, Erwin/Ahrens, Hans-Jürgen: Deliktsrecht, 6. Auflage, München 2014.

Dieckmann, Andreas: Die Vermutung aufklärungsrichtigen Verhaltens bei Beratungsfehlern von Banken, WM 2011, 1153–1159.

Dittmayer, Norbert: Das Zusammenspiel von Steuerrecht und Schadensrecht bei der Erwerbsschadensberechnung, Diss., Karlsruhe 1987.

Dörr, Karl-Werner: Der Anscheinsbeweis im Verkehrsunfallprozess, MDR 2010, 1163–1167.

Doukoff, Norman: Grundlagen des Anscheinsbeweises, SVR 2015, 245–253.

Drachner, Linda: Vorteilsausgleichung im Schadensrecht, Diss., München 1987.

Drenseck, Walter: Rückerstattung von Erschließungskosten an den Erbbauberechtigten Einnahmen aus Vermietung und Verpachtung?, FR 1991, 496–497.

Drüen, Klaus-Dieter: Die vermögensverwaltende Personenhandelsgesellschaft, SteuerStud, 2004, 8–13.

ders.: Typus und Typisierung im Steuerrecht, StuW 1997, 261–274.

Ebenroth, Carsten Thomas/Autenrieth, Karlheinz: Gesellschaftsrechtliche Besonderheiten der Publikums-KG, JA 1980, 8–15.

Edelmann, Hervé/Glemser, Christine: Anmerkung zum Urteil des BGH v. 30.11.2007, V ZR 284/06, WuB 2008, 728–730.

Eidenmüller, Horst: Effizienz als Rechtsprinzip, Diss., 3. Auflage, Tübingen 2005.

Einsiedler, Mark: Zur Anrechnung von Steuervorteilen, WM 2015, 958–963.

Engel, Michaela: Vermögensverwaltende Personengesellschaften im Ertragsteuerrecht, 2. Auflage, Herne 2015.

Engländer, Armin: Rechtsbegründung durch aufgeklärtes Eigeninteresse, JuS 2002, 535–540.

Erdmann, Elisabeth: Anrechnung schadenmindernder Handlungen des Geschädigten auf den ihm zu leistenden Ersatz, Diss., Düsseldorf 1934.

Erm, Dominik: Vorteilsanrechnung beim Schmerzensgeld – ein Beitrag zur Fortentwicklung des Schadens(ersatz)rechts, Diss., Karlsruhe 2013.

Erman, Walter: Handkommentar zum Bürgerlichen Gesetzbuch, Band 1, 15. Auflage, Köln 2017.

Esser, Josef: Zur Entwicklung der Lehre von der Vorteilsausgleichung, MDR 1957, 522–524.

Esser, Josef/Schmidt, Eike: Schuldrecht, Band I, Allgemeiner Teil, Teilband 2, 8. Auflage, Heidelberg 2000.

Everts, Arne: Die Rückabwicklung von Immobilienkaufverträgen und § 23 EStG, ZfIR 2008, 563–568.

Falkner, Melanie: Die Einkunftserzielungsabsicht als subjektives Besteuerungsmerkmal, Diss., Frankfurt am Main 2009.

Faust, Florian: Die Rechtslage nach Ablauf der Nachfrist, Festschrift für Ulrich Huber, Tübingen 2006, 239–263.

Fehrenbacher, Oliver: Steuerrecht, 6. Auflage, Baden-Baden 2017.

Fehrenbacher, Oliver/Tavakoli, Anusch: Besteuerung der GmbH & Co. KG, 2. Auflage, Wiesbaden 2014.

Fezer, Karl-Heinz: Nochmals: Kritik an der ökonomischen Analyse des Rechts, JZ 1988, 223–228.

Fikentscher, Wolfgang/Heinemann, Andreas: Schuldrecht, 10. Auflage, Berlin 2006.

Fischer, Peter: Anmerkung zum Urteil des BFH v. 21.10.1999, I R 43, 44/98, FR 2000, 393–395.

ders.: Anmerkung zum Urteil des BFH v. 27.6.2006, IX R 47/04, jurisPR-SteuerR 51/2006 Anm. 3.

Flies, Rolf: Mindern Umlagen und Erstattungen von Aufwendungen die Werbungskostenpauschbeträge?, DB 1997, 799–803.

Frisch, Stefan/Münscher, Michael: Haftung bei Immobilienanlagen, 2. Auflage, Köln 2008.

Frisch, Wolfgang: Objektive Zurechnung des Erfolgs, JuS 2011, 19–24.

ders.: Objektive Zurechnung des Erfolgs, JuS 2011, 116–123.

ders.: Tatbestandsmäßiges Verhalten und Zurechnung des Erfolgs, Heidelberg 1988.

Früchtl, Bernd/Prokscha, Armin: Vermögensverwaltende Personengesellschaften im Gesellschafts-, Handels- und Steuerrecht, DStZ 2010, 595–603.

Ganter, Hans Gerhard: Schadensberechnung und Vorteilsausgleichung in der Haftung der rechtsberatenden Berufe, NJW 2012, 801–806.

Geibel, Stefan J.: Der Kapitalanlegerschaden, Diss., Tübingen 2002.

Geiß, Karlmann: Überjustizialisierung – überzogene Anforderungen durch die Rechtsprechung in der Zivilgerichtsbarkeit, DRiZ 1992, 45–50.

Greger, Reinhard: Beweis und Wahrscheinlichkeit, Diss., Berlin 1978.

ders.: Praxis und Dogmatik des Anscheinsbeweises, VersR 1980, 1091–1104.

Groh, Manfred: Nach der Aufgabe der Geprägetheorie, DB 1984, 2373–2379.

Grün, Beate: Abstandnahme vom Vertragsschluß als Ziel anlegergerechter Aufklärung bei hohen Prämienaufschlägen des Terminoptionsvermittlers, NJW 1994, 1330–1333.

Grüter, Stephan A.: Anrechnung steuerlicher Vorteile auf Schadensersatz, NZG 2006, 853–855.

Grunsky, Wolfgang: Die Rechtsprechung des Bundesgerichtshofs zum Schadensersatzrecht seit 1992 – Teil 1, JZ 1997, 764–772.

ders.: Schadensersatz bei Verletzung eines Gewerbetreibenden oder Freiberuflers, DAR 1988, 400–411.

Gunsenheimer, Gerhard: Verlustverrechnung nach § 15a EStG, SteuerStud 2010, 305–315.

Hadding, Walther: Die unterlassenen Schönheitsreparaturen – BGHZ 49, 56, JuS 1969, 407–413.

Hanke, Stefan: Überblick über die Prospekthaftung bei geschlossenen Fonds nach dem Inkrafttreten des KAGB, BKR 2014, 441–448.

Hansen, Udo: Die Substantiierungslast, JuS 1991, 588–590.

Hartz, Wilhelm: Die typische Betrachtungsweise im Steuerrecht, DB 1957, 828–829.

Heck, Philipp: Grundriss des Schuldrechts, Tübingen 1929, Nachdruck 1958.

Heinrich, Bernd: Strafrecht Allgemeiner Teil, 5. Auflage, Stuttgart 2016.

Henke, Horst-Eberhard: Die Vorteilsausgleichung, Festschrift für Horst Hagen, Köln 1999, 371–408.

Herrmann, Carl/Heuer, Gerhard/Raupach, Arndt: Einkommensteuer- und Körperschaftsteuergesetz, Kommentar, Loseblattsammlung, Stand: 274. Lieferung, Mai 2016, Köln.

Herrmann, Hans Joachim: Einkommensteuerrechtliche Fragen der Gestaltung geschlossener Immobilienfonds, StuW 1989, 97–109.

Heusel, Matthias: Der Anwendungsbereich der Vermutung aufklärungsrichtigen Verhaltens bei der Anlageberatungshaftung, ZBB 2012, 461–470.

HG: Anmerkung zum Urteil des BFH v. 12.12.1995, VIII R 59/92, DStR 1996, 580–581.

Hofmann, Edgar: Zur Anrechenbarkeit von Steuervorteilen des Geschädigten auf den Verdienstausfallanspruch, VersR 1980, 807–810.

Holste genannt Göcke, Benedikt: § 21 Abs. 1 S. 2 EStG: Die sinngemäße Anwendung von § 15a EStG, DStR 2016, 1246–1251.

Honig, Richard: Kausalität und objektive Zurechnung, Festgabe für Reinhard von Frank, Tübingen 1930, 174–201.

Honsell, Heinrich: Herkunft und Kritik des Interessebegriffs im Schadensersatzrecht, JuS 1973, 69–75.

Hoor, Patrick: Verdeckte Gewinnausschüttung und freigebige Zuwendung einer GmbH, Diss., Frankfurt a.M. 2016.

Hoppe, Tilmann/Riedel, Dirk: Der Begriff „weiche Werbungskosten" in der Prospekthaftung, DB 2007, 1125–1128.

von Hoyningen-Huene, Gerrick/Boemke, Burkhard: Beweisfragen bei Berufsfortkommensschäden (§ 252 S. 2 BGB, § 287 I ZPO), NJW 1994, 1757–1763.

Huber, Christian: Versagte Vorteilsausgleichung bei Beschädigung staatlichen Eigentums, NJW 2005, 950–953.

Isensee, Josef: Die typisierende Verwaltung, Berlin 1976.

ders.: Vom Beruf unserer Zeit für Steuervereinfachung, StuW 1994, 3–14.

Jäger, Georg: Die steuerliche Behandlung der Rückabwicklung von Schrottimmobilien, DStR 2011, 155–159.

Jachmann, Monika: Die Fiktion im öffentlichen Recht, Habil., Berlin 1998.

dies.: Zur Anwendung typisierender Verwaltungsvorschriften im Steuerrecht, StuW 1994, 347–353.

Jakob, Wolfgang: Einkommensteuer, 4. Auflage, München 2008.

ders.: Verlustzuweisungsgesellschaften (Abschreibungsgesellschaften) im Steuer-Verfassungsstaat, Festschrift für Reiner Schmidt, München 2006, 721–735.

ders.: Zur Einbeziehung von (negativem) Sonderbetriebsvermögen in das Verlustausgleichspotential nach §§ 15a, 21 Abs. 1 S. 2 EStG, DB 1980, 2354–2362.

Janssen, Raimond: Steuerliche Folgen der Rückabwicklung eines Anteilserwerbs an Immobilienfonds, NJW 2008, 625–626.

Jauernig: Bürgerliches Gesetzbuch, Kommentar, 16. Auflage, München 2015.

Jooß, Alexander: Steuerrechtliche Fragen im Rahmen der Rückabwicklung von Kapitalanlagen, DStR 2014, 6–12.

juris-Praxiskommentar, Bürgerliches Gesetzbuch, Hrsg. Herberger/Martinek/Rüßmann/Weth, Band 2, 8. Auflage, Saarbrücken 2017.

Kaligin, Thomas: Zur Problematik der Berücksichtigung von Steuervorteilen aus Beteiligungen an Abschreibungsgesellschaften beim schadensersatzberechtigten Anleger, GmbHR 1982, 41–43.

Kessen, Holger: Anmerkung zum Urteil des BGH v. 31.5.2010, II ZR 30/09, jurisPR-BKR 11/2010 Anm. 3.

Kessler, Heinrich: Zum Schadensersatz für entgangenes Arbeitseinkommen, DRiZ 1965, 320–324.

Keuk, Brigitte: Vermögensschaden und Interesse, Habil., Bonn 1972.

Kirchgässner, Gebhard: Führt der homo oeconomicus das Recht in die Irre?, JZ 1991, 104–111.

Kirchhof, Paul: Einkommensteuergesetz, 17. Auflage, Köln 2018.

Kirchhof, Paul/Söhn, Hartmut/Mellinghoff, Rudolf (Hrsg.): Einkommensteuergesetz, Kommentar, Loseblattsammlung, 275. Ergänzungslieferung, Stand Februar 2017, Heidelberg.

Klauser, Karl-August: Möglichkeit und Grenze richterlicher Schadensschätzung (§ 287 ZPO), JZ 1968, 167–172.

Klein, Franz: Abgabenordnung, 13. Auflage, München 2016.

Klimke, Manfred: Nochmals: Vorteilsausgleich im immateriellen Bereich, VersR 1969, 785–788.

Knebel, Andreas/Schmidt, Thomas: Anrechnung von Steuervorteilen auf Schadensersatzansprüche aus Beteiligungen an Medien- und Schiffsfonds, BB 2010, 1316–1320.

Knobbe-Keuk, Brigitte: Aspekte des Verhältnisses Schaden und Steuern, StuW 1976, 43–51.

dies.: Bilanz- und Unternehmenssteuerrecht, 9. Auflage, Köln 1993.

dies.: „Steuervorteile“ und Schadensersatz, Karlsruher Forum 1983, 134–139.

Knoblauch, Matthias: Steuer- und zivilverfahrensrechtliche Problemstellungen bei Anlegerklagen gegen Kreditinstitute, DStR 2012, 1952–1956.

Knops, Kai-Oliver: Die Berücksichtigung von Steuervorteilen bei der Rückabwicklung fehlgeschlagener Kapitalanlagen, WM 2015, 993–998.

Köhler, Helmut: BGB Allgemeiner Teil, 41. Auflage, München 2017.

ders.: Grundstücksschenkung an Minderjährige – ein „lediglich rechtlicher Vorteil"?, JZ 1983, 225–230.

Koch, Jens/Harnos, Rafael: Anmerkung zum Urteil des BGH v. 31.5.2010, II ZR 30/09, WuB 2010, 607–608.

Koenig, Ulrich: Abgabenordnung, 3. Auflage, München 2014.

Kondert, Kerstin/Schirp, Wolfgang: Anlegerschaden im Zusammenhang mit dem Beitritt zu geschlossenen Fonds: Ermittlung in der gerichtlichen Auseinandersetzung, BKR 2007, 357–364.

Kühl, Kristian: Strafrecht Allgemeiner Teil, 8. Auflage, München 2017.

Kullmann, Hans Josef: Schadensersatz und Steuern, VersR 1993, 385–392.

Kurth, Hans/Grass, Hans: Der geschlossene Immobilienfonds, 2. Auflage, Freiburg 1990.

Lampe, Marc H.: Steuervorteile in der Rückabwicklung von Fondsbeteiligungen im Rahmen von Schadensersatz oder Haustürwiderruf, BB 2008, 2599–2610.

Lange, Herrmann: Die Vorteilsausgleichung, JuS 1978, 649–657.

Lange, Hermann/Schiemann, Gottfried: Schadensersatz, 3. Auflage, Tübingen 2003.

Lange, Joachim/Bilitewski, Andrea/Götz, Hellmut: Personengesellschaften im Steuerrecht, 10. Auflage, Herne 2018.

Langheim, Hagen/Stenzel, Enrico: Anmerkung zum Urteil des BGH v. 19.6.2008, VII ZR 215/06, BB 2008, 2373.

Larenz, Karl: Anmerkung zum Urteil des BGH v. 2.7.1957, VI ZR 205/56, NJW 1958, 627.

ders.: Hegels Zurechnungslehre und der Begriff der objektiven Zurechnung, Diss., Leipzig 1927.

ders.: Lehrbuch des Schuldrechts, I. Band: Allgemeiner Teil, 14. Auflage, München 1987.

ders.: Zum heutigen Stand der Lehre von der objektiven Zurechnung im Schadensersatzrecht, Festschrift für Richard M. Honig, Göttingen 1970, 79–90.

Larenz, Karl/Canaris, Claus-Wilhelm: Methodenlehre der Rechtswissenschaft, 3. Auflage, Berlin Heidelberg 1995.

Laumen, Hans-Willi: Die sog. tatsächliche Vermutung, MDR 2015, 1–6.

Leipziger Kommentar: Kommentar zum StGB, Band 1, 12. Auflage, Berlin 2007.

Lemaire, Norbert: Anmerkung zum Urteil des FG Münster v. 13.12.2012, 6 K 2989/10 E, EFG 2013, 358.

Leonhard, Franz: Allgemeines Schuldrecht des BGB, Erster Band, München, Leipzig 1929.

Lepa, Manfred: Der Anscheinsbeweis in der Rechtsprechung des Bundesgerichtshofes, Festschrift für Franz Merz, Köln 1992, 387–399.

Lieb, Manfred: Anmerkung zum Urteil des BGH v. 16.2.1971, VI ZR 147/69, JR 1971, 371–373.

von Linstow, Bernhard: Schadensersatz und Belastung mit Einkommensteuer, NJW 1980, 424–427.

Littmann, Eberhard/Bitz, Horst/Pust, Hartmut: Kommentar zum EStG, Loseblatt, 111. Ergänzungslieferung (2015), Stuttgart.

Looschelders, Dirk: Die Mitverantwortlichkeit des Geschädigten im Privatrecht, Habil., Tübingen 1999.

ders.: Schuldrecht Allgemeiner Teil, 15. Auflage, München 2017.

Loritz, Karl-Georg: Anmerkung zum Urteil des BGH v. 17.11.2005, III ZR 350/04, ZfIR 2006, 586–588.

ders.: Anmerkung zum Urteil des BGH v. 1.3.2011, XI ZR 96/09, WuB 2011, 598.

Loritz, Karl-Georg/Wagner, Klaus-R.: Zur Anrechnung von Steuervorteilen bei der „Rückabwicklung" von Beteiligungen an geschlossenen Immobilienfonds, ZfIR 2003, 753–763.

von Lübtow, Ulrich: Schenkungen der Eltern an ihre minderjährigen Kinder und der Vorbehalt dinglicher Rechte, Lahr 1949.

Lucas, Hermann: Brutto- oder Nettolohn als Grundlage der Schadensberechnung?, JW 1938, 2656–2657.

Martin, Sigmund P.: Zur Anrechnung von Steuervorteilen auf Schadensersatz, NZG 2006, 175–176.

Martini, Ruben: Das Verhältnis von Schadensersatzzahlungen wegen fehlerhafter Anlageberatung zum Ertragsteuerrecht, DStR 2014, 2160–2165.

Medicus, Dieter: Aufklärungsrichtiges Verhalten, Festschrift für Eduard Picker, Tübingen 2010, 619–627.

ders.: Unmittelbarer und mittelbarer Schaden, Heidelberg, Karlsruhe 1977.

Medicus, Dieter/Lorenz, Stephan: Schuldrecht I, Allgemeiner Teil, 21. Auflage, München 2015.

Medicus, Dieter/Petersen, Jens: Bürgerliches Recht, 25. Auflage, Köln 2015.

Meindl, Matthias/Schmid, Mathias/Kemmetter, Franz J.: Bauträgermodell und geschlossener Immobilienfonds, Baden-Baden 2006.

Meyer, André: Anlegerschaden und Besteuerung bei Grau-Markt-Investitionen, BKR 2016, 309–315.

ders.: Anmerkung zum Urteil des BGH v. 11.2.2014, II ZR 276/12, WuB 2014, 236–238.

ders.: Anmerkung zum Urteil des BGH v. 28.1.2014, XI ZR 495/12, WuB 2014, 240–242.

Meyer, Harald: Beweislastprobleme im Steuerrecht, Diss., Augsburg 1988.

Milatz, Jürgen E./Sax, Miriam: Transparenz der vermögensverwaltenden Personengesellschaft, DStR 2017, 141–145.

Mohr, Jochen: Normativer Schadensbegriff und Berechnung des Schadensersatzes nach den Grundsätzen der Naturalrestitution, JURA 2010, 645–659.

Motive: zu dem Entwurfe eines Bürgerlichen Gesetzbuches für das Deutsche Reich, Band II, Berlin und Leipzig 1888.

Mücke, Stefan: Verrechnungsverbot für verrechenbare Verluste mit Sonderbilanzgewinnen, DStZ 1994, 211–212.

Müller, Welf: Anmerkung zum Urteil des BGH v. 9.10.1989, II ZR 257/88, EWiR 1990, 871–872.

ders.: Anmerkung zu den Urteilen des BGH v. 11.2.2014, II ZR 276/12 und v. 28.1.2014, XI ZR 495/12, LMK 2014, 356535.

ders.: Anmerkung zum Urteil des BGH v. 20.8.2015, III ZR 57/14, LMK 2015, 373984.

Müller-Laube, Hans-Martin: Auswirkungen vorteilhafter Rechtsgeschäfte des Geschädigten auf die Schadensabrechnung mit dem Schädiger, JZ 1991, 162–168.

Münchener Kommentar, Bürgerliches Gesetzbuch, Hrsg. Säcker, Jürgen/Rixecker, Roland/Oetker, Hartmut/Limperg, Bettina, Band 2, 7. Auflage, München 2016.

ders., Bürgerliches Gesetzbuch, Hrsg. Säcker, Jürgen/Rixecker, Roland/Oetker, Hartmut/Limperg, Bettina, Band 3, 7. Auflage, München 2016.

ders., Bürgerliches Gesetzbuch, Hrsg. Säcker, Jürgen/Rixecker, Roland/Oetker, Hartmut/Limperg, Bettina, Band 5/1, 7. Auflage, München 2018.

ders., Bürgerliches Gesetzbuch, Hrsg. Säcker, Jürgen/Rixecker, Roland/Oetker, Hartmut/Limperg, Bettina, Band 6, 7. Auflage, München 2017.

ders., Handelsgesetzbuch, Hrsg. Schmidt, Karsten, Band 3, 3. Auflage, München 2012.

ders., Strafgesetzbuch, Hrsg. Joecks, Wolfgang/Miebach, Klaus, Band 1, 3. Auflage, München 2017.

ders., Zivilprozessordnung, Hrsg. Rauscher, Thomas/Krüger, Wolfgang, Band 1, 5. Auflage, München 2016.

Müßig, Ulrike: Anmerkung zum Beschluss des BGH v. 25.11.2004, V ZB 13/04, JZ 2006, 150–152.

Musielak, Hans-Joachim: Die sog. tatsächliche Vermutung, JA 2010, 561–566.

Musielak, Hans-Joachim/Voit, Wolfgang: Grundkurs ZPO, 13. Auflage, München 2016.

dies.: Kommentar zur Zivilprozessordnung, 14. Auflage, München 2017.

Naujok, Jan-Pieter: Anmerkung zum Urteil des BGH v. 19.6.2008, VII ZR 215/06, ZfIR 2008, 803–804.

Nieding, Klaus: Anmerkung zum Beschluss des BGH v. 16.9.2010, III ZR 334/09, jurisPR-BKR 1/2011 Anm. 3.

Niehus, Ulrich/Wilke, Helmuth: Die Besteuerung der Personengesellschaften, 7. Auflage, Stuttgart 2015.

Niese, Werner: Die moderne Strafrechtsdogmatik und das Zivilrecht, JZ 1956, 457–466.

Nomos Kommentar: Kommentar zum BGB, Hrsg. Dauner-Lieb, Barbara/Langen, Werner, Band 2/1, Schuldrecht, 3. Auflage, Baden-Baden 2016.

ders., Kommentar zum BGB, Hrsg. Dauner-Lieb, Barbara/Langen, Werner, Band 2/2, Schuldrecht, 3. Auflage, Baden-Baden 2016.

Oberheim, Rainer: Zivilprozessrecht für Referendare, 12. Auflage, München 2017.

Oertmann, Paul: Die Vorteilsausgleichung beim Schadensersatzanspruch im römischen und deutschen bürgerlichen Recht, Berlin 1901.

Oetker, Hartmut: Kommentar zum Handelsgesetzbuch, 5. Auflage, München 2017.

Ossenbühl, Fritz/Cornils, Matthias: Staatshaftungsrecht, 6. Auflage, München 2013.

Osterloh, Lerke: Gesetzesbindung und Typisierungsspielräume bei der Anwendung der Steuergesetze, Habil., Baden-Baden 1992.

Otto, Peter: Stellung der Bank bei der Finanzierung von Immobilienanlagen, Berlin 1983.

Pahlke, Armin: Typusbegriff und Typisierung, DStR-Beih 2011, 66–71.

Palandt, Otto: Bürgerliches Gesetzbuch, Kommentar, 77. Auflage, München 2018.

Pauge, Burkhard: Vorteilsausgleich bei Sach- und Personenschäden, VersR 2007, 569–579.

Piekenbrock, Andreas: Der Kausalitätsbeweis im Kapitalanlegerprozess: ein Beitrag zur Dogmatik der „ungesetzlichen“ tatsächlichen Vermutungen, WM 2012, 429–440.

Piltz, Jürgen: Zur steuerlichen Beurteilung von Schadensersatzleistungen nach dem Zusammenbruch von Abschreibungsgesellschaften, BB 1979, 1336–1339.

Podewils, Felix: Anmerkung zum Urteil des BGH v. 30.11.2007, V ZR 284/06, ZfIR 2008, 461–463.

ders.: Anmerkung zum Urteil des BGH v. 19.6.2008, VII ZR 215/06, EWiR 2008, 715–716.

ders.: Anmerkung zum Urteil des BGH v. 15.7.2010, III ZR 336/08, jurisPR-BKR 11/2010 Anm. 2.

ders.: Anmerkung zum Urteil des BGH v. 26.1.2012, VII ZR 154/10, ZfIR 2012, 358–359.

ders.: Anrechnung steuerlicher Vorteile auf Schadensersatzansprüche – typisierende Betrachtungsweise vs. Berücksichtigung außergewöhnlicher Vorteile, DStR 2011, 33–37.

ders.: Zur Behandlung erzielter Steuervorteile im Rahmen der Vorteilsanrechnung, DStR 2009, 752–756.

Pohlmann, Petra: Zivilprozessrecht, 3. Auflage, München 2014.

Prütting, Hanns: Gegenwartsprobleme der Beweislast, Habil., München 1983.

Prütting, Hanns/Wegen, Gerhard/Weinreich, Gerd: Kommentar zum BGB, 12. Auflage, Köln 2017.

Raiser, Thomas: Haftungsbegrenzung nach dem Vertragszweck, Diss., Stuttgart 1962.

Ramme, Christoph: Die Berücksichtigung von Steuervorteilen bei Schadensersatz wegen Falschberatung: Schadensentwicklung oder Vorteilsanrechnung im Haftungsprozess?, VersR 2016, 160–163.

Reinelt, Ekkehart: Anmerkung zum Urteil des BGH v. 1.10.2013, VI ZR 409/12, jurisPR-BGHZivilR 2/2014 Anm. 1.

Rengier, Rudolf: Strafrecht Allgemeiner Teil, 9. Auflage, München 2017.

Riedinger, Erich: Die Begrenzung der Vorteilsausgleichung durch das Verschuldensprinzip, Diss., Würzburg 1936.

Rönnau, Thomas/Faust, Florian/Fehling, Michael: Durchblick: Kausalität und objektive Zurechnung, JuS 2004, 113–118.

Rosenberg, Leo/Schwab, Karl Heinz/Gottwald, Peter: Zivilprozessrecht, 17. Auflage, München 2010.

Rosenberger, Fritz: Gefährliches Bauherrenmodell, ZfBR 1981, 253–258.

Roskosny, Sigrid/Bolz, Stephan: Die Rechtsnatur des Entschädigungsanspruchs aus § 642 BGB und seine Berechnung, BauR 2006, 1804–1816.

Roxin, Claus: Gedanken zur Zurechnung im Strafrecht, Festschrift für Richard M. Honig, Göttingen 1970, 133–150.

ders.: Strafrecht Allgemeiner Teil Band I, 4. Auflage, München 2006.

ders.: Strafrecht Allgemeiner Teil Band II, München 2003.

Rüthers, Bernd/Fischer, Christian/Birk, Axel: Rechtstheorie, 9. Auflage, München 2016.

Rudloff, Karl: Anmerkung zum Urteil des BGH v. 19.12.1978, VI ZR 218/76, VersR 1979, 1152–1153.

ders.: Der Vorteilsausgleich als Gewinnabwehr und Glücksteilhabe, Festschrift für Fritz von Hippel, Tübingen 1967, 423–461.

Ruhkopf, Rolf/Book, Hans: Ist § 34 des Einkommensteuergesetzes bei der Beurteilung von Haftpflichtansprüchen wegen Gewinnentgangs von Freiberuflern und Gewerbetreibenden zu berücksichtigen?, VersR 1973, 781–786.

Rusch, Konrad: Anmerkung zum Urteil des BGH v. 31.5.2010, II ZR 30/09, GWR 2010, 352.

Saenger, Ingo: Zivilprozessordnung, Handkommentar, 7. Auflage, Baden-Baden 2017.

Salger, Carsten: Anmerkung zum Urteil des BGH v. 20.8.2015, III ZR 57/14, WuB 2016, 12–14.

Schellhammer, Kurt: Zivilprozess, 15. Auflage, Heidelberg 2016.

Schenke, Ralf P.: Die Rechtsfindung im Steuerrecht, Habil., Tübingen 2007.

Schick, Kai-Guido: Anmerkung zum Urteil des BGH v. 15.7.2010, III ZR 336/08, GWR 2010, 456.

Schiemann, Gottfried: Anmerkung zum Urteil des KG v. 29.4.2011, 6 U 26/10, NJW 2011, 3660–3661.

Schilder, Hendrik: Die Liquidation von „Behinderungsschäden" über § 642 BGB, BauR 2007, 450–457.

Schimmel, Georg: Probleme der Vorteilsausgleichung im privaten und öffentlichen Recht, Diss., Würzburg 1938.

Schirp, Wolfgang/Kondert, Kerstin: Anrechenbarkeit von Steuervorteilen im Zusammenhang mit der Rückabwicklung von Fondsbeteiligungen, ImmoStR IV ESt 2005, 183–204.

Schmidt, Carsten/Eck, Anne-Kathrin: Von der Jahressteuerbescheinigung zur Anlage KAP: Praxisorientierte Hinweise zur Abgeltungsteuer unter Berücksichtigung des BMF-Schreibens vom 22.12.2009, BB 2010, 1123–1131.

Schmidt, Ludwig: Einkommensteuergesetz, Kommentar, 36. Auflage, München 2017.

Schmidt, Michael: Die Problematik der objektiven Beweislast im Steuerrecht, Diss., Berlin 1998.

Schmitt, Jochem: Der Begriff der lediglich rechtlich vorteilhaften Willenserklärung i.S. des § 107 BGB, NJW 2005, 1090–1093.

Schneider, André: Immobilienfondsbeteiligungen in der Rückabwicklung, Diss., Frankfurt am Main 2009.

Schönke, Adolf/Schröder, Horst: Kommentar zum Strafgesetzbuch, 29. Auflage, München 2014.

Schulze, Reiner: Handkommentar zum Bürgerlichen Gesetzbuch, 9. Auflage, Baden-Baden 2017.

Selb, Walter: Schadensbegriff und Regreßmethoden, Heidelberg 1963.

Söffing, Günter: Steuerliche Konsequenzen aus der Geltendmachung von Gewährleistungsansprüchen nach Abnahme eines Gebäudes, BB 1995, 2558–2564.

Soergel, Hans-Theodor: Kommentar zum Bürgerlichen Gesetzbuch mit Einführungsgesetz und Nebengesetzen, Band 2, Allgemeiner Teil 2, §§ 104–240, 13. Auflage, Stuttgart 1999.

ders.: Kommentar zum Bürgerlichen Gesetzbuch mit Einführungsgesetz und Nebengesetzen, Band 2, Schuldrecht I, §§ 241–432, 12. Auflage, Stuttgart 1990.

ders.: Kommentar zum Bürgerlichen Gesetzbuch mit Einführungsgesetz und Nebengesetzen, Band 3/2, Schuldrecht 1/2, §§ 243–304, 13. Auflage, Stuttgart 2014.

ders.: Kommentar zum Bürgerlichen Gesetzbuch mit Einführungsgesetz und Nebengesetzen, Band 4/1, Schuldrecht III/1, §§ 516–651, 12. Auflage, Stuttgart 1998.

Sonnenberger, Hans Jürgen: Der Vorteilsausgleich – rechtsvergleichende Anmerkungen zu einer fragwürdigen Rechtsfigur, Festschrift für Reinhold Trinkner, Heidelberg 1995, 723–747.

Späth, Wolfgang: Anmerkung zum Urteil des OLG Hamm v. 16.1.1976, 9 U 75/74, VersR 1976, 1073–1074.

ders.: Zur Berechnung des Schadenersatzanspruchs wegen entgangener Einnahmen, VersR 1978, 1004–1006.

Stackmann, Nikolaus: Probleme mit der Fiktion – Die Feststellung der Kausalität von Beratungsfehlern, NJW 2009, 3265–3269.

Stadler, Astrid: Allgemeiner Teil des BGB, 19. Auflage, München 2017.

Staudenmayer, Michael: Steuervorteile und Steuernachforderungen als Schadensersatzpositionen, VuR 2011, 43–50.

Staudinger, Julius von: Kommentar zum Bürgerlichen Gesetzbuch mit Einführungsgesetz und Nebengesetzen, Buch 1, Allgemeiner Teil, §§ 90–124; 130–133 (Sachen und Tiere, Geschäftsfähigkeit, Willenserklärung), Berlin 2012.

ders.: Kommentar zum Bürgerlichen Gesetzbuch mit Einführungsgesetz und Nebengesetzen, Buch 1, Allgemeiner Teil, §§ 90–124; 130–133 (Sachen und Tiere, Geschäftsfähigkeit, Willenserklärung), Berlin 2017.

ders.: Kommentar zum Bürgerlichen Gesetzbuch mit Einführungsgesetz und Nebengesetzen, Buch 2, Recht der Schuldverhältnisse §§ 249–254 (Schadensersatzrecht), Berlin 2017.

ders.: Kommentar zum Bürgerlichen Gesetzbuch mit Einführungsgesetz und Nebengesetzen, Buch 2, Recht der Schuldverhältnisse §§ 255–304 (Leistungsstörungsrecht 1), Berlin 2014.

ders.: Kommentar zum Bürgerlichen Gesetzbuch mit Einführungsgesetz und Nebengesetzen, Buch 2, Recht der Schuldverhältnisse §§ 433–480 (Kaufrecht), Berlin 2013.

ders.: Kommentar zum Bürgerlichen Gesetzbuch mit Einführungsgesetz und Nebengesetzen, Buch 2, Recht der Schuldverhältnisse §§ 631–651 (Werkvertragsrecht), Berlin 2014.

Steinle, Franz: Schadenersatz und Einkommensteuer – Anmerkungen zum Urteil des BGH vom 22.3.1979, DStR 1981, 366–369.

ders.: Schadensersatz und Ertragssteuerrecht, Diss., Neustetten, 1982.

Steinmetzler, Ulrich Antonius: Funktionales Privatrechtsverständnis und ökonomische Analyse des Rechts, JA 1998, 335–342.

Stiftung Warentest: Schlimme Bilanz, Finanztest 10/2015, 43–47.

Strahl, Martin: Die typisierende Betrachtungsweise im Steuerrecht, Köln 1996.

Stürner, Rolf: Der lediglich rechtliche Vorteil, AcP 173 (1973), 402–449.

Stützel, Dieter: Schadensersatz bei vermögensverwaltenden Immobilienfonds – Besteuerung und Anrechnung von Steuervorteilen, NJW 2014, 2070–2074.

Thesling, Hans-Josef: Die Vorteilsausgleichung, Diss., Bonn 1994.

Thiele, Wolfgang: Anmerkung zum Urteil des BGH v. 18.12.1969, VII ZR 121/67, BGHZ 53, 132, JZ 1970, 581–582.

ders.: Gedanken zur Vorteilsausgleichung, AcP 167 (1967), 193–240.

Thüsing, Gregor: Wertende Schadensberechnung, Habil., München 2001.

Tiedtke, Klaus: Einkommensteuer- und Bilanzsteuerrecht, 2. Auflage, Herne, Berlin 1995.

Tipke, Klaus: Die Steuerrechtsordnung, Band I, 2. Auflage, Köln 2000.

ders.: Die Steuerrechtsordnung, Band II, 2. Auflage, Köln 2003.

ders.: Die Steuerrechtsordnung, Band III, 2. Auflage, Köln 2012.

Tipke, Klaus/Kruse, Wilhelm: Kommentar zur Abgabenordnung, Finanzgerichtsordnung, 1961/2016, Köln.

Tipke, Klaus/Lang, Joachim: Steuerrecht, 22. Auflage, Köln 2015.

Töben, Thomas: Das Fördergebietsgesetz, 2. Auflage, Köln 1996.

Trüter, Sabine: Anrechnung von Steuervorteilen im Wege der Vorteilsausgleichung, BB 1986, 269–271.

Völlmeke, Monika: Überlegungen zur tatsächlichen Vermutung und zum Anscheinsbeweis im finanzgerichtlichen Verfahren, DStR 1996, 1070–1078.

Völzmann-Stickelbrock, Barbara: Beweiserleichterungen durch tatsächliche Vermutungen – Eine Analyse der aktuellen Rechtsprechung zur Darlegungs- und Beweislast bei Urheberrechtsverletzungen via Internetanschluss, Festschrift für Eberhard Schilken, München 2015, 539–552.

Vollkommer, Max: Beweiserleichterungen für den Mandanten bei Verletzung von Aufklärungs- und Beratungspflichten durch den Anwalt?, Festschrift für Gottfried Baumgärtel, Köln, Berlin, Bonn, München 1990, 585–601.

Wagner, Klaus-R.: Anmerkung zum Urteil des BGH v. 1.3.2011, XI ZR 96/06, GWR 2011, 309.

ders.: Prospekthaftung bei fehlerhaften Prognosen, NZG 2010, 857–858.

Walch, Mathias: Die Sanierung der Immobilienfondsgesellschaft, Diss., Baden-Baden 2006.

Walter, Gerhard: Der Anwendungsbereich des Anscheinsbeweises, ZZP 1977, 270–284.

Wandt, Manfred: Gesetzliche Schuldverhältnisse, 8. Auflage, München 2017.

Wawrzinek, Wolfgang: Unternehmensinterner Anlegerschutz im Recht der Publikumspersonengesellschaften, Diss., Berlin 1987.

Weber, Sebastian/Bulach, Alexander: Hasta la vista, Baby – Ausstieg aus Medienfonds, BKR 2009, 504–508.

Weber-Grellet, Heinrich: Zivil- und steuerrechtliche Folgen aus der Rückabwicklung von Grundstückskaufverträgen, Fondsbeteiligungen und Bauträgerverträgen, DB 2007, 2740–2743.

Wegmann, Bernd: Rechtliche Risiken bei der Beteiligung an geschlossenen Immobilienfonds, DStR 1994, 941–946.

Wendehorst, Christiane: Anspruch und Ausgleich, Habil., Tübingen 1999.

Wennrich, Eberhard: Die typisierende Betrachtungsweise im Steuerrecht, Diss., Düsseldorf 1963.

Wernsmann, Rainer: Typisierung und Typusbegriff, DStR-Beih 2011, 72–76.

ders.: Verhaltenslenkung in einem rationalen Steuersystem, Habil., Tübingen 2005.

Wieland, Joachim: Die Bedeutung der Figur des homo oeconomicus für das Recht, Festschrift für Ernst-Joachim Lampe, Berlin 2003, 371–382.

Wigand, Johannes/Spengler, Stefan: Anmerkung zum Urteil des BGH v. 18.12.2012, II ZR 259/11, WuB 2013, 359–360.

Witt, Carl-Heinz: Anmerkung zum Urteil des BGH v. 15.10.2010, III ZR 336/08, LMK 2010, 308392.

Witte, Rolf: Zur einkommensteuerrechtlichen Behandlung des Nießbrauchs an Wertpapieren, Diss., Berlin 1985.

Wüllenkemper, Dirk: Rückfluß von Aufwendungen im Einkommensteuerrecht, Diss., Köln 1987.

Würthwein, Susanne: Schadensersatz für Verlust der Nutzungsmöglichkeit einer Sache oder für entgangene Gebrauchsvorteile?, Habil., Tübingen 2001.

Yildirim, Atif: BGH contra BFH? – Anrechnung von Steuervorteilen bei Inanspruchnahme von Sonderabschreibungen nach dem Fördergebietsgesetz durch die Fonds-KG eines geschlossenen Immobilienfonds, BKR 2014, 188–193.

Zeuner, Albrecht: Schadensbegriff und Ersatz von Vermögensschäden, AcP 163 (1964), 380–400.

ders.: Zum Problem der überholenden Kausalität, AcP 157 (1958/59), 441–454.

Zimmermann, Thomas: Anmerkung zum Urteil des FG Rheinland-Pfalz v. 23.2.2007, 4 K 2345/02, EFG 2007, 1019–1020.

Zöller, Richard: Zivilprozessordnung, Kommentar, 32. Auflage, Köln 2018.

Zoller, Michael: Anmerkung zum Urteil des BGH v. 28.1.2014, XI ZR 495/12, GWR 2014, 131.

ders.: Die Haftung bei Kapitalanlagen – Die 10 wichtigsten höchstrichterlichen Entscheidungen des Jahres 2014, GWR 2014, 515–521.

ders.: Die Haftung bei Kapitalanlagen, 3. Auflage, München 2016.

Forum Unternehmens-, Steuer- und Bilanzrecht

Deutsche, europäische und internationale Rechtsfragen

Herausgegeben von Oliver Fehrenbacher / Michael Stöber

Band 1 Patrick Hoor: Verdeckte Gewinnausschüttung und freigebige Zuwendung einer GmbH. 2016.

Band 2 Stephan Kappes: Ertragsteuerliche Behandlung von Sanierungsgewinnen. 2016.

Band 3 Franziska Stahmann: Sonstige Sonderbetriebseinnahmen im Abkommensrecht. Kapitalgesellschaftsbeteiligungen im notwendigen Sonderbetriebsvermögen II. 2017.

Band 4 Suzanne Wagner: Spekulative Optionsgeschäfte aus vertragsrechtlicher, handelsbilanzrechtlicher und steuerrechtlicher Sicht. 2018.

Band 5 Stephan Randt / Oliver Fehrenbacher: Neue ordentliche Testamentsformen. 2018.

Band 6 Christian Hornung: Leaver-, Vesting und Shoot-Out-Klauseln. 2018.

www.peterlang.com

www.ingramcontent.com/pod-product-compliance
Ingram Content Group UK Ltd.
Pitfield, Milton Keynes, MK11 3LW, UK
UKHW022102051026
15623UKWH00003B/625

9 783631 760109